秋田県の教員採用試験過去問シリーズ ❹

2025年度版

秋田県の社会科

過去問

協同教育研究会 編

協同出版

本書には，秋田県の教員採用試験の過去問題を収録しています。各問題ごとに，以下のように5段階表記で，難易度，頻出度を示しています。

難　易　度

非常に難しい　☆☆☆☆☆
やや難しい　☆☆☆☆
普通の難易度　☆☆☆
やや易しい　☆☆
非常に易しい　☆

頻　出　度

◎　ほとんど出題されない
◎◎　あまり出題されない
◎◎◎　普通の頻出度
◎◎◎◎　よく出題される
◎◎◎◎◎　非常によく出題される

※本書の過去問題における資料，法令文等の取り扱いについて

本書の過去問題で使用されている資料や法令文の表記や基準は，出題された当時の内容に準拠しているため，解答・解説も当時のものを使用しています。ご了承ください。

はじめに～「過去問」シリーズ利用に際して～

教育を取り巻く環境は変化しつつあり，日本の公教育そのものも，教員免許更新制の廃止やGIGAスクール構想の実現などの改革が進められています。また，現行の学習指導要領では「主体的・対話的で深い学び」を実現するため，指導方法や指導体制の工夫改善により，「個に応じた指導」の充実を図るとともに，コンピュータや情報通信ネットワーク等の情報手段を活用するために必要な環境を整えることが示されています。

一方で，いじめや体罰，不登校，暴力行為など，教育現場の問題もあいかわらず取り沙汰されており，教員に求められるスキルは，今後さらに高いものになっていくことが予想されます。

本書の基本構成としては，出題傾向と対策，過去5年間の出題傾向分析表，過去問題，解答および解説を掲載しています。各自治体や教科によって掲載年数をはじめ，「チェックテスト」や「問題演習」を掲載するなど，内容が異なります。

また原則的には一般受験を対象としております。特別選考等については対応していない場合があります。なお，実際に配布された問題の順番や構成を，編集の都合上，変更している場合があります。あらかじめご了承ください。

最後に，この「過去問」シリーズは，「参考書」シリーズとの併用を前提に編集されております。参考書で要点整理を行い，過去問で実力試しを行う，セットでの活用をおすすめいたします。

みなさまが，この書籍を徹底的に活用し，教員採用試験の合格を勝ち取って，教壇に立っていただければ，それはわたくしたちにとって最上の喜びです。

協同教育研究会

C　O　N　T　E　N　T　S

第１部

秋田県の
社会科
出題傾向分析

秋田県の社会科　傾向と対策

秋田県の出題形式は，中学社会，高校地理・歴史，高校公民，いずれも，記述問題となっており，論述問題も多い。中学社会は，少なくともここ3年大問13題で構成されている。高校地理・歴史は大問5題，公民は大問6題で構成され，世界史・日本史・地理，政経・倫理・公共からの出題があった。中学社会では，学習指導要領について難易度の高い問題が出され，教科内容についても学習指導要領に絡んだ設問が多い。高校地歴では学習指導要領についての設問は2023年度までなかったが2024年度は出題されたことが大きな変化である。

≪中学社会≫

中学社会は，地理，歴史，公民，それぞれの分野からまんべんなく出題されるため，網羅的な学習を心がけたい。秋田県の中学社会において，もっとも特筆すべき点は，学習指導要領関連の出題が非常に多い点である。それには教科内容ではなく純粋に学習指導要領について問うものと，個別の教科内容について学習指導要領がどのような指導を求めているかを問うものがある。2024年度は大問13題のうち12題が学習指導要領をリード文とした問題である。学習指導要領についてはかなり細かい難問が出題されている。他都道府県に見られる本文の「目標」や「内容」，「内容の取扱い」だけではなく，「第1章　総説」や「解説」の記述の穴埋めも出題された。指導法についても学習指導要領解説を踏まえた解答が求められるので，学習指導要領解説に示されている授業例などを参考にして，どのように授業を構成するのかを考えながら学習を進めることも意識すべきである。

各分野の具体的な知識を問う出題も学習指導要領解説の項目に沿って出題されている。また，教科内容についての質問も，「『学習指導要領解説』を踏まえて書け」という問い方が多い。教科内容について教科書や参考書にある知識を正しく理解していても，学習指導要領にどのように書かれているかがわからないと得点できないものもある。秋田県の中学受験者は，学習指導要領解説を学習の中心に据えて，具体的な知識がどのように記されているかを把握しておきたい。それには教科内容について学習する際に，学習指導要領解説を読み，必要に応じて教科書・参考書・資料集を辞書のように参照する学習が必要である。学習指導要領解説が理解できていると他の受験生に大きく差をつけることができるであろう。教科内容について解説にはどのように書かれているか頭に入れながら学習すると効果的である。地理的分野では，地図や統計データなどの資料をもとにした出題が目立つ。主要なものはデータブックなどで確認しておこう。さらに，世界地誌，日本地誌の出題では各地域の歴史に関する知識も必要となる。2023年度はアフリカ地方と東北地方，中部地方を中心として，2024年度は南極，アジア，ヨーロッパ，アメリカとメキシコ，南米，北海道を除く日本全土，関東地方の地図が出題された。歴史的分野は日本史中心の傾向が強い2023年度は世界史からの出題がみられなかったが，2024年度は古代文明，ギリシャ・ローマ，宗教のおこり，鎌倉時代と合わせてモンゴル帝国について等問われている。年によって傾向が変わるので，やはり基本事項を中心に穴をつくらない学習を心がけたい。他自治体と比べると珍しい傾向であるが，写真やイラストや説明の図など資料が多く使われている。対策として，資料集などを活用して主要な写真をおさえるとともに，それに関連した知識を習得しておきたい。公民的分野では，ばらつきはあるが，おおよそ政治と経済から1～2題ずつの出題と考えてよいだろう。2023年度は新しい人権，国と地方の政治と選挙制度，消費者問題等が出題されたが，2024年度は現代社会と文化の特色と政治分野からは司法についてと最後に秋田県の学力検査問題を素材にした国際連合についての問題が出題されている。特定の単元に注目しているため，幅広く出題されるというよりはピンポイント的な出題となる傾向がある。また，2024年度は出題がなかったが，ここ数年，小問1問程度であるが，秋田県教育委員会による「学校教育の指針」に関する出題が見られる。県のホームページなどで内容を理解しておくことが重要である。

≪高校地理・歴史≫

高校地歴は，学習指導要領からの出題が6年見られなかったが2024年度は出題された。地歴科，公民科ともに学習指導要領第2章・第2節・第1款　目標からであり，選択肢から選ぶ問題である。選択肢がかなり工夫されていて紛らわしい選択肢がたくさんある。文のつながりからいくと，むしろそちらのほうが良いのではないかと思われるものも多数含まれていて，そちらに引きずられる可能性がある。ここは対策としては，「目標」，「内容」「内容の取り扱い」あたりは，熟読してきちんと理解しておくべきである。世界史では，時代や地域を問わず広い範囲から出題されている。2024年度は18世紀の産業革命と19世紀の第二次産業革命について，かなり長い補助資料を2つ読んで解答する問題であった。問題は，世界史の基本的な語句を答えるものであるが，記述式が100字や60字，しかも，補助資料とは無関係な北魏の孝文帝の国内政策についてやメソポタミアのハンムラビ法典の特徴についてなど，世界史について可能な限り幅広い内容を出題しようと工夫している。グラフや史資料の読み取りなどテーマは重点的でも，知識や技能をできるだけ横断的に見ようとする出題がなされている。2023年度は「都市の名称」についてのテーマ史学習をもとに歴史を通観し，ロシアのサンクト＝ペテルブルク，トルコのイスタンブール，中国の北京に関連する具体的な知識を問う形式であった。2022年度は「拡大」についてのテーマ史であり，こうした特定のテーマに着目した学習は，グローバルヒストリー研究の進展に伴う昨今の教育的潮流でもある。日本史も，史資料への対策が不可欠である。文献資料については，用語の穴埋めも出題されているため，資料が意図する内容やその背景などを含めた理解が必要となる。写真資料からの出題も頻出している。文化史だけに限定せず教科書や資料集をきちんと学習することが大切である。日本史もかなり記述式が出題されている。20字程度，30字程度，50字以内，60字以内，100字以内と字数も多様である。必要に応じて内容を取捨選択して書ける力を養っておきたい。国立大学の個別学力検査問題などが参考になる。地理では，系統地理，地誌ともにバランスよく出題されている。2024年度は，学習指導要領では「諸資料から必要な情報を適切かつ効果的に収集し，読み取り，まとめる技能を身に付けるようにすることが求められている」としてグラフや表，写真，地形図に関する問題が出題された。また，ラテンアメリカを中心とした世界地図をもとに気候やラテンアメリカに関する問題が出題された。2021年度の八郎潟開拓に関する技術的な背景や地理的な要因，2022年度の十和田湖などの湖の形成についてなど，ローカル問題が出題される傾向もある。東北地方の地理的な特徴，課題などを重点的におさえることも有効であろう。2024年度は出題されなかった。

選択問題については，2023年度までの世界史，日本史，地理それぞれから1題選択する形式ではなく，地理から1題，歴史から1題で指定語句を使い「150字以内で述べよ」という形式であった。過去には200 ～ 250字以内で論述するものである。近年の傾向としては，生徒に知識を把握させるための説明要旨を論述させる問題が多い。2024年度は地理はケッペンの気候区分について，歴史は朝鮮戦争におけるアメリカの対日政策の変化(日本史でも世界史でも問われる内容)であった。2023年度は問題文はすべて「説明の要旨を述べよ」で終わる形だった。2024年度は該当しないが，指定語句に加え，世界史，日本史では，絵画資料が示されることも多い。資料で読み取れる内容を授業に反映させる必要があるため，資料集などで確認しておきたい。地理では，過去に，東北地方に関するローカル問題も出題されている。共通問題の対策とも兼ねて学習しておこう。また，授業で内容を把握させることを目的としているため，それに準じた言葉遣い，論理の展開などを意識して述べることが大切である。日ごろからわかりやすい説明を心がけてまとめる訓練をしておこう。

≪公民≫

公民は，学習指導要領の目標の穴埋め選択問題，政治・経済分野から，選挙についての先生と生徒の会話をもとに選挙制度，人権，政治史，裁判員制度さらに倫理の「防衛機制」まで出題された。倫理は，やはり学習指導要領の内容をもとに古今東西の思想を中心に，種々の知識，公共から，日本の農業を取り巻く問題のリード文から政治経済，国際関係なでの問題，再び政治経済で，経済に関する出題，最後は公共で新聞記事をもとに臓器移植に関する話題と多方面にわたった出題である。公民は字数制限はないもののかなりの量の記述・論述問題が出題されている。やはり，大学受験用の論述問題集なども活用して対策をしておくことが大切である。とりわけ，上滑りな論述にならないようにするために，キーワードとなる語句について意味をきちんと吟味することが大切である。

前述の通り，学習指導要領については，2024年度は久しぶりに出題された。とはいっても，公民も地歴も目標に関する穴埋め選択問題であった。新学習指導要領は分量が増大しており，中学社会や他の自治体の高校の過去問を参考に，今回の改訂の趣旨・要点や教科・科目の目標，科目編成，各科目内「内容」や「内容の取扱い」をしっかり読んでおくのがよいと思われる。学習指導要領解説の文章などについては，各自の時間の許す範囲で目を通しておくようにするなど，教科内容の学習に影響が出ない程度のメリハリのついた効率的な準備を心がけよう。

過去5年間の出題傾向分析

大分類	中分類（小分類）	主な出題事項	2020年度	2021年度	2022年度	2023年度	2024年度
中学地理	地図	縮尺，図法，地図の種類・利用，地域調査	●	●	●	●	●
	地形	山地，平野，海岸，特殊な地形，海水・陸水	●	●		●	
	気候	気候区分，植生，土壌，日本の気候					
	人口	人口分布，人口構成，人口問題，過疎・過密			●	●	
	産業・資源(農牧業)	農牧業の発達・条件，生産，世界の農牧業地域	●		●		●
	産業・資源(林業・水産業)	林産資源の分布，水産業の発達・形態，世界の主要漁場	●				
	産業・資源(鉱工業)	資源の種類・開発，エネルギーの種類・利用，輸出入	●		●		
	産業・資源(第3次産業)	商業，サービス業など					
	貿易	貿易の動向，貿易地域，世界・日本の貿易				●	
	交通・通信	各交通の発達・状況，情報・通信の発達	●	●			
	国家・民族	国家の領域，国境問題，人種，民族，宗教		●	●	●	●
	村落・都市	村落・都市の立地・形態，都市計画，都市問題		●			
	世界の地誌(アジア)	自然・産業・資源などの地域的特徴					
	世界の地誌(アフリカ)	自然・産業・資源などの地域的特徴				●	
	世界の地誌(ヨーロッパ)	自然・産業・資源などの地域的特徴					
	世界の地誌(南北アメリカ)	自然・産業・資源などの地域的特徴	●	●	●		●
	世界の地誌(オセアニア・南極)	自然・産業・資源などの地域的特徴		●			
	世界の地誌(その他)	自然・産業・資源などの地域的特徴					
	日本の地誌	地形，気候，人口，産業，資源，地域開発	●	●		●	●
	環境問題	自然環境，社会環境，災害，環境保護	●	●	●	●	●
	その他	地域的経済統合，世界のボーダレス化，国際紛争		●			
	指導法	指導計画，学習指導，教科教育	●	●	●	●	●
	学習指導要領	内容理解，空欄補充，正誤選択	●	●	●	●	●
中学歴史	原始	縄文時代，弥生時代，奴国，邪馬台国				●	
	古代	大和時代，飛鳥時代，奈良時代，平安時代	●		●		
	古代の文化	古墳文化，飛鳥文化，天平文化，国風文化	●		●	●	
	中世	鎌倉時代，室町時代，戦国時代	●	●			●
	中世の文化	鎌倉文化，鎌倉新仏教，室町文化	●				
	近世	安土桃山時代，江戸時代	●	●		●	
	近世の文化	桃山文化，元禄文化，化政文化	●				
	近代	明治時代，大正時代，昭和戦前期(～太平洋戦争)	●	●	●		●
	近代の文化	明治文化，大正文化					

大分類	中分類（小分類）	主な出題事項	2020年度	2021年度	2022年度	2023年度	2024年度
中学歴史	現代	昭和戦後期，平成時代，昭和・平成の経済・文化		●		●	
	その他の日本の歴史	日本仏教史，日本外交史，日本の世界遺産					
	先史・四大文明	オリエント，インダス文明，黄河文明					●
	古代地中海世界	古代ギリシア，古代ローマ，ヘレニズム世界					●
	中国史	春秋戦国，秦，漢，六朝，隋，唐，宋，元，明，清	●		●		●
	中国以外のアジアの歴史	東南アジア，南アジア，西アジア，中央アジア		●			
	ヨーロッパ史	古代・中世ヨーロッパ，絶対主義，市民革命			●		
	南北アメリカ史	アメリカ古文明，アメリカ独立革命，ラテンアメリカ諸国					
	二度の大戦	第一次世界大戦，第二次世界大戦		●			
	現代史	冷戦，中東問題，アジア・アフリカの独立，軍縮問題			●		
	その他の世界の歴史	歴史上の人物，民族史，東西交渉史，国際政治史					
	指導法	指導計画，学習指導，教科教育	●	●	●		●
	学習指導要領	内容理解，空欄補充，正誤選択	●	●	●	●	●
中学公民	政治の基本原理	民主政治の発達，法の支配，人権思想，三権分立					
	日本国憲法	成立，基本原理，基本的人権，平和主義，新しい人権				●	●
	日本の政治機構	立法，行政，司法，地方自治				●	●
	日本の政治制度	選挙制度の仕組み・課題，政党政治，世論，圧力団体			●	●	
	国際政治	国際法，国際平和機構，国際紛争，戦後の国際政治	●	●			●
	経済理論	経済学の学派・学説，経済史，資本主義経済	●				
	貨幣・金融	通貨制度，中央銀行（日本銀行），金融政策			●		
	財政・租税	財政の仕組み，租税の役割，財政政策	●	●			
	労働	労働法，労働運動，労働者の権利，雇用問題	●				
	戦後の日本経済	高度経済成長，石油危機，バブル景気，産業構造の変化					
	国際経済	為替相場，貿易，国際収支，グローバル化，日本の役割	●				
	現代社会の特質と課題	高度情報化社会，少子高齢化，社会保障，食料問題	●				●
	地球環境	温暖化問題，エネルギー・資源問題，国際的な取り組み		●			
	哲学と宗教	ギリシア・西洋・中国・日本の諸思想，三大宗教と民族宗教					
	その他	最近の出来事，消費者問題，地域的経済統合，生命倫理	●		●	●	
	指導法	指導計画，学習指導，教科教育	●	●	●	●	●
	学習指導要領	内容理解，空欄補充，正誤選択	●	●	●	●	●
高校地理	地図	縮尺，図法，地図の種類・利用，地域調査			●	●	●
	地形	山地，平野，海岸，特殊な地形，海水・陸水	●	●	●	●	●
	気候	気候区分，植生，土壌，日本の気候	●	●		●	●
	人口	人口分布，人口構成，人口問題，過疎・過密					
	産業・資源（農牧業）	農牧業の発達・条件，生産，世界の農牧業地域		●			●

大分類	中分類（小分類）	主な出題事項	2020年度	2021年度	2022年度	2023年度	2024年度
高校地理	産業・資源（林業・水産業）	林産資源の分布，水産業の発達・形態，世界の主要漁場	●				
	産業・資源（鉱工業）	資源の種類・開発，エネルギーの種類・利用，輸出入	●		●	●	●
	産業・資源(第3次産業)	商業，サービス業など				●	
	貿易	貿易の動向，貿易地域，世界・日本の貿易		●			
	交通・通信	各交通の発達・状況，情報・通信の発達	●	●			
	国家・民族	国家の領域，国境問題，人種，民族，宗教			●		
	村落・都市	村落・都市の立地・形態，都市計画，都市問題		●			●
	世界の地誌(アジア)	自然・産業・資源などの地域的特徴				●	
	世界の地誌(アフリカ)	自然・産業・資源などの地域的特徴	●				
	世界の地誌(ヨーロッパ)	自然・産業・資源などの地域的特徴		●			
	世界の地誌(南北アメリカ)	自然・産業・資源などの地域的特徴					●
	世界の地誌(オセアニア・南極)	自然・産業・資源などの地域的特徴			●		
	世界の地誌(その他)	自然・産業・資源などの地域的特徴					
	日本の地誌	地形，気候，人口，産業，資源，地域開発		●	●		
	環境問題	自然環境，社会環境，災害，環境保護	●		●	●	●
	その他	地域的経済統合，世界のボーダレス化，国際紛争			●		
	指導法	指導計画，学習指導，教科教育	●		●		●
	学習指導要領	内容理解，空欄補充，正誤選択					●
高校日本史	原始	縄文時代，弥生時代，奴国，邪馬台国		●			●
	古代(大和時代)	大和政権，倭の五王，『宋書』倭国伝，氏姓制度		●			
	古代(飛鳥時代)	推古朝と聖徳太子，遣隋使，大化改新，皇親政治	●		●		
	古代(奈良時代)	平城京，聖武天皇，律令制度，土地制度	●		●		
	古代(平安時代)	平安京，摂関政治，国風文化，院政，武士台頭		●	●	●	
	古代の文化	古墳文化，飛鳥文化，白鳳文化，天平文化，国風文化		●			
	中世(鎌倉時代)	鎌倉幕府，御成敗式目，元寇，守護・地頭		●			●
	中世(室町時代)	南北朝，室町幕府，勘合貿易，惣村，一揆			●	●	
	中世(戦国時代)	戦国大名，分国法，貫高制，指出検地，町の自治					
	中世の文化	鎌倉文化，鎌倉新仏教，室町文化，能		●		●	
	近世(安土桃山時代)	鉄砲伝来，織豊政権，楽市楽座，太閤検地，刀狩	●				
	近世(江戸時代)	江戸幕府，幕藩体制，鎖国，三大改革，尊王攘夷	●	●	●	●	●
	近世の文化	桃山文化，元禄文化，化政文化	●			●	●
	近代(明治時代)	明治維新，大日本帝国憲法，日清・日露戦争，条約改正	●		●		
	近代(大正時代)	大正デモクラシー，第一次世界大戦，米騒動，協調外交		●		●	●
	近代(昭和戦前期)	恐慌，軍部台頭，満州事変，日中戦争，太平洋戦争					●
	近代の経済	地租改正，殖産興業，産業革命，貿易，金本位制					

大分類	中分類（小分類）	主な出題事項	2020年度	2021年度	2022年度	2023年度	2024年度
高校日本史	近代の文化	明治文化，大正文化			●		●
	現代	昭和戦後期，平成時代	●	●	●		●
	現代の経済	高度経済成長，為替相場，石油危機，バブル景気			●	●	
	その他	地域史，制度史，仏教史，外交史，経済史		●			
	指導法	指導計画，学習指導，教科教育	●	●	●		●
	学習指導要領	内容理解，空欄補充，正誤選択					●
高校世界史	先史・四大文明	オリエント，インダス文明，黄河文明					●
	古代地中海世界	古代ギリシア，古代ローマ，ヘレニズム世界	●	●	●		
	中国史(周～唐)	周，春秋戦国，諸子百家，漢，三国，晋，南北朝，隋，唐	●	●	●		●
	中国史（五代～元）	五代，宋，北方諸民族，モンゴル帝国，元		●		●	
	中国史（明・清・中華民国）	明，清，列強の進出，辛亥革命，中華民国	●	●		●	
	東南アジア史	ヴェトナム，インドネシア，カンボジア，タイ，ミャンマー	●	●	●		
	南アジア史	インド諸王朝，ムガル帝国，インド帝国，独立運動					●
	西アジア史	イスラム諸王朝，オスマン=トルコ，列強の進出	●	●		●	●
	東西交渉史	シルクロード，モンゴル帝国，大航海時代		●	●		●
	ヨーロッパ史（中世・近世）	封建制度，十字軍，海外進出，宗教改革，絶対主義	●	●	●	●	●
	ヨーロッパ史（近代）	市民革命，産業革命，帝国主義，ロシア革命	●	●	●	●	●
	南北アメリカ史	アメリカ古文明，アメリカ独立革命，ラテンアメリカ諸国		●	●	●	●
	二度の大戦	第一次世界大戦，第二次世界大戦		●	●		●
	その他の地域の歴史	内陸アジア，朝鮮，オセアニア，両極，アフリカ			●		
	現代史	冷戦，中東問題，アジア・アフリカの独立，軍縮問題	●	●		●	●
	宗教史	インドの諸宗教，キリスト教，イスラム教			●		
	文化史	古代ギリシア・ローマ文化，ルネサンス，近代ヨーロッパ文化					
	その他	時代または地域を横断的に扱う問題，交易の歴史，経済史		●			
	指導法	指導計画，学習指導，教科教育	●		●		
	学習指導要領	内容理解，空欄補充，正誤選択					
高校政経	政治の基本原理	民主政治の発達，法の支配，人権思想，三権分立					●
	日本国憲法	成立，基本原理，基本的人権，平和主義，新しい人権					●
	立法	国会の仕組み・役割，議会政治，関係条文					
	行政	内閣の仕組み・役割，議院内閣制，関係条文					
	司法	裁判所の仕組み・役割，国民審査，裁判員制度，関係条文					
	地方自治	地方自治の意義，直接請求権，組織と権限，地方分権					
	日本の政治制度	選挙制度の仕組み・課題，政党政治，世論，圧力団体					●
	国際政治	国際法，国際連盟と国際連合，核・軍縮問題，国際紛争					
	戦後政治史	戦後日本の政治・外交の動き					●

大分類	中分類（小分類）	主な出題事項	2020年度	2021年度	2022年度	2023年度	2024年度
高校政経	経済理論	経済学説，経済史，社会主義経済の特徴					
	資本主義経済	資本主義の仕組み，市場機構，企業活動					
	貨幣・金融	貨幣の役割，金融と資金循環の仕組み，金融政策					
	財政・租税	財政の仕組み，租税の役割，財政政策					
	労働	労働法，労働運動，労働者の権利，雇用問題					
	国民経済	国民所得の諸概念，経済成長，景気の循環					●
	戦後の日本経済	高度経済成長，石油危機，バブル景気，産業構造の変化	●				●
	国際経済	為替相場，貿易，国際収支，グローバル化，日本の役割					●
	地域的経済統合	各地域での経済統合の動向とその特徴					
	その他	消費者問題，公害問題，環境問題					●
	指導法	指導計画，学習指導，教科教育	●				
	学習指導要領	内容理解，空欄補充，正誤選択					●
高校現社	青年期の意義と課題	青年期の特質，精神分析，自己実現					
	現代社会の特質	高度情報化社会，消費者問題					
	人口問題	人口構造の変化，少子高齢化とその対策					
	労働問題	労働運動，労使関係，労働問題の現状					
	福祉問題	社会保障の仕組みと課題，年金制度					
	食糧問題	農業の課題，食糧自給，食品汚染					
	環境問題	公害，地球環境，地球温暖化，日本の取り組み					
	その他	行政の民主化・効率化，男女共同参画社会，日本的経営					
	指導法	指導計画，学習指導，教科教育					
	学習指導要領	内容理解，空欄補充，正誤選択					
高校倫理	哲学と宗教	三大宗教，ユダヤ教，宗教改革					●
	古代ギリシアの思想	古代ギリシアの諸思想，ヘレニズム哲学					●
	中国の思想	諸子百家，儒教，朱子学，陽明学					●
	ヨーロッパの思想(～近代)	ルネサンス，合理的精神，啓蒙思想，観念論					●
	日本人の思考様式	日本の風土と文化，日本人の倫理観，神道					●
	日本の仏教思想	奈良仏教，密教，末法思想，浄土信仰，鎌倉仏教					●
	日本の思想（近世）	日本の儒学，国学，心学，民衆の思想，洋学					●
	日本の思想（近代）	福沢諭吉，中江兆民，夏目漱石，内村鑑三，西田幾多郎					●
	現代の思想	実存主義，プラグマティズム，構造主義，ロールズ					
	その他	青年期の特質と課題，現代社会における倫理					
	指導法	指導計画，学習指導，教科教育					
	学習指導要領	内容理解，空欄補充，正誤選択					●

大分類	中分類（小分類）	主な出題事項	2020年度	2021年度	2022年度	2023年度	2024年度
高校公共	青年期の意義と課題	青年期の特質，精神分析，自己実現					●
	現代社会の特質	高度情報化社会，消費者問題					●
	人口問題	人口構造の変化，少子高齢化とその対策					
	労働問題	労働運動，労使関係，労働問題の現状					
	福祉問題	社会保障の仕組みと課題，年金制度					
	食糧問題	農業の課題，食糧自給，食品汚染					●
	環境問題	公害，地球環境，地球温暖化，日本の取り組み					●
	その他	行政の民主化･効率化，男女共同参画社会，日本的経営					
	指導法	指導計画，学習指導，教科教育					●
	学習指導要領	内容理解，空欄補充，正誤選択					

第２部

秋田県の
教員採用試験
実施問題

2024年度　実施問題

中学社会

○　全ての設問において，「中学校学習指導要領(平成29年3月告示)第2章第2節　社会」を「学習指導要領」,「中学校学習指導要領解説社会編(平成29年7月文部科学省」を「解説」と記す。)

【1】次は,「学習指導要領」に示されている地理的分野の目標の(3)である。(1), (2)の問いに答えよ。

> 日本や世界の地域に関わる諸事象について，[a]の実現を視野にそこで見られる課題を[b]に追究，解決しようとする態度を養うとともに，多面的・多角的な考察や深い理解を通して涵(かん)養される我が国の[c]に対する愛情，世界の諸地域の多様な生活文化を尊重しようとすることの大切さについての自覚などを深める。

(1)　「解説」では，目標の(3)は，地理的分野の学習を通じて育成される資質・能力のうち，何に関わるねらいを示しているとされているか，書け。

(2)　[a]～[c]に当てはまる語句をそれぞれ書け。

(☆☆☆☆◎◎◎)

【2】「学習指導要領」〔地理的分野〕2内容A「世界と日本の地域構成」と内容B(1)「世界各地の人々の生活と環境」に関する問題である。(1)～(4)の問いに答えよ。

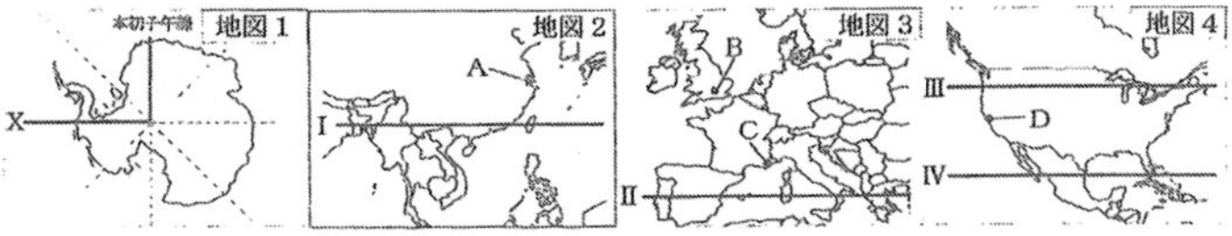

図　降水量の比較 (mm)

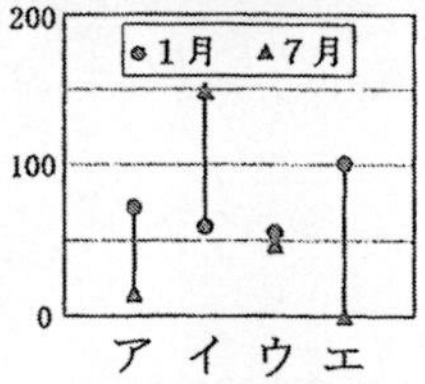

(「データブック オブ・ザ・ワールド2021」から作成)

(1)　地図1のXの経線が通る地図を，地図2～4から一つ選んで記号で書け。

(2)　地図中Ⅰ～Ⅳのうち，同じ緯度を示す緯線の組み合わせを，記号で書け。

(3)　図のア～エは，それぞれ地図中A～Dのいずれかの都市の降水量を表している。Bの都市を示すものを，一つ選んで記号で書け。また，その都市の気候の名称を書け。

(4)　世界の国々の名称と位置の数について，「解説」では，地理学習の全体を通して生徒が身に付ける「一応の目安」をどのように示しているか，「世界の(　　)程度を一応の目安とする。」に従って書け。

(☆☆☆◎◎◎)

【3】「学習指導要領」〔地理的分野〕2内容B(2)「世界の諸地域」に関する問題である。(1)～(5)の問いに答えよ。

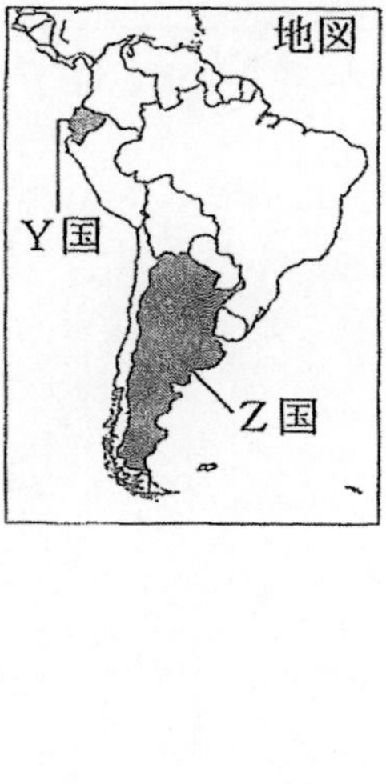

図1　ブラジルで減少した森林面積の累計

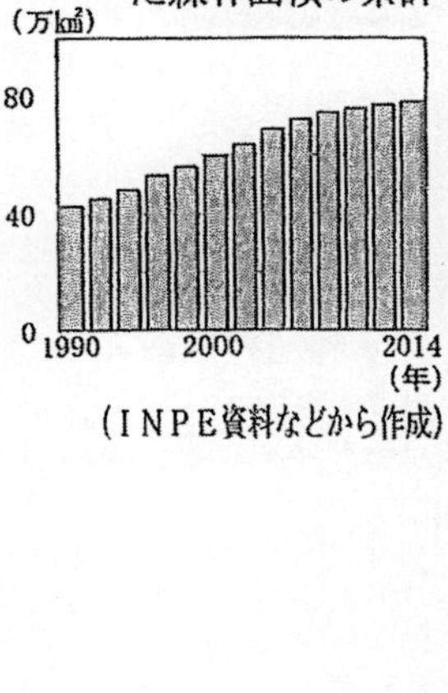

(INPE資料などから作成)

(1)　Y国の国名を書け。

(2)　Z国で最も信者数が多い宗教の名称を書け。

(3)　図1について，2014年時点で減少した森林面積の累計は，日本の国土面積の約何倍か，整数で書け。

(4)　バイオ燃料を使用することが，地球環境への配慮につながる理由を，図2を基に簡潔に書け。

　また，バイオ燃料の使用を推進する上での課題を，図1と図3から読み取り，書け。

図２　バイオ燃料の活用

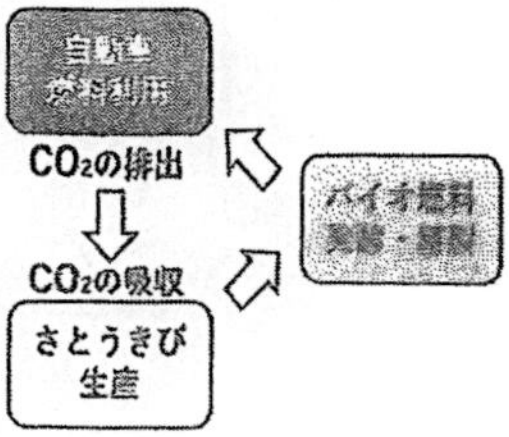

図３　森林減少の要因

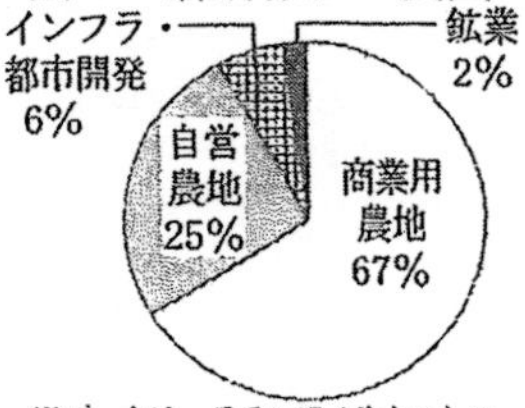

※データは、ラテンアメリカのもの。
(「世界森林白書2020」から作成)

(5)　次は，「世界の諸地域」における「州ごとに設ける主題」について「解説」を基にまとめたものである。［ a ］，［ b ］に入る適切な内容をそれぞれ書け。

> 主題は［ a ］が設定し，主題を追究する時間を確保するという観点から，各州［ b ］の主題に絞る。

(☆☆☆◎◎◎)

【4】「学習指導要領」〔地理的分野〕2内容C(2)「日本の地域的特色と地域区分」に関する問題である。(1)～(4)の問いに答えよ。

地図

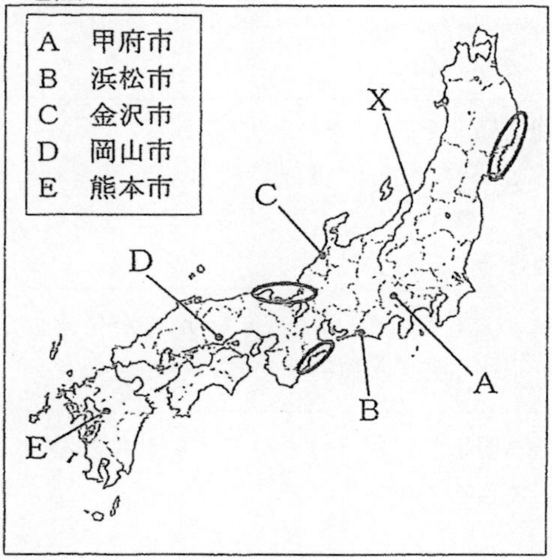

(1)　地図のXが示す河川名を書け。また，この河川の流域に広がる平野名を書け。

(2)　地図のA～Eの都市に関する問題である。

①　図とカードは，教師が授業で準備した資料の一部である。図が表す都市を，A～Eから一つ選んで記号を書け。

図　ある都市の気温と降水量

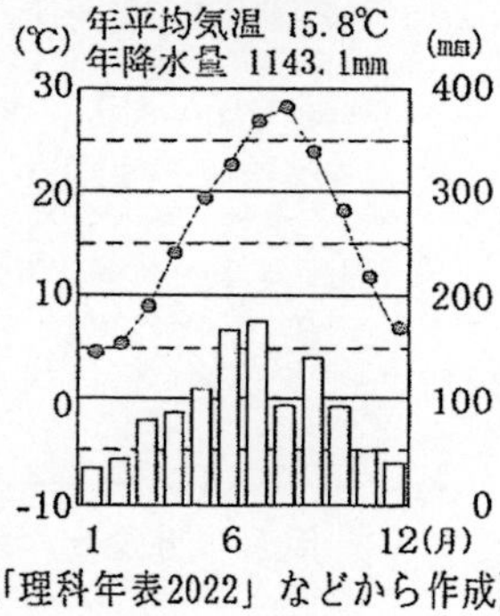

（「理科年表2022」などから作成）

カード

冬の季節風，夏の季節風がともに山地にさえぎられるため，降水量が少ない。

② 政令指定都市を，A～Eからすべて選んで記号を書け。

(3) 地図の⬭で示した海岸に共通して見られる特色について，生徒がまとめた文の［　Y　］に当てはまる語句と，［　Z　］に入る適切な内容をそれぞれ書け。

岬と湾が入り組んでいる［　Y　］海岸が発達しており，湾内は［　Z　］なので，養殖漁業が盛んである。

(4) 「学習指導要領」に示された「日本の地域的特色と地域区分」で取り上げる項目を四つ書け。

(☆☆☆◎◎◎)

【5】「学習指導要領」〔地理的分野〕2内容C(3)「日本の諸地域」に関する問題である。(1)～(6)の問いに答えよ。

地図

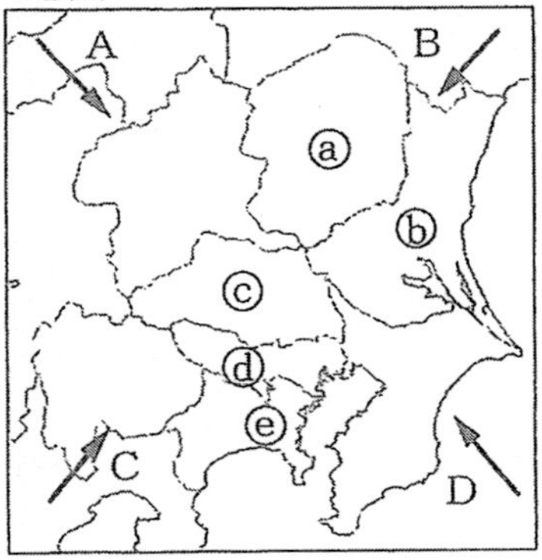

(1) 関東地方にふく「からっ風」の方角を，地図のA～Dから一つ選んで記号を書け。

(2) 関東平野に広がる，火山灰が堆積した赤土の名称を書け。

(3)　表のR県とS県を，地図のⓐ～ⓔからそれぞれ選んで記号を書け。また，R県とS県の県庁所在地名をそれぞれ書け。

表　野菜の生産量上位５県

	ほうれん草	ねぎ	きゅうり
1	R県	千葉県	宮崎県
2	群馬県	R県	群馬県
3	千葉県	S県	R県
4	S県	北海道	福島県
5	宮崎県	群馬県	千葉県

(「データでみる県勢」2022年版などから作成)

(4)　千葉県と比べた群馬県におけるキャベツ栽培の特徴について，図1と図2から読み取り，書け。

図１　群馬県、千葉県からの
キャベツの入荷量

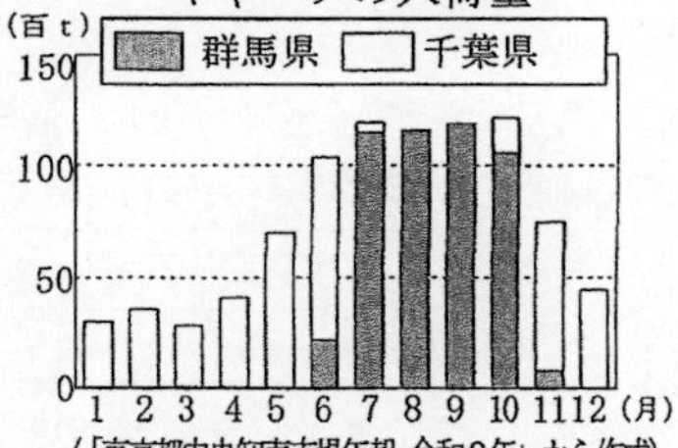

(「東京都中央卸売市場年報 令和2年」から作成)

図２　キャベツの主要生産地の
月別平均気温

(「気象庁資料」などから作成)

(5)　ある生徒が，野菜の生産地が都市の郊外から周辺地域へと拡大している理由をカードにまとめた。 A に当てはまる社会資本を書け。

カード

・［A］の整備 ・保冷車の普及などの冷蔵技術の進歩

(6)　次は，「日本の諸地域」について示した「解説」の一部である。［a］～［c］に当てはまる語句をそれぞれ書け。

中核とした地理的な事象は，他の事象とも関わり合って成り立っていることに着目して，それらを［a］に関連付けることで［b］に取り扱うこと，調べ，［c］する学習活動を通して地域的特色や地域の課題を捉えるようにすることなどが大切である。

(☆☆☆◎◎◎)

【６】次は，歴史的分野の目標の一部である。(1)，(2)の問いに答えよ。

(1)　我が国の歴史の大きな流れを，［a］を背景に，［b］を踏まえて理解するとともに，㋐諸資料から歴史に関する様々な情報を効果的に調べまとめる技能を身に付けるようにする。

(1)　［a］，［b］に入る適切な内容をそれぞれ書け。

(2)　下線部㋐に関連して，次は，「学習指導要領」〔歴史的分野〕3内容の取扱い(1)の内容である。

イ　㋑調査や諸資料から歴史に関わる事象についての様々な情報を効果的に収集し，読み取り，まとめる技能を身に付ける学習を重視すること。その際，［c］を活用した読み取りやまとめ，文献，図版などの多様な資料，［d］などの活用を十分に行うこと。

①　［c］，［d］に当てはまる語句をそれぞれ書け。

②　下線部㋑の技能の習得に当たって大切なことを，「解説」を踏

まえて書け。

(☆☆☆◎◎◎◎)

【7】次の表は，「学習指導要領」〔歴史的分野〕2内容B(1)「古代までの日本」に関する授業をするために教師がまとめたものの一部である。(1)～(3)の問いに答えよ。

取り上げる事項	a世界の古代文明	ギリシャ・ローマの文明	b宗教のおこり
内容の取扱い(一部抜粋)	・［A］の文明をはじめとして諸文明の特徴を取り扱い，［B］などの共通する特徴に気付かせる	・c政治制度など民主政治の来歴の観点から取り扱う	・古代の文明とともに大きく捉えさせるようにする

(1)　下線部aに関して，［A］に当てはまる語句を，「解説」を踏まえて書け。また，［B］に入る適切な内容を，「解説」を踏まえて三つ書け。

(2)　下線部bについて，資料が示す場所を聖地とする宗教の名称を書け。

資料

(3)　下線部cに関して，「解説」に示された次の内容の下線部dとはどのような制度が考えられるか，簡潔に書け。

> ・当時の政治制度について，現代につながる面と，d現代の民主主義とは異なる面の両面を踏まえて理解できるようにする。

(☆☆☆◎◎◎)

【8】「学習指導要領」〔歴史的分野〕2内容B(2)「中世の日本」に関する問題である。(1)～(4)の問いに答えよ。

資料1　(生徒のまとめ)

- 13世紀初め，チンギス・ハンがモンゴル帝国を築き，その子孫らとともに領土を拡大した。5代皇帝フビライ・ハンは$_a$国号を元と称した。
- モンゴル帝国は，各地の文化や宗教を認め，陸・海上の交通路を整えたため，$_b$東西の貿易や交流が盛んになった。

(1)　資料1は，元寇について学習する前の授業についての生徒のまとめである。

①　下線部aの後，元に滅ぼされた中国の王朝名を書け。

②　下線部bに関して，フビライ・ハンに仕え，日本の様子をヨーロッパに伝えた人物名を書け。

(2)　内容B(2)(ア)のねらいである「元寇がユーラシアの変化の中で起こったことを理解する」上で，資料1，資料2を基に気付かせたい「ユーラシアの変化」とは何か，［　A　］に当てはまる語句を，「解説」を踏まえて書け。

資料２

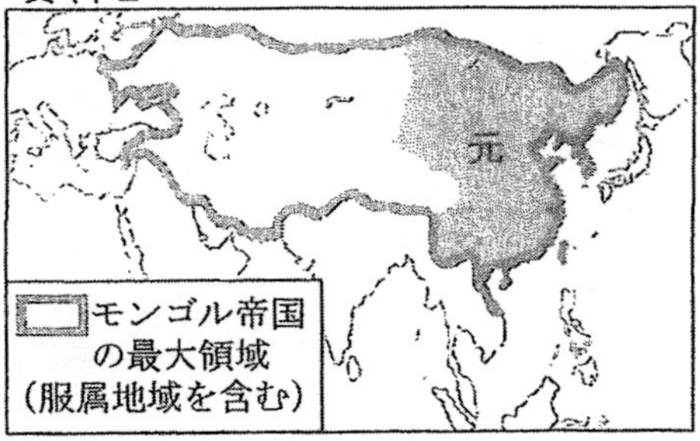

モンゴル帝国の拡大によるユーラシアの［　A　］

(3)　元寇の後に出された資料3の法令の名称を書け。

資料3

領地の質入れや売買は，御家人の生活が苦しくなるもとなので，今後は禁止する。…御家人以外の武士や庶民が御家人から買った土地については，売買後の年数に関わらず返さなければならない。(部分要約)

(4)　資料3が出された背景について，資料4から分かることを踏まえて簡潔に書け。

資料４

鎌倉時代の相続のしくみ（例）

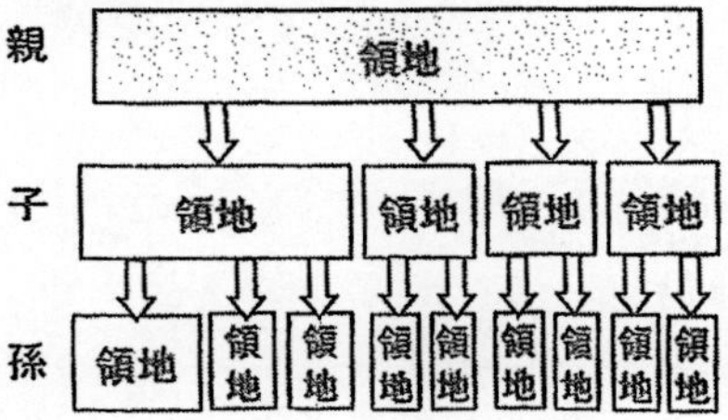

(☆☆☆◎◎◎)

【9】「学習指導要領」〔歴史的分野〕2内容C(1)「近代の日本と世界」に関する問題である。(1)～(6)の問いに答えよ。

生徒のノート　憲法の発布と国会の開設

○前時のまとめ

・板垣退助らが政府に対し国会を開くよう求めたことから［ A ］が始まり，全国に広まった。政府は a国会開設を約束した。

・国会開設に備えて政党が結成され，民間の憲法草案も多く作られた。政府は民権派を弾圧するなどした。

【疑問】　同じように議会政治の実現を目指していたはずなのに，なぜ民権派は政府に弾圧されたのか。

学習課題

◇明治政府はどのような憲法を作り，その下でどのような政治が行われたのだろうか。

年表

1874	民撰議院設立の建白書
⇕	㋐
1882	b伊藤博文，憲法調査のため欧州へ
1885	[B]制度創設
1886	ノルマントン号事件　……………P
1889	c大日本帝国憲法発布
1890	第1回d帝国議会
1894	e領事裁判権の撤廃
1911	条約改正の達成　…………………Q

(1) [A]，[B]に当てはまる語句をそれぞれ書け。ただし，[B]については資料4の[B]にも同じ語句が当てはまる。

(2) 年表の㋐の時期に起きたア～エのできごとを，古い順に並べ替え，記号を書け。

ア　集会条例制定　　　　イ　西南戦争がおこる

ウ　国会期成同盟結成　　エ　秋田事件がおこる

(3) 下線部aに関して，このとき政府内の対立で政府を追放され，板垣らと同時期に政党を結成した人物の名前を書け。

(4) 資料1～資料4は，学習課題について考える際に教師が準備した資料である。

資料1　東洋大日本国国憲按

第5条　日本の国家は日本人民の自由や権利を制限する規則を作り，実施することはできない。

第49条　日本人民は思想の自由を有する。

第70条　政府が国憲に反するときは日本人民はこれに従わな

くてもよい。

資料2　大日本国帝国憲法

第1条	大日本帝国ハ万世一系ノ天皇コレヲ統治ス
第4条	天皇ハ国ノ元首ニシテ統治権ヲ総覧シコノ憲法ノ上条規ニヨリコレヲ行ウ
第29条	日本臣民ハ法律ノ範囲内ニオイテ言論著作印行集会及結社ノ自由ヲ有ス

資料３　憲法発布式

資料４　憲法下の国のしくみ

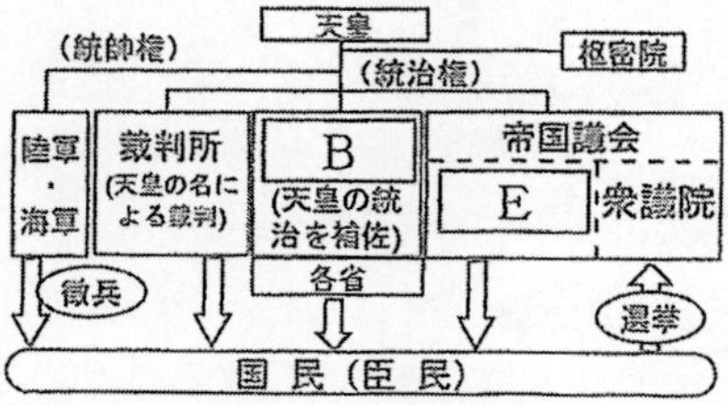

① 年表の下線部bによって政府が目指した憲法と，民権派が目指した憲法の違いを，資料1，資料2を参考に書け。

② 下線部c，下線部dに関して，資料3，資料4から分かることをまとめた次の文の［ C ］～［ E ］に当てはまる語句をそれぞれ書け。ただし，［ E ］については資料4の［ E ］にも同じ語句が当てはまる。

・憲法は[　C　]が[　D　]に与える形で発布された。
・帝国議会のうち，[　E　]については，選挙は行わず皇族や華族などから構成された。

(5)　年表のPとQについて，①，②の問いに答えよ。

①　Pの後に条約改正の世論が高まったのはなぜか，下線部eの語句を用いて簡潔に書け。

②　我が国がQを目指した背景にある，この時代の欧米諸国の動きについて，資料5を踏まえ，次の語句を用いて簡潔に書け。〔市場〕

資料5　欧米諸国の植民地（1905年）

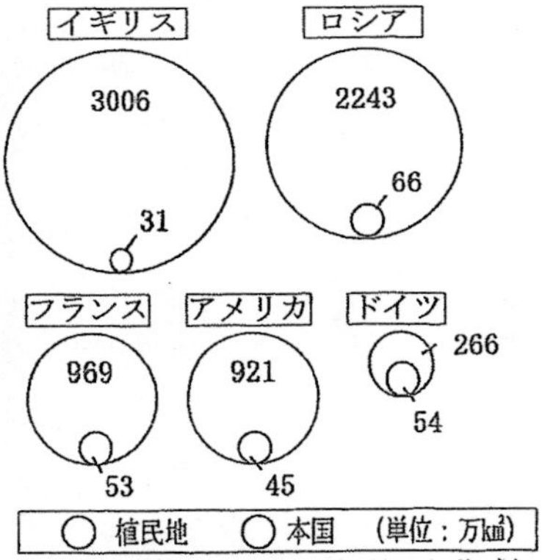

（「帝国主義論」などから作成）

(6)　次は，内容C(1)(ウ)のねらいである。

f<u>立憲制の国家が成立</u>して議会政治が始まるとともに，我が国の[　F　]が向上したことを理解すること。

①　下線部fに関して，大日本帝国憲法の制定について扱う際に気付かせたいことを，「解説」を踏まえて書け。

②　[　F　]に当てはまる語句を書け。

(☆☆☆☆◎◎◎)

【10】次は，公民的分野の「学習指導要領」に関する問題である。(1)，(2)の問いに答えよ。

資料1　目標の一部

(2)　社会的事象の意味や意義，特色や相互の関連を現代の社会生活と関連付けて<u>多面的・多角的に考察</u>したり，［ a ］について公正に判断したりする力，思考・判断したことを説明したり，それらを基に［ b ］したりする力を養う。

資料2

多面的・多角的に考察については，公民的分野の学習対象である現代の社会的事象が多様な［ c ］をもつとともに，それぞれが様々な条件や要因によって成り立ち，更に事象相互が関連し合って絶えず変化していることから，「多面的」に考察することを求めている。そして，このような社会的事象を捉えるに当たっては，多様な角度やいろいろな［ d ］に立って考えることが必要となることから「多角的」としている。

(1)　資料1の［ a ］に入る適切な内容と，［ b ］に当てはまる語句をそれぞれ書け。

(2)　資料2は，資料1の下線部について「解説」に示されている部分を抜粋したものである。［ c ］，［ d ］に当てはまる語句を，「解説」を踏まえてそれぞれ書け。

(☆☆☆◎◎◎◎)

【11】次は，「学習指導要領」〔公民的分野〕2内容A(1)「私たちが生きる現代社会と文化の特色」に関する授業の板書の一部である。(1)～(4)の問いに答えよ。

学習課題　現代の私たちの社会や生活には，どのような特色や変化が見られるのだろう。

資料１　道路案内標識の変化

◆グループＡのまとめ
行き先を英語や［　a　］を用いて示すなど，分かりやすい道案内となるようにしている。
↓
海外からの観光客が増えていることが背景にあるのではないか。

資料２　レストランの表示

◆グループＢのまとめ
誰もが安心して食事ができるように，［　b　］食品に配慮している。
↓
異文化理解の取組

資料３　公共施設の様子

◆グループＣのまとめ
階段の横に新たにスロープを設けて段差をなくしている。
↓
他にも［　c　］の工夫が見られる施設はないだろうか。

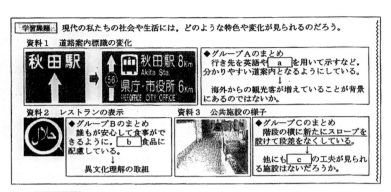

(1)［　a　］に当てはまる，情報を伝える絵や図の記号を何というか，カタカナで書け。

(2)［　b　］に入る適切な内容を，次の語句を用いて簡潔に書け。
〔宗教〕

(3)［　c　］に当てはまる，下線部の取組を説明した語句として最も適切なものを，一つ選んで記号を書け。
ア　イノベーション　　イ　フィンテック　　ウ　アセスメント
エ　バリアフリー

(4) この中項目で身に付ける「知識」に関わる事項について，「解説」には，次のように示されている。［　d　］～［　g　］に入る適切な内容を，「解説」を踏まえてそれぞれ書け。

> グローバル化については，大量の資本や人，商品，情報などが［　d　］することができるようになり，それに伴い国内外に変化が生じていること，各国の［　e　］が強まっていること，共存のために［　f　］が必要とされていることを理解できるようにすることを意味している。
>
> その際，日常の社会生活と関わりの深い［　g　］を取り上げ，現代社会の特色を理解できるようにすることが大切である。

(☆☆☆◎◎◎◎)

【12】次は,「学習指導要領」〔公民的分野〕2内容C(2)「民主政治と政治参加」に関する問題である。(1)～(5)の問いに答えよ。

資料1

> 法律などのきまりに基づいて事件を解決することを司法といい,この役割を果たしているのが裁判所である。裁判所には,全国に1か所しかない[a]と,各地にある[b]からなる。[b]には,高等裁判所,地方裁判所,家庭裁判所,簡易裁判所の4種類がある。

資料2

> <u>裁判員制度</u>は,国民が裁判員として刑事裁判に参加し,裁判官と一緒に[c]の有罪・無罪や刑の内容を決める制度で,2009年から行われている。
>
> 国民が刑事裁判に参加することによって期待されるのは[d]である。

資料3

> 第[e]条 ③ すべて裁判官は,その[f]に従ひ独立してその職権を行ひ,この憲法及び[g]にのみ拘束される。

(1) 資料1の[a],[b]に当てはまる語句をそれぞれ書け。ただし,[b]には同じ語句が当てはまる。

(2) 資料2に関連した問題である。

① [c]に当てはまる語句を書け。

② [d]に入る適切な内容を,次の語句を用いて書け。〔反映　信頼〕

③ 下線部について述べた文として適切なものを,一つ選んで記号を書け。

ア 裁判員裁判は,非公開のため一般の人は傍聴できない。

イ　高等裁判所でも，裁判員制度によって裁判が行われる。
ウ　裁判官と裁判員全員が一致しなければ，評決は行われない。
エ　一つの事件は，原則として6人の裁判員と3人の裁判官が担当する。

(3)　次の図に関連した問題である。

図

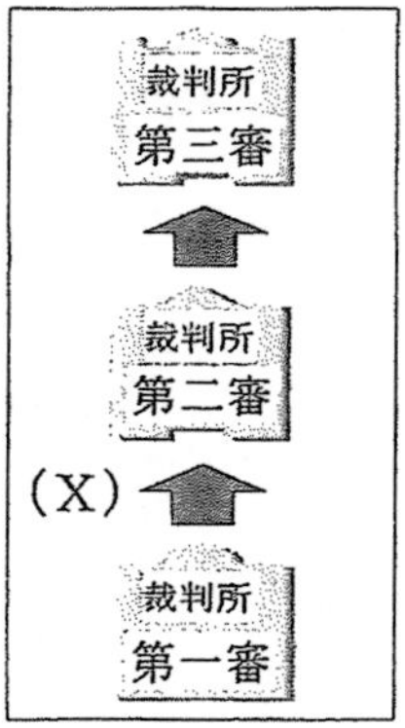

①　図に示した仕組みの名称と，そのねらいをそれぞれ書け。
②　第一審の判決に不服の場合には，(X)の手続きが取られる。(X)に当てはまる語句を書け。

(4)　生徒は，国民審査についてノートに次のように会とめた。

・国民には，［ Y ］権の一つとして国民審査の権利が保障されている。 ・国民は，国民審査で［ Z ］であるかを判断している。

①　［ Y ］に当てはまる語句を書け。
②　［ Z ］に入る適切な内容を，審査される対象を明らかにして書け。

(5)　資料3は，司法権の独立に関する憲法の条文の一部を示している。
①　［ e ］に当てはまる数字と，［ f ］，［ g ］に当てはまる語句をそれぞれ書け。

② 法に基づく公正な裁判の保障があることについて，抽象的な理解にならないようにするための工夫を，「解説」を踏まえて書け。

(☆☆☆☆◎◎◎)

【13】以下は，本県における「公立高等学校一般選抜学力検査問題」の一部である。この問題に次のように解答した生徒がいた。この生徒が理解していない内容に触れ，授業改善の具体を社会科の特質を踏まえ，次の語句を用いて書け。

〔納得　　事実〕

＜問題＞

表は，国連の安全保障理事会における決議の投票結果である。この決議が採択されたか，採択されなかったかのどちらかを ◯ で囲み，その理由を表をもとに書きなさい。

表　中東の情勢に関する決議の投票結果

	賛成	反対	棄権
常任理事国	3か国	1か国	1か国
非常任理事国	9か国	1か国	なし

(国際連合広報センター資料から作成)

＜ある生徒の解答＞

(採択された)　　採択されなかった

〔理由〕15か国中，過半数の12か国が賛成したから。

(☆☆◎◎◎)

地理・歴史

【1】18世紀に始まった産業革命と，19世紀に始まった第2次産業革命を学習する際に，次の補助資料1及び補助資料2をそれぞれ用いて生徒の

理解を深めようと考えた。これを読んで，以下の問いに答えよ。

<補助資料1>

①18世紀のイギリスで始まった産業革命では，動力源として石炭が重要な役割を果たしていました。石炭は，現在，世界の中で中国と②インドがその生産の上位を占めていますが，もともと世界中で産出されており，各地で古くから利用されてきました。中国では紀元前4世紀から紀元後3世紀にかけて書かれたといわれる『山海経』や，③北魏の酈道元が著した『水経注』にもその記述が見られます。また紀元前4世紀にギリシア人が記した文献には石炭を燃焼し鍛冶に使っていたと書かれています。

ただ，石炭が燃えるときに出る煙と臭いは人々を苦しめ，13世紀のイギリスでは石炭使用禁止令が出されたほどでした。しかし④大航海時代以降，ヨーロッパでは各国で貿易船や軍艦の建造が増したこと，鉄を増産するために木材を原料とする大量の木炭が必要になったことなどが原因で，森林資源の枯渇が問題となっていました。特に深刻だったのがイギリスです。イギリスはオランダや⑤ドイツから製鉄技術を取り入れ，鋳造大砲の増産を図っていました。⑥射程距離の長い鉄製鋳造大砲を載せたイギリス艦隊は，イギリスの世界進出に大いに貢献していました。しかし他国に比べ森林資源が乏しいイギリスでは木炭の確保が難しくなり，一時は鉄の国内生産が減少に転じてしまったことがありました。それでも鉄の需要は増加傾向にあり，鉄を国産化して利潤を拡大するため，木炭に代わるものが何としても必要となったのです。

その問題解決のため，石炭の利用が急拡大しました。ただ，石炭を利用する場合，石炭に含まれる硫黄分が影響して鉄がもろくなってしまうという問題がありました。これを解決したのが，石炭を蒸し焼きにして抽出される，硫黄分の低いコークスです。またコークスが燃焼することによって得られる温度は非常に高く，鉄の生産性を飛躍的に向上させました。こうして，製鉄に石炭を活用する道が拓かれたのです。

製鉄業での利用以外にも，森林資源の減少により薪の代わりに廉価な石炭が家庭の暖房などの燃料として普及したため石炭の需要は高まりましたが，石炭には採掘が難しいという欠点がありました。炭鉱は地下で掘る場合が多く，石炭とともに大量の地下水が湧いてくるため，炭坑内の排水が問題だったのです。これを解決するために⑦蒸気機関が開発・実用化され，蒸気の力で排水ポンプを動かすことで，石炭増産が可能になりました。さらに蒸気機関は木綿工業の発展や交通革命に大きく貢献したのでした。

(1)　下線部①に関連して，18世紀のイギリスで産業革命が始まった背景について，次の語句を用いて100字以内で説明せよ。

[　大西洋三角貿易　　農業革命　　キャラコ　]

(2)　下線部②に関連して，インドの歴史について述べた次の文ア～エのうち，正しいものを一つ選んで記号を書け。

ア　クシャーナ朝時代にはサンスクリット文学の代表とされる『シャクンタラー』などが著され，純インド的な表情をもつ美術様式も生まれた。

イ　ムガル帝国第3代皇帝のアウラングゼーブはヒンドゥー教徒とイスラーム教徒の融合をはかり，非イスラーム教徒に課されていたジズヤを廃止した。

ウ　イギリスのグラッドストン内閣は1877年にヴィクトリア女王を皇帝とするインド帝国を成立させ，インドを直接統治する体制を整えた。

エ　ローラット法を制定するなど反英運動への弾圧を強めたイギリスに対し，インド国民会議派のネルーたちはインド独立を目指す動きを強めた。

(3)　下線部③に関連して，5世紀後半に北魏を治めた孝文帝の国内政策について，次の語句を用いて100字以内で説明せよ。

[　村落制度　　平城　　漢化政策　　隋・唐　]

(4)　下線部④に関連して，1498年喜望峰を経由してインドのカリカットに到達し，インド航路を開拓したポルトガル人の人物名を記せ。

(5)　下線部⑤に関連して，「鉄血政策」を進めてドイツの統一を目指した，19世紀プロイセン王国の首相の人物名を記せ。

(6)　下線部⑥に関連して，16世紀後半から17世紀初頭にかけてのヨーロッパにおける外交関係について述べた次の文ア～エのうち，正しいものを一つ選んで記号を書け。

ア　スペイン国王フェリペ2世は1580年にポルトガルの王位を兼ね，スペインとポルトガルは同君連合となった。

イ　フランスはオスマン帝国のセリム2世からカピチュレーションを認められ，イスラーム教国と初めて軍事同盟を結ぶことになった。

ウ　イギリス女王エリザベス1世はオランダの独立を支援したが，1588年のスペインとの戦いで無敵艦隊に敗れた。

エ　神聖ローマ帝国はオラニエ公ウィレムを支援し，ユトレヒト同盟に参加してスペインと戦った。

(7)　下線部⑦に関連して，蒸気機関の開発・実用化に貢献したイギリス人の人物名あ・い と，補助資料1から読み取れる事柄X・Yとの組合せとして正しいものを，以下のア～エから一つ選んで記号を書け。

【人物名】

あ　ニューコメン　　い　クロンプトン

【補助資料1から読み取れる事柄】

X　石炭は世界中で産出される資源だが，古代ギリシア人たちはプトレマイオス朝が滅亡するまでその利用方法を知らなかった。

Y　イギリスでは木炭確保が困難になったことの他に，石炭加工技術が向上したことも石炭の利用促進につながった。

ア　あ－X　　イ　あ－Y　　ウ　い－X　　エ　い－Y

＜補助資料2＞

19世紀後半から始まった第2次産業革命では，新たな動力源として石油に注目が集まることになりました。石油の存在自体は，はるか昔より知られており，⑧紀元前3000年頃のメソポタミアでは地面から染み出た石油が変化してできる天然アスファルトを，建造物の接着や水路の防水などに使っていました。また，『旧約聖書』では，ノアの箱舟の防水材やバベルの塔のレンガの接着材として天然アスファルトが登場しています。

現在，石油は様々な用途に使われていますが，石油を加工して最初に作られたのは，明かりを灯すための灯油でした。背景には，それまでランプに使用されていた，⑨鯨からとれる鯨油の価格が高騰していたことが挙げられます。

当初灯油は，地面から染み出てくる天然アスファルトを精製して作られていました。しかしアスファルトから灯油を作るのと同じ方法で石油でも灯油を精製できることが分かっていたので，灯油の需要が高まると液状の石油を大量に産出することを目指して，各地で油井の掘削が行われたのでした。

さらに石油は明かりを灯す灯油としてだけではなく，新たに開発された⑩ガソリン内燃機関の燃料としてその需要を飛躍的に伸ばすことになります。特に軍事分野では軍艦・戦車・戦闘機などにガソリン内燃機関が搭載され，石油は軍事燃料としての性格を強くしていきました。それはすなわち，石油を確保しなければ戦いに勝つことができないことを意味しています。それを欧米各国が思い知ったのが⑪第一次世界大戦でした。20世紀初めに世界の石油の約6割を生産していたアメリカが連合国側について参戦したことで，連合国側は潤沢な燃料供給が可能になりました。一方，産油国を味方に持たない同盟国側は連合国側による海上封鎖などにより次第に石油確保の道を閉ざされ，ついに敗北を迎えたのでした。

石油の確保が国の存亡を左右すると痛感した欧米各国は，第一次世界大戦後，石油の囲い込みを始め，特に⑫中東地域にはアメリカ・イギリス・オランダの企業を中心としたいわゆる石油メジャーが進出し，それらの企業が世界の石油市場を支配する体制が作られていきました。

やがて第二次世界大戦が勃発しますが，そこでも石油を巡る攻防が見られます。例えば，⑬1941年にドイツがソ連に侵攻したねらいのひとつは，ソ連領内の油田の確保にあったといわれていますし，同年12月に日本とアメリカが開戦した背景にも⑭東南アジアの石油資源を求める日本と，それを警戒するアメリカとの対立がありました。そして結局，ドイツ，日本という石油資源に恵まれない国は，石油資源を潤沢に持つ国に敗れることになりました。

第二次世界大戦後の石油産業は，石油メジャーを中心に営まれ，供給源は中東・アラブ地域に集中していきました。しかしそれらの地域の産油国は，やがて石油メジャーの動きに対抗して自国の利益を守るため，⑮様々な対抗措置を講ずるようになります。また⑯この地域の政治的混乱は世界の石油市場に影響を与えるため，その動向は日本をはじめ各国から注視されています。

(8)　下線部⑧に関連して，資料Ⅰは前18世紀頃にメソポタミアを支配したバビロン第1王朝の王が発布した法典の一部である。発布した王の人物名を明らかにしながら，法典の特徴について，次の語句を用いて60字以内で説明せよ。

[　被害者　]

資料Ⅰ

53条	自分の堤防を強固にすることをおこたったために，その堤防で崩壊がおこり，水が耕地を流し去ったときは，崩壊した箇所の堤防の所有者は，彼が流出させた穀物をつぐなわなければならない。
195条	息子がその父をなぐったときは，その腕を切り落とされる。
196条	他人の目をつぶした者は，その目をつぶされる。
199条	他人の奴隷の目をつぶしたり，骨を折ったりした者は，その奴隷の値の半分を支払う。

[『詳説世界史』改訂版]　(山川出版社，2017)

(9)　下線部⑨に関連して，低賃金で過酷な労働環境に置かれていたアメリカの熟練捕鯨者の中には，1848年以降，捕鯨業を離れてカリフォルニア州へ集まってきた者が少なくなかった。なぜ彼らがこの地域に集まってきたのか，その理由を15字程度で説明せよ。

(10)　下線部⑩に関連して，ガソリン内燃機関はやがて四輪車に搭載されて自動車の誕生につながった。20世紀初頭のアメリカでコンベヤーラインによる自動車の組み立てを実用化し，「自動車王」とよばれた実業家の人物名を記せ。

(11)　下線部⑪に関連して，ドイツと同盟を結びながら，ロンドン秘密条約によって1915年オーストリアに宣戦し連合国側で参戦した国の国名を記せ。

(12)　下線部⑫に関連して，第一次世界大戦後のイスラーム諸国の動向について述べた次の文ア～エのうち，誤っているものを一つ選んで記号を書け。

ア　エジプトではワフド党を中心に独立運動が展開され，1922年にイギリスが保護権を放棄したことにともないエジプト王国が成立した。

イ　カージャール朝のイランではレザー＝ハーンがクーデタによって実権を握り，1925年にパフレヴィー朝を開いた。

ウ　アラビア半島ではワッハーブ王国の再興をめざすフセインが1932年にサウジアラビア王国を建設した。

エ　パレスチナ地方はイギリスの委任統治領となり，アラブ・ユダヤの両民族がそれぞれの主権を主張して衝突した。

(13)　下線部⑬に関連して，1942年7月～1943年2月にかけて独ソ戦の転換点となる激しい市街戦が展開された都市の名称あ・いと，補助資料2から読み取れる事柄X・Yの組合せとして正しいものを，以下のア～エから一つ選んで記号を書け。

【都市名】

あ　レニングラード　　い　スターリングラード

【補助資料2から読み取れる事柄】

X　鯨油の価格高騰によって灯油の需要が高まり，世界各地で油井が掘削された結果，20世紀初めには世界の石油の約7割を中東地域で産出するようになった。

Y　ガソリン内燃機関が軍事転用されたことにより，その燃料となる石油の確保が戦争の勝敗を左右する一因になっていった。

ア　あ－X　　イ　あ－Y　　ウ　い－X　　エ　い－Y

(14)　下線部⑭に関連して，資料Ⅱは1941年にアメリカ国務長官ハルが対日交渉で日本側に提示したものの一部である。資料中の(　A　)に当てはまる適切な地名を記せ。

資料Ⅱ

> 3，日本国政府は支那および印度支那より一切の陸・海・空軍兵力および警察力を撤収すべし
> 4，合衆国政府および日本国政府は臨時に首都を(　A　)における中華民国国民政府以外の支那におけるいかなる政府もしくは政権をも軍事的・経済的に支持せざるべし
> 7，合衆国政府および日本国政府はそれぞれ合衆国にある日本資金および日本国にある米国資金に対する凍結措置を撤廃すべし

[『現代の歴史総合』]　(山川出版社，2022)

(15)　下線部⑮に関連して，1960年イラン・イラク・サウジアラビア・クウェート・ベネズエラによって設立された産油国の協力組織の名称を，アルファベットの略称で記せ。

(16)　下線部⑯に関連して，資料Ⅲは国際的な原油価格の推移を表したグラフである。1979～80年にかけて原油価格が大きく変化した理由に最も関係の深い史料を，以下のア～エから一つ選んで記号を書け。

資料Ⅲ

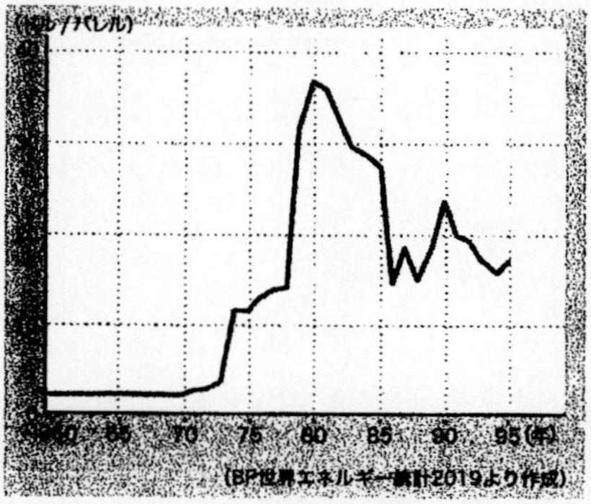

［『現代の歴史総合』］（山川出版社，2022）

ア「われわれはハイ・ダム〔アスワン・ハイ・ダムのこと〕をつくり，われわれの権利をわれわれの手におさめようと思う。われわれの欲するようにつくろうと思い，その決心である。スエズ運河会社が毎年あつめる3500万ポンドは今後われわれの手でこれをあつめるであろう。一億ドルの金がわれわれの手でエジプトの利益のためにあつめられるだろう。」

イ「第1条　イラン政体はイスラーム共和制である。コーランの正義の確信に基づき，イマーム・ホメイニーの指導下で闘われた…革命に続き，……国民投票で98.2％の支持で承認された体制である。

第91条　イスラーム法規と憲法擁護を目的に，国民議会の法案がそれらと矛盾しないようにするため，以下の構成で監督者評議会を設置する。」

ウ「我が人民の栄誉あるインティファーダを継続するために，あらゆる場所で団結し闘う我が同胞たちの意志を絶やさぬために……そしてわれわれの革命と勇敢なる我ら人民の一層の団結と連帯のために，最後に我が人民の唯一正当な代表PLOの，英雄的なインティファーダを断固維持せよとの呼びかけに応えて，われわれは以下のように訴える。」

エ 「イラン国民の繁栄の名において，また世界平和の確保のために，われわれ署名人は例外なくイラン全土における石油産業が国有化されることを，即ち全ての試掘，採掘および操業行為が政府の手に帰せられることを提案する。」

[歴史学研究会　編『世界史史料第11巻』]　(岩波書店，2012年)

(☆☆☆◎◎◎)

【２】次の各資料を見て，以下の問いに答えよ。

資料Ⅰ

> 北海道・北東北の縄文遺跡群は，先史時代の人々の農耕社会以前の生活の在り方と複雑な精神性を示す①17の考古遺跡から構成されている。北海道南部及び北東北に位置するこのシリアルプロパティ(構成資産)は，紀元前13,000年から紀元前400年までに発展した北東アジアにおける狩猟・漁労・採集社会による②定住の開始，発展，成熟を示している。
>
> (国際記念物遺跡会議(イコモス＝ユネスコの諮問機関)の評価書，原英文)

(1)　縄文時代の風習や信仰として適当でないものを，次のア～エから一つ選んで記号を書け。

ア　抜歯　　イ　屈葬　　ウ　埴輪　　エ　石棒

(2)　下線部①について，秋田県の大湯環状列石や伊勢堂岱遺跡などにみられる環状列石(ストーン＝サークル)は，何のための施設と考えられているかを記せ。

(3)　下線部②について，縄文時代に定住が始まったと考える根拠について，この時代に用いられた道具の名称を明らかにしながら20字程度で説明せよ。

資料Ⅱ

（『蒙古襲来絵詞』）

(4)　資料Ⅱは，肥後国の御家人竹崎季長が，御恩奉行安達泰盛に文永の役での活躍の恩賞を求めている場面である。これを参考に，鎌倉幕府の主従関係について，次の語句を用いて100字以内で説明せよ。

[　地頭　　奉公　　警護　]

(5)　資料Ⅱの安達泰盛はその後どうなったか。鎌倉幕府内部の権力争いに触れながら，簡潔に説明せよ。

資料Ⅲ

覚

一　諸国御料所又は私領と入組候場所にても，新田ニ成るべき場所之有るに於てハ，其所の御代官，地頭 幷(ならびに) 百姓申し談じ，何も得心の上新田取立候仕形，委細絵図・書付ニしるし，…関八州ハ江戸町奉行所え願出づべく候…

(享保七年)　寅七月廿六日　　　奉行

(『御触書寛保集成』)

(6)　資料Ⅲは，1722年に江戸日本橋に立てられた新田開発を奨励する高札である。商業の中心であった日本橋に立てたねらいは何か。簡潔に説明せよ。

(7)　江戸時代に普及した金肥の用途について，おもな肥料とその産地にも言及しながら30字程度で説明せよ。

資料Ⅳ

浅間しや富士より高き米相場　火の降る江戸に砂の降るとは 役人の子はにぎにぎをよくおぼえ

(8) 資料Ⅳは田沼意次の政治への風刺であるが，商人の経済力を利用して幕府財政を再建しようとした先見性のある政治家という評価もある。田沼の経済政策について，次の語句を用いて60字程度で説明せよ。

[運上・冥加　俵物]

(9) 資料Ⅳに関して，田沼意次が計数銀貨の南鐐二朱銀を鋳造させた目的は何か。20字程度で説明せよ。

(10) 資料Ⅳの田沼時代の文化について，1774年に杉田玄白らが西洋医学の『ターヘル＝アナトミア』を訳述した解剖書を記せ。

資料Ⅴ

(A)午(うま)のとし，諸国人別改られしに，まへの子(ね)のとしよりは諸国にて百四十万人減じぬ。この減じたる人みな死うせしにはあらず。只帳外となり，又は出家山伏となり，又は無宿となり，又は③江戸へ出て人別にもいらずさまよひありく徒とは成りにける。 (『宇下人言』)

(11) 空欄(A)に当てはまる年号を，次のア～エから一つ選んで記号を書け。

ア 寛永　イ 享保　ウ 天明　エ 天保

(12) 下線部③への対策として出された，資金を与えて農村に帰ることを奨励した法令を記せ。

資料Ⅵ

(13)　資料Ⅵは，1881年に完成した東京国立博物館旧本館である。これを設計したイギリス人建築家を記せ。なお，この人物は「ニコライ堂」などの設計も手がけている。

(14)　資料Ⅵの建築物が完成する4年前，同じ上野公園で第1回内国勧業博覧会が開催された。この博覧会を主催した省庁を，次のア～エから一つ選んで記号を書け。

ア　内務省　　イ　大蔵省　　ウ　工部省　　エ　農商務省

資料Ⅶ

> 金の輸出禁止の為めに，我財界が斯くの如く不安定になって居りますから，一日も速やかに金解禁を実行しなければならぬのであります。併(しか)しながら今日の現状の儘(まま)では金の解禁は出来ないのであります。…然らばどうして金の解禁をすることが出来るかと申しますと，用意が要ります。…即ち今日の不景気を転回するには骨は折れても，最も確かな道で，最も近い道をとらねばならぬのであります。
>
> (『(　B　)論叢』)

(15)　資料Ⅶについて，浜口雄幸内閣が金輸出解禁に向けて行った経済政策について，(　B　)に入る大蔵大臣の名前を明らかにしながら，次の語句を用いて50字以内で説明せよ。

[　物価の引き下げ　　国際競争力　]

(16)　昭和恐慌以前の1920年代から米価は下落傾向にあったが，その原因について，政府の対外政策に着目しながら20字程度で説明せよ。

(17)　次の文の空欄(　C　)，(　D　)に適語を記せ。

> 1931年に成立した犬養毅内閣の高橋是清蔵相は，ただちに金輸出再禁止を断行し，円相場の大幅な下落を利用して輸出をのばしていった。とくに(　C　)の輸出拡大はめざましく，イギリスにかわって世界第1位の規模に達した。輸出の躍進に加え，(　D　)の発行による軍事費・農村救済費を中心とする財政の膨張で産業界は活気づき，ほかの資本主義国に先がけて1933年頃には世界恐慌以前の生産水準を回復した。

(☆☆☆☆◎◎◎)

【３】「高等学校学習指導要領解説地理歴史編(平成30年7月文部科学省)」では，諸資料から必要な情報を適切かつ効果的に収集し，読み取り，まとめる技能を身に付けるようにすることが求められている。生徒にそのような力を身に付けさせたい。各資料を用いた，世界の諸課題と人々の生活に関する次の問いに答えよ。

(1)　次の図1は，各国の二酸化炭素排出量の推移を示したものである。図1中のア～エは，日本，インド，インドネシア，ドイツのいずれかを示している。インドネシアに当てはまるものを，図1中のア～エから一つ選んで記号を書け。

図1　各国の二酸化炭素排出量の推移

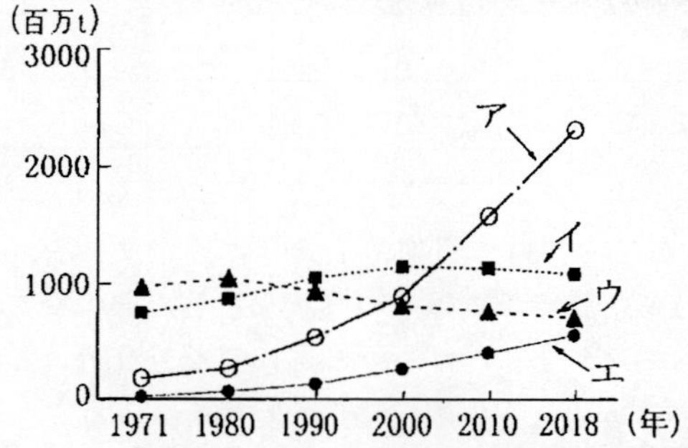

(「地理データファイル2021年度版」から作成)

(2)　次の図2は，穀物の輸出量と穀物の生産量の世界に占める各地域の割合を示したものである。図2中のア～エはアジア，アフリカ，ヨーロッパ，南アメリカのいずれかを示している。アフリカとヨーロッパに当てはまるものを，図2中のア～エからそれぞれ一つずつ選んで記号を書け。

図2　世界に占める各地域の割合(2018年)

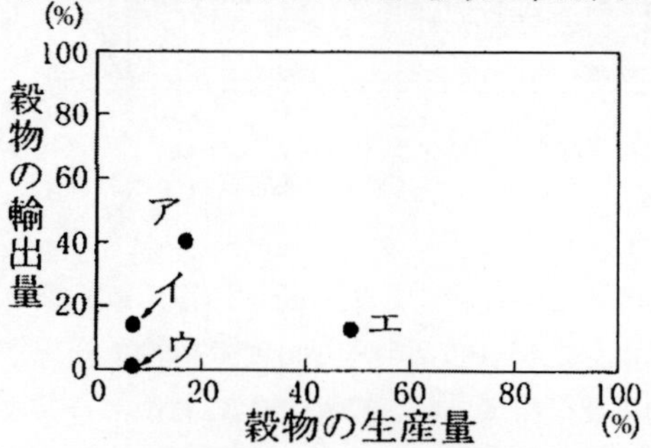

(「地理データファイル2021年度版」から作成)

(3)　次の表は，各国の水資源利用を示したものである。表中のア～オは，中国，ナイジェリア，アメリカ合衆国，ブラジル，オーストラリアのいずれかを示している。中国とアメリカ合衆国に当てはまるものを，表中のア～オからそれぞれ一つずつ選んで記号を書け。

表　各国の水資源利用(2014年)

	水資源量		部門別取水量(%)			生活用水使用量
	計(10億m³)	1人当たり(m³)	生活	工業	農業	(L/人/日)
ア	8 647	42 343	23	17	60	231
イ	2 840	2 043	12	23	65	144
ウ	492	20 959	22	13	66	514
エ	3 069	9 659	13	51	36	545
オ	286	1 622	31	15	54	63

(「データブック オブ・ザ・ワールド2022年版」などから作成)

(4)　次の図3中のア～エは，日本，アメリカ，フランス，ドイツのいずれかにおける貨物の国内輸送の内訳を示したものである。日本に当てはまるものを，ア～エから一つ選んで記号を書け。また，他国と比較した，日本の貨物の国内輸送の特徴を読み取り，その背景とともに以下の語句を用いて，40字以内で説明せよ。

図３　各国の国内輸送の内訳(貨物)(2009年)

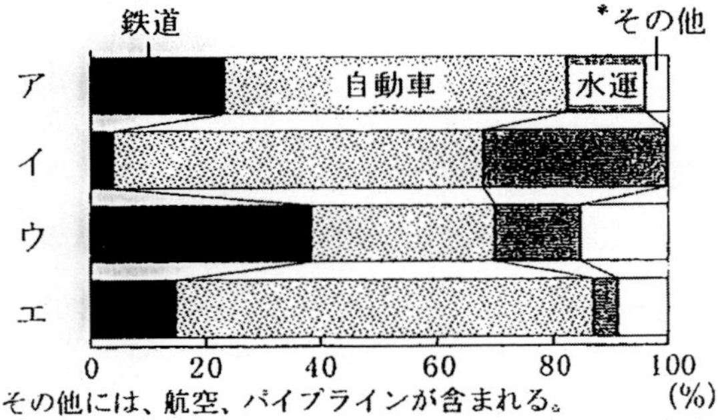

*その他には、航空、パイプラインが含まれる。
(国土交通省資料などから作成)

[　大量運搬　]

(5)　地球上の位置と地図に関する次の問いに答えよ。

①　次の写真は，北緯40度と東経140度の緯線と経線が交わる地点に建てられた記念塔である。この地点の対蹠点の緯度と経度をそれぞれ記せ。

写真

② 自然災害による被害の軽減や防災に使用する目的で，被災想定区域や避難場所などを表示した地図を何というか。カタカナで記せ。

③ 次の図4中の「灰塚」，「十二」，「平林」の各集落が立地している地形はどのような地形か。具体的な地形名をあげながら，そのように判断する理由を含めて50字以内で説明せよ。

図4

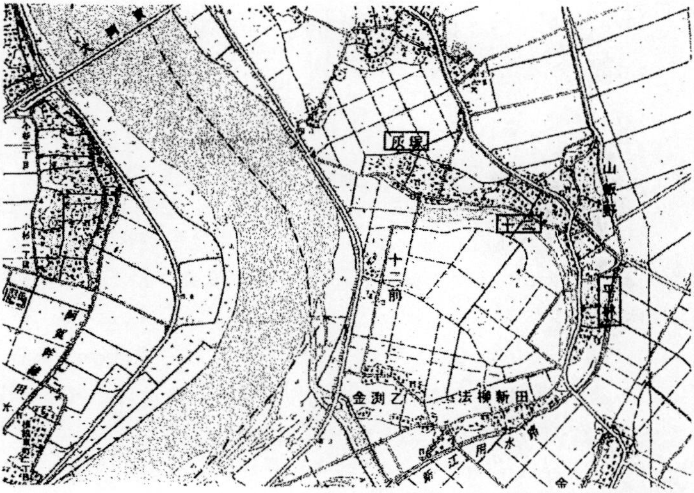

国土地理院2万5千分の1地形図「水原」の一部(平成22年発行)

(☆☆☆◎◎◎)

【4】次の地図を見て，以下の問いに答えよ。

地図

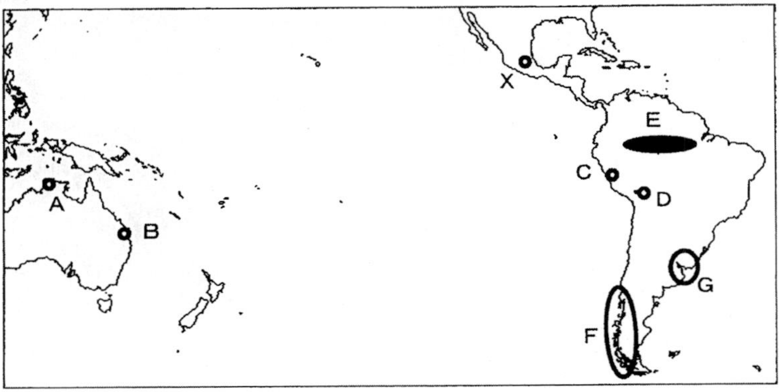

(1) 次のア～エの雨温図は，地図中のA～Dのいずれかの地点の雨温図である。地図中のCの地点に当てはまる雨温図を，次のア～エから一つ選んで記号を書け。

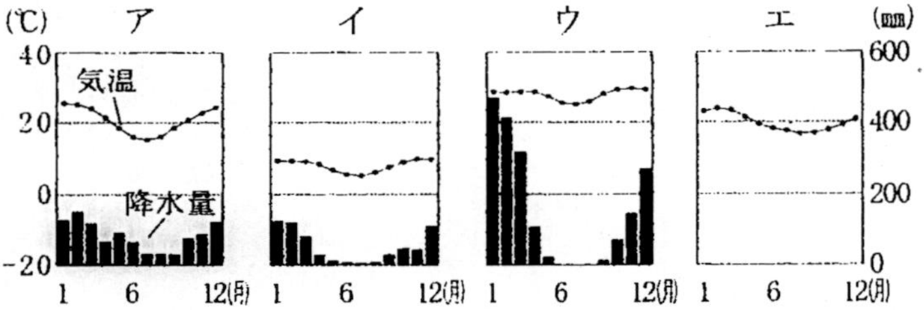

(「理科年表2022年版」から作成)

(2) 地図中のEの地域で見られる植生と土壌について，50字以内で説明せよ。

(3) 地図中のFとGの海岸では，それぞれ異なる成因からなる，特色のある地形が見られる。FとGの海岸で見られる地形の名称と特色を，地形の成因を踏まえて，それぞれ40字程度で説明せよ。

(4) ラテンアメリカについて述べた次の文中の空欄(H)，(I)に適語を記せ。

ラテンアメリカでは，人種や民族の混血が進んでおり，国によって人口構成は多様である。メキシコやコロンビア，チリなどでは，ヨーロッパ系と先住民の混血である(H)の比率が高い。農業では，スペインやポルトガルから大土地所有制が持ち込まれ，大規模な農場に多くの労働者を雇い，農園主の管理の下に農業経営が行われた。大土地所有制に基づく大農園は，地域によって名称が異なり，アルゼンチンやウルグアイでは(I)とよばれている。

(5) 次の表は，主な鉱産資源の産出上位国を示したものである。表中の空欄(J)～(M)には，ペルー，メキシコ，ブラジル，チリのいずれかが当てはまる。(J)と(K)に当てはまる国名をそれぞれ記せ。

表 主な鉱産資源の産出上位国(2016年)

	鉄鉱石	銅鉱	銀鉱	すず鉱
第1位	オーストラリア	(K)	(M)	中国
第2位	(J)	(L)	(L)	ミャンマー
第3位	中国	中国	中国	インドネシア
第4位	インド	アメリカ	ロシア	(J)
第5位	ロシア	オーストラリア	(K)	(L)

(「データブック オブ・ザ・ワールド2022年版」などから作成)

(6) 地図中のXの都市は，ある国の首都を示している。Xでは都市の急速な成長に伴い，都市環境の悪化が進んでいる。その都市環境の悪化には，Xの地形も影響を与えているとされている。Xで見られる都市環境問題について，Xの地形と関連させながら，次の語句を用いて60字以内で説明せよ。

[拡散]

(☆☆☆◎◎◎)

【5】次の問いに答えよ。

(1) 次は，「高等学校学習指導要領(平成30年3月告示)」第2章 第2節 地理歴史 第1款 目標の一部である。(A)～(E)に当てはまる語句を，次のア～コから一つ選んで記号を書け。

社会的な(　A　)を働かせ，課題を(　B　)したり解決したりする活動を通して，広い視野に立ち，グローバル化する国際社会に(　C　)に生きる平和で民主的な国家及び社会の有為な形成者に必要な(　D　)としての(　E　)を次のとおり育成することを目指す。

ア　考察　　イ　国民　　ウ　主体的
エ　在り方生き方　　オ　追究　　カ　態度
キ　見方・考え方　　ク　資質・能力　　ケ　構想
コ　公民

(2)　次のⅠ・Ⅱについて，一題を選んで答えよ。記す際は，各設問において指定されている語句をそれぞれ必ず一度は用い，その語句に下線を引くこと。

Ⅰ　ケッペンの気候区分について，その概要を説明するとともに，その有用性及び短所について，150字以内で述べよ。

[　日本　　気温　]

Ⅱ　朝鮮戦争(1950～53年)の時期におけるアメリカ合衆国の対日政策の変化とその帰結について，当時の国際情勢を踏まえ，150字以内で述べよ。

[　日米安全保障条約　　中華人民共和国　]

(☆☆☆☆◎◎)

公　民　科

【1】次は，「高等学校学習指導要領(平成30年3月告示)」の「第3節　公民」の一部抜粋である。空欄に当てはまる語句を選択肢から選び，記号で答えよ。

第3節　公民 第1款　目標

社会的な見方・考え方を働かせ，現代の諸課題を(　A　)したり解決したりする活動を通して，広い視野に立ち，(　B　)する国際社会に主体的に生きる平和で(　C　)な国家及び社会の有為な形成者に必要な(　D　)としての資質・能力を次のとおり育成することを目指す。

(1)　選択・判断の手掛かりとなる概念や理論及び倫理，政治，経済などに関わる現代の諸課題について理解するとともに，諸資料から様々な(　E　)を適切かつ効果的に調べまとめる(　F　)を身に付けるようにする。

(2)　現代の諸課題について，事実を基に概念などを活用して多面的・多角的に考察したり，解決に向けて(　G　)に判断したりする力や，(　H　)や社会参画を視野に入れながら構想したことを(　I　)する力を養う。

(3)　よりよい社会の実現を視野に，現代の諸課題を主体的に解決しようとする態度を養うとともに，多面的・多角的な考察や深い理解を通して涵(かん)養される，人間としての在り方生き方についての自覚や，(　J　)を担う公民として，自国を愛し，その平和と繁栄を図ることや，各国が相互に主権を尊重し，各国民が協力し合うことの大切さについての自覚などを深める。

ア　複雑化	イ　情報	ウ　公正
エ　技能	オ　考察	カ　公民
キ　知識	ク　グローバル化	ケ　持続可能
コ　国民主権	サ　連携・協働	シ　追究
ス　国民	セ　民主的	ソ　民主主義
タ　合意形成	チ　公平	ツ　技術
テ　議論	ト　表現	

(☆☆◎◎◎◎)

【2】高校2年生の生徒と先生の会話を読み，問いに答えよ。なお，この会話は2023年の公示日後，選挙(投票日)前のものとするが，特定の選挙回ではない。

生徒：「先生，もうすぐ①参議院選挙ですね。」

先生：「公示日が過ぎて，選挙ポスターが貼られたり，街頭演説が始まったりしています。」

生徒：「はい。まだ17歳なので投票できませんが，不安なことがあります。」

先生：「何ですか？」

生徒：「3年生で選挙権のある先輩たちが，立候補者の話をしていました。選挙に関する話をしてはいけないのではないですか？」

先生：「誤解があるようですね。誰でも②思想は自由ですし，③政治的な発言は許されています。今は選挙期間なので，18歳以上は選挙運動の，具体的には[　A　]ことができます。」

(1)　下線部①について，参議院議員通常選挙の選挙区選挙の長所を簡潔に記せ。

(2)　下線部②について，思想・信条の自由が問われた判例を次の選択肢から一つ選び，記号を書け。

ア　日立訴訟	イ　マクリーン事件
ウ　家永訴訟	エ　箕面忠魂碑訴訟
オ　三菱樹脂訴訟	カ　「宴のあと」事件
キ　堀木訴訟	ク　外務省秘密電文漏洩事件

(3)　下線部③について，次のような発言が問題視された。これに関わる出来事と人物名を答えよ。

> 統治ノ権利主体ハ国体トシテノ国家デアル。…中略…天皇ハコノ法人タル国家ノ元首タル地位ニ在マシ，国家ヲ代表シテ国家ノ一切ノ権利ヲ総攬シ給イ，天皇ガ憲法ニ従ッテ行ワセラレマスル行為ガ，……天皇ノ御一身上ノ私ノ行為トシテデハナク，国家ノ行為トシテ効力ヲ生ズルコトヲ言イ現スモノデアリマス。
>
> 『官報号外』(1935.2.26)より抜粋

(4) 会話中の空欄[　A　]に適当でない内容を次の選択肢から一つ選び，記号を書け。

ア　立候補者Xへの投票を，街頭で通りかかる人たちに呼びかける

イ　親戚に電話をかけ，立候補者Xへの応援を依頼する

ウ　SNSに立候補者Xへの応援メッセージを載せ，リツイートを呼びかける

エ　アルバイト代をもらい，立候補者Xのチラシを不特定多数の人に配る

オ　立候補者Xの選挙運動の様子を動画投稿サイトに投稿する

生徒：「ちょっと安心しました。」

先生：「それはよかった。投票は④大事な権利の行使ですからね。」

生徒：「でも，18歳になったら投票に行くかどうかは，まだちょっと…。」

先生：「どうしてかな。」

生徒：「投票日が部活動の試合日かもしれないですよね。」

先生：「投票日当日が部活動の試合日で投票ができない場合は，[　B　]ができますよ。」

生徒：「わかりました。でも，誰に投票するのか，しっかり決められるかな…。」

先生：「比例代表なら⑤政党に投票できますよ。」

生徒：「そういう意思表示もできるんですね。議席数はどうやって決めているのですか？」

先生：「衆議院議員選挙の場合は，⑥人口を基準にアダムズ方式で計算して配分しています。」

(5) 下線部④について，選挙権の行使以外に憲法に保障される直接民主制的な権利を三つ答えよ。

(6) 下線部⑤について，政党政治で55年体制と呼ばれた状況を，政党名を二つ明示して記せ。

(7) 下線部⑥について，A～C県に合計で5議席が割り当てられるものとする。次の人口ではアダムズ方式でどのように配分されるか記せ。

	A県	B県	C県	計
人口	100万	80万	60万	240万

(8)　会話中の空欄[　B　]に適当な語句を答えよ。

生徒：「選挙への不安は減ってきました。」

先生：「大丈夫ですよ。それに，成人になると選挙以外にも，公民としてすべきことが増えます。」

生徒：「⑦契約ができるようになるんですよね。」

先生：「もちろんです。それ以外にも大事なことを忘れていませんか？」

生徒：「それは，成人全員ができることですか？」

先生：「そうです。でも，必ずしもなるとは限りません。なぜなら，まずは無作為に選出される候補者になり，名簿に記載されてからです。」

生徒：「候補者…あ，わかりました！裁判員ですね！⑧裁判員制度か…そういうこともあるんだ。」

先生：「⑨裁判員になれない人や，辞退できる人もいます。それ以外の人は，候補者名簿に記載され事件ごとにくじで選ばれた人に呼び出し状と質問状が送られます。」

生徒：「質問状って何ですか？」

先生：「この時点での辞退希望を確認するものです。」

生徒：「この時点でも辞退はできるんですね。」

先生：「公判初日に非公開の裁判員選任手続きが行われ，裁判員が選ばれます。」

生徒：「この日に行っても，選ばれないこともあるんですか？」

先生：「そうです。事件によって4人，または6人が選ばれ，必要によって補充裁判員が決まります。」

生徒：「選挙より，大変そうだ。」

先生：「裁判中やその後には，守秘義務もあります。成人になることは権利を得ると同時に，⑩義務を果たすことや責任も伴うことも増えますが，おそれずに選挙や裁判に参加してほしいと思います。皆さんは社会の一員なのです。」

生徒：「はい，自分が生きている社会のことですから，成人として，⑪忙しいとか自信がないなどの理由で逃げずに積極的に参加しようと思います。」

先生：「頼もしくなってきましたね。」

(9)　下線部⑦について，契約が無効になる場合と，契約自体が有効であっても取り消しが可能な場合がある。それぞれどのような契約かを簡潔に記せ。

(10)　下線部⑧について，アメリカには陪審制がある。日本の裁判員制度との違いを一つあげ，比較して簡潔に記せ。

(11)　下線部⑨について，辞退できる人を次の選択肢からすべて選び，記号を書け。

ア　警察官　　イ　市長村長　　ウ　弁護士　　エ　学生

オ　国会議員　　カ　事件関係者　　キ　70歳以上の人

(12)　下線部⑩について，検察審査会の検察審査員に選任される場合もある。検察審査会の役割を簡潔に記せ。

(13)　下線部⑪について，防衛機制のどれに該当するか答えよ。

(☆☆☆☆◎◎◎)

【3】次は，「高等学校学習指導要領(平成30年3月告示)」の「第3節　公民」の一部抜粋である。この抜粋に関する以下の設問に答えよ。

第3節　公民

第2款　各科目

第2　倫理

2　内容

A　現代に生きる自己の課題と人間としての在り方生き方

(1)　人間としての在り方生き方の自覚

(ア)　個性，感情，認知，発達などに着目して，豊かな自己形成に向けて，他者と共によりよく生きる自己の生き方についての思索を深めるための手掛かりとなる様々な人間の心の在り方について理解すること。

(イ)　①幸福，愛，徳などに着目して，②人間としての在り方生き方について思索するための手掛かりとなる様々な人生観について理解すること。

(ウ)　善，③正義，④義などに着目して，社会の在り方と人間としての在り方生き方について思索するための手掛かりとなる⑤様々な倫理観について理解すること。

(エ)　真理，存在などに着目して，⑥世界と人間の在り方について思索するための手掛かりとなる⑦様々な世界観について理解すること。

(2)　国際社会に生きる日本人としての自覚

(ア)　古来の日本人の心情と考え方や日本の先哲の思想に着目して，我が国の⑧風土や⑨伝統，⑩外来思想の受容などを基に，⑪国際社会に生きる日本人としての在り方生き方について思索するための手掛かりとなる日本人に見られる人間観，自然観，宗教観などの特質について，自己との関わりにおいて理解すること。

(1)　下線部①について，次の文の空欄に適当な語句を答えよ。なお，(A)はカタカナで答えよ。

ヘレニズム時代のエピクロスは，身体が苦痛を感じず魂が動揺しない平静の状態(A)が快楽であるとし，快楽は善であり，快楽のうちに幸福があると主張した。

18世紀のベンサムは，幸福とは快楽のことであり，不幸とは苦痛のことであって，あらゆる人間は快楽を求めると考えた。そして，快楽や苦痛を数量的なものとして計算することによって，最大多数の最大幸福を導こうとした。この立場を(B)という。

(2) 下線部②について，次の問いに答えよ。

Ⅰ 次の文の空欄に適当な人物名を答えよ。

戦国時代末期に登場した(A)は，孔子の礼の思想を継承しながらも，性悪説を唱え，礼に基づく政治(礼治主義)を主張した。性悪説を継承した法家の(B)は，法に基づく政治である法治主義を主張し，また信賞必罰が必要だとした。儒家と対立した(C)は，儒家の家族愛的な仁を批判し，人を差別しない平等な兼愛を説いた。

Ⅱ 4世紀の代表的教父であるアウグスティヌス，ルネサンス期のピコ＝デラ＝ミランドラは，どのような人間観をもっていたか。比較しながら説明せよ。

(3) 下線部③について，「正義」は古来よりさまざまに議論されてきたが，プラトン，ロールズが唱えた「正義」に最も関係が深い文を次の選択肢から選び，それぞれ記号で答えよ。

ア 人々は原初状態(無知のヴェール)では，正義の原理を承認する。これによって自由・機会・所得など人間が社会で生活するのに必要なものが公正に分配される。

イ 人間の魂は理性，欲望，気概の3部分からなり，理性が気概と欲望を統御し，魂全体が調和することで正義の徳が実現する。

ウ 人間にとって大事なのは，ただ生きることではなく，よく生きることである。

エ 人々の間の平等を考えるならば，単に財を公平に配分するだけでなく，人々の潜在能力が平等になるように考えなければならない。

(4) 下線部④について，イスラームの信者にとって最も基本的な義務は，信仰箇条である六信と信仰行為である五行としてまとめられている。この五行のうち，「喜捨(ザカート)」とはどのようなものか説明せよ。

(5) 下線部⑤について，カントの考える「道徳法則」とはどのようなものか。次の語句を参考にしながら説明せよ。

汝の格率がつねに同時に普遍的な法則として妥当しうるように行為せよ

(6)　下線部⑥について，西洋における自然のとらえ方の変化に関連する次の文の空欄に適当な語句・人物名を答えよ。

(　A　)は自然の世界には目的があると考え，自然全体はさまざまな形相・目的が関連しながら階層を形づくっているととらえた。この「(　B　)自然観」は，のちに中世キリスト教神学にも取り入れられた，ヨーロッパの支配的な自然観となった。しかし，近代の自然科学者たちは「目的」よりも「因果」という観点から自然をとらえた。このような自然のとらえ方は「(　C　)自然観」とよばれ，万有引力の法則などを唱えた(　D　)によって完成された。

(7)　下線部⑦について，次の文の空欄に適当な語句を答えよ。

リベラリズムの立場に対して，個人をつねに共同体との関係でとらえ，共同体のなかで育まれた価値観を重視する考え方を(　A　)と呼ぶ。この考えを批判的に受け継いだ政治学者には，『これからの正義の話をしよう』を著したアメリカの(　B　)がいる。このように個人とコミュニティの関係をどう考えるか，そして重視すべき価値は何かについての考え方の相違は，正義や福祉などといった公共的なことがらについての多様な考え方を生むのである。

(8)　下線部⑧について，倫理学者の和辻哲郎は，その著作『風土』のなかで，高温で湿潤なモンスーン地域では，自然によって大きな恵みがもたらされる反面，暴風や洪水といった暴威ももたらされることになると指摘した。その結果，人々は自然に対してどのような性格をもつようになるとしたか答えよ。

(9)　下線部⑨について，日本には独自の罪に対する理解が見られる。

『古事記』に見られる罪に対する理解と，罪に対する対処の仕方について説明せよ。

(10) 下線部⑨に関する次の文を読み，問いに答えよ。

大正から昭和にかけて，西洋文化の流入によってしだいに伝統文化が失われていくことへの反省がなされるようになる中で，日本の伝統的な生活様式や習俗，伝承，年中行事などを掘りおこし，その意義を再発見する民俗学が柳田国男や折口信夫らによって提唱された。

Ⅰ 文中の下線部に関して，柳田国男は村落共同体に生きる「ごく普通の農民の日常生活」に注目し，民俗学を創始した。この「ごく普通の農民」を彼は何と呼んだか答えよ。

Ⅱ 文中の下線部に関して，折口信夫は，日本の神の原像を，共同体の外から来訪する存在と考えたが，このような神を何と名付けたか答えよ。

(11) 下線部⑩について，次の問いに答えよ。

Ⅰ 仏教が日本に定着する過程で，日本固有の神への信仰と仏教とが融合する「神仏習合」がさまざまな形であらわれた。この中で，平安時代に見られた「本地垂迹説」はどのようなものであったか，簡潔に説明せよ。

Ⅱ 江戸時代に儒学諸派を起こした代表的な先哲に関する次の文の空欄に適当な語句を答えよ。

伊藤仁斎は，朱子学の窮理が日常を離れた抽象的な議論に陥ることを批判して，『論語』『孟子』のもともとの意味を究明しようとする(　A　)を提唱した。彼は，「誠」こそが道徳の根本でなくてはならないと説き，それを真実無偽と理解した。荻生徂徠は，中国古代の聖人が表した文章と言語を，当時の言葉の意味を通じて理解しようとする(　B　)を唱えた。徂徠が唱えた儒学の目的は，個人の修養ではなく，政治の具体策である(　C　)にあった。

(12)　下線部⑪について，福沢諭吉は，『学問のすゝめ』の中で，独立の精神を説いた。この独立の精神を説明する次の文の空欄に適当な語句を答えよ。

「(　A　)独立して(　B　)独立す」

(☆☆☆☆◎◎◎)

【4】授業で，ある生徒がわが国の農業を取り巻く問題についてまとめた発表内容である。これを読み，以下の問いに答えよ。

> 第二次世界大戦の終了直後，日本は深刻な食料不足に陥りました。政府は，農業の生産性の向上を目指して1961年に(　A　)を制定し，自立経営農家の育成をめざしました。しかし，①農業人口の流出は止まりませんでした。国際競争力の弱い作物の②食料自給率が急速に低下するなかで，主食の③米の生産は増え続けました。1970年以降，政府は米の作付けを制限し，転作を奨励する(　B　)をとるなど，総合農政への転換を図りました。米については，その後は④GATTによる(　C　)・ラウンド農業交渉を経て(　D　)による部分輸入がなされるようになり，1999年に関税化されました。農産物は，米のみならず世界の自由貿易体制の維持・推進の観点から，⑤貿易自由化は避けることができない状況にあります。これらの要請にどう対処し，⑥農家を育成していくかが課題です。また，⑦食の安全を確保することも大切であり，信頼できる食材を求める声は強くなっています。

(1)　空欄(　A　)～(　D　)にあてはまる適切な語句を答えよ。

(2)　下線部①について，この理由を当時の時代背景をふまえて説明せよ。

(3)　下線部②について，食料自給率は「カロリーベース」で算出された値を用いることが多い。この値を用いることの問題点を説明せよ。

(4)　下線部③について，この状況につながった政策名を答えよ。

(5)　下線部④について，GATTは，1995年に発展的に解消しWTOとなった。GATTの原則を簡潔に示し，GATTとWTOとの違いを説明せよ。

(6)　下線部⑤について，WTOの交渉は難航する一方で，各国は個別の協定を結ぶことを重視する方向へと転換した。これらの協定について，次の問いに答えよ。

Ⅰ　物品だけではなく，サービス・投資・人の移動の自由化，知的財産の保護など幅広く規定する協定の総称を答えよ。

Ⅱ　加盟国は関税を撤廃する。域外に対しては加盟国独自の関税を設定できる協定の総称を答えよ。

(7)　下線部⑥について，「農業の六次産業化」とは何かを示し，それが生産者に与える効果と地域に与える効果について説明せよ。

(8)　下線部⑦について，わが国で生産される米には「トレーサビリティ制度」が導入されている。「トレーサビリティ制度」について説明せよ。

(9)　発表を聞いていた生徒から「日本の農業は自由貿易化に対応できないのなら，衰退していくのも仕方ないのではないか」という意見が出た。

Ⅰ　生徒の意見の根拠となる学説を答えよ。

Ⅱ　意見を出した生徒に対して，発表した生徒は「日本の農業を衰退させてはならない」ことを伝えたが，明確な反論ができず困っていた。授業者であるあなたは，どのような事例を提示して発表した生徒をサポートするか答えよ。

(☆☆☆☆◎◎◎)

【5】次の文章は2022年10月29日秋田魁新報2面の記事の引用である。記事を読み，設問に答えよ。

日銀，大規模(　A　)を維持
22年度物価見通し　2.9％に上方修正

日銀は28日の金融政策決定会合で，金利を極めて低く抑え込む現行の大規模金融(　A　)策の維持を決めた。円(　B　)による[　C　]を誘発するものの，景気下支えを優先した。会合後に公表した「経済・物価情勢の展望(展望リポート)」では，2022年度の消費者物価の上昇率見通しを7月時点の前年度比2.3％から2.9％へ上方修正した。この通りとなれば，1981年度の4.0％以来，41年ぶりの大きさとなる。

23年度と24年度は，資源高の落ち着きによりともに1.6％になると予想。黒田東彦総裁は記者会見で「今すぐ金利の引き上げや(金融(　A　)の)出口が来るとは考えていない」と述べ，①2％の物価目標の安定的な達成には時間がかかるとの考えを改めて示した。
最近の円(　B　)進行については「急速かつ一方的。わが国経済にマイナスで望ましくない」と指摘した。

物価は足元で急速に上昇しており，総務省が28日発表した10月の東京都区部の消費者物価指数は，前年同月比3.4％上昇の103.2だった。(　D　)税増税の影響を除くと，伸び率は82年6月以来，40年4カ月ぶりの大きさとなる。都区部の指数は全国の先行指標とされ，今後，全国的に物価高が一段と進む可能性がある。大規模(　A　)策は②短期金利をマイナス0.1％，長期金利を0％程度に誘導することが柱。0.25％程度とする長期金利の上限も変更しなかった。会合に参加した政策委員9人が全員一致で決めた。必要があれば追加(　A　)を辞さない姿勢も改めて示した。

米欧が大幅利上げを続ける中，低金利で資産運用に(　E　)利な円が(　F　)やすい状況が続いている。黒田氏は，日銀の超低金利政策が円(　B　)を招いているとの指摘に対し「金融政策は為替が目的ではなく，あくまで物価目標の達成だ」と反論した。

展望リポートでは，米欧の利上げによる世界経済の減速を踏まえ，22年度の③実質国内総生産(GDP)成長率の見通しを，7月時点の前年度比2.4％から2.0％に引き下げた。

今回公表した物価見通しには，政府が28日決定した電気・都市ガスの価格抑制策の影響は織り込まれていない。内閣府は生鮮食品を含む総合の消費者物価上昇率を，23年1～9月の前年同月比平均で1.2ポイント程度抑制する効果があると試算している。

(1)　記事中の空欄に適する語句を答えよ。なお[　C　]は貿易に関連する内容の短文とする。

(2)　下線部①について，この目標は2013年から掲げられているが，その政策のねらいと目的を述べよ。

(3)　下線部②について，短期金利をこのように誘導するのに現在用いられている政策金利は何か。

(4)　下線部③について，実質国内総生産(GDP)成長率の計算式を次に適するように答えよ。

手順

①　総生産額－(　　)－(　　)＝(　　)GDP

②　$\frac{(\quad)}{(\quad)}$×100＝実質GDP

③　$\frac{(\quad)-(\quad)}{(\quad)}$×100＝実質国内総生産(GDP)成長率

(☆☆☆◎◎◎)

【6】次の記事は2020年12月19日読売新聞夕刊3ページからの抜粋である。

臓器移植ドナー増えてる？

教えて！ヨミドック

Q　15歳未満の子どもも臓器移植のドナー（提供者）になれるようになって、今年で10年なんだって。

ヨミドック　改正臓器移植法が2010年に施行されました。生前に本人が意思表示の書面を残していなくても、家族の同意で脳死の人から臓器提供ができるというものです。それに伴って、子どもでも提供できるようになったわけですが、1例目の提供があったのは翌年のことでした。

Q　そんなにかかったの？どうして？

ヨ　日本では、脳死を人の死とすることに抵抗感を持つ人が多くて、大人でも、脳死の臓器移植は何年も議論してようやく実施されるようになった経緯があります。まして子どもの場合、親が提供を決断するのは大変なことです。医療側にも、臓器提供のことを切り出しにくいとか、脳死判定などの体制が十分でないといった事情があります。

Q　じゃあ、ドナーは少ないのかな。

ヨ　外国に比べて少ないですね。臓器移植のドナーは、人口100万人当たりで最も多いスペインが49人、次いで米国の36・88人に対して、日本は0・99人です。

Q　ずいぶん差があるね。

ヨ　でも、だんだん増えているんですよ。日本初の脳死移植は1999年ですが、それから10年ほど、脳死ドナーの数は年10人前後でした。ここ数年は毎年50人を超え、2019年には最も多い97人になりました。20年は新型コロナウイルスの感染拡大が影響したのか前年より減りましたが、それでも約70人になっています。

若い人ほど提供前向き

Q　提供したいと思う人が増えているのかな。

ヨ　国のアンケートでは、若い人ほど提供に前向きでした。ただ、病院の体制が整っていなくて意思表示が生かされないこともあります。

日本救急医学会が大学病院や救急病院を対象に行った調査で、1割以上の病院で医学的な理由とは別の様々な事情で意思表示があっても提供できない例がありました。臓器提供のための転院は禁止されていますが、半数以上の病院が「転院すれば提供できるなら転院させたい」と答えました。意思を無駄にしない、しっかりした体制づくりが大切です。

（高梨ゆき子、取材協力＝江川裕人・日本移植学会理事長、林宗博・日本赤十字社医療センター救命救急センター長）

◇

ヨミドックは読売新聞の医療サイト・ヨミドクターのお医者さんキャラクターです。

(1)　この記事をもとに，生徒の基礎的・基本的な「知識及び技能」を適切に評価することができる問題を作成せよ。また，模範解答も記せ。

(2)　この記事をもとに，生徒の「思考力，判断力，表現力等」を適切に評価することができる問題を作成せよ。まだ，模範解答も記せ。

※注意事項　・記事に下線や番号を記入したり，一部を空欄にしたりなどの作業が必要な場合は，作業欄に説明を記せ。

・問題数は問わないが，設問で特に評価する力を最初に「　　」で明示せよ。

(☆☆☆◎◎◎)

解答・解説

中学社会

【1】(1)　学びに向かう力，人間性等　　(2)　a　よりよい社会
b　主体的　　c　国土

〈解説〉1　中学校学習指導要領(平成29年3月告示)の地理的分野の目標の(3)からの空欄補充の出題。選択肢から選ぶ形式ではない。これは，教員使用試験を受ける人なら，必ず目を通しておかなければならないというメッセージと考えるべきである。(1)について，学習指導要領解説によれば，「今回の改訂では」「全ての教科等の目標及び内容を「知識及び技能」，「思考力，判断力，表現力等」，「学びに向かう力，人間性等」の三つの柱で再整理した」とある。中学校社会科の各分野の(1)は知識及び技能」，(2)は「思考力，判断力，表現力等」そして(3)は「学びに向かう力，人間性等」で構成されている。(2)は，地理的分野の目標の(3)の空所を補充する問題。「(3)日本や世界の地域に関わる諸事象について，aよりよい社会の実現を視野にそこで見られる課題をb主体的に追究，解決しようとする態度を養うとともに，多面的・多角的な考察や深い理解を通して涵(かん)養される我が国の国土に対する愛情，世界の諸地域の多様な生活文化を尊重しようとすることの大切さについての自覚などを深める」下線部が解答である。目標なので，ここは一度は目を通して理解すべき部分となる。ただし，空欄部分の前後aは「の実現」b「に追求」c「我が国の」「に対する愛情」からある程度は推量可能ではある。

【2】(1)　地図4　　(2)　Ⅰ，Ⅳ　　(3)　記号…ウ　　気候…西岸海洋性気候　　(4)　(世界の)4分の1から3分の1(程度を一応の目安とする。)

〈解説〉(1)　地図1は見慣れない形かもしれないが，大きな島ではなく，南極大陸であると気付きたい。本初子午線とXの交点は南極点で，90

度をなすことから，Xは西経90度。地図4北米大陸のユカタン半島，ミシシッピ川河口や五大湖を通過する。地図2は東南アジア，地図3はヨーロッパ。　(2)　Ⅰは台湾を通過していることから，北回帰線。Ⅳはメキシコ湾からマイアミ半島を通り，同じく北回帰線と判断できる。メキシコ西部のカリフォルニア半島は，砂漠気候。Ⅱはイベリア半島，イタリア半島を通過する北緯40度線。Ⅲはアメリカ合衆国とカナダ国境の北緯49度線に近い。　(3)　B　ロンドンは西岸海洋性気候で，年降水量は多くはないが，温暖で湿潤であることからウ。　A　シャンハイは温暖湿潤気候で，夏の降水量が多いイ。　C　ニースは夏少雨で乾燥する地中海性気候で，7月の降水量が少ないア。　D　サンフランシスコで，寒流のカリフォルニア海流の影響で地中海性気候のエ。やや南のロサンゼルスは，地中海性気候から砂漠気候に近いほど降水量が少ない。　(4)　世界の国の数は，2023年現在，日本では196と数えられている。中学校の地理では世界の国々の4分の1から3分の1程度の名称と位置を学習するようにとされているが，1つ1つの国には主権，国民，領土があり，その国民の人口や領土の大小にかかわらず等しく尊重されるべきであること，また，国家を持たない民族もいることなどにも目を向けさせたい。

【3】(1)　エクアドル　　(2)　キリスト教　　(3)　約2倍　　(4)　(解答例)　理由…植物や農作物の廃棄物などを原料とするバイオ燃料は，その生産過程においてCO_2を吸収していると考えることができるため，カーボンニュートラルで，環境に優しい燃料とされる。　　課題…森林面積は減少しており，要因の7割を商業用農地が占めていることから，バイオ燃料を使用する一方で森林が減少する点が課題である。
(5)　a　教師　　b　一つ又は二つ

〈解説〉(1)　南アメリカ大陸において，もっとも大きな面積を占めるのはブラジルだが，その西部で太平洋に面し，赤道が通過するY国はエクアドル。国名はスペイン語で赤道という意味である。　(2)　大西洋に面するZ国はアルゼンチン。南アメリカ大陸では，スペインとポルトガルによって大半が侵略され，キリスト教カトリックの布教が進んだ。アルゼンチンは先住民が少なかったため，白人が人口の9割近くを占める。国民の約7割がキリスト教カトリック，1割がプロテスタントの信者である。　(3)　図1はブラジルで減少した森林面積の累計を示しているが，1990年の時点では約40万平方キロ。2014年では80万平方キロとおよそ倍になっている。日本の面積は約38万平方キロであるから，約2倍という広さであることがわかる。人口2億人を越えるブラジルでは，アマゾン川流域の熱帯雨林セルバの開墾が進み，牧場や地下資源採掘のほか，道路が作られるなどしている。　(4)　ブラジルでは熱帯気候が広がり，歴史的にサトウキビの生産が多いが，その廃棄物などを元にバイオ燃料を生産している。バイオ燃料を燃焼させるとCO_2を発生させるが，その生産過程においてCO_2を吸収しているのでカーボンニュートラルであり，環境に優しい燃料とされる。一方で，食料供給に課題を残す場合もある。また，図1は森林面積の減少を表しているが，要因の7割を商業用農地が占めていることがわかる。

(5)　世界の諸地域の課題は数多くあり，興味関心を持たせたいテーマは多くあるが，散漫にならないよう教師が州ごとに一つ又は二つの主題を絞り，学習を深めることが求められる。

【4】(1)　川…信濃川　　平野…越後平野　　(2)　①　D　　②　B，D，E　　(3)　Y　リアス　　Z　(解答例)　波が穏やか　　(4)　自然環境，人口，資源・エネルギーと産業，交通・通信

〈解説〉(1)　Xは，長野県から新潟平野に流れる信濃川で，河口は越後平野。信濃川はたびたび洪水を起こし，大きな被害をもたらしてきたため，分水路が作られている。また，越後平野には阿賀野川も流れ込んでいて，沿岸部には上流から運ばれてきた砂が堆積してできた砂丘がある。　(2)　①　Aは山梨県甲府市，Bは静岡県浜松市，Cは石川県金沢市，Dが岡山県岡山市，Eは熊本県熊本市。図は冬が温暖で，夏は高温であること，冬季の降水量は少なく，雨も6，7月は多いが8月は少ないことから，瀬戸内式気候と考えてDが該当する。Aは冬が寒く年

較差が大きい，Bは夏の降水量が多い，Cは冬の降雪量が多い，Eは全体的に降水量が多い南日本型気候。　②　政令指定都市は人口50万人以上の都市で，全国で20が指定されている。最も人口が多いのは大阪市，次いで名古屋市，京都市，横浜市。Bの浜松市は同じ県の静岡市も指定されている。中国四国地方ではDの岡山市と広島市しかなく，九州にはEの熊本市と福岡市，北九州市がある。　(3)　岩手県の三陸海岸，福井県から京都府にかけての若狭湾，三重県の英虞湾にはリアス海岸がみられる。リアス海岸は，河川が削ったV字谷が沈降または海面が上昇して沈水することによってできる。湾内は波が穏やかでカキやのりの養殖業に適しているが，後背地が狭く，大規模な都市の発達には結びつかない。　(4)　日本の地域的特色と地域区分について学習する際に重要な項目として取り上げるのは，「自然環境」，「人口」，「資源・エネルギーと産業」，「交通・通信」。日本の国土が持つ地域性を地形や気候，海洋，自然災害と防災などの観点から把握させるように努めたい。また，高齢化に関する倍化年数が非常に短いことが特徴の日本の少子高齢化の進行についてもその特徴を人口分布と過疎・過密と合わせて指導したい。

【5】(1)　A　　(2)　関東ローム　　(3)　(※記号，都市名)　R県…ⓒ，さいたま市　　S県…ⓑ，水戸市　　(4)　(解答例)　キャベツの栽培には適正な温度があるため，冬季は温暖な千葉県，夏季は冷涼な群馬県からの入荷量が多い。　　(5)　高速道路　　(6)　a　有機的　　b　動態的　　c　追究

〈解説〉(1)　季節風は，海陸の分布と気圧の位置によって，吹く方向が異なってくる。日本列島に向かって夏は南東季節風，冬は北西季節風が吹く。このうち冬季は，シベリア高気圧から噴き出す北西風が暖流の対馬海流の上を通って湿度を帯び，日本海側に降雪をもたらしたのち，関東山地を越えて乾いた風となって吹き下ろすのが「からっ風」である。　(2)　温帯気候区では一般に成帯土壌である褐色森林土が分布するが，関東平野では関東ローム(層)の堆積がみられる。このよう

な地域に特有な土壌は間帯土壌という。ほかにインド半島のレグールや地中海沿岸部のテラロッサ，ブラジル高原のテラローシャなども該当する。 (3) 人口の多い大都市を市場として野菜や花卉を生産・販売する農業を近郊農業という。ねぎを見ると，千葉県の次に多いR県は「深谷ねぎ」で知られるⓒの埼玉県。S県はほうれん草とねぎの生産が多いが，この中では栃木県は酪農の生産が多く，茨城県と考えてⓑ。 (4) 図1から，1～6月及び11～12月は千葉県からの入荷量が多く，7～10月は群馬県からの入荷量が多いことが読み取れる。図2を見ると，キャベツが育つのは20度前後が適正な気温であること，千葉県の月別平均気温は群馬県より年間を通じて高いことが分かる。すなわち，千葉県では夏季の気温が高いため，生産が減少し，冷涼な高原のある群馬県に市場を譲っている。 (5) 都市近郊で野菜を生産する園芸農業は，都市を市場として新鮮な野菜を販売することを目的とする。そのため，都市の郊外の農村地域で展開されてきたが，冷蔵技術の進歩と高速道路の整備によって，やや離れた地域で生産しても短時間で届けられるようになり，より地価の安い周辺地域へと栽培地域が広がった。 (6) 日本の諸地域について学習する際に，様々な論点を有機的に関連付ける視点が肝要である。また動態的に取り扱い，調べを進めることによって追求する姿勢が大切である。

【6】(1) a 世界の歴史 b 各時代の特色 (2) ① c 年表 d 地図 ② (解答例) どのように活用できるかを意識して技能を習得する。

〈解説〉(1) 学習指導要領に「(1)我が国の歴史の大きな流れを，a世界の歴史を背景に，b各時代の特色を踏まえて理解するとともに，諸資料から歴史に関する様々な情報を効果的に調べまとめる技能を身に付けるようにする。」とある。空欄部分の前後a「を背景に」から「我が国の歴史」と対になることばが連想される。b「を踏まえて」とあり，「大きな流れ」が総論ならここには各論的な内容が入る。

(2) ①「イ 調査や諸資料から歴史に関わる事象についての様々な情

報を効果的に収集し，読み取り，まとめる技能を身に付ける学習を重視すること。その際，c年表を活用した読み取りやまとめ，文献，図版などの多様な資料，d地図などの活用を十分に行うこと。」。空欄部分の前後c「を活用」d「などの多様な資料」とあるので，ここに列記されていない重要な資料は1つは年表，もうひとつは地図である。どちらが先かは，歴史的分野なので年表である。　②　学習は基礎的・基本的な知識・技能を「習得」するとともに，知識・技能を「活用」する学習活動，さらに課題解決的な学習や「探求」する活動へと発展させ，さらなる課題を発見して知識・技能の習得とスパイラル的に進めていく。そのため，知識や技能はその後にどのように活用できるかを意図的・意識的に考え習得することを意識すべきである。

【7】(1)　A　中国　　B　・生産技術の発達　　・文字の使用　　・国家のおこりと発展　　(2)　イスラム教　　(3)　(解答例)　女性や奴隷に参政権が認められることはなく，性別や身分による差別があった。

〈解説〉(1)　A　最古の文明である四大文明のいずれかを答える。解答例の他に，エジプトやメソポタミア，インダスでもよい。　B「文明」とは，文化の発達によって生じた複合的技術の総体を指す。灌漑農業の発展によって農業生産力が増大すると，余剰生産物の発生によって商業が生まれ，都市が成立する。やがて都市には支配階級である神官や戦士が集まるようになり，周辺の農村地帯を従えて都市国家が成立する。徴税の必要から，会計記録を作成するために文字が生まれた。文字が生まれると，複合的な技術の継承・発展も可能になる。

(2)　写真は，メッカのカーバ神殿である。カーバ神殿には，イスラム教徒が一生に一度巡礼することを義務づけられており，たくさんの信者が集まっている。　(3)　現代の民主主義は個人の自由と平等を基本的な原理としているが，ギリシア・ローマは身分社会であり，あくまでも成人男子市民の中での自由や平等が実現したに過ぎなかった。よって，女性や奴隷には参政権が認められなかった。

【8】(1) ① 南宋 ② マルコ・ポーロ (2) 結び付き
(3) 永仁の徳政令 (4) (解答例) 永仁の徳政令は，窮乏する御家人の救済のために発布された。この背景には，鎌倉時代の御家人が，分割相続の繰り返しによって所領が細分化されたうえ，元寇後も幕府からは十分な恩賞が与えられなかったことで困窮していったことがある。

〈解説〉(1) ① フビライが大都に遷都し，国号を元としたのは1271年のこと。南宋は1279年にフビライに滅ぼされた。 ② マルコ＝ポーロはイタリア出身の旅行家で，陸路中央アジアを経由して75年に大都に到着，以後17年間フビライに仕えた。のちに獄中で口述した旅行談が『世界の記述』(『東方見聞録』)として出版された。これは13世紀の中央アジア・中国・南海を詳細に記述し，日本をジパングとして紹介している。これにより，西欧人の東方に対する関心が高まった。
(2) 資料1から東西の貿易や文化の交流が陸路や海路を通して行われたこと，資料2からモンゴル帝国がアジアからヨーロッパにまたがる広大な領域を支配していたことがわかる。文化交流が盛んとなり，中国・宋の時代に生まれた三大発明「火薬」,「羅針盤」,「印刷術」などもヨーロッパへと伝わった。人，モノに加えて情報の交流は，東西交流の結びつきを強め，互いへの関心も深めていった。 (3) 永仁の徳政令は困窮する御家人を救済するために1297年に出された。御家人の質入れや売買を禁止し，それまでに質入れ，売却した御家人領を無償で取り戻させるものであった。 (4) 資料4は分割相続のしくみを図示している。このことから，永仁の徳政令が出された要因である「御家人の窮乏化」と「分割相続」の関連性に触れることが必要となる。また，元寇の後に永仁の徳政令が出されていることから，元寇も御家人の窮乏化に影響している点を抑えておきたい。

【9】(1) A 自由民権運動 B 内閣 (2) イ→ウ→ア→エ
(3) 大隈重信 (4) ① (解答例) 政府は天皇と政府に強い権限を与える憲法を制定する方針を決めていた。そのため，君主権の強いド

イツを手本に資料2を制定した。一方の民権派は，資料1に見られるように広範な自由や人権保障を定めたものであった。　②　C　天皇　D　国民　E　貴族院　(5)　①　(解答例)　ノルマントン号事件では船が難破した際に，英人船長ら乗組員は脱出，日本人乗客が全員死亡したが，領事裁判権の容認に基づいて，イギリス領事による裁判が行われた結果，船長は過失が問われなかった。これによって国民は法権回復の必要を痛感させられた。　②　(解答例)　欧米列強は資源や市場を求めてアジアやアフリカに進出し，軍事力によってこれらの地域のほとんどを植民地としていった。　(6)　①　(解答例)　大日本帝国憲法の制定については，憲法の制定によって当時アジアで唯一の立憲制の国家が成立したことを踏まえ，立憲制の国家が成立して議会政治が始まったことの「歴史上の意義や現代の政治とのつながり」に気付くことができるようにする。

②　国際的地位

〈解説〉(1)　A　征韓論で敗れて下野した板垣退助らは愛国公党を結成して，民撰議院設立の建白書を提出した。これは藩閥専制打破・国会開設などを要求する自由民権運動の口火を切った。　B　欧州から帰国した伊藤博文は憲法制定・国会開設の準備を進めた。その中で創設された内閣制度は，最高行政機関である。太政官制を廃止し，行政府の強化・能率化が目指された。天皇の指名する内閣総理大臣が国務大臣を率いて内閣を組織した。　(2)　アは1880年4月に公布され，国会開設運動の高揚に対処した。イは1877年に勃発，ウは1880年3月に片岡健吉らが愛国社を改称して結成した。エは1881年に秋田県の自由民権結社立志会によって企てられた政府転覆計画。　(3)　大隈重信は1881年に国会開設意見書を提出して国会の早期開設を主張した。明治14年の政変で下野し，立憲改進党を結成した。　(4)　①　政府の定めた大日本帝国憲法はドイツ憲法に範をとり，起草された。天皇を元首とし，強大な天皇大権が存在した。東洋大日本国国憲按は最も民主的な私擬憲法とされ，植木枝盛によって起草された。思想・信教・言論・出版・集会・結社など広範な自由を認め，政府の圧政に対する抵抗権・

革命権を明記している。 ② C・D 大日本帝国憲法は天皇が定めて国民に与える欽定憲法である。国民の総意に基づいて制定された憲法は民定憲法といい，日本国憲法はこれにあたる。 E 帝国議会は衆議院と貴族院の二院制である。貴族院は皇族議員・華族議員らの世襲(互選)議員，勅撰議員，多額納税者議員で構成された。

(5) ①「領事裁判権の容認」によって，この事件はイギリス人による裁判となった。そのため，イギリスに有利な判決に繋がったことが世論の高まりに繋がった点を記述できているかが重要である。 ② 19世紀後半，イギリス，フランス，ドイツ，ロシア，アメリカなどが資源や市場を求めて，アジアやアフリカに植民地を拡大した動きを帝国主義という。資料5から各国が植民地を拡大していることが分かる。このことから帝国主義の拡大が背景にあることに気づきたい。こうした米列強の動きの中で，日本は富国強兵や近代的制度の確立によって列強の一員となることを目標としていた。 (6) ① 中学校学習指導要領(平成29年告示)解説 社会編によると，「立憲制の国家が成立して議会政治が始まる」については，その歴史上の意義や現代の政治とのつながりに気付かせるようにすることとしている。 ② 日本は自由民権運動，大日本帝国憲法の制定，日清・日露戦争，条約改正などを経て，国際社会の中で欧米諸国と対等な地位を得ることに成功した。

【10】(1) a 現代社会に見られる課題 b 議論 (2) c 側面 d 立場

〈解説〉(1) 「(2)社会的事象の意味や意義，特色や相互の関連を現代の社会生活と関連付けて多面的・多角的に考察したり，a現代社会に見られる課題について公正に判断したりする力，思考・判断したことを説明したり，それらを基にb議論したりする力を養う。」。aは長く，やはり読んでいないと解答はほぼ不可能で，これは難問の部類。bは「思考・判断したことを説明したり，それらを基に」という前の部分，とりわけ「説明」の次の段階を考えれば，「議論」ということばを導き出すことは可能であるが，やはり一度は目を通しておかないとかなり難しい。　(2)「多面的・多角的に考察については，公民的分野の学習対象である現代の社会的事象が多様な側面をもつとともに，それぞれが様々な条件や要因によって成り立ち，更に事象相互が関連し合って絶えず変化していることから，「多面的」に考察することを求めている。そして，このような社会的事象を捉えるに当たっては，多様な角度やいろいろな立場に立って考えることが必要となることから「多角的」としている。」と指導要領解説p130の2行目からの部分である。これを読んでいて記憶している受験生は皆無であろう。これは，前後関係から判断して解答するしかない。「現代の社会的事象が多様な○○をもつ」とある。「多様な角度やいろいろな○○に立って考えること」からことばを考える。

【11】(1)　ピクトグラム　(2)　(解答例)　宗教で許された　(3)　エ　(4)　d　国境を越えて容易に移動　e　相互依存関係　f　相互協力　g　具体的事例

〈解説〉(1)　文字ではなく，イラストや図を使って，見ただけで意味が伝わるように作られたマークをピクトグラムpictogramあるいはピクトグラフpictographという。競技をわかりやすく図示するため，1964年東京五輪で初めて本格的に導入された。今回の東京五輪では全33競技の50種目のピクトグラムが制作されたので有名になった。　(2)　資料2のレストランの表示はハラールと呼ばれるマークである。ハラールマークがあれば，ムスリムが自分で成分を調べなくても「安心・安全な製品」と認識し購入する際の判断材料になる。ハラール認証機関は世界に300以上あり，世界的な統一基準がないのが現状で問題点でもある。ハラールとはアラビア語などで「イスラム法で許可された」という意味で，反対語にハラーム(イスラム法で禁止)がある。　(3)　新たにスロープを設けて段差をなくしているに下線が引かれている。段差はバリア(障壁)となる。そのようなバリアをなくすことを，様々な人が社会に参加する上での障壁(バリア)をなくすことをバリアフリーという。　ア　イノベーション(Innovation)とは，「革新」や「刷新」，

「新機軸」などを意味することばで，現在では革新的な技術や発想によって新たな価値を生み出し社会に大きな変化をもたらす取り組みをさす。　イ　フィンテックFinTechとは，金融(Finance)と技術(Technology)を組み合わせた造語で，金融サービスと情報技術を結びつけたさまざまな革新的な動きをさす。　ウ　アセスメントassessmentとは，「客観的に評価，査定する」という意味で，環境アセスメント(環境影響評価)ということばが有名。大規模な開発事業を実施する際に，事業者があらかじめ環境に与える影響を予測・評価し，その内容について，住民や関係自治体などの意見を聴くとともに専門的立場からその内容を審査し，事業の実施が適正な環境配慮のもと実施されるようにするための一連の手続きをいう。　(4)「グローバル化については，大量の資本や人，商品，情報などがd国境を越えて容易に移動することができるようになり，それに伴い国内外に変化が生じていること，各国のe相互依存関係が強まっていること，共存のためにf相互協力が必要とされていることを理解できるようにすることを意味している。その際，日常の社会生活と関わりの深いg具体的事例を取り上げ，現代社会の特色を理解できるようにすることが大切である。」。学習指導要領解説p137の4行目からの部分である。やはり前後関係から語句を判断する。下線部が空欄部分。dは長いので，やはり読んでいないと解答はほぼ不可能で，これは難問の部類。eは「各国の」「強まっている」から判断する。fはそのため，「必要とされる」ことがなにか。eがある程度，分からないと解答は難しい。「日常の……」から具体的事例ということばを導き出せるかがカギとなる。「目標」や「内容」「内容の取り扱い」に既出のことばなら解答可能かもしれないが，そうでないものはかなりの難問である。「学習指導要領解説も読んでおくように」というメッセージであろう。やはり一度は目を通しておかないとかなり難しい。

【12】(1)　a　最高裁判所　　b　下級裁判所　　(2)　①　被告人
②　(解答例)　市民感覚の反映と裁判に対する信頼性の向上　　③　エ

(3)　①　仕組み…三審制　　ねらい…(解答例)　公正で慎重な裁判を行うことで裁判の誤りを防ぎ，人権を保護すること。　　②　控訴
(4)　①　参政　　②　(解答例)　最高裁判所の裁判官が適任
(5)　①　e　76　　f　良心　　g　法律　　②　(解答例)　裁判官，検察官，弁護士などの具体的な働きを通して，適宜調査や見学などを取り入れて理解させる。

〈解説〉(1)　全国に1か所しかないとあるのでaは最高裁判所である。それ以外の裁判所をまとめてb下級裁判所という。　(2)　裁判員制度はリード文にあるように日本では，刑事裁判について行われている。したがって裁判にかけられたひとつまり「①被告人」の有罪か無罪かと量刑を決める。　②　裁判員制度のねらいは「司法に対する国民の理解の増進とその信頼の向上に資すること」(裁判員の参加する刑事裁判に関する法律，通称裁判員法第1条)とある。従来から，司法制度自体が国民生活から乖離しており，国民感覚とは異なる判決内容もあるとの批判があった。そこで国民参加の裁判員裁判を導入することで，より身近な司法制度を築き，司法への信頼を高めようとしている。つまりそれらをまとめて，指定語句を用いて表現する。　③　裁判員裁判は刑事裁判なので，原則すべて公開である(日本国憲法37条)からアは誤り。裁判員裁判は「地方裁判所」で「死刑又は無期の懲役若しくは禁錮に当たる罪に係る事件」を扱うのでイも誤り(裁判所法第2条)。裁判員裁判は議論を尽くしても，全員一致の結論が得られない場合「評決」は多数決により行われる。ただし，有罪であると判断するためには，裁判官，裁判員のそれぞれ1名以上を含む過半数の賛成が必要となる(裁判員法第67条)。ウも誤り。裁判員法第2条第2項に合議体の構成がある。エは正しい。　(3)　①　図に示した仕組みを三審制という。「三審制」とは，日本の裁判における審級制度のことで，1つの事件につき，3回まで裁判を受けることができる制度のことである。裁判の結果というのは，訴訟当事者の人生を大きく左右することになる。3回裁判の機会を与えることで，慎重かつ正確な裁判を実現しようとしている。したがって，そのねらいは公正で慎重な裁判を行うことで裁

判の誤りを防ぎ，人権を保護することにあるといえる。　②　三審制は，問題の図のように第一審，控訴審(第二審)，上告審(第三審)と進んでいく。第一審の結果に不服があれば，第一審より上級の裁判所に「控訴」を提起することができ，控訴審の結果に不服があれば控訴審よりさらに上級の裁判所に「上告」を提起することができる。なお下級の裁判所が上級の裁判所から指揮監督を受けることはない。ただし上級の裁判所は下級の裁判所の判決を審査する権限があり，上級の裁判所の判断が下級の裁判所の判断より優先される。三審制を採用している国は日本以外にも，フランスやドイツ，アメリカ等多くの先進国で採用されている。　(4)　①　日本国憲法第79条の第2項に「最高裁判所の裁判官の任命は，その任命後初めて行はれる衆議院議員総選挙の際国民の審査に付し，その後十年を経過した後初めて行はれる衆議院議員総選挙の際更に審査に付し，その後も同様とする」。第3項に「前項の場合において，投票者の多数が裁判官の罷免を可とするときは，その裁判官は，罷免される」とある。これは国民が政治に参加する権利である「参政権」の1つとされる。　②　国民審査で判断するのは，その最高裁判所の裁判官が日本及び日本国民にふさわしいかどうかである。ひとことで表現するなら，「適任」かどうかということになる。それらをまとめて解答欄に合う表現にして，「最高裁判所の裁判官が適任」と入れる。　(5)　司法権の独立に関するに関する日本国憲法の条文は第76条で，問題文の内容はその第3項「すべて裁判官は，その良心に従ひ独立してその職権を行ひ，この憲法及び法律にのみ拘束される」の部分が空欄となっている。したがってそれを補うとfには良心，gには法律が入る。　②　学習指導要領解説には「アの(ウ)の国民の権利を守り，社会の秩序を維持するために，法に基づく公正な裁判の保障があることについて理解することについては，法に基づく公正な裁判によって国民の権利が守られ，社会の秩序が維持されていること，そのため，司法権の独立と法による裁判が憲法で保障されていることについて理解できるようにすることを意味している」とありそこに続き「その際，抽象的な理解にならないように裁判官，検察官，弁護士などの具体的な働きを通して理解できるようにするなどの工夫が大切である」とある。したがって，「裁判官，検察官，弁護士などの具体的な働きを通し」て生徒が裁判を理解できる授業を心がける必要がある。そのことが書ければよい。より実態を知るために可能なかぎり調査活動や見学を取り入れればより裁判を身近に学習することが可能になる。そのような工夫が求められている。

【13】生徒が理解していない内容…(解答例)　安全保障理事会は15の加盟国がある。常任理事国には決議を阻止する拒否権と，阻止は望まない場合は棄権する権利があり，可決には9カ国の賛成が必要であること。授業改善の具体…(解答例)　国際連合の仕組みについて，教科書やHPで事実を確認し，生徒に具体例をあげる説明で，きちんと納得させること。

〈解説〉国際連合の安全保障理事会の議決方法は独特である。理事会は15カ国で構成される。常任理事国5カ国(中国，フランス，ロシア連邦，イギリス，アメリカ)と，総会が2年の任期で選ぶ非常任理事国10カ国である。各理事国は1票の投票権を持つ。手続き事項に関する決定は15理事国のうち少なくとも9理事国の賛成投票によって行われる。実質事項に関する決定には，5常任理事国の同意投票を含む9理事国の賛成投票が必要である。常任理事国の反対投票は「拒否権」と呼ばれ，その行使は決議を「拒否」する力を持ち，決議は否決される。常任理事国は，提案された決議を完全には支持できないが拒否権によってそれを阻止することを望まない場合は，投票を棄権することができる。それによって，必要とされる9票の賛成投票を得る事ができれば，その決議は採択される，というとても複雑な議決方法をとっている。武力行使を含む強硬な手段も可能なので，慎重かつ入念な手続きを要件としている。したがって，教科書や国連広報センターHPを参照して，教師もきちんと事実を確認する必要がある。議決の例などをあげて，生徒に分かり易く説明すること，が必要である。また国連憲章のもとに，安全保障理事会の任務と権限に「国際の平和と安全を維持，もしくは回復するために兵力の使用に訴え，もしくはその使用を承認する」が含まれていることを伝えたい。そうすれば，このような複雑な手続きで決定されている意味を生徒たちは納得して理解すると考えられる。

地理・歴史

【1】(1)　(解答例)　大西洋三角貿易でキャラコの需要が高まり，イギリスに莫大な富をもたらし，資本の蓄積を可能にした。さらに，第二次囲い込みによる農業革命によってヨーマンが土地を追われ，賃金労働者となり，労働力が形成された。(100字)　(2)　エ　(3)　(解答例)　平城から洛陽に都を移し，漢化政策を行った。その中で，胡語・胡服を禁止し，人民に等しく土地を分け与える均田制を行った。この制度は隋・唐にも継承された。さらに，徴税のための村落制度として三長制を行った。(99字)　(4)　ヴァスコ＝ダ＝ガマ　(5)　ビスマルク　(6)　ア　(7)　イ　(8)　(解答例)　ハンムラビ王が発布した。被害者が受けた被害と同じ刑罰を加害者に与える同害復讐法であったが，身分による刑罰の差もあった。(59字)　(9)　(解答例)　ゴールド＝ラッシュとなったため。(16字)　(10)　フォード　(11)　イタリア　(12)　ウ　(13)　エ　(14)　重慶　(15)　OPEC　(16)　イ

〈解説〉(1)　19世紀イギリスには，産業革命が始まるためのいくつかの条件が備わっていた。それを実現したのが大西洋三角貿易と農業革命である。イギリスは，ユトレヒト条約でスペインからアシエントを獲得して奴隷貿易を独占した。さらにインド産の綿織物(キャラコなど)をこの貿易ルートに乗せて，アフリカや西インド諸島に輸出した。この貿易はイギリスに莫大な富をもたらし，産業革命に必要な資本の蓄積を促した。また，第二次囲い込みによって農場から追放されたヨーマンは，工場労働者となる者もあり，産業革命のための労働力を提供した。　(2)　ア『シャクンタラー』や純インド的仏教美術は，グプタ朝時代のものである。　イ　アウラングゼーブではなくアクバルであ

る。　ウ　グラッドストンではなくディズレーリ内閣である。
(3)　華北を支配することになった北魏は，漢文化の優位性を認め，漢化政策を推進した。遊牧民から農耕民への変化にとって必要であったのが，均田制である。　(4)　ポルトガルにおいては，1488年にバルトロメウ＝ディアスがアフリカ最南端の喜望峰を発見した。そのまま航海を続ければインドに到達することは可能であったが，食料等の問題もあり，引き返した。よって，事実上はこれがインド航路の発見となる。10年後にその功績を引き継いでカリカットに到達したのが，ヴァスコ＝ダ＝ガマである。　(5)「鉄血政策」とは，「鉄」と「血」，すなわち軍事力の強化と戦争によってドイツの統一を実現するというビスマルクの政策である。実際，ビスマルクは，デンマーク戦争，プロイセン＝オーストリア戦争，プロイセン＝フランス戦争という3つの戦争によって，ドイツの統一を実現した。　(6)　イ　フランスにカピチュレーションを認めたのは，オスマン帝国のスレイマン1世である。ウ　エリザベス1世はスペインの無敵艦隊を破った。　エ　神聖ローマ帝国もスペインもハプスブルク家の支配下にある。ユトレヒト同盟は，オランダの北部7州が結成した同盟である。　(7)　クロンプトンは，ミュール紡績機の発明者である。補助資料1を読むと，紀元前4世紀にギリシア人が記した文献に石炭を鍛冶に使っていたとあるので，Xは誤り。プトレマイオス朝の滅亡は，紀元前1世紀である。Yについては，「木炭確保が困難になったこと」とコークス製鉄法の発明という「石炭加工技術の向上」についての記述が，文章中に見られる。
(8)　53条や196条からは，同害復讐法という特徴を読み取ることができる。195条や199条からは，身分による刑罰の差があったことを読み取ることができる。　(9)　1848年にカリフォルニアで金鉱が発見され，1849年には，一攫千金を狙う人々がカリフォルニアに押し寄せた。これをゴールド＝ラッシュという。　(10)　ベルトコンベアによる組み立て方式をフォード方式という。　(11)　イタリアは，フランスによるチュニジア併合を機に独墺同盟に加わり三国同盟が形成された。しかし，「未回収のイタリア」をオーストリアから回収することを目的に秘密条約を締結し，協商国側で第一次世界大戦に参戦した。(12) ワッハーブ王国の再興を目指して半島中部にネジド王国をつくったのは，サウード家のイブン・サウードである。一方で，ハーシム家のフセインは半島西部にヒジャーズ王国を建ててこれに対抗した。イブン・サウードが勝利し，ヒジャーズ王を兼ねることになり，ヒジャーズ＝ネジド王国が成立した。この国がサウジアラビア王国の前身である。 (13) スターリングラードの戦いという。この戦いでの敗北を機に，ドイツは敗勢へと向かって行った。補助資料2を読むと，4段落以降に，Yの選択肢の内容が書かれている。 (14) 資料Ⅱは，1941年に作成されたハル・ノートである。中華民国の首都は，1937年に日本が南京を占領して以降，四川地方の重慶に置かれていた。(15) 正式名称を石油輸出国機構という。国際石油資本から産油国の利益を守るために設立された。 (16) 1979年～80年にかけて原油価格が大きく高騰した理由は，1979年に起きたイラン革命による混乱でイランの原油生産が激減したことによる。イラン革命の指導者はホメイニーであり，革命の結果，イランはイスラーム法にもとづくムスリム共和国となった。

【2】(1) ウ (2) 祭祀場(共同墓地) (3) (解答例) 土器の使用で食物の煮炊きが可能になったため。(22字) (4) (解答例) 将軍は御家人を地頭に任命することで先祖伝来の所領の支配を保障し，新たな所領を与えた。御恩に対して御家人は，戦時には軍役を，平時には京都大番役や鎌倉番役などの警護をつとめて，従者として奉公した。(96字) (5) (解答例) 1285年に起きた霜月騒動で，得宗の家臣である御内人の中心人物で内管領の平頼綱によって，有力御家人であった安達泰盛は滅ぼされた。 (6) (解答例) 新田開発の際の治水工事には大資本を要したため，幕府は有力商人の協力を促し，商業資本の力を借りて新田開発を目指した。 (7) (解答例) 九十九里浜の鰯は干鰯に加工され，綿などの商品作物の栽培に用いられた。(34字) (8) (解答例) 販売独占権を与える代わりに株仲間に運上・冥加とい

った営業税を課し，俵物を清に輸出することで金銀の輸入をはかって増収を目指した。(63字)　(9)　(解答例)　金を中心とする貨幣制度への一本化を試みた。(21字)　(10)　『解体新書』　(11)　ウ　(12)　旧里帰農令　(13)　コンドル　(14)　ア　(15)　(解答例)　井上準之助を起用，財政を緊縮して物価の引き下げを行い，産業の合理化による国際競争力の強化をめざした。(50字)　(16)　(解答例)　朝鮮・台湾からの米の移入を促進していた。(20字)　(17)　C　綿織物　D　赤字国債

〈解説〉(1)　埴輪は素焼の焼物で，円筒・形象の2種に大別され，古墳の表土に列をなして並べ飾られたものである。よって4～7世紀の古墳文化を象徴するものであり，縄文時代の風習や信仰とは関係がない。

(2)　環状列石は円形に石を並べた配石遺構。環状列石の周辺からは，土偶や土版，動物形土製品，鐸形土製品，石棒，石刀などの祭祀・儀礼の道具が数多く出土している。　(3)　縄文時代に定住が可能となった背景には，気候の変化や，食料確保の多様化がある。特に土器の使用は植物性食物の煮炊きを可能にし，これによって植物食を中心とした食生活への転換が可能となり，定住生活へと繋がった。　(4)　鎌倉時代は土地の給与を通じて，主人と従者が御恩と奉公の関係で結ばれている。これを封建制度とよぶ。指定語句を使用して，御恩と奉公がそれぞれ何を指しているのかを，説明することが必要である。

(5)　元寇後，幕府内では北条氏の家督をつぐ得宗の勢力が強大となり，同時に得宗の家臣である御内人と本来の御家人との対立も激しくなっていた。これが問題文にある幕府内部の権力争いに該当する箇所で，その象徴的な事件が霜月騒動である。　(6)　徳川吉宗は米の増産を目指して新田開発を行った。町人が開発を請け負った新田は町人請負新田と呼ばれ，紫雲寺潟新田や鴻池新田が著名である。　(7)　金肥とは金銭を支払って買い入れる肥料で，干鰯・〆粕・油粕などがある。肥料としての需要が増えたことで鰯漁は盛んになった。特に房総の九十九里浜の地曳網漁が有名である。　(8)　田沼時代の幕府税制で特徴的なものは，商品流通に携わる株仲間に営業税を課したことである。幕

府は収入を増やすために，新田開発や年貢率の引き上げを行っていたが，それにも限界があった。意次は当時盛んになりつつあった商品流通に着目した税制を行っている。 (9) 江戸では金貨が，大阪では銀貨が使用されており，商人たちはそれぞれの貨幣を両替する必要があった。また，金貨が計数貨幣なのに対し，銀貨は秤量貨幣で，支払いも不便な面があった。そこで田沼意次は，貨幣流通をコントロールするために貨幣の統一化を図った。金を中心とするために，南鐐二朱銀は計数銀貨として鋳造された。 (10) 杉田玄白，前野良沢らが中心となって出版。日本最初の本格的な翻訳医学書で，今日使用されている「神経」「軟骨」「動脈」などの言葉がこのときにはじめてつくられたことでも知られている。 (11) 資料Ⅴでは，農村から江戸へ人口が流出し，農村人口が減少している様子が分かる。天明の飢饉や打ちこわしが契機となり，農村人口の回復・荒廃田畑の復旧が目指された。
(12) 寛政の改革で，江戸に流入した没落農民の帰村や帰農が奨励された。 (13) コンドルは1877年にイギリスから来日し，工部大学校で西洋建築を教えた。辰野金吾・片山東熊らは最初に教えを受けている。
(14) 内国勧業博覧会は大久保利通の主唱で殖産興業のため，内務省(のち農商務省)が主催して開いた国内の博覧会。 イ 国家財政関係官庁。 ウ 殖産興業関係官庁。 エ 農業・商工業関係官庁。
(15) 井上財政の特徴は，緊縮財政である。田中内閣の金融恐慌の対策により，日本経済はインフレを起こしていたため，浜口内閣は歳出削減を行い，その収束に努めた。また，国内企業の国際競争力の弱さが，輸入超過を招いていたことから産業の合理化が奨励された。 (16) 米騒動以後，植民地での米の増産と品種改良をはかり，その移入を促進していた。 (17) C 日本が円安のもとで自国植民地への輸出拡大を行うのは，国ぐるみの投げ売り(ソーシャル＝ダンピング)と非難された。
D 国家予算の不足分を補うために発行された国債のこと。

【3】(1) エ (2) アフリカ…ウ ヨーロッパ…ア (3) 中国…イ アメリカ合衆国…エ (4) 記号…イ (解答例) 説明…末

端まで少量でも輸送可能な自動車輸送が多いが，大量運搬には水運，鉄道輸送が多い。(40字)　　(5)　①　緯度…南緯40度　　経度…西経40度　　②　ハザードマップ　　③　(解答例)　集落が同心円状に並ぶことから，洪水後にできる微高地である自然堤防上に立地していることがわかる。(47字)

〈解説〉(1)　1971年において最大値だが，その後環境問題に対応して二酸化炭素排出量が減少しているウはドイツ。逆に1990年以降ドイツを抜いているイは日本。急上昇しているアは人口大国インド。発展途上国のインドネシアにおいては，生活が豊かになるとともにエネルギー使用量が増加するために排出量が増えているエ。また人口も多く，今後も増加が見込まれる。　(2)　穀物は，コメ，小麦のほかとうもろこし，大豆などを指す。アフリカは乾燥帯が広く，面積の割に穀物の生産量が少ない上に人口も多いため輸出に回す余剰がない。したがってウ。ヨーロッパや北アメリカは商業的，企業的に穀物の栽培を行って積極的に輸出する。ヨーロッパはア。穀物の生産量が最も多いエはアジア。特にモンスーンアジアではコメの生産量が多く，人口支持力が高い。イは南アメリカで，とうもろこし，大豆の輸出が多い。

(3)　アマゾン川流域の熱帯雨林があり，年間降水量が多いブラジルがア。1人当たり水資源漁がとても多い。国土が広く，降水量も多いが人口が多いため1人当たり水資源量の少ないイは中国。水資源量は少ないのに対し1人当たり量が多いウは人口の少ないオーストラリア。エは生活用水使用量が最も多いことから，先進国であるアメリカ合衆国と判断できる。同様に考えて，オは途上国のナイジェリア。

(4)　アメリカ合衆国は国土が広く，貨物の国内輸送には鉄道の利用が多い。またパイプラインの使用も多く，ウ。日本は水運の割合が高く，イ。ヨーロッパのドイツとフランスは傾向が似ており，特に国内における貨物輸送ということなので判別は難しい。アがライン川のあるドイツ，エはフランス。旅客の輸送については全く異なる様相となること，また，この資料は2009年のものであり，傾向をつかむにとどめたい。　(5)　①　北緯40度と東経140度が交わる点は秋田県大潟村にあり，かつての湖底が干拓により陸地となったところで，モニュメントが建てられている。対蹠点は，緯度はそのままで北緯と南緯が代わり，経度は180度離れるので，南緯40度，西経40度である。アルゼンチンの東部，大西洋上になる。　②　洪水や津波による浸水地域や土砂災害想定地域，避難場所などを表示した地図をハザードマップという。自治体ごとに作られ，公開されている。平時から居住，通勤する地域について見て，知っておくことが重要である。　③　地図の範囲は，新潟県を流れる阿賀野川の下流区域で，北西に向かって流れる河川が大きく蛇行していることがわかる。灰塚，十二，平林の各集落は同心円状に並び，その内側と外側には水田が広がっていることから，河川があふれてその後，土砂が堆積してできる自然堤防上であることがわかる。自然堤防は微高地で，洪水の被害を防ぎ，集落と畑ができる。十二から平林にかけては河川の名残である河跡湖(三日月湖)も残る。対岸には阿賀野幹線用水路がある。

【4】(1)　エ　(2)　(解答例)　アマゾン川流域は年中高温で降水量が多く，熱帯雨林セルバが広がり，赤土の成帯土壌ラトソルが分布する。(49字)　(3)　(解答例)　F　かつて氷河におおわれたチリ南部の氷河が侵食してできたU字谷が沈水してできるフィヨルド。(43字)
(解答例)　G　ラプラタ川河口で，堆積する土砂の少ない河川の河口が沈水してできるエスチュアリー。(40字)　(4)　H　メスチーソ
I　エスタンシア　(5)　J　ブラジル　K　チリ　(6)　標高2000mを越える盆地で山麓部にスラムが増加し，急増する自動車の排気ガスが拡散せずに滞留し大気汚染が問題となっている。(59字)

〈解説〉(1)　オーストラリア北部のAダーウィンはサバナ気候で，乾季と雨季のあるウ。Bは温暖湿潤気候だが緯度が低く，気温は高めでア。
Cはペルーの首都リマで，寒流の影響で砂漠気候となるためエ。Dはアンデス山中のラパスなど高原都市で，高山気候となるため緯度と関わらず年中低温であるイ。　(2)　Eは西から東へ流れるアマゾン川流域である。アマゾン川の長さがナイル川に次いで2位だが流域面積は1位

で，南緯10度から赤道にかけてのアマゾン盆地は熱帯雨林が広がり，セルバという。成帯土壌のラトソルが分布。　(3)　Fは高緯度であるため，氷河が侵食してできたU字谷が沈水してできるフィヨルドがある。Gはラプラタ川河口で，堆積する土砂の少ない河川の河口がそのまま沈水してできるエスチュアリーがある。アルゼンチンの首都ブエノスアイレスとウルグアイの首都モンテビデオが両岸に位置するが，河口の幅は300km近くあり，河口というよりは湾のイメージである。(4)　ラテンアメリカはかつてスペインやポルトガルによって侵略され，多くの先住民が殺戮されたほか，混血が進んだという歴史がある。ヨーロッパ系と先住民インディヘナの混血はメスチーソ，ヨーロッパ系とアフリカ系の混血はムラート。大土地所有制のことをアルゼンチンやウルグアイではエスタンシア，ブラジルではファゼンダ，メキシコやペルー，チリではアシエンダという。　(5)　鉄鉱石の産出が多いJブラジルでは，カラジャス，イタビラが知られる。銅鉱はアンデス山脈で多く，Kはチリ，Lはペルー。両国で40％を占める。銀鉱はMメキシコで多い。すず鉱はミャンマーが多いことに注意。ブラジル，ペルー。ボリビアでも産出し，年度によって順位が異なることもあるが，おおよその産出国を把握しておきたい。　(6)　メキシコの首都メキシコシティーは標高2000mを越え，北緯20度にあるため高山気候となっている。しかし空気が薄いことと盆地であることから大気の循環が悪く，自動車の排気ガスが拡散せずに滞留し大気汚染が問題となっている。また農村漁村などから雇用を求めて人口が集中することにより標高の高い山麓部にスラムが増加している。

【5】(1)　A　キ　　B　オ　　C　ウ　　D　コ　　E　ク

(2)　Ⅰ　(解答例)　ドイツ人気候学者ケッペンの気候区分は，植生に注目し各地の<u>気温</u>と降水量に基づき気候を分類したものである。簡潔で容易に分類できる一方で，標高や海陸による差異には対応できず，後世に高山気候が追加された。<u>日本</u>はほとんど全域が温暖湿潤気候で，北海道が亜寒帯湿潤気候に区分され，細かい差異には対応されていない。(149字)　Ⅱ　(解答例)　中華人民共和国の誕生や朝鮮戦争によって，アメリカは日本の戦略的価値を再認識，占領を終わらせて日本を西側陣営に早期編入しようとする動きを加速させた。その結果，1951年にサンフランシスコ平和条約が調印され，日本は独立を回復，同時に調印された日米安全保障条約で，独立後もアメリカが国内に駐留することが決まった。(150字)

〈解説〉(1)「社会的なA見方・考え方を働かせ，課題をB追究したり解決したりする活動を通して，広い視野に立ち，グローバル化する国際社会にC主体的に生きる平和で民主的な国家及び社会の有為な形成者に必要なD公民としてのE資質・能力を次のとおり育成することを目指す」。選択肢が提示されていてその中から選ぶ形式である。ここ数年，秋田県は学習指導要領からの出題がない。とはいえ，教科地理歴史の目標なので，熟読して内容をきちんと理解しておくべきである。そうでないと，選択肢がとても紛らわしく作成さているので間違える可能性が高い。とりわけDの公民は，地理歴史科ということを考えるとイの国民のほうがふさわしいのではないかと戸惑う可能性が高い。一読しておけば，そのようなことは氷解される。選択部分が少ないだけに，きちんと読み込んで理解しておきたい。　(2)　Ⅰ　ドイツ人の気候学者ケッペンは，植生に注目し各地の気温と降水量に基づき気候を分類した。樹木があるかないか，降水が多いか少ないかなどから簡潔で容易に分類できる一方で，標高や海陸によって異なる場合など対応できない事象もある。後世には高山気候が追加され，ケッペンの区分と共に利用されることが多い。日本はほとんど全域が温暖湿潤気候となり，北海道は亜寒帯湿潤気候に区分されるが，私たちにとっては日本海側，太平洋側や瀬戸内，内陸，南西諸島など大きく異なると感じられる気候の差異に対応されていないことになる。　Ⅱ　中国内戦で共産党の優勢が明らかになった1948年以降，アメリカの対日占領政策が転換した点を理解しておくことが必要である。アメリカは戦後の占領政策であった「民主化と軍備廃止」から，日米安全保障条約のもとで日本を共産圏との戦いの最前線と位置づけた。そうした中で勃発した朝鮮戦争は，アメリカに日本における軍事基地の維持と日本の主権回復によるアメリカとの積極的な協力の必要性を認識させた。日本は西側諸国のみとの講和によって独立を回復し，施設提供の見返りに独立後の安全保障をアメリカに依存する道を選択した。

公民科

【1】A　シ　B　ク　C　セ　D　カ　E　イ　F　エ
G　ウ　H　タ　I　テ　J　コ

〈解説〉「社会的な見方・考え方を働かせ，現代の諸課題をA追究したり解決したりする活動を通して，広い視野に立ち，Bグローバル化する国際社会に主体的に生きる平和でC民主的な国家及び社会の有為な形成者に必要なD公民としての資質・能力を次のとおり育成することを目指す。　(1)　選択・判断の手掛かりとなる概念や理論及び倫理，政治，経済などに関わる現代の諸課題について理解するとともに，諸資料から様々なE情報を適切かつ効果的に調べまとめるF技能を身に付けるようにする。　(2)　現代の諸課題について，事実を基に概念などを活用して多面的・多角的に考察したり，解決に向けてG公正に判断したりする力や，H合意形成や社会参画を視野に入れながら構想したことをI議論する力を養う。　(3)　よりよい社会の実現を視野に，現代の諸課題を主体的に解決しようとする態度を養うとともに，多面的・多角的な考察や深い理解を通して涵養される，人間としての在り方生き方についての自覚や，J国民主権を担う公民として，自国を愛し，その平和と繁栄を図ることや，各国が相互に主権を尊重し，各国民が協力し合うことの大切さについての自覚などを深める」。選択肢が提示されていてその中から選ぶ形式である。記憶がやや不鮮明でも，一読したことのある受験生には手がかりとなる。ただし，紛らわしい選択肢がたくさんあり，むしろ文のつながりからいくとそちらのほうが良いのではないかと思われるものも多数含まれ，そちらに引きずられる可能性がある。ここは対策としては，教科公共の科目公民の「目標」なので，熟読して内容をきちんと理解しておくべきである。

【2】(1) 死票が少ない　(2) オ　(3) 出来事…天皇機関説事件　人物名…美濃部達吉　(4) エ　(5) 最高裁判所裁判官の国民審査，地方特別法の住民投票，憲法改正の国民投票　(6) (解答例) 1955年から1993年まで続いた，自由民主党が政権を担当し，日本社会党が野党第一党としてそれに対峙した体制のこと。　(7) A県…2議席　B県…2議席　C県…1議席　(8) 期日前投票　(9) 無効…麻薬の売買などの公序良俗違反の契約　取り消し可能…脅迫などによって行われた契約　(10) (解答例) 陪審制では陪審員は有罪・無罪の判定，裁判官は量刑を行う。これに対し，裁判員制度では裁判員と裁判官の合議体がいずれも行う。　(11) エ，キ
(12) (解答例) 検察官による不起訴処分の当否を審査し，検察官に捜査のやり直しや，検察官に代わって弁護士に起訴を行わせる。
(13) 合理化

〈解説〉(1) 死票とは，落選者に投じられた票のこと。小選挙区制では大量の死票が生じやすいが，参議院議員通常選挙の選挙区選挙は，原則として各都道府県が選挙区であり，その規模に応じて改選数が割り振られている。ゆえに，数は少ないものの改選数が2名以上の都道府県では死票が生じにくい。　(2) 三菱樹脂訴訟とは，学生運動に参加していた経歴が発覚したために本採用を拒否された人が，思想・良心の自由の侵害などを主張して企業を訴えた事件。最高裁は，私人相互間の関係には憲法の規定は直接適用されないとして，原告の訴えを認めなかった。　(3) 天皇機関説は立憲君主制に適合的な憲法解釈論であり，大正デモクラシー期には主流の学説だった。だが，天皇を絶対視する天皇主権説を信奉する軍部が台頭するとともに，天皇機関説は不敬として攻撃を受け，その論者の美濃部達吉は貴族院議員の辞職に追い込まれた。　(4) 選挙運動員に対する報酬は，原則として禁止されている。なお，インターネットを用いた選挙運動は解禁されており，

一般の人々でもウやオの行為は認められている。ただし，電子メールによる投票の呼びかけは，候補者や政党などにのみ認められている。(5)　最高裁判所裁判官の国民審査は，任命後初の衆院選の際，そしてそれから10年経過後の衆院選の際に実施される。また，地方特別法とは特定の地方自治体だけに適用される法律のことをいい，制定には国会での議決に加え，住民投票の実施を要する。　(6)　1955年に日本社会党の再統一と自由民主党の結成(保守合同)によって二大政党制が成立したが，実際には「1と2分の1政党制」と揶揄されたように，日本社会党に政権交代を実現する力はなかった。1993年の日本社会党も参加した非自民8党派連立政権の発足により，55年体制は終わった。(7)　アダムズ方式では，各都道府県の人口を一定の数値で割り，小数点以下の数値を切り上げた数が各都道府県の議席数となる。50万で割ると，A県，B県，C県はいずれも2議席で，合計が6議席になってしまう。だが，60万で割れば，A県とB県には2議席，C県には1議席となり，合計議席は5議席となる。　(8)　期日前投票は，投票日にレジャーに行く予定があるといった理由でも行うことができる。ゆえに，近年は期日前投票を利用する人が増加する傾向にある。各選挙区に設置されている期日前投票所にて行うことになっている。　(9)　賭博に関する契約や愛人となる契約なども，公序良俗に違反し，無効とされる。また，消費者契約法により，不当な勧誘によって消費者が誤認したり困惑したりして締結した契約は取り消すことが認められている。未成年者による契約は親などによる取り消しが認められている。　(10)　裁判員裁判は重大な刑事事件の第一審にのみ行われ，原則として6名の裁判員と3名の裁判官の合議体によって，有罪・無罪の判定と量刑を行う。対して，陪審員制では量刑は裁判官が行う。なお，裁判員は事件ごとに選任されるが，この点においては陪審員制と同じである。(11)　エとキのほか，妊娠中の人，出産後8週間以内の人，重い病気を患っている人などは，裁判員を辞退することが認められている。なお，エとキ以外の選択肢は，裁判員になれない人々である。また，義務教育の未修了者や禁錮以上の刑に処せられた人々なども，裁判員にはなれない。　(12)　検察審査会は，11名の検察審査員による機関。検察官が不起訴処分とした事件につき，検察審査会が起訴相当とする議決を2回行えば，起訴が行われることになっている。また，不起訴不当という議決を行えば，検察官は再び捜査を行うことになっている。
(13)　防衛機制とは，欲求や目標が達成できない場合に無意識に心の安定を図るメカニズムのこと。合理化はその一つで，これは欲求や目標が達成できないことを，理屈をつけて正当化することをいう。イソップ寓話の「すっぱいブドウ」が合理化の例として有名である。

【3】(1)　A　アタラクシア　B　量的功利主義　(2)　Ⅰ　A　荀子　B　韓非子　C　墨子(墨翟)　Ⅱ　(解答例)　アウグスティヌスは人間は神の恩寵によってのみ救われるとした。対して，ピコ＝デラ＝ミランドラは自由意志によって何者にでもなれる点にこそ，人間の尊厳があるとした。　(3)　プラトン…イ　ロールズ…ア
(4)　(解答例)　貧者の支援を目的として課される救貧税のこと。
(5)　(解答例)　理性を持つ人間であれば，どのような条件下でも善悪について誰もが同じ判断をするという意味において，人間が従うべき道徳法則は普遍的なものとした。　(6)　A　アリストテレス　B　目的論的　C　機械論的　D　ニュートン　(7)　A　共同体主義　B　サンデル　(8)　受容的・忍従的(※どちらか片方でもよい)　(9)　(解答例)　罪を共同体に外部から持ち込まれて災いをなす不浄として捉えた反面，罪は禊や祓によって簡単に取り除かれ，罪人も禊や祓いを受ければ共同体への復帰が許された。　(10)　Ⅰ　常民　Ⅱ　まれびと(客人)　(11)　Ⅰ　(解答例)　神は仏が人々を救うためにこの世に姿を変えて現れたとする説のこと。　Ⅱ　A　古義学　B　古文辞学　C　経世済民　(12)　A　一身　B　一国
〈解説〉(1)　A　アタラクシアは魂の安らぎを意味する。そのために，エピクロスは俗世間から「隠れて生きよ」と主張した。　B　ベンサムが量的功利主義を主張したのに対し，弟子のミルは快楽にも質の差があるとし，より質の高い快楽を求めるべきとする質的功利主義を唱え

た。　(2)　Ⅰ　A　荀子は「人の性は悪なり，其の善なる者は偽(人為)なり」と唱え，人間本性の礼による矯正が必要とした。　B　韓非子(韓非)は荀子の影響を受け，法治主義を唱えた。　C　墨子は儒家が説く仁を別愛(差別的な愛)と批判し，兼愛を唱えた。　Ⅱ　アウグスティヌスは古代キリスト教の最大の教父であり，キリスト教の正統信仰の確立に貢献した。ピコ＝デラ＝ミランドラはルネサンス期の人文主義者であり，『人間の尊厳について』において，自由意志を持つ人間の尊厳を主張した。　(3)　プラトンは魂の三分説を唱え，またこれを国家論にも応用した。理性の徳は知恵，欲望の徳は節制，気概の徳は勇気である。ロールズは現代の政治哲学者として正義論を唱え，福祉国家を肯定した。なお，ウはソクラテス，エは現代の経済学者であるセンの主張。　(4)　ザカートとは本来は「清浄」の意味を持つ言葉で，イスラームでは喜捨のことをいう。なお，六信とは神(アラー)，天使，啓典，預言者，来世，予定のこと。また，五行とは信仰告白，礼拝(サラート)，喜捨(ザカート)，断食(サウム)，巡礼(ハッジ)のことをいう。　(5)　カントは，ただ義務として行われる行動を道徳的であるとした。また，何らかの目的を達成する手段としての条件付きの義務を仮言命令，無条件の絶対的義務を定言命令とし，真に道徳的な行動は定言命令に従うことであるとした。　(6)　A　古代ギリシャの哲学者で，「万学の祖」とも呼ばれている。　B　自然は何らかの目的によって規定されているとする自然観のこと。　C　機械論的自然観を唱えたデカルトは，自然を時計にたとえている。　D　万有引力の法則とは，すべての物体は引力を及ぼしあっているとする説。　(7)　A　共同体主義(コミュニタリアニズム)は，共同体の価値を重んじるが，国家に個人を隷従することを正当化する思想ではない。　B　サンデルは，ロールズの理論を共同体の価値観から切り離された「負荷なき自己」を前提にしていることを批判した。　(8)　和辻哲郎は『風土』を著し，風土をモンスーン型，砂漠型，牧場型に分類した上で，モンスーン型は人間を受容的・忍従的に，砂漠型は苛烈な自然環境によって人間を戦闘的に，牧場型は人間に従順な自然によって人間を合理的にするとした。　(9)　禊とは川などの水で身を洗い清めること，祓とは神に祈って穢れを清めることをいう。両者を合わせて禊祓ということもある。『古事記』には，黄泉の国から戻ったイザナギノミコトが禊を行ったことなどが記されている。　(10)　Ⅰ　柳田国男はわが国における民俗学の父であり，岩手県遠野地方の説話集『遠野物語』の編纂などで知られる。常民は英語のfolkに該当する言葉であり，柳田国男ら民俗学者が研究対象とする基層文化(日常の伝承文化)の担い手である。　Ⅱ　折口信夫は民俗学者であり，釈迢空の名で歌人としても知られる。「まれびと」とは稀に来る人の意味で，折口信夫は海のかなたの常世(とこよ)から時を定めて訪れる霊的存在である「まれびと」に，わが国の神の原像を求めた。　(11)　Ⅰ　本地垂迹説(仏本神迹説)では，例えば天照大神は大日如来の化身とされる。また，鎌倉時代に入ると，日本の神こそが真の姿であり，仏はその化身とする反本地垂迹説(神本仏迹説)が台頭した。　Ⅱ　A　伊藤仁斎は古義学を提唱し，論語を「最上至極宇宙第一」の書として，そこから直接的に学ぼうとした。　B　荻生徂徠は古文辞学を唱え，孔子とそれ以前の六経を研究対象とした。　C　個人の修養を重んじる朱子学を批判し，儒学を経世済民の学とした。　(12)　福沢諭吉は啓蒙思想家で，慶應義塾の創設者。学問の異議を論じた『学問のすゝめ』において「一身独立して一国独立す」と唱え，一人一人の国民が他人に依存せず，自分で考えて行動できるようになってこそ，国家は独立を保つことができるとした。

【4】(1)　A　農業基本法　　B　減反政策　　C　ウルグアイ　　D　ミニマムーアクセス　　(2)　(解答例)　農家の若者が，高度経済成長に伴い発展していた第二次，第三次産業で就労することにより，農村から都会への人口移動が進んだため。　　(3)　(解答例)　カロリーベースの食料自給率は，穀物や肉類など，供給される熱量の高い食物の自給率によって左右されやすい。　　(4)　食糧管理制度　　(5)　(解答例)　WTOでは，GATTの三原則である無差別，多角主義が継承された

一方，GATTよりも貿易をめぐる紛争解決制度が強化された。
(6)　Ⅰ　EPA(経済連携協定)　　Ⅱ　FTA(自由貿易協定)
(7)　(解答例)　農業の六次産業化とは農家が製造業やサービス業に進出することをいい，これには農家の所得向上や農村の経済活性化などをもたらす効果がある。　(8)　(解答例)　食品の生産地の偽装防止や安全性の確保のために，生産から販売までの流通履歴を管理する制度のこと。　(9)　Ⅰ　比較生産費説　　Ⅱ　(解答例)　農業には，食料の持続的確保，食の安全という観点からも目を向ける必要がある。国外の状況に左右されず，食料を確保すべきとする食料安全保障の観点からも，食料自給率は高めるべきであり，そのためにも日本の農業を衰退させてはならない。また農業は，食料を生産するだけではなく，水資源や環境を保全し，景観や文化の継承に寄与するなど多面的な機能を果たしている。農業の意義は経済効率性の観点のみでなく，このような諸機能も含めて判断するべきである。

〈解説〉(1)　A「農業界の憲法」と呼ばれた法律だが，1999年に廃止され，食料・農業・農村基本法が施行された。　B　コメ余りのため，減反政策が実施されたが，現在は廃止済。　C　WTOの設立もウルグアイラウンドでの合意による。　D　ミニマムアクセスは最低輸入枠などと訳されている。　(2)　高度経済成長期には，地方から都会へ集団就職する若者が多く，こうした若者は「金の卵」ともてはやされた。その反面，都市の過密化と農村の過疎化が進んだ。農業人口の減少や高齢化は現在も進行中であり，農村の限界集落化が進んでいる。
(3)　わが国の食料自給率は，カロリーベースだと40%をやや下回る水準だが，生産額ベースだと60%台を推移している。野菜などの自給率は高いが，低カロリーのため，カロリーベースの食料自給率にはあまり反映されない。また，カロリーベースの食料自給率の低下には，コメの消費量減少と小麦や肉の消費量増加も要因となっている。
(4)　食糧管理制度は第二次世界大戦中の1942年に導入された制度だが，大戦後も長らく存在し，コメなどの流通は統制下に置かれていた。この制度の下，コメの生産量が拡大する一方，食生活の欧米化が進んだことで，コメの生産が過剰となった。 (5) GATTは「関税及び貿易に関する一般協定」であり，設立に至らなかったITO(国際貿易機関)の代替として締結された協定である。だが，1995年にようやくWTOの設立が実現するとともに，貿易をめぐる紛争解決制度が強化された。ただし，近年は紛争解決制度の見直しが課題となっている。
(6) Ⅰ EPAはFTAよりも幅広い経済関係の強化を目指す協定である。わが国はEPA締結を進めており，例えばフィリピンやベトナムと締結したEPAでは，わが国による介護福祉士や看護師の候補者の受け入れなどが行われている。 Ⅱ FTAは関税撤廃など，加盟国間で自由貿易を進めるための協定だが，近年，その内容はEPAと同様なものになってきている。なお，WTO協定には無差別原則があるが，FTAやEPAの締結はその例外としてWTO協定によって認められている。
(7) 第一次産業に従事する農家が第二次産業や第三次産業に進出することを，「農業の六次産業化」という。農家が収穫した農作物をみずから食品に加工して販売することや，エコツーリズムとして旅行客に農家が宿泊場所を提供したり農業体験の機会を提供したりすることなどが，その例。 (8) トレーサビリティとは追跡可能性の意味。生産地の偽装防止や食の安全の確保には，トレーサビリティの確保が必要である。ゆえに，わが国では米トレーサビリティ法や牛肉トレーサビリティ法が制定されている。その他の食品のトレーサビリティの普及も進められている。 (9) Ⅰ「自由貿易化に対応できないのなら，衰退していくのも仕方ない」という意見の根拠は，リカードの比較生産費説である。自由貿易を推進するための有力な根拠であり，一国が必要な商品すべてを自国で賄うより，それぞれの国が有利な条件のもとで生産できる(比較優位)商品に特化(専門化)し，貿易によって不足する商品を手に入れたほうが双方にとって有利になるとする説である。
Ⅱ 比較生産費説だけでは論じることができない農業の価値について具体的な事例を示し，論じること。食料安全保障と農業の持つ多面的機能については必ず述べておきたい。

【5】(1)　A　緩和　B　安　C　輸入品価格の高騰　D　消費　E　不　F　売られ　(2)　人為的にインフレを引き起こすことによって，デフレと不況の悪循環から脱却するため。　(3)　無担保コールレート

(4)

手順

①　総生産額－(中間生産物)－(海外からの純所得)＝(名目)GDP

②　$\dfrac{(\text{名目GDP})}{(\text{GDPデフレーター})}\times 100=\text{実質GDP}$

③　$\dfrac{(\text{本年度の実質GDP})-(\text{前年度の実質GDP})}{(\text{前年度の実質GDP})}\times 100$

＝実質国内総生産(GDP)成長率

〈解説〉(1)　A　不況では金融緩和政策が実施される。　B　日米の金利差の拡大などにより，円安が進んだ。　C　円安になれば輸入品の円換算での価格は上昇する。　D　消費税率は，1989年の導入時には3%だったが，現在では原則10%となっている。　E　資産運用にとっては，高金利なほうが魅力的。　F　外貨で資産運用する人が増えるからである。　(2)　目標となるインフレ率を設定し，その目標が達成されるまで金融緩和政策を実施することを，インフレターゲット政策(インフレ目標政策)という。日本経済は，1990年代からデフレと不況の悪循環であるデフレスパイラルに陥っており，その克服が課題であった。(3)　市中銀行どうしが短期資金を融通しあう金融市場をコール市場といい，無担保コールレートとは，このコール市場において適用される金利の一つ。かつては公定歩合が政策金利だったが，現在は無担保コールレートが政策金利となっている。　(4)　GDPやGNP(国民総生産)は最終生産物の価額の合計である。GNP－海外からの純所得＝GDPの関係にある。また，名目GDPから物価変動による影響を除いたのが，実質GDPであり，GDPデフレーターは物価指数の一つである。

【6】(1) (解答例) 作業…1行目の「15」と9行目の「家族の同意」を空欄にし，それぞれ①，②とする。　ねらい…改正臓器移植法の主な改正点の理解を問う。　設問…「知識」　問1…記述中の空欄①と②に当てはまる語句を書きなさい。　解答…① 15　② 家族の同意　(2) (解答例) 作業…1段目17～20行と2段目19～21行に二重線を引く　ねらい…記事の内容とグラフを読み取り，「脳死」をめぐる死生観や宗教観について，自らの考えを表現する力を問う。設問…「思考力，表現力」　問2…記事中の二重線部とグラフから考えられる臓器提供にみられる日本人の死生観と宗教の影響について，あなたの考えを10行程度にまとめて述べなさい。　解答…日本では人の死は心停止によるものとの考え方が根強く，脳死は臓器移植を前提とする場合のみ，人の死と認められている。人工呼吸器を付ければ循環機能を保つことが可能な脳死状態の患者の体にメスを入れることに強い抵抗感を持つ日本人は多い。グラフを見ると，臓器提供者の多い国はキリスト教徒の多い国である。アジアの3か国の中で提供者が最も多い韓国も，キリスト教徒が多い。キリスト教は，弱い他者を思いやる「隣人愛」を説いている。この思想も脳死による臓器移植を「死者からの愛の贈り物」として肯定する考え方に大きく影響するものと考えられる。つまり，死生観や宗教観が臓器提供者の数に大きく関わっているものと考えられる。日本でも，臓器提供者による移植の例が年々増加し，臓器提供の意義を肯定する人々が増えている。その結果，古い死生観の影響をあまり受けていない若い世代では臓器提供に前向きな人が増えているものと思われる。

〈解説〉(1)，(2)とも，作問という比較的珍しいパターンの出題であるが，問題の趣旨を理解し，指示に従って解答すること。(1)は基礎的・基本的な知識及び技能を評価することができる問題，(2)は思考力，判断力，表現力等を評価することができる問題であるかを念頭に置いて問題を作ること。新聞記事からの出題であるので，日頃から自分でも新聞を利用して練習しておくことも重要である。

2023年度　実施問題

中　学　社　会

○　全ての設問において,「中学校学習指導要領(平成29年3月告示)第2章第2節　社会」を「学習指導要領」,「中学校学習指導要領解説社会編(平成29年7月文部科学省)」を「解説」と記す。

【1】図は,小・中学校社会科における見方・考え方についてまとめたものである。[a]・[b]に当てはまる語句をそれぞれ書け。

図

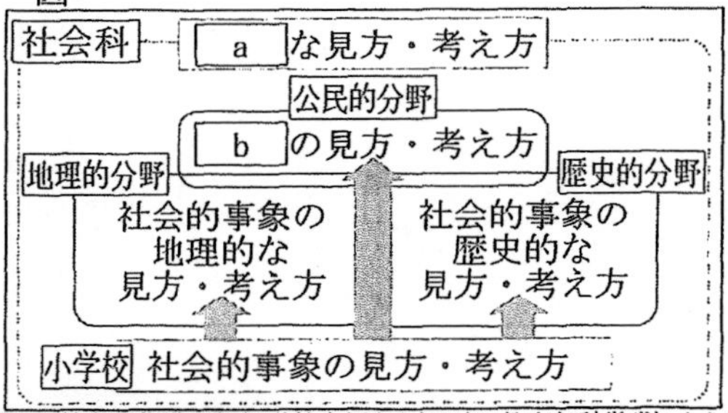

(「小学校学習指導要領解説社会編(平成29年7月文部科学省)」から作成)

(☆☆☆☆◎◎)

【2】「学習指導要領」〔地理的分野〕2内容A「世界と日本の地域構成」と内容B(1)「世界各地の人々の生活と環境」に関する問題である。(1)～(5)の問いに答えよ。

地図

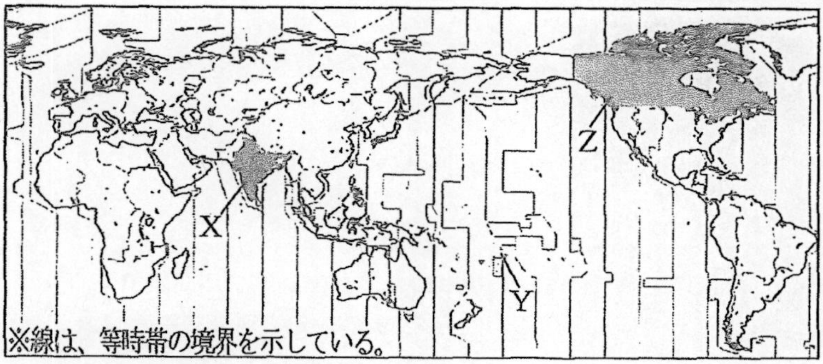

ノート　日本とサンフランシスコの*時差

> ○　等時帯の境界を示した地図で調べる。
> ・西へ数えて17番目の等時帯。
> ・東へ数えると，等時帯では7番目だが，日付変更線を[　a　]から，時差は7時間ではなく，17時間になる。
> ○　日本が午後8時のとき，サンフランシスコは[　b　]だから，国際電話などで連絡を取るときには，注意が必要。

＊サマータイムは考えない

(1)　本初子午線と赤道が交わる地点が含まれる範囲を□で正しく示した地図を，次のA～Dから一つ選んで記号を書け。

A

B

C

D

(2)　時差について，生徒がまとめたノートに関する問題である。

①　[　a　]に入る適切な内容を，次の語句を用いて書け。〔　東　〕

②　[　b　]の時刻を，午前・午後を明らかにして書け。

(3)　アジアを5つに区分したとき，Xが位置する地域を書け。

(4)　次は，内容B(1)世界の主な宗教の分布について「解説」を踏まえてまとめたものである。[　c　]に当てはまる三つの宗教と，[　d　]に入る適切な内容をそれぞれ書け。

・[　c　]などの世界に広がる宗教の分布について理解すること。
・分布の境界は必ずしも[　d　]であることなどに留意すること。

(5)　写真アと写真イの伝統的な住居と自然環境との関連について，共通点と地域によって異なる点を，以下の形式にしたがって書け。

写真ア　Yの国の伝統的な住居

写真イ　Zの国の伝統的な住居

・共通点

どちらの住居も，[　　　　　　　　　　　　　　　　　　　　]

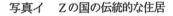

・異なる点

アの住居は，[ ]

イの住居は，[ ]

(☆☆☆◎◎◎)

【3】「学習指導要領」〔地理的分野〕2内容B(2)「世界の諸地域」に関する問題である。(1)～(4)の問いに答えよ。

(1) サヘル地域において，人口増加に伴う過度の耕作や放牧などによって進行している地球環境問題を書け。

(2) 図から読み取れる，2か国に共通する経済状況を表す語句を，「(　　)経済」の形式にしたがって書け。

図　ボツワナ・ザンビアの輸出品目割合(2018年)

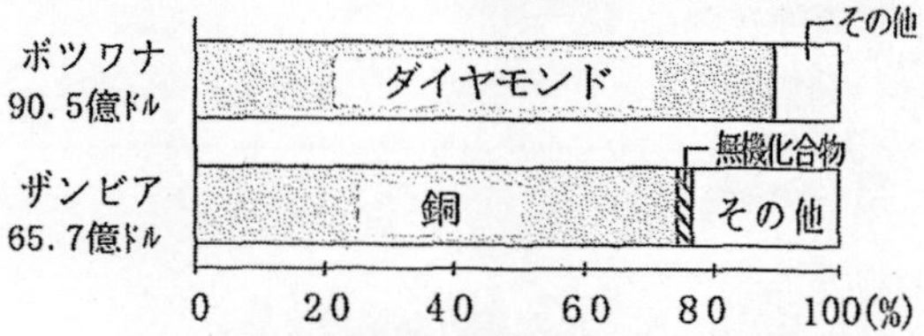

(「世界国勢図会」2020/21から作成)

(3) 表のアフリカ4か国の公用語に，ヨーロッパの国の言語が使用されている理由を簡潔に書け。

表　アフリカ4か国の公用語と自国の言語

国名	公用語	自国の言語
ガーナ	英語	アサンテ語など
コートジボワール	フランス語	ジュラ語など
モザンビーク	ポルトガル語	バンツー系諸語
ルワンダ	英語・フランス語	キンヤルワンダ語

(「データブック　オブ・ザ・ワールド」2021から作成)

(4) 「世界の諸地域」で取り上げる地球的課題について「地球環境問題」，「人口・食料問題」以外に例として挙げられているものを，「解説」を踏まえて二つ書け。

(☆☆☆◎◎◎)

【4】「学習指導要領」〔地理的分野〕2内容C(2)「日本の地域的特色と地域区分」に関する問題である。(1)～(4)の問いに答えよ。

資料　生徒がまとめたイメージマップ

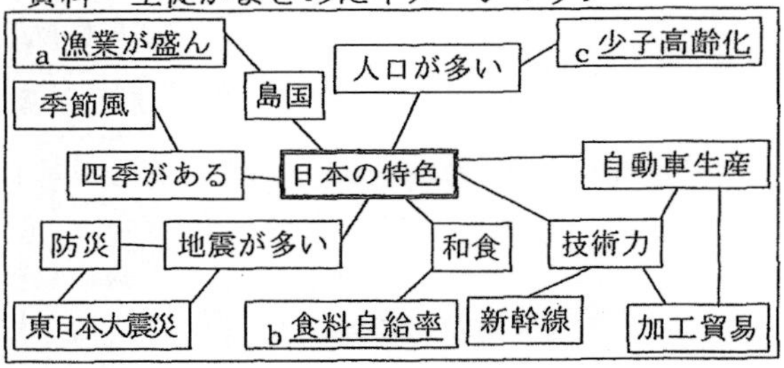

(1)　下線部aの理由として，ある生徒がまとめた次の文の[　X　]，[　Y　]に当てはまる語句をそれぞれ書け。

> 太平洋の沖合いには，暖流の[　X　]と，寒流の[　Y　]とがぶつかる潮境があり，豊かな漁場となっているから。

(2)　下線部bについて，秋田県に当てはまるものを，表のア～エから一つ選んで記号を書け。

表　2018年度の東北地方6県の食料自給率(%)

ア	イ	ウ	エ	青森県	福島県
106	74	190	135	120	78

(「データで見る県勢2021年版」から作成)

(3)　下線部cの課題について，授業で取り扱う際に考えられる活動の例を，「解説」を踏まえて書け。

(4)　次は，「解説」に示されている，行政区分に基づかない地域区分の例をまとめたものである。[　d　]，[　e　]に当てはまる語句をそれぞれ書け。

> ・気候区分のように地域の[　d　]に着目して地域区分したもの
> ・商圏，都市圏などのように[　e　]に結び付く範囲によって地域区分したもの

(☆☆☆◎◎◎)

【5】「学習指導要領」〔地理的分野〕2内容C(3)「日本の諸地域」に関する問題である。(1)～(4)の問いに答えよ。

(1) 表のア～エの項目は，野菜，花き，米，果物のいずれかである。野菜に当てはまるものを，ア～エから一つ選んで記号を書け。

表 2018年の中部地方3県の農業産出額(億円)

県＼項目	ア	イ	ウ	エ
新潟県	1 445	350	77	73
長野県	473	905	714	138
愛知県	296	1 125	202	543

(「データで見る県勢2021年版」から作成)

(2) 資料のA，B，Cは，中部地方を三つに区分し，各地域の特色について調査した，ある生徒のメモである。①～④の問いに答えよ。

資料 生徒のメモ

A オートバイ，楽器，製紙などの工業が発達
B 地場産業が盛んで眼鏡フレームは国内生産量の約90%
C 世界遺産に登録された白川郷の合掌造り集落

① Aの工業地域の名称を書け。

② Bに当てはまる県を，地図のⓐ～ⓗから一つ選んで記号を書け。

③ Bの下線部の背景について，次の語句を用いて書け。〔 冬 〕

④ C以外に，世界遺産に登録された合掌造り集落が見られる県を，地図のⓐ～ⓗから一つ選んで記号を書け。

地図

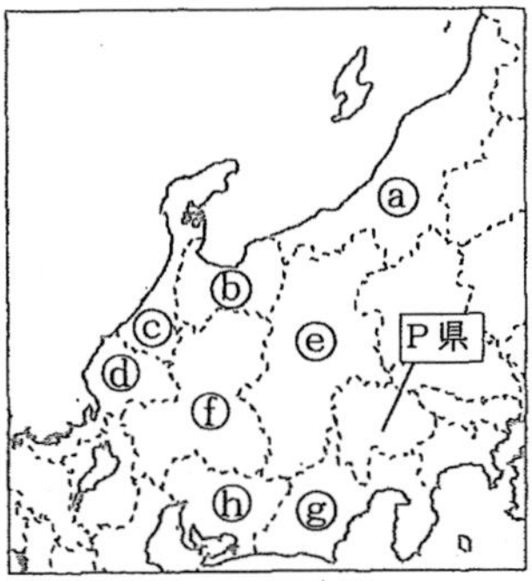

(3)　次は，地図のP県などでよく見られる写真の地形で，果樹栽培が盛んな理由についてまとめたものである。地形の特色を踏まえ，[　X　]に入る適切な内容と，[　Y　]に当てはまる語句をそれぞれ書け。

写真

写真の地形で果樹栽培が盛んなのは，[　X　]ことで日当たりがよく，[　Y　]もよいから。

(4)　次は，「学習指導要領」3内容の取扱い(2)の一部である。[　a　]，[　b　]に当てはまる語句をそれぞれ書け。

イ　地図の読図や作図，[　a　]の読み取り，地域に関する情報の収集や処理などの地理的技能を身に付けるに当たっては，[　b　]に留意して計画的に指導すること。その際，教科用図書「地図」を十分に活用すること。

(☆☆☆◎◎◎)

【6】次は,「解説」に示されている歴史的分野における改訂の要点の一部である。(1),(2)の問いに答えよ。

> ア　歴史について考察する力や[　a　]する力の育成の一層の重視
> 　各中項目のイの(ア)に「社会的事象の歴史的な見方・考え方」を踏まえた課題(問い)の設定などに結び付く着目する学習の視点を示し,[　b　]や差異を明確にし,[　c　]などで関連付ける等の方法により考察したり,表現したりする学習について示した。
> 　また,各中項目のイの(イ)に,「各時代を大観して,時代の特色を多面的・多角的に考察し,表現」する学習を明示した。(後略)

(1)　[　a　]〜[　c　]に当てはまる語句をそれぞれ書け。

(2)　下線部について,平成20年の改訂よりも明確になった点を,「解説」を踏まえて書け。

(☆☆☆☆☆◎◎)

【7】次の年表は,「学習指導要領」〔歴史的分野〕2内容B(1)「古代までの日本」に関する授業をするために教師がまとめたものの一部である。(1)〜(5)の問いに答えよ。

年表

時期	主なできごと	内容の取扱い
紀元前	・b竪穴住居が出現する	・狩猟・採集を行っていた人々の生活が［　A　］の広まりとともに変化していったことに気付かせる ・c当時の人々の信仰やものの見方などに気付かせるよう留意する ・d大陸から移住してきた人々の我が国の社会や文化に果たした役割に気付かせる
1世紀	・倭の奴国王が後漢に使いを送る	
a3世紀	・卑弥呼が魏に使いを送る ・古墳がつくられ始める	

(1)　下線部aは西暦何年から何年までか,書け。

(2)　下線部bに関して,北秋田市にある,大湯環状列石と並んで世界遺産に登録された遺跡を,一つ選んで記号を書け。

ア　三内丸山遺跡　　イ　大船遺跡　　ウ　伊勢堂岱遺跡

エ　北黄金遺跡

(3)　［　A　］に当てはまる語句を,「解説」を踏まえて書け。

(4)　下線部cの際に学習することなどについてまとめた,次の[　B　]〜[　D　]に当てはまる語句を,「解説」を踏まえて書け。

・[　B　]などの成果を活用
・古事記，日本書紀，風土記などにまとめられた[　C　]・[　D　]
　などの学習

(5)　下線部dが大陸から伝えた，資料の土器の名称を書け。

資料

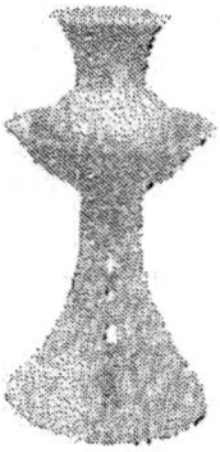

(☆☆☆☆◎◎◎)

【8】「学習指導要領」〔歴史的分野〕2内容B(1)「近世の日本」に関する問題である。(1)～(7)の問いに答えよ。

ノート「江戸幕府の成立と支配の仕組み」の復習

なぜ江戸幕府は約260年も続いたのだろうか？
○疑問：a<u>貿易</u>を進めていた幕府がなぜ鎖国をしたのか
◇b<u>幕府の政策</u>…徳川家康の禁教令→[　　X　　]
・鎖国には[　　Y　　]という側面がある
・[　　　　Z　　　　]
→c<u>幕府と藩による支配</u>が確立した

(1) ノートの下線部aの貿易名を，資料1を参考に書け。

資料１

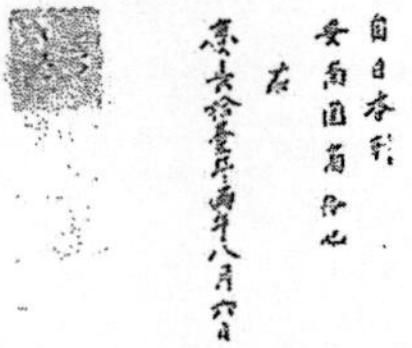

(2) ノートの下線部bについて，江戸幕府が資料2を作成した目的を，次の語句を用いて書け。〔 寺 〕

資料２

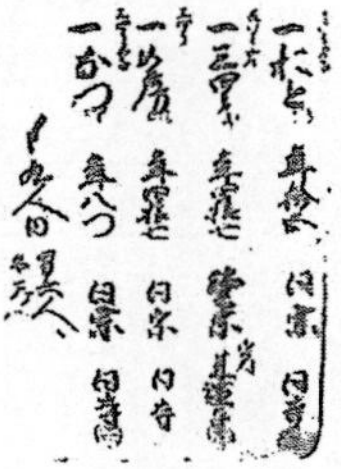

(3) ノートのXに入る次の出来事を古い順に並べ替え，記号を書け。

ア 日本人の海外渡航禁止　　イ ポルトガル船の来航禁止

ウ ヨーロッパ船の来航地を長崎と平戸に制限

(4) 資料3のAには当時の国名を，Bには藩名を，それぞれ書け。

資料３　江戸幕府の対外関係

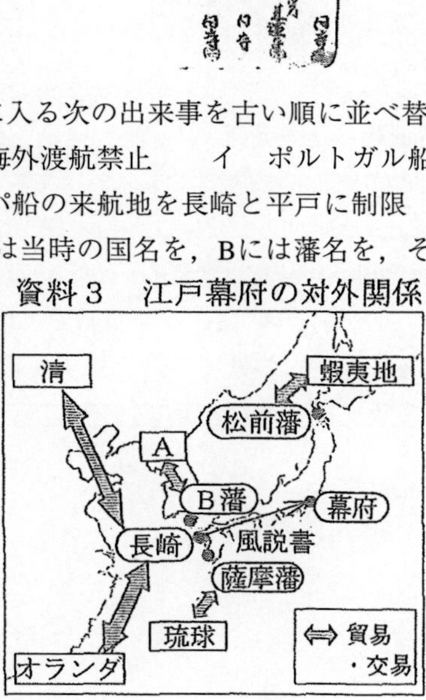

(5)　ノートのYに入る内容を，「解説」を踏まえて三つ書け。

(6)　ノートのZに書く内容として，資料3を基に生徒に気付かせたいことを，「解説」を踏まえ，次の語句を用いて書け。〔統制〕

(7)　ノートの下線部cについて気付かせたいこととして，(内容の取扱い)で示されている例を書け。

(☆☆☆☆◎◎◎◎)

【9】「学習指導要領」〔歴史的分野〕2内容C(2)「現代の日本と世界」に関する問題である。(1)～(4)の問いに答えよ。

学習課題：第二次世界大戦後の日本が「[　X　]」と表されることがあるのはなぜだろうか

年表　戦後の世界と我が国の主な動き

年	世界の動き	我が国の動き
1945	・国際連合の発足	・[　A　]軍による日本占領
1949	・中華人民共和国成立	↕㋐
1950	・朝鮮戦争ぼっ発	
1951		・サンフランシスコ平和条約
1955	・アジア・アフリカ会議	
1956		・日本が国際連合に加盟……㋑

資料1

サンフランシスコ平和条約(部分要約)

第1条　(a)日本国と各[　A　]との間の戦争状態は，この条約が日本国と当該[　A　]との間に効力を生ずる日に終了する。

資料 2

資料 3

資料 4

(1) 資料1～資料4は，年表の㋐の時期の様子を基に，学習課題について考えるために，教師が準備したものである。①～④の問いに答えよ。

① 年表と資料1の[A]に共通して当てはまる語句を書け。

② 資料2に関わる法律の制定に伴って何が失効したか，書け。

③ 学習課題の[X]に入る内容を，「解説」を踏まえて書け。

④ 次は，「解説」に示されている歴史的分野における改訂の要点の一部である。ここでは，資料3，資料4が示す内容を取り扱うよう例示している。[B]に入る適切な内容を書け。

エ [B]という観点から，民主政治の来歴や人権思想の広がりなどについての学習の充実(後略)

(2) 資料1について，この条約の締結後も日本に米軍基地が残されている理由を，年表の「世界の動き」を踏まえ，同じ年に結ばれた条約名と次の語句を用いて簡潔に書け。 〔 東アジア 〕

(3) 資料5の[C]は，年表の㋑の前に出されたものである。[C]

に当てはまる語句を書け。

資料５

日本の国連加盟決る

全会一致で可決

さっとあがる右手

C の効力発生

(4)　(イ)「日本の経済の発展とグローバル化する世界」の(内容の取扱い)について，①，②の問いに答えよ。

①　資料6のきっかけとなった，節目となる歴史に関わる事象として取り扱う出来事を，「解説」を踏まえて書け。

資料６

②　「これまでの学習と関わらせて考察，構想させるようにする」学習のねらいを示した，次の[　D　]，[　E　]に当てはまる語句と，[　F　]に入る適切な内容を，「解説」を踏まえてそれぞれ書け。

生徒が，社会的事象の歴史的な見方・考え方を働かせて，自らの考えや意見を[　D　]したり，[　E　]したりする学習の過程を通して，歴史の大きな流れの中で[　F　]を考え続け

る姿勢をもつことの大切さに気付くことができるようにして，公民的分野の学習へ向けた課題意識をもつことができるようにすること。

(☆☆☆☆◎◎◎◎)

【10】次は，公民的分野の「学習指導要領」に関する問題である。(1)，(2)の問いに答えよ。

資料1　目標の一部

(1)　個人の[　a　]と人権の尊重の意義，特に自由・権利と[　b　]・義務との関係を広い視野から正しく認識し，民主主義，民主政治の意義，国民の[　c　]の向上と経済活動との関わり，現代の社会生活及び国際関係などについて，個人と社会との関わりを中心に理解を深めるとともに，[　d　]から現代の社会的事象に関する情報を効果的に調べ[　e　]技能を身に付けるようにする。

資料2

視点を明確にして事象の差異点や共通点を報告すること，事象を[　f　]などを用いて解釈し説明すること，情報を[　g　]こと，議論などを通して互いの考えを伝え合い，[　h　]を発展させることを通して「思考力，判断力，表現力等」の育成を図ることなどの工夫が必要である。

(1)　[　a　]～[　e　]に当てはまる語句を，それぞれ書け。

(2)　資料2は，「解説」に示されている，指導計画にレポートの作成や議論などを位置付ける際の工夫についてまとめたものである。[　f　]～[　h　]に入る適切な内容を，「解説」を踏まえてそれぞれ書け。

(☆☆☆☆☆◎◎)

【11】次は，「これからの人権保障」の授業の板書の一部である。(1)～(5)の問いに答えよ。

学習課題　社会の変化によって，どのような人権の保障が求められているのだろうか。

＜予想＞産業や科学技術の発展にともなって，日本国憲法には直接的に規定されていない権利が主張されるようになったのではないか。

「新しい人権」とは…主に日本国憲法第(　a　)条に定められている「生命，自由及び幸福追求に対する国民の権利」に基づいて主張されている。

写真１

写真２

資料

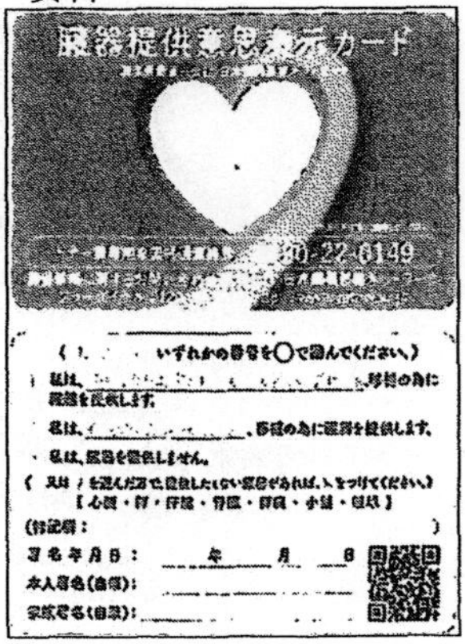

◇生徒Aの疑問
写真１のように、㋐上部を階段状に設計しているのはなぜだろう。

◇生徒Bの考え
写真２のように、防犯カメラがいたる所に設置されれば、㋑私たちの安全を守ることができます。

◇生徒Cが調べたこと
資料のカードで、自分の死後の臓器移植についての意思を表明することができます。これは、新しい人権の一つである（b）を尊重するものです。

(1) (a)に当てはまる数字を書け。

(2) 下線部㋐の理由を，新しい人権の視点を踏まえて書け。

(3) 下線部㋑と対立する考えを，新しい人権の名称を用いて書け。

(4) (b)に当てはまる語句を，一つ選んで記号を書け。

ア 名誉権　イ 自己決定権　ウ 知る権利

エ 忘れられる権利

(5) 次の文は，「学校教育の指針　令和4年度の重点」(秋田県教育委員会)に示す社会科の重点の一部である。(c)，(d)に当てはまる語句を，それぞれ書け。

> ② 学習したことを生かして，よりよい社会の在り方を考えようとする態度を養う学習活動の充実
> ◇まとめや振り返りを基に(c)を見いだし，(d)に追究したり解決したりする活動を取り入れる。

(☆☆☆☆◎◎◎)

【12】次は，「学習指導要領」〔公民的分野〕2内容B(1)「市場の働きと経済」に関する問題である。(1)～(5)の問いに答えよ。

> ・㋐商品を売る人と，それを買いたい人の意思が一致し，売買が成立することを法律では(a)という。(a)は原則として，売りたい人と買いたい人が合意した時点で成立する。
> ・商品の購入をめぐる消費者問題に対応するため，㋑消費者を保護する法律が整備されている。
> ・商品が消費者に届くまでの流れを流通といい，㋒POSシステムを導入している店もある。

(1) (a)に当てはまる語句を書け。ただし，(a)には同じ語句が当てはまる。

(2) 下線部㋐について，サービスの代金に当てはまるものを，二つ選んで記号を書け。

ア　テニスのラケットの代金　　イ　宅配便の運送料の代金
ウ　アイドルの写真集の代金　　エ　美容院の散髪料の代金

(3)　下線部㋑について，次のトラブルが起きた場合に適用される法律名を書け。

掃除機のバッテリーに欠陥があったために発火し，火事が起こった。

(4)　下線部㋒の仕組みを，次の語句を用いて簡潔に書け。〔　効率的　〕

(5)　「市場の働きと経済」の内容のまとまりにおいて，対立と合意，効率と公正の他に示されている，課題を追究したり解決したりする際に着目させる「視点や方法(考え方)」を，解説を踏まえ，次の文にしたがって二つ書け。

(　　　　　　　　　　)など

(☆☆☆☆◎◎)

【13】次は，「学習指導要領」〔公民的分野〕2内容C(2)「民主政治と政治参加」に関する問題である。(1)～(4)の問いに答えよ。

㋐国の政治と地方公共団体の政治を比べると，大きく異なることが分かる。例えば，リーダーである㋑首相と首長では，選出方法が異なる。また，地方公共団体の政治では，㋒住民が条例の制定を請求することができる。これは，地方自治法に定められている直接請求権の一つである。 ㋓地方公共団体は自らの判断と責任に基づき，各政策を推進しているが，財政面での課題も見られる。

(1)　下線部㋐についての問題である。

①　国会が，国権の最高機関とされる理由を，次の語句を用いて書け。〔　議員　〕

②　内閣に関して，我が国では議院内閣制が採用されている。議院内閣制のしくみを，次の語句を用いて書け。〔　信任　　責任　〕

③　比例代表選挙において，ある選挙区は，表のような投票結果になった。この選挙区の定数は，6議席である。ドント式で議席を配分した場合，表中のA党とC党に配分される議席数を，それぞれ数字で書け。

表

	A党	B党	C党	D党
得票数(票)	96万	72万	54万	42万

(2)　下線部㋑について，それぞれの違いが分かるように書け。

(3)　下線部㋒について，有権者が25万人の市では，何人以上の有権者の署名が必要か書け。

(4)　下線部㋓について，生徒は図を基に，次のようにまとめた。

生徒のまとめ

> 地方財政は図で示すように，独自の財源のみでは歳出全体をまかなえない。不足分は，国から配分される地方交付税交付金や，特定の費用の一部に国から支払われる(　a　)で補い，<u>県債も発行するが，それは慎重に行う必要がある</u>。

図　秋田県の歳入内訳の割合（令和2年度）

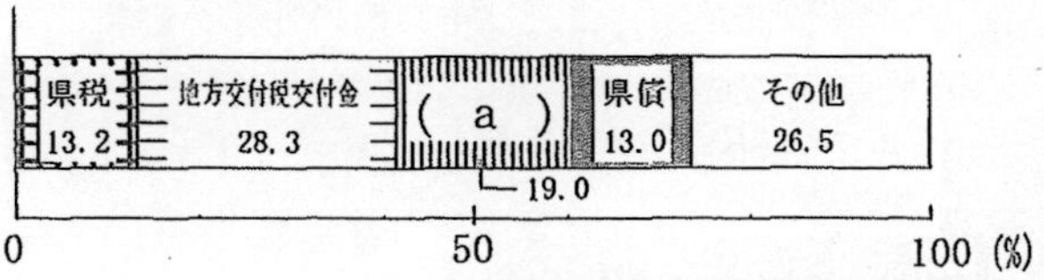

（県出納局会計課資料から作成）

①　(　a　)に当てはまる語句を書け。ただし，生徒のまとめと図の(　a　)には，同じ語句が当てはまる。

②　下線部の理由を，県債の意味に触れて書け。

(☆☆☆◎◎◎)

地理・歴史

【1】世界各地の都市の名称について述べた次の文章Ⅰ・Ⅱ・Ⅲを読み，以下の問いに答えよ。

Ⅰ　世界史の教科書を読んでみると，都市の名称がさまざまな理由により，時代によって異なる場合が少なくない。

例えば，ロシア北西部の①バルト海沿岸に位置するサンクト＝ペテルブルクは，建設以来幾度となく名称が変更された都市の一つである。この都市は，ロシア皇帝ピョートル1世が北方戦争中に(　A　)から獲得した地に建設したものであり，1712年からはロシア帝国の首都になっていた。1825年にサンクト＝ペテルブルクと改称していたが②第一次世界大戦中，ドイツと敵対したことからドイツ風の名称をやめ，ペトログラードと改称された。さらに1924年には③ロシア革命の中心であったレーニンの功績をたたえレニングラードと変更されたが，ソ連崩壊後，1991年に住民投票が行われてサンクト＝ペテルブルクに戻り，現在に至っている。

(1)　下線部①に関連して，バルト海や北海を中心とした北ヨーロッパ商業圏において，共同で武力を用いるなどして大きな政治勢力となった，北ドイツ諸都市による都市同盟の呼称を記せ。

(2)　文中(　A　)に当てはまる適切な国名を記せ。

(3)　下線部②に関連して，第一次世界大戦勃発時から終結後の1920年に至るまでの，アメリカ合衆国の対外政策について，次の語句を用いて120字以内で説明せよ。

[　孤立主義　　無制限潜水艦作戦　　国際連盟　]

(4)　下線部③に関連して，対ソ干渉戦争などを乗り切るためソヴィエト政府が行った政策のうち，農民から強制的に穀物を徴発して都市住民や兵士に配給するなどした政策の呼称を記せ。

Ⅱ　トルコ北西部に位置するイスタンブルもまた，長い歴史の中でその名称が変わってきた。その基礎はギリシア人の植民市ビザンティオンの時代に築かれ，ローマ帝国の支配下ではビザンティウムと呼ばれていた。④黒海とマルマラ海，エーゲ海を結ぶ交易路であり，アジアとヨーロッパを結ぶ港湾都市として繁栄した。そして330年，当時のローマ皇帝が首都をビザンティウムに遷都したのにともない，コンスタンティノポリス(コンスタンティノープル)と呼ばれるようになった。その後，⑤ビザンツ帝国の首都としてもこの名称が使われたが，⑥1453年オスマン帝国によって占領されると4年後にイスタンブルと改称された。しかし体外的には，⑦1930年にイスタンブルが正式名称となるまでコンスタンティノープルも並列的に使われていた。

(5) 下線部④に関連して，次の資料1は1853～1856年にかけて黒海沿岸で行われたロシアとオスマン帝国の対立を主軸とする戦争の，講和条約の一部である。資料中の(B)に当てはまる適切な国名を，以下のア～エから一つ選んで記号を書け。

資料1

第七条　連合王国女王，オーストリア皇帝，フランス皇帝，プロイセン国王，全ロシア皇帝ならびに(B)国王は，オスマン帝国にヨーロッパ公法とヨーロッパ協調体制への参加を許すことを宣する。これら諸君主は，オスマン帝国の独立と領土的統一とを尊重することを，おのおの約束し，その約束を厳守することを共に保障し，その結果として，この取り決めへの背馳につながるいかなる行為をも共通の関心事とみなす。
[歴史学研究会編『世界史史料第6巻』](岩波書店，2007年)

ア　サルデーニャ　　イ　エジプト　　ウ　ギリシア
エ　セルビア

(6) この資料1の講和条約で終結した戦争において，戦地に赴き敵味方の区別無く傷病兵の看護にあたり，戦後は近代的看護制度の確立に貢献したイギリス人の人物名を記せ。

(7) 下線部⑤に関連して，次の写真の建造物は，6世紀のビザンツ皇帝によって首都コンスタンティノープルに建立されたビザンツ様式の聖堂である。建立した皇帝の人物名を記せ。

写真

(8)　写真の建造物を建立した皇帝の対外政策について，次の語句を用いて100字以内で説明せよ。

[　ホスロー1世　　ヴァンダル　　地中海　]

(9)　下線部⑤に関連して，13世紀の第4回十字軍はコンスタンティノープルを攻撃し，一時これを占領した。このとき十字軍がこの地に建設した国家の呼称を記せ。

(10)　下線部⑥に関連して，オスマン帝国において，キリスト教徒やユダヤ教徒がどのように支配されていたか，その特徴について，次の語句を用いて80字以内で説明せよ。

[　人頭税　　ミッレト　]

(11)　下線部⑦に関連して，このときイスタンブルはトルコ共和国の領土の一部だった。トルコの近代化を推し進めた当時のトルコ共和国大統領の人物名として適切なものを，次のア～エから一つ選んで記号を書け。

ア　レザー＝ハーン　　イ　ムハンマド＝アリー

ウ　イブン＝サウード　　エ　ムスタファ＝ケマル

Ⅲ　秋田県とほぼ同緯度に位置する中国の北京も，時代によって異なる名称で呼ばれていた。「戦国の七雄」の一つに数えられる燕の国都であった時代には薊，唐代には幽州，契丹(遼)の支配下では燕京と呼ばれ，元の時代には首都となって(　C　)と呼ばれ大いに繁栄した。この都市が北京と呼ばれるようになったのは，⑧明の燕王が皇帝に即位し，1421年に国都と定めて改称してからであり，⑨満州人たちが建てた清も北京に遷都し，この名称を使っていた。⑩1927年に蔣介石らが南京国民政府を樹立すると，北京は一時，北平と呼ばれたが，1949年に⑪中華人民共和国が成立すると北京の名称も復活した。

(12)　文中(　C　)に当てはまる適切な語句を記せ。

(13)　下線部⑧に関連して，この明の燕王が皇帝に即位する際に挙兵した事件の名称として適切なものを，次のア～エから一つ選んで記号を書け。

ア　紅巾の乱　　イ　靖康の変　　ウ　靖難の役　　エ　三藩の乱

(14)　下線部⑨に関連して，17～18世紀の北京にはさまざまな分野で活躍するイエズス会宣教師たちの姿が見られた。その人物名と業績の組み合わせが適切なものを,次のア～エから一つ選んで記号を書け。

ア　アダム＝シャール－中国最初の漢訳世界地図である『坤輿万国全図』を作成した。

イ　カスティリオーネ－西洋画法を紹介し，北京郊外に建つ円明園の設計にも協力した。

ウ　ブーヴェ－徐光啓らが携わった『崇禎暦書』の編纂に協力した。

エ　フェルビースト－中国初の実測地図である『皇輿全覧図』を作成した。

(15)　下線部⑩に関連して，蔣介石らは南京国民政府を樹立する6日前に，中国共産党の勢力拡大を警戒する帝国主義列強や浙江財閥の働きかけに応じて多数の共産党員や労働者を虐殺した。この事件の呼称を記せ。

(16)　下線部⑪に関連して，次の資料2は1989年4月に中国で配られたビラの一部である。文中(　D　)に当てはまる人物名として適切なものを，次のア～エから一つ選んで記号を書け。

資料2

> 1989年4月15日，広範な青年たちに慕われてきた中共中央の前総書記(　D　)氏が突然病気で亡くなった。これは北京の各大学に強い反響を呼び，……先生が生涯民主や自由のために労苦を惜しまず奔走されたこと，政府の腐敗を取り除くために努力されたこと，そして彼の人柄が剛直かつ清廉であったことを思い起こさせた。……17日に学生たちは花輪を持ち込み，天安門広場の人民英雄記念碑の下で，哀悼活動をおこないはじめた。……18日から，各大学の学生たちはすでにいくつかの自発的な請願活動をおこなっていた。たとえば，北京大学の学生などは政府に対し七項目の要求を提出した。
>
> 一，(　D　)同志の是非，功罪の正しい評価。
>
> 二，新聞法の制定と検閲の撤廃。
>
> (略)
>
> 七，今回の民主的愛国運動の公正な報道。
>
> [歴史学研究会編『世界史史料第12巻』](岩波書店，2013年)

ア　江沢民　　イ　胡耀邦　　ウ　鄧小平　　エ　劉少奇

(☆☆☆☆◎◎◎)

【2】次の各資料を見て，以下の問いに答えよ。

資料Ⅰ

> (延暦二十四年十二月七日)①勅有りて参議右衛士督(うえしのかみ)従四位下藤原朝臣緒嗣と参議左大弁(さだいべん)正四位下菅野朝臣真道とをして天下の徳政を相論せしむ。時に緒嗣議してい云(い)はく「方今(いま)，天下の苦しむ所は軍事と造作と也。此の両事を停(とど)めば百姓(ひゃくせい)安んぜむ」と。真道異議を確執し，肯(あ)へて聴かず。帝，緒嗣の議を善しとし，即ち停廃に従ふ。有識(ゆうしき)これを聞き，感嘆せざるなし。
>
> (②『日本後紀』，原漢文)

(1)　下線部①の勅を出した天皇名を記せ。

(2)　下線部②は六国史の三番目に数えられる官撰正史だが，六国史の二番目とされる官撰正史は何か。書名を記せ。

(3)　停廃された「軍事」に関連付けて，8世紀前半から9世紀初めにかけての政府による蝦夷支配を授業で説明したい。次の語句を用いて，板書を作成せよ。

[　太平洋側　　蝦夷の反乱　]

資料Ⅱ

> 一　寺社本所領の事　③観応三年七月廿四日の御沙汰……次に近江・(　A　)・尾張三箇国の本所領半分の事，兵粮料所と為し，当年一作，軍勢に預け置くべきの由，守護人等に相触(あいふ)れおはんぬ。半分においては，よろしく本所に分かち渡すべし。……
>
> (『建武以来追加』，原漢文)

資料Ⅲ

> ……両陣の武家衆各(おのおの)引退き了(おわ)んぬ。(　B　)一国中の国人等申し合す故也。自今以後に於ては両畠山方は国中に入るべからず。本所領共は，各々本(おのおのもと)の如くたるべし。④新関等一切之を立つべからずと云々。珍重の事也。
>
> (『大乗院寺社雑事記』⑤文明十七年十二月十七日，原漢文)

(4)　空欄(　A　)，(　B　)に当てはまる旧国名をそれぞれ記せ。

(5)　下線部③の時点で征夷大将軍であった人物名を記せ。

(6)　下線部④について，この時代の関所の設置者・設置場所・設置目的を30字以内で説明せよ。

(7)　下線部⑤に関連して，文明年間の出来事について述べた次の各文章の空欄(　C　)～(　E　)に当てはまる人物名を，次のア～カからそれぞれ一つを選んで記号を書け。

・文明3年に(　C　)が越前に吉崎道場を設立した。
・文明6年に(　D　)が大徳寺の住持に就任した。
・文明18年に(　E　)が『四季山水図巻』を完成させた。

ア　一休宗純　　イ　二条良基　　ウ　日親　　エ　日蓮
オ　蓮如　　　　カ　雪舟

資料Ⅳ

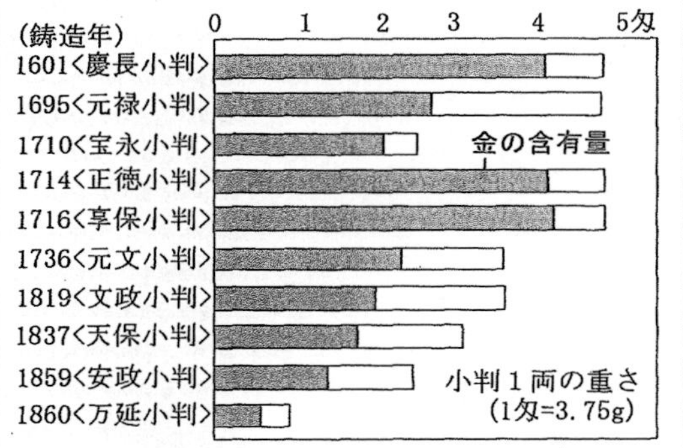

金貨成分比の推移(『日本通貨変遷図鑑』より)

(8)　資料Ⅳを参考に，17世紀後半の幕府財政悪化の原因と幕府の対応策について，次の語句を用いて100字以内で述べよ。

[　江戸の復興　　勘定吟味役　]

(9)　資料Ⅳに見える享保小判が鋳造された年に没した尾形光琳の作品として適当なものを，次のア～オから一つを選んで記号を書け。

ア

イ

ウ

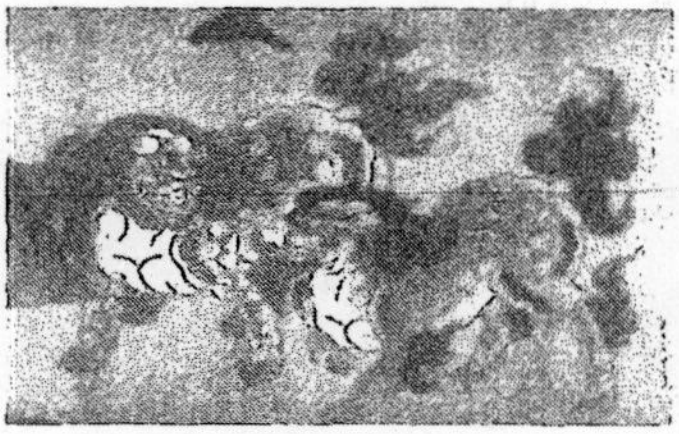

エ

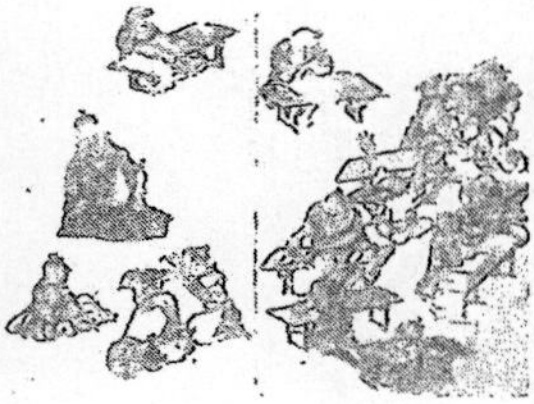

オ

(10)　資料Ⅳに見える文政小判が鋳造された当時の幕府の将軍名を記せ。

(11)　資料Ⅳに見える万延小判が鋳造された理由について，次の語句を用いて60字以内で説明せよ。

[　流出　]

資料Ⅴ

第四条　各締約国ノ主力艦合計代換噸(トン)数ハ，基準排水量ニ於(おい)テ，合衆国五十二万五千噸，英帝国五十二万五千噸，仏蘭西(フランス)国四十七万五千噸，伊太利(イタリー)国十七万五千噸，日本国三十一万五千噸ヲ超ユルコトヲ得ス

第五条　基準排水量三万五千噸ヲ超ユル主力艦ハ，何レノ締約国モ之ヲ取得シ又ハ之ヲ建造シ，建造セシメ若(もしく)ハ其ノ法域内ニ於テ之カ建造ヲ許スコトヲ得ス

(『日本外交年表竝(ならびに)主要文書』)

(12)　資料Ⅴの条約は，1921年から1922年にかけてアメリカの呼びかけで開催された国際会議において締結されたものである。アメリカ

がこの国際会議を開催した目的について，次の語句を用いて50字以内で説明せよ。

[　財政負担　　東アジア　]

(13)　資料Ⅴと同じ国際会議で締結され，日英同盟協約の終了が同意された条約名を記せ。

(☆☆☆◎◎◎)

【3】次のア～ウの文章を読み，以下の問いに答えよ。

ア　5カ国蔵相・中央銀行総裁会議でドル高の是正が合意されると，円(　A　)は一気に加速し，輸出産業を中心に不況が深刻化した。

イ　ドル不安の再燃を受け，日本は1ドル＝(　B　)円となっていた固定相場制から変動相場制に移行した。

ウ　日本経済は①高度成長の終焉を迎え，成長率の低下，物価上昇，経常収支の赤字という三重苦に直面することになった。

(1)　上のア～ウの文章を，記号を用いて年代順に並べよ。

(2)　空欄(　A　)，(　B　)に当てはまる語句又は数字をそれぞれ記せ。なお，空欄(　A　)には漢字1字が入る。

(3)　下線部①の時期におこった日本におけるエネルギー革命とはどのようなことか。簡潔に述べよ。

(☆☆☆◎◎◎)

【4】私たちの身の回りにはさまざまな地図が存在する。それぞれの地図の特徴を理解し地図を用いて適切な情報を読み取る力を生徒に身に付けさせたい。地図に関する次の問いに答えよ。

(1)　地図1と地図2の図法名をそれぞれ記せ。また，それぞれの地図の特徴及び主な用途を50字以内で説明せよ。

地図1

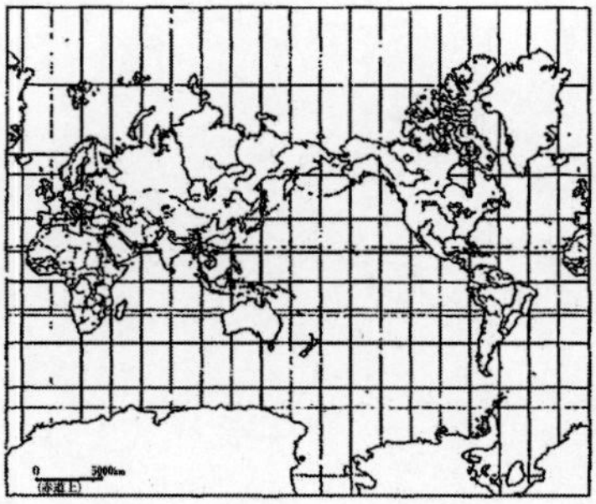

地図2

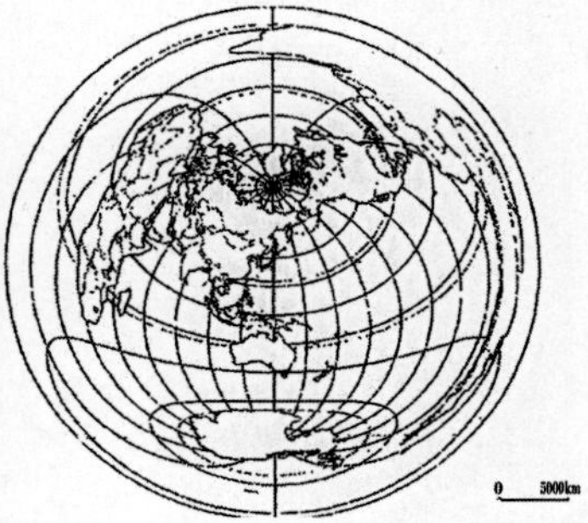

(2)　コンピュータ上で地理情報を収集・整理・分析・表示する一連のしくみを何というか。アルファベット3文字で記せ。

(3)　時差は私たちの生活にさまざまな影響を与えている。海外旅行の際には，現地に何時に到着するかを考慮して旅行の計画を立てる人もいるであろう。12月5日18時に成田国際空港を出発するサンフランシスコ行きの直行便は，9時間飛行して到着する。サンフランシスコ時刻では何月何日の何時に到着するか，現地の到着日時を記せ。なお，サンフランシスコでは西経120度を標準時子午線とした標準時を採用している。

(4)　次の地形図をみて，以下の問いに答えよ。

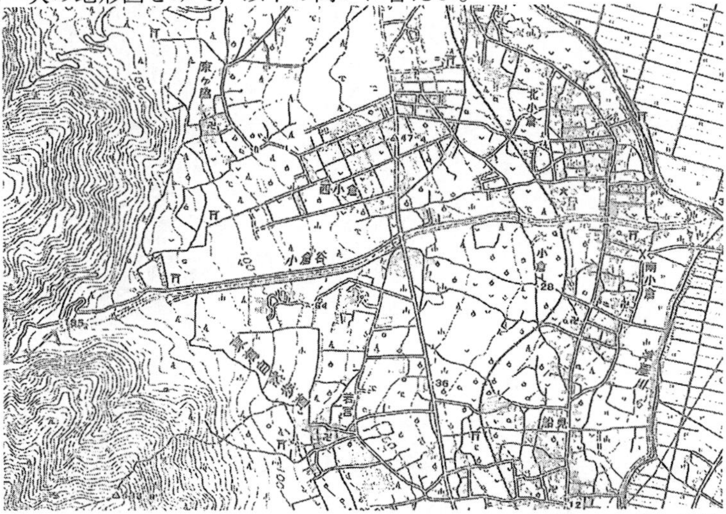

国土地理院２万５千分の１地形図「養老」の一部（平成28年発行）

①　地形図中の「小倉谷」が流れる地域でみられる土地利用の特徴について，そのような特徴がみられる理由に触れながら，次の語句を用いて50字以内で説明せよ。

［　扇央　　扇端　　水　］

②　地形図中の「小倉谷」は，ある特徴を持った河川である。その特徴について述べた次の文章の空欄(　A　)に当てはまる語句を記せ。

地形図をみると，「小倉谷」は，鉄道や道路が川の下をくぐっている箇所があることから，川底が周囲の地表より高くなった(　A　)であることがわかる。

(☆☆☆◎◎◎)

【5】東南アジアについて，以下の問いに答えよ。

地図

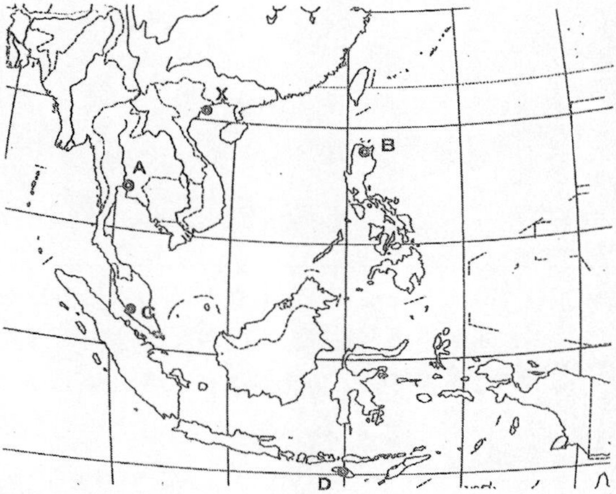

(1)　次のア～エの雨温図は，地図中のA～Dの都市のいずれかの雨温図である。地図中のDの都市に該当する雨温図を次のア～エから一つ選んで記号を書け。

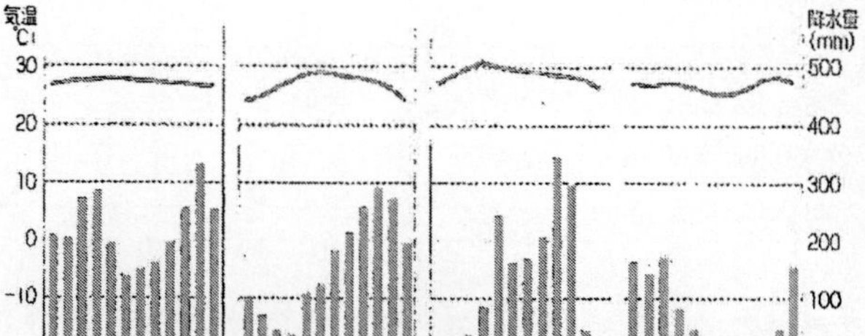

(2)　地図中のXの地域は，写真にあるような多くの奇岩がみられる景勝地で世界自然遺産に登録されている。Xの地域にみられる地形について述べた以下の文章の空欄(　E　)～(　G　)に適語を記せ。なお，(　F　)には都市名を記せ。

写真

炭酸カルシウムからなる石灰岩は，酸性の水に溶けやすく，溶食を受ける。そのため石灰岩は，(　E　)地形とよばれる特異な地形をつくることが多い。溶食が進むと中国南部の(　F　)のように，タワー(　E　)とよばれる塔状の小山や奇岩が多数そびえることもある。また，石灰岩は(　G　)の原料になるため，石灰岩の分布する地域には(　G　)工場が立地しやすい。

(3)　次の表は，東南アジア諸国の概況を示したものである。表中の空欄(　H　)～(　K　)に当てはまる国名を記せ。

表

国　名	旧宗主国（独立年）	おもな宗教	ASEAN加盟年	1人当たりのGNI（2018年）
（　H　）	フランス（1945年）	大乗仏教	1995年	2,440ドル
（　I　）	イギリス（1957年）	イスラーム	1967年	10,968ドル
（　J　）	なし　（独立国）	上座仏教	1967年	6,925ドル
（　K　）	スペイン→アメリカ（1946年）	キリスト教（カトリック）	1967年	3,723ドル
インドネシア	オランダ（1945年）	イスラーム	1967年	3,773ドル

（「世界年鑑」などによる）

(4)　東南アジアや南アジアでは，1960年代以降多くの国々で食料自給率の改善がみられた。このことについて述べた次の文章の空欄(　L　)に当てはまる語句を記せ。

食料問題の解決に向けて，第二次世界大戦後の発展途上国では品種改良や栽培技術の向上を中心に食料の増産を図る(　L　)とよばれる技術革新が進められた。(　L　)は，高収量品種を開発し，さらに農業の機械化や灌漑の導入などを組み合わせて大幅

な食料増産を試みるものである。東南アジアや南アジアでは，米や小麦を中心に導入され，1960年代から1970年代にかけて穀物生産量を大きく増加させ，多くの国々で食料自給率の改善がみられた。

(5) マレーシアやインドネシアでは，熱帯林の減少が進んでいる地域がみられる。それらの国々において熱帯林の減少が進んでいる理由について，次の語句を用いて，産業の側面から80字以内で説明せよ。

[石けん　　養殖]

(☆☆☆◎◎◎)

【6】次の(1)～(3)について，一題を選んで答えよ。各設問において指定されている語句をそれぞれ必ず一度は用い，その語句に下線を引くこと。

(1) 17世紀のイギリス及びフランスで実施された経済政策の特徴とその展開について，次の語句に着目させながら授業で説明し，生徒に考察させたい。この経済政策の名称を明らかにしつつ，説明の要旨を200字以内で述べよ。

[特権マニュファクチュア　　イギリス革命]

(2) 江戸幕府による鎖国後の「四つの窓口」のうち，対馬と松前を通した異国・異民族との交流について，次の語句に着目させながら授業で説明し，生徒に考察させたい。それぞれの交流の経緯について，説明の要旨を200字以内で述べよ。

[倭館　　商場]

(3) インバウンド観光の促進によってもたらされる効果と課題について，次の語句に着目させながら授業で説明し，生徒に考察させたい。インバウンド観光の意味を明らかにしつつ，説明の要旨を200字以内で述べよ。

[オーバーツーリズム　　雇用]

(☆☆☆◎◎◎)

解答・解説

中学社会

【1】a　社会的　　b　現代社会

〈解説〉「見方・考え方」については，「解説」の第1章「総説」の中の「(2)改訂の基本方針」の中で，「主体的・対話的で深い学び」の実現に向けた授業改善を進める際に留意して取り組む6点の一つとして，「深い学びの鍵として『味方・考え方』を働かせることが重要になること」と記されている。

【2】(1)　D　　(2)　(解答例)　a　東へ越える　　b　午前3時

(3)　南アジア　　(4)　c　仏教，キリスト教，イスラム教(順不同)

d　明確に分けられないもの　　(5)　(解答例)　共通点…(どちらの住居も)身近に手に入れることのできる素材で作られている。

(解答例)　異なる点…(アの住居は，)湿度の多い熱帯の気候に合わせ高床式である。　(イの住居は，)雪に備えて屋根の傾斜があり，丸太を使用して断熱効果をあげている。

〈解説〉(1)　本初子午線は，イギリスの旧グリニッジ天文台を通る経度0の線であるから，CとDが該当する。A，Bは東経10～西経10度付近を示している。また，赤道はビクトリア湖北部を東西に横断し，ギニア湾を横切ることから，Dが該当する。A，Cは北緯10～20度を示している。　(2)　a　地球上の時間は，太平洋上の東経180度＝西経180度にほぼ一致する日付変更線が一番早く，そこから西回りへと進んでいく。そのため，サンフランシスコより日本が等時帯17本分すなわち17時間進んでいることになる。日付変更線を東に越える場合は注意が必要である。　b　日本が午後8時のとき，サンフランシスコは20－17＝3より，同日午前3時である。　(3)　アジアを地域で5つに区分すると，東アジア，東南アジア，南アジア，中央アジア，西アジアとなる。日本は東アジア，図中Xのインドは南アジアで，ほかにバングラデシュやパキスタン，スリランカなども該当する。北アジアや南西アジアといった区分はないので注意。　(4)　世界宗教は，仏教，キリスト教，イスラム教の3つで，キリスト教は主にカトリックとプロテスタント，正教会に属する人が多い。イスラム教は多数派のスンナ派と少数派のシーア派がある。仏教は日本や中国などに普及する大乗仏教と，タイなど東南アジアに多い上座仏教が多い。国によって信者の傾向はあるが，必ずしも国境と一致するわけではなく，区分は流動的である。
(5)　熱帯の高温多湿地域では，害虫や害獣，また急な大雨の浸水被害から家屋を守るために高床式の住居を作る。床が地面から離れていることで湿気が少なく，風が床下空間を通るので涼しくなる。一方，亜寒帯では積雪や低温から守るために断熱効果の高い丸太を使用し，また雪の重みで家屋が倒壊しないように傾斜をつけている。

【3】(1)　砂漠化　　(2)　モノカルチャー(経済)　　(3)　ヨーロッパ諸国の植民地であったときの旧宗主国の言語　　(4)　・資源・エネルギー問題　　・居住・都市問題

〈解説〉(1)　アフリカ大陸北部のサハラ砂漠では雨がほとんど降らない。湿潤地帯から流れてくる外来河川によってもたらされる水や，山脈で降った雨が地下水となり湧水帯となる地に形成されるオアシスにわずかに人が居住するほかは，遊牧民として生活する。サハラ砂漠南縁部をサヘルといい，近年，過耕作，過放牧や薪炭材の過伐採などにより砂漠化が進行している。　(2)　ボツワナの輸出品の大半をダイヤモンドが，ザンビアでは銅が占めており，また，コートジボワールのカカオ豆など農産物も含め一次産品が輸出品の大きな割合を占める経済をモノカルチャー経済という。国際的な需要や気候などによって価格が変動し，健全な状態ではない。産業の多角化などが早急に求められる。
(3)　アフリカ諸国は，奴隷貿易で多くの若い男子が連行されたのち，国家としての統一が遅れ，第一次世界大戦までにエチオピア，リベリア，南アフリカ共和国(独立当時は南アフリカ連邦)をのぞきヨーロッパ列強の植民地となった。その際に宗主国の言語や宗教が広まり，影響力を持った。　(4)　世界は航空交通などの普及によって時間距離が縮まり，また相互の貿易が発展しヒトやモノの行き来が盛んになってきている。このようにグローバル化が進行するにつれて，地球環境問題，人口・食料問題のほかに資源・エネルギー問題，居住・都市問題などが避けては通れない課題となってきている。

【4】(1)　X　黒潮(日本海流)　　Y　親潮(千島海流)　　(2)　ウ
(3)　(解答例)　国内の人口分布を地図に表す。村落・都市における過疎・過密の状況を学ぶ。　　(4)　d　等質性　　e　機能的

〈解説〉(1)　世界で漁業が盛んな漁場となるのは，水深200mまでの大陸棚や，その中でもさらに浅いバンク(浅堆)，そして暖流と寒流がぶつかる潮境(潮目)である。世界三大漁場は，日本近海の太平洋北西漁場，ヨーロッパの大西洋北東漁場，大西洋北西漁場である。　(2)　食料自給率のうち，カロリーベースでは日本は令和3年度38％である。都道府県別で最も高いのは北海道，次いでウの秋田県，エの山形県，青森県，新潟県，アの岩手県が上位6道県である(令和元年度概算値による)。イは宮城県。　(3)　日本の高齢化は急速に進行し，ほかの先進国と比較しても倍化年数が短いことで知られる。65歳以上人口が30％近くなった今，それはどの地域に多いのか，どういう共通点があるのか，また，過疎化した地方と相反して過密な都市との違いを把握することで，日本の地域的特色が理解できる。　(4)　地理的に区域を把握する際に，行政区分に基づく分類のほかに，気候区分によって把握することもできる。この共通点のあることを，等質性という。また，商圏，都市圏などの結びつきは，それぞれに役割があって有機的につながっており，機能的という言葉が該当する。

【5】(1)　イ　(2)　①　東海工業地域　　②　ⓓ　　③　(解答例)　冬の積雪と農閑期の収入源として　　④　b　　(3)　X　標高がだんだん低くなる　　Y　水はけ　　(4)　a　景観写真　　b　系統性

〈解説〉(1)　新潟県で多いアは米と判断できる。3県のうち長野県で最も多いウは果物。野菜は大都市圏または促成栽培，抑制栽培によって生産されることが多く，3県のなかで愛知県が最も多いイは野菜。残るエは花き。愛知県は全国1位の生産量を誇り，電照菊で知られるが，ほかに蘭，バラの生産も多い。　(2)　①　中部地方を3つに分けると，東海，中央高地，北陸の3つにわけることができる。オートバイ，楽器，製紙などの工業はいずれも静岡県で盛んで，東海工業地域に該当する。　②　眼鏡フレームは福井県の鯖江市が有名。石川県の九谷焼や輪島塗，加賀友禅，新潟県の小千谷縮，十日町絣，燕市の銅器，三条市の刃物など金属加工，岐阜県の美濃和紙などもあげられる。
③　中部地方は冬の積雪が多いことのほかに，農閑期であることや，適度な湿度があることなどの条件によって，各県に伝統的な地場産業がみられ，長年にわたって保存されてきている。　④　世界遺産登録されているのは「白川郷・五箇山の合掌造り集落」で，前者は岐阜県大野郡白川村に，後者は富山県南砺市にある。いずれも屋根の傾斜が両手のひらを合わせたような形であることから，合掌造りと称される。
(3)　Pの山梨県では，山間部から流れる河川が平野に出るところに多くの扇状地が形成されている。上流から運搬されてくる砂礫は，大きいものから堆積されるため，扇央では河川が伏流し，水無川となる。その傾斜地は日当たりが良いうえに水はけもよいことから果樹の栽培に適し，ぶどうやももなどの生産が多い。　(4)「学習指導要領」には，地理的技能を指導するに際しての留意点が示されている。従前通り，地図を利用することも大切だが，それと同時に近年では各校にインターネットなどの設備が充実してきていることから，経済産業省「地域経済分析システム(RESAS)」，総務省統計局「政府統計の総合窓口(e-Stat)」，国土地理院「地理院地図」等を利用したGIS(地理情報システム)の活用にも工夫が求められている。

【6】(1)　a　説明　　b　類似　　c　因果関係　　(2)　(解答例)「各時代を大観して行う学習」について，今回の改訂では中項目ごとにそ

れらを示し，「まとめ」としての学習を行うことを一層明確にした。

〈解説〉(1)　「歴史的分野における改訂の要点」は，「解説」の「第1章　総説」における「2　社会科改訂の趣旨及び要点」の「(2) 改訂の要点」の中で5点示されている。この「ア　歴史について考察する力や説明する力の育成の一層の充実」はその1点目としてあげられている。
(2)　平成20年の改訂では，「学習した内容を活用してその時代を大観し表現する活動を通して，各時代の特色をとらえさせる」ことは，内容の(1)「歴史のとらえ方」の中項目ウにおいて示されるのみだった。

【7】(1)　201年～300年　　(2)　ウ　　(3)　農耕　　(4)　B　考古学　C　神話　　D　伝承　　(5)　須恵器

〈解説〉(1)　世紀は，西暦起源を起点に時代を100年ごとに区切って数えた時の一画期であり，たとえば21世紀は2001～2100年。紀元前の場合は前1年が起点となる。　(2)　2021年，「北海道・北東北の縄文文化遺跡群」が世界文化遺産に登録されることが決定した。遺跡群は，北海道，青森県，岩手県，秋田県に点在する17の考古遺跡で構成され，三内丸山遺跡や大湯環状列石などが含まれる。　(3)　「解説」には，「日本の豊かな自然環境における生活が，農耕の広まりとともに変化していったことや，自然崇拝や農耕儀礼などに基づく信仰がのちの時代にもつながっていることに気づくことができるようにする」とある。
(4)　「解説」は，「考古学などの成果」について，「それらを報じた新聞記事や地域の遺跡，博物館の活用をはかるような学習も考えられる。」としている。　(5)　縄文時代にはおもに縄文式土器が，弥生時代には弥生式土器がつくられたが，須恵器は5世紀後半以降，朝鮮伝来の技術によりろくろを使用してのぼり窯で制作されたものである。

【8】(1)　朱印船貿易　　(2)　(解答例)　すべての人をどこかの寺の檀家とし，宗門人別改帳を町や村ごとに作らせて，キリスト教徒を根絶しようとした。　　(3)　ウ→ア→イ　　(4)　A　朝鮮　　B　対馬藩
(5)　・キリスト教の禁止　　・外交関係と海外情報の統制　　・大名

の統制　(6)　(解答例)　鎖国という統制下においても，長崎・薩摩藩・対馬藩・松前藩という4つの窓口に限定する形で，交易や交流の関係が維持された。　(7)　(解答例)　幕府と藩による支配の下に大きな戦乱のない時期を迎えたこと。

〈解説〉(1)　資料1は徳川家康が安南渡航を許可した朱印状である。朱印船貿易を始めたのは豊臣秀吉だが，家康も貿易の利益に注目し，積極的に平和外交を進め，朱印船貿易を制度として完備した。　(2)　資料2は宗門人別改帳(宗門改帳)である。家族ごとに宗旨・檀家寺・名前・年齢が記された帳簿で，後には戸籍の役割を果たした。　(3)　ウ　ヨーロッパ船の来航地を長崎と平戸に制限1616年　→　ア　日本人の海外渡航一切禁止1635年　→　イ　ポルトガル船の来航禁止1639年

(4)　家康は朝鮮との講和を希望し，対馬藩主宗氏と朝鮮王朝が己酉約条を結び，対馬藩は貿易船の派遣が認められて朝鮮との貿易を独占し，将軍の代がわりごとに，朝鮮から朝鮮通信使が来日し，国書を交換した。　(5)　キリスト教の平等思想が日本の封建道徳や神国思想と矛盾すること，宗教一揆への警戒，スペイン・ポルトガルの領土的野心への警戒などからキリスト教の拡大を恐れ，また，西南大名の貿易や外国との接触による富強化を恐れた。　(6)　「解説」には「(3)近世の日本」の「(イ)江戸幕府の成立と対外関係」について，「長崎でのオランダ・中国との交易，対馬を通しての朝鮮との交流，…中略…などについても扱い，統制の中にも交易や交流が見られたことに気づくことができるようにする」と記されている。　(7)　「解説」には，「『その支配の下に大きな戦乱のない時期を迎えた』(内容の取扱い)ことなど，中世の武家政治との違いという観点から，中世から近世への転換の様子に気づくことができるようにする。」と記されている。

【9】1)　①　連合国　②　教育勅語　③　新しい日本　④　主権者の育成　(2)　(解答例)　中華人民共和国の建国や朝鮮戦争の勃発など冷戦が激化する中で，サンフランシスコ平和条約と同日に締結された日米安全保障条約の中で，日本の安全と東アジアの平和を守るた

めに，米軍が引き続き日本に駐留することを定めたため。　(3)　日ソ共同宣言　(4)　①　沖縄返還　②　D　提案　E　議論　F　現代の課題

〈解説〉(1)　①　第二次世界大戦において，独・伊・日の枢軸国に対し，反ファシズムの立場で連合して戦った米・英・仏・ソ・中などの国々を連合国と呼ぶ。　②　教育勅語は1890(明治23)年に発布された教育の基本方針で忠君愛国を基本とした。このため，国民は天皇を崇拝することを強制され，各学校では御真影(天皇・皇后の写真)の前での教育勅語の奉読が行われるようになった。　③「(2)　現代の日本と世界　(ア)　日本の民主化と冷戦下の国際社会」の中で「我が国の民主化と再建の過程」について指導する際には，「国民が苦難を乗り越えて新しい日本の建設に努力したことに気づかせるようにすること(「内容の取扱い」)と記されている。　④「歴史的分野における改訂の要点」は，「解説」の「第1章　総説」の「2(2)改訂の要点」に記載されており，5点あげられている。その内の4点目が，「エ　主権者の育成という観点から，民主政治の来歴や人権思想の広がりについての学習の充実」であり，現代の学習で，男女普通選挙の確立や日本国憲法の制定などを取り扱うとしている。　(2)　冷戦が激化する中で，アメリカが日本を「防共の壁」として西側陣営の一員とするために講和条約の締結を急いでサンフランシスコ平和条約が結ばれ，それと同日に調印された日米安全保障条約において，日本の独立後も米軍が日本に駐留することが決められた。　(3)　1951年のサンフランシスコ講和会議ではソ連は講和条約の調印を拒否していたが，1956年に自主外交をうたう鳩山内閣が日ソ共同宣言に調印し，日ソの国交が回復した。そしてソ連が日本の国連加盟を支持したため，同年末には，日本の国際連合加盟が実現し，国際社会に完全に復帰することとなった。

(4)　①　資料6は，復帰によって沖縄県内に設置された円とドルの交換所の風景である。「内容の取扱い」には，取り扱うべき節目となる歴史に関わる事象として，沖縄返還のほかに，日中国交正常化と石油危機を挙げている。　②　(イ)「日本の経済の発展とグローバル化す

る世界」が歴史的分野の学習の最後の項目であることから，公民的分野の学習に向けた課題意識をもつことができるような学習の工夫が求められている。

【10】(1) a 尊厳 b 責任 c 生活 d 諸資料 e まとめる (2) f 概念や法則 g 分析して論述する h 自らの考えや集団の考え

〈解説〉(1) a 個人の尊厳に基づく人権の尊重が民主主義の基本原理である。 b 個人は常に他の個人との関りをもちながら社会生活を営んでいるため，個人の自由・権利には，社会的な責任・義務が伴う。 c 公民的分野の具体的学習は，政治に関する学習・経済に関する学習・社会生活に関する学習及び国際関係に関する学習であり，「国民の生活の向上と経済活動との関わり」は経済に関する学習に該当する。 d 目標の(1)は，公民的分野の学習を通じて育成される資質・能力のうち，「知識及び技能」に関わるねらいを示している。育成されるべき技能には，収集した諸資料から現代の社会事象に関する情報を選択し，分析する技能がある。 e また，選択し分析した情報を課題の解決に向けてまとめる技能も，公民的分野で育成されるべき技能である。 (2) この「指導計画にレポートの作成や議論などを位置づける際の工夫」は学習指導要領本文にはない。公民的分野の「内容の取扱い」の中の配慮事項のウ「課題の解決に向けて習得した知識を活用して，～略～考察，構想したことを説明したり，論拠を基に自分の意見を説明，論述させたりすることにより，思考力，判断力，表現力等を養うこと。また，考察，構想させる場合には，～略～議論などを行って考えを深めさせたりするなどの工夫をすること。」に付けられた解説の文章の一部である。

【11】(1) 13 (2) (解答例) 新しい人権の一つに，環境権がある。きれいな空気や十分な日照など良い環境の中で暮らすことを，一種の人権と捉える。高層建物に対して一定の日照を確保する権利が，日照権

である。周囲の日照を確保するため建物の高さに法律上の制限があり，建物上部は狭く，階段状に設計されている。　(3)　(解答例)　防犯カメラがいたる所に設置されているということは，自分は意図しないのにカメラに録画される可能性が高いということである。いつ，どこで，誰と，何をしていたのか，録画を見た第三者に個人情報を知られることになってしまう。これはプライバシーの権利の侵害にあたるため，防犯カメラの設置は危険を孕んでいる。　(4)　イ　(5)　c　新たな問い

d　協働的

〈解説〉(1)　新しい人権の根拠は，生存権・幸福追求権・個人の尊重・表現の自由などである。このうち幸福追求権は，日本国憲法第13条に記されている。　(2)　良い環境を享受する権利である環境権には，日照権が含まれている。高層建物に対して，一定の日当たりを確保する権利である。建築基準法により，日照権が法的に認められた。都市部のマンションでは，周辺の日当たりや風通しを確保するため，上層階の幅が狭く，階段状に設計されている。(3)　現在，防犯カメラは街中や個人住宅など，いたる所に設置されている。また，性能が高く解像度も上がっているため，鮮明な画像から簡単に個人を特定することができるようになった。犯罪が起こった場合，犯人の追跡やその場の状況を把握するために大変有効であり，行方不明者の追跡などにも役立つ。しかし，通行人や店舗の利用者なども鮮明に録画されるため，本人が知らないうちに，第三者に個人情報を把握されてしまう恐れがある。これは，肖像権も含めたプライバシーの権利の侵害につながる可能性がある。防犯カメラ設置者は，プライバシーの権利に十分配慮した録画画像の取扱いをしなければならない。　(4)　資料のカードは，臓器提供意思表示カードである。一定の個人的な事柄を，自分の意思で決める権利＝自己決定権に基づくものである。　ア　名誉権とは，人がみだりに社会的評価を低下されない権利で，人格権の一種である。ウ　知る権利とは，公権力の保有する情報の公開を求める権利である。エ　忘れられる権利とは，インターネット上に公開された自分の個人

情報を削除させる権利である。 (5) 秋田県教育委員会による「学校教育の指針 令和4年度の重点」は，インターネット上にも公開されているので，しっかり読み込んでおきたい。最重点の教育課題に，「問いを発する子どもの育成」とある。また，秋田の探求型授業の基本プロセスには，「学習の見通しをもつ 自分の考えをもつ 集団で話し合う 学習の内容や方法を振り返る」とある。「協働的」な学びとは，異なる多様な他者が話し合って研究を重ねる中で結論を導き出し，与えられた課題を解決していく学習で，探求的な学習の質を高め，実際の社会で活用できる資質・能力を育成するものとして，文部科学省によって推進されている。

【12】(1) 契約 (2) イ，エ (3) 製造物責任法(PL法)
(4) (解答例) POSシステム(Point of sale system)とは，販売時情報管理システムの略である。小売店などで商品についたバーコードを読み取ることにより，商品名・金額・販売時刻などの販売情報がコンピューターに伝達されるシステムである。これにより，売上管理・在庫管理・商品管理さらには仕入れ・配送・発注などの管理が一元的に行えるため，製造や流通も効率的に行える。 (5) 分業と交換，希少性
〈解説〉(1) 二人以上の当事者間で，商品やサービスの売買における合意によって発生する権利義務関係を契約という。 (2) サービスとは，形はないが人々の欲求を満たす経済活動のことである。タクシーに乗る，美容院で髪を切る，病院で治療を受けるなどがサービスである。 (3) 製造物責任法(PL法)は1995年に施行された。欠陥商品により消費者が被害を受けた場合，消費者は製品を作った会社の過失を証明できなくても，損害賠償を受けられることが定められている。 (4) POSシステムは，日本語では販売時情報管理システムといい，小売店で商品を販売するときバーコードをスキャナーで読み取ることにより，様々な販売情報(＝商品名・価格・販売時刻，ポイントカードなどを併用すれば購入者の年齢・性別など)がコンピューターに伝達されるシステムである。近年は仕入れ，配送・発注などの情報も加わり総合的な

ものとして使用され，製造・流通・販売が効率的に行われている。

(5)「対立と合意，効率と公正，分業と交換，希少性など」は，経済に関する様々な事象や課題を捉え，考察，構想する際の概念的な枠組みであり，内容B「私たちと経済」の「(1)市場の働きと経済」だけでなく「(2)国民の生活と政府の役割」にも同様の記載がある。

【13】(1)　(解答例)　①　国会は，主権者である国民を代表する議員から成るため，国権の最高機関とされている。　(解答例)　②　内閣を国民の代表である国会の信任の下におき，内閣が国会に対して連帯して責任を負う制度を，議院内閣制という。　③　A党　2　C党　1

(2)　(解答例)　首相は，国会議員の中から国会の議決で指名されるが，首長は，住民による選挙で直接選出される。　(3)　5000人

(4)　①　国庫支出金　②　(解答例)　県債は，県が発行する債券，つまり借金である。公共施設の建設や災害復旧事業などの経費に当てられる。住民の生活を支えるために使われるものではあるが，借金が増え続ければ地方公共団体の「経営破綻」を招きかねず，発行は慎重に行う必要がある。

〈解説〉(1)　①　日本国憲法第41条に，「国会は，国権の最高機関であって，国の唯一の立法機関である。」と記されている。その理由は，国会が主権者である国民によって選ばれた，国民の代表である議員からなっているためである。　②　内閣総理大臣は国会議員の中から国会で指名され，国務大臣の過半数は，国会議員の中から選ばれる。衆参両院は，内閣の仕事に対して国政調査権を持ち，内閣はその仕事について，国会に対して連帯して責任を負う。このように，国会の信任に基づいて内閣がつくられ，内閣が国会に対して責任を負うしくみを議院内閣制という。　③　ドント式で議席を配分する方法は，各政党の得票数を1，2，3と整数で割っていき，商の大きい数字から順に定数の議席数まで数えていく。この場合，各政党の得票数を1で割ると，A党96万・B党72万・C党54万・D党42万となる。次に2で割ると，A党48万・B党36万・C党27万・D党21万となる。商の大きい順に6番目まで

並べると，96万(A)，72万(B)，54万(C)，48万(A)，42万(D)，36万(B)となる。議席の配分は，A党2議席，C党1議席となる。　(2)　首相＝内閣総理大臣に関しては，日本国憲法第67条に「内閣総理大臣は，国会議員の中から国会の議決で，これを指名する。」とある。首相は，国民の代表である国会議員が選ぶのであって国民が直接選ぶことはできないが，地方公共団体の首長は，選挙で住民により直接選出される。地方自治では，国政の議院内閣制とは異なり，首長と議会がともに住民に直接選挙で選ばれる。これを二元代表制という。　(3)　直接請求権のうち，条例の制定を請求する権利をイニシアティブという。有権者の50分の1以上の署名が必要で，首長に請求する。有権者25万人の市では，25万人の50分の1以上ということで，5000人以上の署名が必要となる。　(4)　①　国が地方公共団体に対して資金の使い道を指定して交付する財源は，国庫支出金である。　②　県債を含む地方債は，公共施設の建設や災害復旧事業などの経費に1会計年度を越えて行う借金である。借金である以上返済は必須で，地方公共団体の歳出のうち公債費が大きな割合を占めるようになった。借金が増え続ければ，かつての北海道夕張市のように「経営破綻」を招く恐れがある。また借金は，将来の住民への負担にもなってしまう。住民の生活を支える大切な財源ではあるが，発行には慎重な姿勢が必要である。

地　理・歴　史

【1】 Ⅰ　(1)　ハンザ同盟　(2)　スウェーデン　(3)　(解答例)　第一次世界大戦勃発時には，孤立主義の政策の下，中立を維持していたが，ドイツの無制限潜水艦作戦を機に連合国側で参戦した。ウィルソンは14カ条の平和原則を発表し，民族自決や国際連盟の結成などを提唱した。これにもとづき，20年には国際連盟が成立した。(120字)　(4)　戦時共産主義　Ⅱ　(5)　ア　(6)　ナイティンゲール　(7)　ユスティニアヌス1世　(8)　(解答例)　イタリアの東ゴートや北アフ

リカのヴァンダルを征服することで，地中海周辺の領土を獲得し，ローマ帝国の復活を図り，ある程度成功した。また，東方では，ササン朝ペルシアのホスロー1世に対抗し，拡大を阻んだ。(99字)　(9) ラテン帝国　(10) (解答例) イスラーム教を強制せず土地税に加えて人頭税を支払うことで，旧来の信仰を保持することを認めた。ミッレトと呼ばれる宗教別共同体を形成させ，その内部での自治を認めた。(80字)　(11) エ　Ⅲ (12) 大都　(13) ウ　(14) イ　(15) 上海クーデタ　(16) イ

〈解説〉Ⅰ (1) ハンザ同盟はリューベックを盟主とする。13世紀半ばに始まり，最盛期には100以上の都市が加盟していた。ロンドン，ブリュージュ，ベルゲン，ノヴゴロドに在外商館を置いた。塩や木材などの生活必需品が取引されたが，16世紀に商業の中心が大西洋沿岸に移動したことにより衰退した。　(2) 17世紀後半にスウェーデンはバルト海の制海権を握って繁栄していたが，カール12世の即位を機に，ロシアはデンマークなどを誘って北方戦争を起こした。その結果，バルト海進出を果たし，バルト海沿岸に新首都ペテルスブルクを建設した。　(3) アメリカ合衆国の対外政策の基本方針は，1823年のモンロー宣言によって示された孤立主義である。しかし，ウィルソンは14カ条の平和原則を発表し，民族自決の原則に加え，集団安全保障の支持を打ち出し，国際連盟の設立を提唱した。ウィルソンによるこの転換のきっかけとなったのが，ドイツによる無制限潜水艦作戦である。(4) 戦時であることを理由に政治と経済を厳しく統制し，全工業を国有化するなど，極端な共産主義化を進めた政策である。その結果，生産力は減退し，不満が高まったため，1921年には新経済政策を発表して，資本主義の要素をある程度復活させた。　Ⅱ (5) 資料1は，1853年～56年にかけてロシアとオスマン帝国を中心に戦われたクリミア戦争の講和条約であるパリ条約である。サルデーニャはイタリア統一のためにナポレオン3世の歓心を買おうとして参戦した。　(6) ナイティンゲールの活動は，スイス生まれのアンリ・デュナンに影響を与え，1864年に国際赤十字社が設立された。戦場での負傷兵の保護や

救援にあたる国際組織である。　(7)　6世紀のビザンツ皇帝はユスティニアヌス1世である。写真の聖堂は聖(ハギア)ソフィア聖堂で，のちにオスマン帝国の支配下でイスラーム教のモスクとなったため，ミナレットが見られる。　(8)　476年の西ローマ帝国の滅亡により，唯一のローマ帝国となった東ローマ帝国の6世紀の皇帝がユスティニアヌス1世であった。そのため，皇帝は，ローマ帝国の復活を目指し，領土の回復に加え，ラテン語を公用語とし，『ローマ法大全』を編纂させたりした。東方ではササン朝の攻勢に対して何とか持ちこたえていた。　(9)　第4回十字軍はインノケンティウス3世が提唱し，ヴェネツィア商人の主導によってコンスタンティノープルを攻撃し，ビザンツ帝国を一時的に滅亡させた。目的は地中海の商業権益である。ビザンツ帝国は，小アジアに亡命政権であるニケーア帝国を建てた。

(10)　オスマン帝国は異教徒に寛容であり，様々な宗教の信者が平和裏に共存していた。デヴシルメ制によって，優秀な異教徒を軍人や官僚に登用した。

(11)　ムスタファ・ケマルは，トルコ語のローマ字表記などを実施して，近代化に努めた。　ア　レザー・ハーンはパフレヴィー朝を建てたイランの国王。　イ　ムハンマド・アリーはエジプトで近代化を推進した。　ウ　イブン・サウードはサウジアラビア王国の国王。

Ⅲ　(12)　1271年に，フビライ・ハンは，国号を元とし，大都を都とした。モンゴル高原にある夏の都上都に対する冬の都である。かつての金の中都大興府にあたる。　(13)　建文帝は，皇帝権強化のために有力者の土地を削減しようとした。それに反発した燕王は，「帝室の難を靖んじる」という大義名分を掲げ挙兵した。靖難の役である。建文帝が敗れると燕王は帝位に就き，成祖永楽帝となった。　(14)　アマテオ・リッチの業績である。他に，徐光啓とともにエウクレイデスの幾何学を漢訳し，『幾何原本』を著すなどした。　ウ　アダム・シャールの明代における業績である。　エ　ブーヴェの業績である。

(15)　蔣介石は第一次国共合作の下，国民革命軍を率いて北伐を進めたが，上海に到達し一転して共産党を裏切った。問題文にあるように，浙江財閥の働きかけがあったためなどである。1925年の5・30事件に見られるように，上海では共産主義が非常に大きな影響力を持っていたことが背景にある。　(16)　1980年代の中国では，鄧小平を最高指導者として，党主席を胡耀邦，首相を趙紫陽とし，改革開放政策が進められた。胡耀邦は改革に期待する人々の支持を受けていた。そのため，その死によって改革が後退することを恐れた若者らが自由化・民主化を求める運動を開始し，天安門事件につながっていった。

【2】(1)　桓武天皇　　(2)　続日本紀

(3)　(解答例)

テーマ　桓武天皇の東北経営
東北地方への進出の流れ
①　日本海側
・8世紀・・・出羽国の設置で支配は安定
②　太平洋側
・8～9世紀初めにかけて平定(黄金の獲得のため)
朝廷側の対応　　　　　東北の様子　蝦夷の反乱
724 多賀城を設置，鎮守府を置く
749　　　　　　　　　陸奥国から黄金献上
767 伊治城築城
784　　　　　　　　　　←伊治呰麻呂の乱
789 紀古佐美征討軍蝦夷へ←蝦夷族長アテルイの反撃
797 坂上田村麻呂征夷大将軍→アテルイが討たれる
802 胆沢城を築き，鎮守府を移転
803 志波城を築く
811 文屋綿麻呂により，太平洋側平定終わる

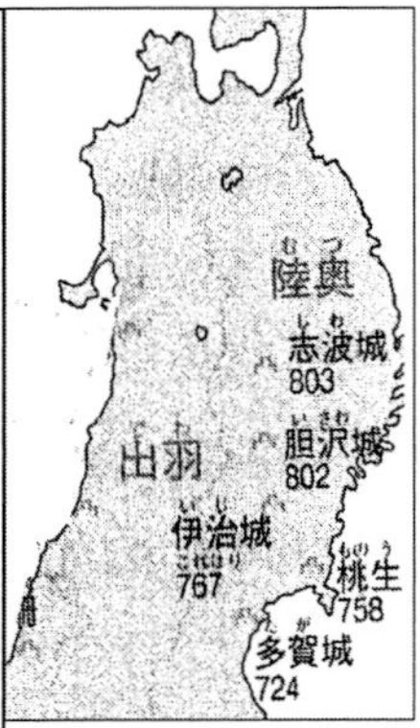

(4)　A　美濃　　B　山城　　(5)　足利尊氏　　(6)　(解答例)　幕府，公家，寺社などが交通の要地に関銭徴収を目的に設置した。(30字)
(7)　C　オ　　D　ア　　E　カ　　(8)　(解答例)　佐渡鉱山などの金銀産出量の減少，明暦の大火後の江戸の復興費，寺社の造営などにより財政の悪化の為，勘定吟味役の荻原重秀は収入増の方策として，貨幣の改鋳を行い，小判の金の含有量を減らした。(92字)　　(9)　オ
(10)　徳川家斉　　(11)　(解答例)　金銀比価は日本1：5外国1：15で，

外国は大量の銀で金と交換したため，金が大量に流出し，そこで小判の金含有量を減らした。(59字)　(12)　(解答例)　建艦競争を終わらせて自国の財政負担を軽減することと，東アジアにおける日本の膨張を抑えるため。(46字)　(13)　四カ国条約

〈解説〉(1)　資料Ⅰは，延暦の年号や藤原緒嗣や菅野真道の存在，徳政の争論などの内容から，桓武天皇の政治についてである。都を平城京から長岡京に，ついで714(延暦一三)年に平安京に遷都した。坂上田村麻呂による東北の蝦夷征伐，地方行政の整備などを行い，律令政治の再建に努めた。　(2)　六国史とは，8〜10世紀はじめにかけて勅撰された6つの正史。順に『日本書紀』，『続日本紀』，『日本後紀』，『続日本後紀』，『日本文徳天皇実録』，『日本三代実録』。　(3)　板書はその授業時間の内容・目的をはっきりさせ，簡潔で，わかりやすくなければならない。そこで，テーマとして「桓武天皇の東北経営」と内容を記すとともに，なぜそのことが行われたか，その時間のねらいを記すようにする。さらに，簡潔であることを考慮して，桓武天皇時の太平洋側の蝦夷平定について，その目的を記し(金の獲得の為)，その過程を年表式にまとめて記すことがよい。ただし，その場合どのような蝦夷の反乱・抵抗があり，それに対して桓武天皇側(朝廷側)がどのような対応をとったのかを対比的に板書し，生徒にわかりやすいようにしたい。なお，生徒の理解を助けるために，一緒に東北地方の略地図も板書することなどを入れる (教科書や資料集に地図が掲載されていればその必要はない。)。　(4)，(5)　資料Ⅱの『建武以来追加』は，室町幕府が具体的法令として鎌倉幕府の御成敗式目をそのまま用いていたが，必要に応じて新令を加えたその追加法のこと。資料Ⅱの内容は，1352(観応三)年やその内容から，足利尊氏が守護を味方にするために出した「半済令」で，荘園・公領の半分の年貢を軍費として取得し，武士に分与することを守護に認めた法令。最初は近江・美濃・尾張に臨時に施行したが，後に全国に拡大し，守護が勢力を拡大する法となった。資料Ⅲの『大乗院寺社雑事記』は，興福寺の大乗院の27代目門跡尋尊の日記を中心に1450〜1527年の日記・記録をまとめたもの。内

容は，両畠山や文明などの年号から「山城の国一揆」に関するものであることがわかる。　(6)　室町時代になると，幕府財政の欠乏や，公家・寺社などが荘園から年貢があまり入らなくなり，自家の領地や関わりのある交通の要地に関所を設けて，関銭を取るようになった。室町時代の中頃には，京都と大阪の間を行き来した交通の要地であった淀川には600余カ所の関所があった。　(7)　C　蓮如は本願寺8世法主で，当時教勢が振るわなかった本願寺を興隆して中興の祖と言われる。越前吉崎に坊舎を構え，次に山科に本願寺，さらに大坂石山に坊舎を建て，後の石山本願寺の基礎を築いた。　D　一休宗純は大徳寺派の禅僧で，当時の貴族的・禁欲的禅に対し，在家的・民衆的な禅を説いた。著書に『狂雲集』。　E　雪舟は室町時代水墨画家。『四季山水図巻』は，15m以上に及ぶ長大な画面に，四季の変化を描いた山水画。
(8)　17世紀後半から18世紀前半の綱吉の時代になると，佐渡金山・石見銀山などの金銀の産出量が減少し，財政が収入減となった。そのうえ，明暦の大火後の江戸城と江戸市街の再建(江戸の復興)費用，護国寺をはじめとした元禄期の寺社造営費用は大きな負担となった。そこで勘定吟味役(のちに勘定奉行)になった荻原重秀は，収入増の方策として貨幣の改鋳を上申した。その改鋳で幕府は小判の金の含有量を減らし，質の劣った小判の発行を増加して多大な収益をあげた。しかし，物価の騰貴を引き起こしたので，新井白石は小判の金の含有量を元に戻した(正徳小判)。　(9)　ア　池大雅・与謝蕪村の合作絵で「十便十宜図」のうちの一つ。　イ　葛飾北斎の「富嶽三十六景」のうちの「神奈川沖浪裏」。　ウ　狩野永徳の「唐獅子図屛風」。永徳は桃山時代の人物。　エ　渡辺崋山の「一掃百態」のなかの寺子屋の様子の絵である。渡辺崋山は，モリソン号事件の翌年，『慎機論』を著わして幕府の対外政策を批判し，蛮社の獄で処罰された。　オ　尾形光琳の「燕子花図屛風」で，意匠性の高い絵である。他に作品として「紅白梅図屛風」がある。　(10)　徳川家斉が将軍になったのは1787年で，同時に松平定信が老中首座となり，寛政の改革が始まった。しかし，1793年に定信が老中を退任し，将軍家斉の大御所政治が始まった。その大御所時代は化政文化の時代ともいわれ，さまざまな文化が爛熟した時代であったが，ロシアをはじめとする列強が日本に接近し，それへの対応や，1806年の江戸の大火，さらにしばしば起こった江戸や大坂での米価騰貴による打ちこわし，最晩年の天保の飢饉などで幕府財政は困窮した。　(11)　1858年の日米修好通商条約の締結後，貿易が始まったが，日本と外国との金銀比価は外国では1:15，日本では1:5と差があった。外国人は外国銀貨(洋銀)を日本に持ち込んで日本の金貨を安く手に入れたため，10万両以上の金貨が流出した。幕府は金貨の品質を大幅に引き下げる改鋳(「万延貨幣改鋳」という)を行ってこれを防いだが，国内の物価上昇に拍車をかけることとなり，庶民の生活が圧迫され，貿易に対する反感が強まり，激しい攘夷運動がおこる一因となった。　(12)，(13)　資料Ⅴは1921年～1922年にかけて，アメリカ大統領ハーディングの提唱で行われたワシントン会議の一部で，英・米・日・仏・伊の5カ国間で主力艦の総トン数の比率を規定したものである。海軍の建艦競争による軍拡のための自国の財政負担を減らすことと，ヴェルサイユ会議で十分に取り上げられなかった東アジア・太平洋地域の安定化を目指した会議であった。東アジアの安定化については，「9カ国条約」が結ばれ，中国の主権尊重，門戸開放，機会均等を規定。日本はこの条約に基づき，アメリカとの間で1917年に結んだ「石井・ランシング協定」を廃止し，中国と山東懸案解決条約を結んで山東省の旧ドイツ権益を返還した。また，太平洋地域については，日・米・英・仏の間で，「四カ国条約」が結ばれ，日英同盟が廃止となった。

【3】(1)　イ→ウ→ア　　(2)　A　高　　B　308　　(3)　石炭から石油への急速なエネルギー転換

〈解説〉日本の経済成長は，1968年に国民生産でドイツを抜いて資本主義国ではアメリカについで世界第二位となった。鉄鋼・造船・自動車・電気機械・化学などの部門が，海外の技術革新の成果を取り入れて設備を更新し，石油化学・合繊繊維などの新部門も急速に発達し，「高度成長の時代」といわれた。エネルギーについても，石炭から石油への転換が急速に進んだ。1949年に1ドル＝360円と決められていた為替レートが，アメリカのベトナム戦争によるドル支出の増大に対して，ドル交換を停止し(ドル＝ショック)，1971年には1ドル360円から308円となった。その後も安定した日本経済の成長を受け，2度の石油危機も乗り切った日本はアメリカとの間で貿易摩擦も起こすほどになった。1985年には5カ国蔵相会議が開かれ，ドル高是正の話し合いが行われ(プラザ合意)，完全に変動相場制となり，円高が進むこととなった。その後，平成時代になると円高の進行などもあり，日本企業の海外進出が展開し，国内産業の空洞化が進み，バブル経済が崩壊し高度成長は終焉を迎えた。

【4】(1)　地図1…メルカトル図法　(解答例)　緯線と経線が直線で直交し，等角航路が直線で海図等に適するが，高緯度ほど面積と距離は拡大される。(47字)　地図2…正距方位図法　(解答例)　図の中心からの距離と方位が正しく航空図に適する。全球を表すとき直径は地球の全周で外周は中心の対蹠点。(50字)　(2)　GIS　(3)　12月5日午前10時　(4)　①　(解答例)　扇頂には神社があり，扇央には針葉樹林，果樹園，畑がある。扇端には水を利用する水田や集落がある。(47字)　②　天井川

〈解説〉(1)　メルカトル図法は，16世紀に描かれ，船の航行に役立ったが，最短距離である大圏航路は曲線となる。正距方位図法は，中心からの距離と方位は正しいが，他の2点間では正しくならない。また，中心部から離れるほど形がゆがみ，分布図などには適さない。

(2)　GISは地理情報システムのことで，地図上に様々な統計資料を重ねて視覚的に訴えかける地図を作成し，分析や情報管理に役立っている。これまでは手書きしていたような情報の重ね合わせが容易にできるようになったことで，観光地図，ハザードマップなど，身近なところでも利用されている。　(3)　時差は，360÷24＝15より，基本的に15度で1時間異なる。日本は東経135度を標準時子午線と定めており，

西経120度との時差は，(135＋120)÷15＝17であることから，日本が17時間進んでいる。したがって，日本が12月5日18時のとき，サンフランシスコは5日1時。それから9時間経過すると5日10時。

(4) ① 河川が山から平野に出るところには，扇状地が形成される。小倉谷は，扇央では伏流して水無川になり，水はけのよい傾斜地を利用する果樹園がある。扇端では河川は湧水し，集落ができ，水田が作られる。近年では土木技術の発達で扇央にも宅地が造られることがあるが，豪雨の際には河川があふれ，土石流の危険がある。 ② 上流から砂礫を運搬する河川が下流で氾濫しないように堤防を築くとその底に土砂がたまり，それに合わせて堤防を高くしていくうちに，周囲より河床の高い天井川が形成されることがある。等高線に沿うように造られた道路や鉄道は，トンネルを掘って通すことになるため，河川の下を通ることになる。

【5】(1) エ (2) E カルスト F 桂林(コイリン) G セメント (3) H ベトナム I マレーシア J タイ K フィリピン (4) 緑の革命 (5) モノカルチャー経済から脱するために，石けんや食用油の原料となる油ヤシを植樹しているほか，エビの養殖池を作るために，熱帯林やマングローブを切り開いているため。(78字)

〈解説〉(1) A タイの首都バンコクで，雨季と乾季の明瞭なサバナ気候でウ。 B フィリピンのルソン島北部で，熱帯モンスーン気候でイ。 C マレーシアの首都クアラルンプールで，赤道に近く熱帯雨林気候となり，ア。 D インドネシアの島で，唯一，南半球であることから，夏季に気温のグラフの中央がくぼんでいるエ。インドネシアは赤道直下の熱帯性気候のため，乾季と雨季のふたつの季節がある。

(2) 地図中Xはベトナム北部のハロンで，ハロン湾は写真のようなカルスト地形が海に浮かぶように並び，世界自然遺産に登録されている。日本では，山口県の秋吉台，福岡県の平尾台，四国カルストが三大カルストとよばれる。秩父や山口県宇部は石灰石の代表的な産地で，セメント工場が立地する。　(3)　ASEAN(東南アジア諸国連合)は，タイ，インドネシア，マレーシア，シンガポール，フィリピンの5ヵ国によって1967年に結成された。旧宗主国がイギリスでイスラームの国はマレーシア。植民地にならなかったのはタイ。フィリピンはスペインの影響でキリスト教カトリックの信者が多く，アメリカの影響で公用語はフィリピノ語と英語である。1995年に加盟した旧フランス領はベトナムだが，ベトナムの南北統一は1976年である。　(4)　緑の革命は，東南アジア諸国の米の生産のほか，インドでも米の収量が急増し，小麦やとうもろこしの研究も進み，増産した。しかし品種改良された種子や苗の購入や化学肥料，農薬，灌漑設備に費用がかかり，小作農はますます貧困が進み，農民間の格差が広がる一因ともなった。

(5)　油ヤシの果実を搾ったパーム油は，用途が広く，全生産量のおよそ6割がインドネシア，3割がマレーシアで生産されている。エビは中国での生産が最も多いが，次いで，インド，インドネシア，ベトナムである。

【6】(1)　貨幣の獲得を重視し，貿易によって富を蓄積しようとする考え方の下で，貿易独占や保護貿易を行う重商主義の経済政策が実施された。イギリスでは，イギリス東インド会社が設立され，アジア貿易を独占した。イギリス革命に勝利したクロムウェルは航海法を制定し，オランダの商業覇権に対抗した。フランスでも，ルイ14世の下で，コルベールが東インド会社を再建した。特権マニュファクチュアを育成し，造船や海運の奨励にあたった。(199字)　　(2)　対馬藩の宗氏は1609年，朝鮮と己酉約定を結び，釜山に日本と朝鮮の窓口となる倭館が開設され，対朝鮮貿易を独占した。蝦夷地を支配していた松前藩は1604年，徳川家康から黒印状を受け，アイヌとの交易独占権を認可された。米の生産ができない松前藩は，北海道の海岸でのアイヌとの交易ができる商場や場所での交易権を位の高い家臣に認めた。本州では珍しい海産物は重宝され，そこで上がる利益を知行(報酬)とした。(193字)　　(3)　外国人が訪れる旅行をインバウンド，自国から海外

へ出かけることをアウトバウンドという。人口減少と高齢化によって購買力を失った日本において，外国からの観光客及びその消費は貴重な収入源になっており，観光業が盛り上がることにより雇用も生じる。一方で，騒音，ゴミのポイ捨て，渋滞等，観光地の地域住民の生活や自然環境に悪影響を与えるオーバーツーリズムの課題は，今後解決していくべき課題である。(190字)

〈解説〉(1)　まず，重商主義の特徴を書き，それに続き，イギリスとフランスにおけるその展開を具体的に記述する。重商主義は，国家が経済活動に介入することによって富の蓄積を図るもので，この時期のイギリスやフランスの政策は，貿易差額主義ともいわれる。イギリスとフランスが，先行するオランダと対抗するための武器とした経済政策である。　(2)　江戸時代，鎖国下の外交・交易については，「四つの窓口」で行われていた。長崎口でのオランダ・清との外交・交易，島津氏の支配下にあった琉球口を通しての清との交易，対馬の宗氏を通しての朝鮮との外交・交易，松前氏を通しての蝦夷との交易，の四つであった。長崎口での外交・交易では，中国産の生糸や絹織物，ヨーロッパ産の綿織物，さらに「オランダ風説書」による世界の情報などが幕府に入ってきた。琉球口の成立は，1609年に薩摩の島津氏が琉球を征服したことにより始まった。琉球では国王の代がわりごとにその就任を感謝する「謝恩使」を，また将軍の代がわりごとに「慶賀使」を幕府に送ってきた。対馬口は，対馬藩主宗氏が1609年に朝鮮との間に己酉条約を結んだ時から外交・交易が始まった。釜山に倭館が設置され，幕府は宗氏に朝鮮との外交上の特権的な地位を認めた。朝鮮からは綿織物のほか，朝鮮人参がもたらされただけでなく，通信使がやってきたが，名目は新将軍祝賀の慶賀であった。松前口は，1604年，松前氏が徳川家康からアイヌとの交易独占権を保障され藩制をしいた。アイヌ集団との交易対象地域は，商場あるいは場所と呼ばれ，そこでの交易収入が家臣に与えられた。アイヌ集団では，松前藩の収奪に対して1669年，シャクシャインを中心に反乱を起こしたが，松前藩はこれを抑え，アイヌを服従させた。北海道での海産物や毛皮などが交易品であった。　(3) 「爆買い」で知られる中国からの観光客は人数トップで，続いて韓国，タイからの訪日が多かった。日本はビジット・ジャパンキャンペーンを行って年間4000万人の観光客を目指していたが，2020年以降は一時的にストップ状態となっている。観光地では宿泊施設やレストランなど様々な業種が閉店を余儀なくされているが，2023年から徐々に回復している。

2022年度　実施問題

中学社会

○　全ての設問において，「中学校学習指導要領(平成29年3月告示)第2章第2節　社会」を「学習指導要領」，「中学校学習指導要領解説社会編(平成29年7月文部科学省)」を「解説」と記す。

【1】次は，「学習指導要領」〔地理的分野〕2内容C「日本の様々な地域」における(1)「地域調査の手法」で身に付ける知識及び技能である。(a)～(c)に当てはまる語句を，それぞれ書け。

(ア)　観察や(a)，文献調査を行う際の視点や方法，地理的な(b)の基礎を理解すること。
(イ)　地形図や(c)の読図，目的や用途に適した地図の作成などの地理的技能を身に付けること。

(☆☆☆☆◎◎)

【2】「学習指導要領」〔地理的分野〕2内容A「世界と日本の地域構成」に関する問題である。(1)～(5)の問いに答えよ。

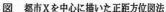

図　都市Xを中心に描いた正距方位図法

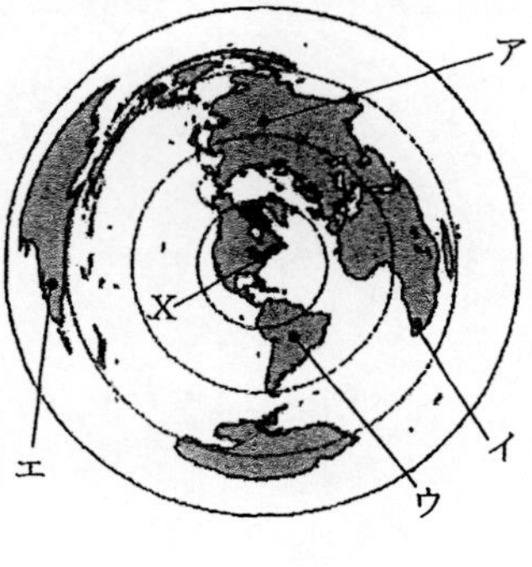

(1)　図の都市Xから見た都市イの方位を，16方位で書け。

(2)　図の都市Xから最も遠い都市を，ア～エから一つ選んで記号とその都市が位置する大陸名を書け。

(3)　正距方位図法の短所を次の語句を用いて書け。　〔　中心　〕

(4)　地球儀や地図の適切な活用方法を身に付けるために，日頃からどのようなことに配慮することが大切か，「解説」を踏まえて書け。

(5)　「学習指導要領」では，大まかに世界の略地図が描けるようにすることが求められている。どの程度の略地図か，「解説」を踏まえて書け。

(☆☆☆◎◎)

【3】「学習指導要領」〔地理的分野〕2内容B「世界の様々な地域」に関する問題である。(1)～(4)の問いに答えよ。

表　アメリカのある四つの州の人種構成（2019年）

項目／州	人種構成（%）				*ヒスパニックの比率（%）
	白人	黒人	アジア系	その他	
ア	69.6	17.6	9.0	3.8	19.3
イ	71.9	6.5	15.5	6.1	39.4
ウ	60.2	32.6	4.4	2.8	9.9
エ	81.9	2.6	1.8	13.7	49.3
国全体	76.3	13.4	6.0	4.3	18.5

*人種構成の区分には含まない　（「データブック オブ・ザ・ワールド2021年版」から作成）

略地図

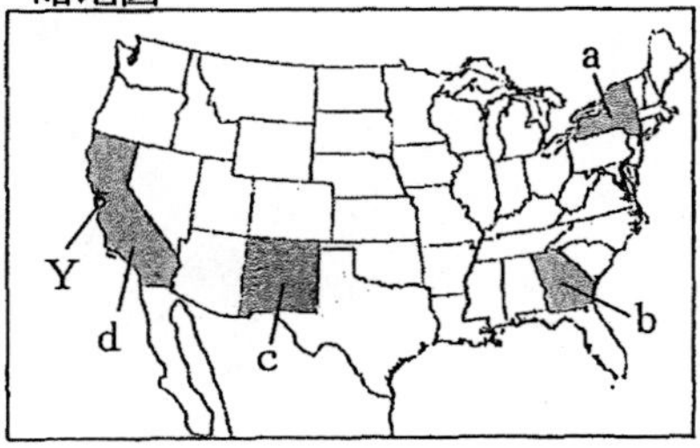

(1)　表と略地図は，北アメリカ州の学習において準備した資料である。略地図の州a～dはそれぞれ表のア～エのいずれかを表している。c

を表す州を，ア～エから選んで記号を書け。また，そう判断した理由を，表と略地図から読み取ったことと関連付けて書け。

(2)　略地図のYが示す，サンフランシスコ郊外にある，世界有数の先端技術産業が集まる地域の名称を書け。

(3)　以下は，生徒がアメリカの人種構成の背景や抱えている課題を調べてまとめたものである。[　a　]には当てはまる語句を，[　b　]には適切な内容を，それぞれ書け。また，[　c　]に入る適切な内容を，次の語句を用いて書け。　〔　文化　〕

> 17世紀以降にヨーロッパから来た移民が，[　a　]と呼ばれる先住民の土地を奪って開拓を進めた。やがて[　b　]ために，アフリカの人々が奴隷として連れてこられ，その後も世界中から移民を受け入れた結果，現在のアメリカには多様な人々が暮らすようになった。しかし，黒人への差別が見られるなどの問題があり，どのように[　c　]かが課題となっている。

(4)　内容B(2)「世界の諸地域」における「州ごとに設ける主題」について，「学習指導要領」の(内容の取扱い)で示されている留意事項を二つ書け。

(☆☆☆◎◎◎)

【4】「学習指導要領」〔地理的分野〕2内容C(2)「日本の地域的特色と地域区分」に関する問題である。(1)～(3)の問いに答えよ。

図1　主な国の発電量(億kWh)の内訳(2017年)

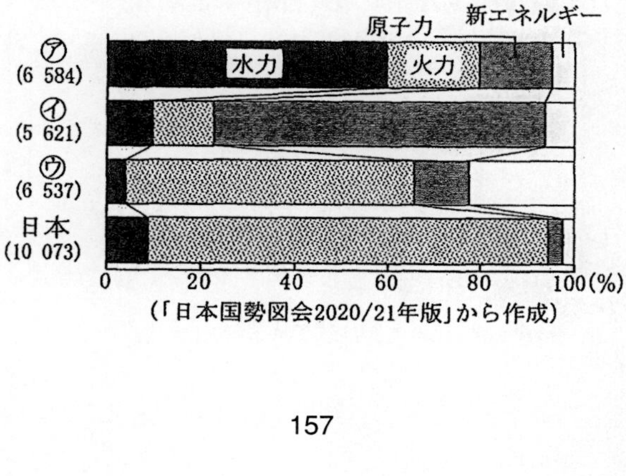

(「日本国勢図会2020/21年版」から作成)

図2　日本の主な発電所の分布

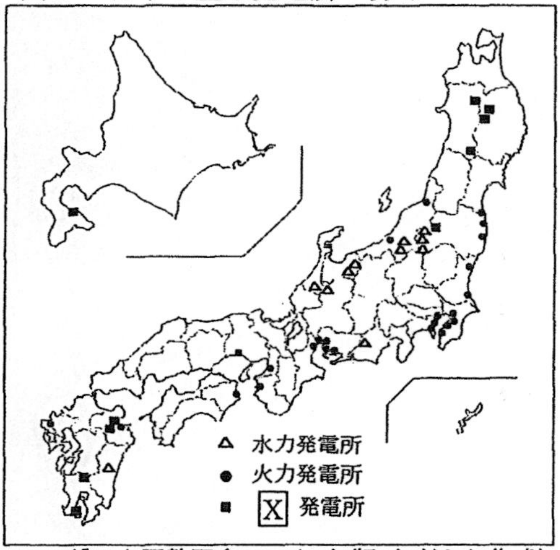

(「日本国勢図会2020/21年版」などから作成)

(1)　図1の㋐～㋒は，カナダ，ドイツ，フランスのいずれかを表している。ドイツに当てはまるものを，㋐～㋒から一つ選んで記号を書け。

(2)　火力発電所がどのような場所に多く立地しているか，図2から読み取り，次の語句を用いて書け。　〔　需要　〕

(3)　図2の X は，図1の新エネルギーに含まれる発電である。①～③の問いに答えよ。

①　X に当てはまる語句を書け。

②　我が国の資源・エネルギー利用の現状について取り扱う内容を，表から読み取ったことと関連付けて，「解説」を踏まえて書け。

表 日本の石炭・原油の自給率(2017年)

石炭	原油
0.7%	0.1%

(「日本国勢図会2020/21年版」から作成)

③　我が国において，X を含む新エネルギーの開発が進められてい

る理由について，生徒がまとめた次の文の[　a　]，[　b　]に入る適切な内容をそれぞれ書け。

> 日本は火力発電が中心で，その原料となる化石燃料のうち石油の可採年数は57.6年(2019年時点)であり，化石燃料は[　a　]資源であると言える。また，火力発電は[　b　]ため，化石燃料の使用割合を低下させることで，環境保全につながるから。

(☆☆☆◎◎◎)

【5】「学習指導要領」〔地理的分野〕2内容C(3)「日本の諸地域」に関する問題である。(1)～(3)の問いに答えよ。

表1　農業に関する統計(2019年)

項目＼地方	九州	東北
耕地面積(万ha)	56.3	83.1
農業従事者(万人)	50.8	65.3
農業産出額(億円)	18 497	14 320

※農業従事者は2015年のものである。
(「データで見る県勢2021年版」などから作成)

表2　県庁所在地の平均気温(℃)

県＼月	2月	8月
A	8.6	27.2
秋田	0.5	24.9

(「日本国勢図会2020/21年版」から作成)

図　*冬春ピーマンと肉用牛の生産割合
(2020年)

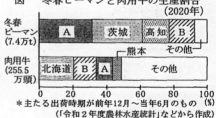

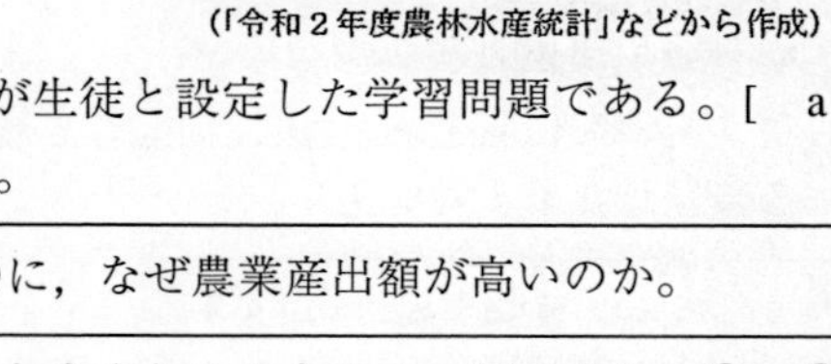

＊主たる出荷時期が前年12月～当年6月のもの
(「令和２年度農林水産統計」などから作成)

(1)　次は，表1を基に教師が生徒と設定した学習問題である。[　a　]に入る適切な内容を書け。

> 九州地方は[　a　]のに，なぜ農業産出額が高いのか。

(2)　次は，生徒が調べたことをまとめたものの一部である。①，②の問いに答えよ。

A県では，表2から分かるように，[　b　]であることを生かして，写真に見られる施設を活用し，時期をずらした[　c　]を行い利益を上げている。

写真

① 図のA，Bに当てはまる，九州地方に位置する県名をそれぞれ書け。ただし，図と表2のAには同じ県名が入る。

② [　b　]に入る適切な内容と，[　c　]に当てはまる語句を，それぞれ書け。

(3) 地域の考察に当たって留意する視点を，「解説」を踏まえて二つ書け。

(☆☆☆☆◎◎)

【6】次は，「学習指導要領」〔歴史的分野〕1目標の一部である。(1)，(2)の問いに答えよ。

歴史に関わる事象の(　a　)や意義，伝統と(　b　)の特色などを，時期や年代，推移，(　c　)，相互の関連や現在とのつながりなどに着目して多面的・多角的に考察したり，歴史に見られる課題を把握し複数の立場や(　d　)を踏まえて公正に(　e　)したりする力，<u>思考・判断したことを説明したり，それらを基に議論したりする力</u>を養う。

(1) (　a　)～(　e　)に当てはまる語句を，それぞれ書け。

(2) 下線部のような歴史的分野における「表現力」を養うためにはど

のようなことが重要か，「解説」を踏まえて書け。

(☆☆☆☆◎◎)

【7】「学習指導要領」〔歴史的分野〕2内容A(2)「身近な地域の歴史」に関する問題である。(1)，(2)の問いに答えよ。

資料1

※　X. X. X には，日付が入る。

(1)　資料1は，教師が「身近な地域の歴史」の教材研究のために集めた，郵便局で使用されている風景印の一部である。a～cの特色に着目し，「身近な地域の歴史」の学習で生徒に身に付けさせたい知識及び技能について，「解説」を踏まえて書け。

(2)　資料2は，資料1のcに描かれているまつりについて，生徒が調べて分かったことをまとめたものである。[　A　]に当てはまる語句と，[　B　]に入る適切な内容を，それぞれ書け。

資料2

- 秋田竿燈まつりの起源は，江戸時代の宝暦年間に遡る。
- 1980年には，国の[　A　]に指定された。
- 竿燈は稲穂を，提灯は米俵を表すとも言われる。
- このまつりには，人々の[　B　]を願う気持ちが込められていることがa分かった。

(☆☆☆☆◎◎)

【8】「学習指導要領」〔歴史的分野〕2内容B(1)「古代までの日本」に関する問題である。(1)～(4)の問いに答えよ。

資料1

年代	主な出来事
8世紀	・大宝律令がつくられる…X ・平城京に遷都する ・東大寺の大仏が完成する ・鑑真が来日する ・(a)に遷都する ・平安京に遷都する
9世紀	・(b)が唐から帰国し，天台宗を広める ・空海が唐から帰国し，真言宗を広める ・(c)の提案で遣唐使を停止する

(1)　資料1の(a)には，784年に遷都された都の名称を，(b)と(c)には人物名を，それぞれ書け。

(2)　資料1のXに関連して，「律令国家の形成」の事項のねらいを，「解説」を踏まえ，次の語句を用いて書け。　〔　東アジア　〕

(3)　資料1の下線部の人物が建立した，資料2の寺院名を書け。

資料2

(4)　次は，「(エ)古代の文化と東アジアとの関わり」について示した「解説」の一部である。[　Y　]に入る適切な内容を書け。

> 仏教の伝来とその影響については，[　Y　]ことに気付くことができるようにする。

(☆☆☆◎◎◎)

【9】「学習指導要領」〔歴史的分野〕2内容C(1)「近代の日本と世界」に関する問題である。(1)～(5)の問いに答えよ。

(1)　資料1は，バスチーユ牢獄を，パリの民衆が襲撃している場面を描いたものである。この出来事を取り扱う際に，生徒に気付かせたい内容を，「解説」を踏まえ，次の語句を用いて書け。

〔　対立　　犠牲　〕

資料1

(2)　次は，資料2の戦争の背景について生徒がまとめたものである。

・18世紀後半の清では，欧米との貿易を広州1港に限っていた。
・イギリスでは，[　A　]を飲む習慣が広がり，清から大量の[　A　]を輸入していたが自国の綿製品は清で売れず，貿易は赤字だった。
・イギリスは，インドでつくらせた[　B　]を清に密輸し，その代金の銀で，[　A　]を輸入した。
・清が[　B　]を取り締まると，イギリスは清と戦争を始めた。
・戦争で敗れた清は，南京条約を結んだ翌年に，イギリスと<u>不平等な内容</u>の虎門寨（こもんさい）追加条約を結んだ。

資料2

① [　A　]と[　B　]に当てはまる語句を，それぞれ書け。ただし，[　A　]と[　B　]には，それぞれ同じ語句が当てはまる。

② 下線部について，不平等な内容を二つ書け。

(3) 次は，ペリーの1853年の来航で広まった狂歌である。[　C　]に当てはまる漢数字を書け。また，この翌年に幕府とアメリカとの間に結ばれた条約名を書け。

泰平の眠りをさます上喜撰　たった[　C　]はいで夜も眠れず

(4) 資料3は，明治初期に欧米に派遣された使節団である。

資料3

① 右大臣で，この使節団の全権大使であったXの人物名を書け。

② このころの世界の出来事を，ア～エから一つ選んで，記号を書け。

ア　ナポレオンが皇帝になる　　　イ　ドイツ帝国が成立する

ウ　ピューリタン革命が起こる　　エ　権利章典が制定される

(5) 資料4に関連し，明治政府が進めた「富国強兵・殖産興業政策」について取り扱う内容を，「解説」を踏まえて四つ書け。

資料4

(☆☆☆◎◎◎)

【10】「学初指導要領」〔歴史的分野〕2内容C(2)「現代の日本と世界」に関する問題である。(1)，(2)の問いに答えよ。

(1) 資料は，1989年12月に行われた，アメリカの大統領とソ連の共産党書記長による会談後の記者会見の様子である。

資料

① 写真の右側に座っているソ連の共産党書記長の人物名を書け。また，会談が行われた地中海に位置する島の名称を書け。

② この会談で宣言されたことを簡潔に書け。

(2) 次は，「(イ)日本の経済の発展とグローバル化する世界」についての「解説」の一部である。[A]，[B]に当てはまる語句と，[C]に入る適切な内容を，それぞれ書け。

> この事項の学習に際しては，その内容と現在の私たちの生活との深いつながりや，現代の日本と世界の動きに関心をもつことができるように工夫し，国際協調の[A]の推進，開発途上国への[B]なども踏まえ，国際社会において我が国の役割が大きくなってきたことを理解できるようにして，[C]ができるようにすることが大切である。

(☆☆☆☆◎◎)

【11】次は「学習指導要領」〔公民的分野〕2内容D「私たちと国際社会の諸課題」の一部である。(a)～(e)に当てはまる語句を，それぞれ書け。

(1)　世界平和と人類の福祉の増大

対立と合意，効率と公正，(　a　)，持続可能性などに着目して，課題を(　b　)したり解決したりする活動を通して，次の事項を身に付けることができるよう指導する。

ア　次のような知識を身に付けること。

(イ)　地球環境，資源・エネルギー，(　c　)などの課題の解決のために(　d　)的，(　e　)的な協力などが大切であることを理解すること。

(☆☆☆☆◎◎)

【12】次の資料は，「市場の働きと経済」の授業の板書の一部である。(1)～(6)の問いに答えよ。

学習問題　銀行や日本銀行はどのような働きをしているのだろうか。

探究活動1　金融機関の種類と働き

表1　さまざまな金融機関

中央銀行		日本銀行
民間銀行	預金取扱金融機関	普通銀行（都市銀行，[A]など） [B] 信用金庫，労働金庫，信用組合，農業協同組合，漁業協同組合など
民間銀行	その他の金融機関	生命保険会社，損害保険会社 [C] 証券会社など
公的金融機関		[D]，住宅金融支援機構，国際協力銀行など

図1　銀行の働き

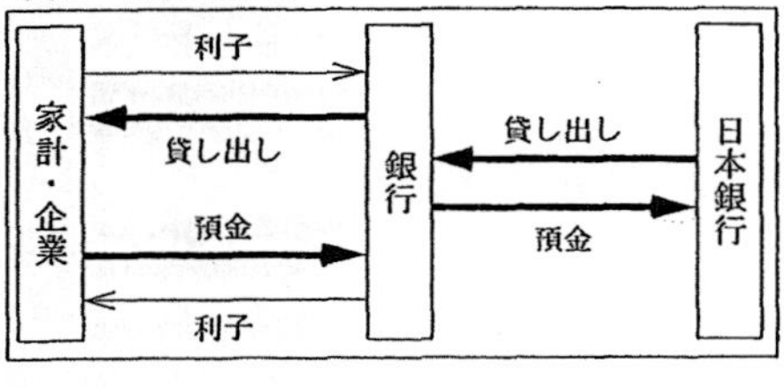

探究活動2 日本銀行の役割

図2 日本銀行の金融政策

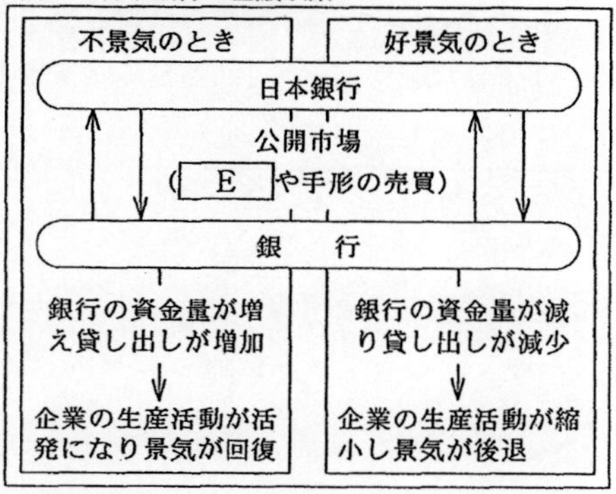

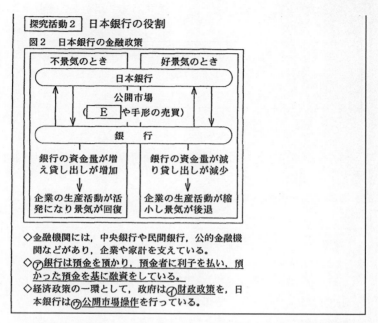

◇金融機関には，中央銀行や民間銀行，公的金融機関などがあり，企業や家計を支えている。

◇㋐銀行は預金を預かり，預金者に利子を払い，預かった預金を基に融資をしている。

◇経済政策の一環として，政府は㋑財政政策を，日本銀行は㋒公開市場操作を行っている。

(1) 表1の A から D に当てはまるものを，一つずつ選んでそれぞれ記号を書け。

ア 消費者金融機関　イ 日本政策投資銀行　ウ 地方銀行　エ 信託銀行

(2) 下線部㋐について，銀行はどのようにして利潤を生み出しているか，図1を基に書け。

(3) 不景気のときの下線部㋑の例を二つ書け。

(4) 下線部㋒の方法と目的を，図2の E に当てはまる語句を用いて，具体的に書け。

(5) 「個人や企業の経済活動における役割と責任」について，「解説」の(内容の取扱い)で示されていることを書け。

(6) この単元の終末では，既習事項を生かしてまとめさせることが考えられる。次の「学校教育の指針　令和3年度の重点」(秋田県教育委員会)に示す社会科の重点②では，その際に配慮すべきことについて触れている。(a), (b)に当てはまる語句を，それぞれ書け。

◇既習事項を基に，(a)と社会との関わりを意識し，社会の在り方について(b)，構想(選択・判断)する活動を取り入れる。

(☆☆☆◎◎)

【13】次は，「学習指導要領」〔公民的分野〕2内容D(2)「よりよい社会を目指して」に関する学習において，ある生徒が作成したレポートの一部である。(1)～(6)の問いに答えよ。

レポート

1　探究のテーマ　「日本の国政選挙について」

2　テーマ設定の理由

我が国の国政選挙は，㋐衆議院と参議院でそれぞれ異なる方法で行われているが，そのどちらの選挙に対する関心も徐々に低くなってきていることを，授業で学習した。それに加え，投票率の世代間の差が新たな課題を引き起こしていることも話題になっている。その一方で，参議院選挙は，各都道府県を1区とすることが基本であるが，[A]の改正により，選挙制度の改革も行われている。こうした国政選挙の課題について私たち自身が問題をしっかりと把握し，将来の投票行動に生かしたいと思い，このテーマを設定した。

3　探究の方法

教科書，総務省のウェブサイト，統計資料等を調べ，分かったことや考えたことをまとめる。

4　探究の内容

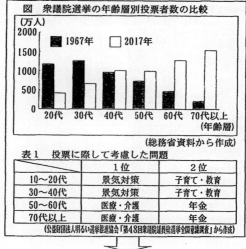

図　衆議院選挙の年齢層別投票者数の比較

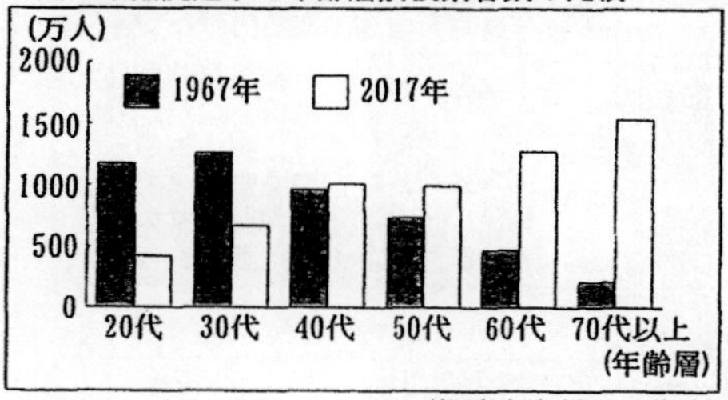

(総務省資料から作成)

表1　投票に際して考慮した問題

	1位	2位
10～20代	景気対策	子育て・教育
30～40代	景気対策	子育て・教育
50～60代	医療・介護	年金
70代以上	医療・介護	年金

(公益財団法人明るい選挙推進協会「第48回衆議院議員総選挙全国意識調査」から作成)

分かったこと

◇衆議院選挙の年齢層別投票者数を，1967年と2017年の50年での変化を比べると，若い世代の[　B　]ことが分かる。また，[　C　]。

資料　新聞の見出し（2013年11月28日付け）

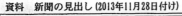

7月参院選 無効

一票の格差「違憲」広島高裁岡山支部判決

一票の格差が最大4.77倍となり，裁判長は，岡山選挙区の選挙を違憲・無効とする判決を言い渡した。（要約）

表2　議員一人当たりの各選挙区の有権者数（人）

	2013年参院選	2016年参院選	
北海道	1 149 739		768 896
埼玉県	980 428		1 011 503
福井県	324 371		328 722
鳥取県	241 096	合同選挙区	535 029
島根県	293 905		

（総務省資料から作成）

分かったこと

◇一票の格差は，憲法第14条に定めた「[　D　]」に違反していると判決が下った例もある。合同選挙区を設けたり，[　E　]たりして改善している。

5　探究のまとめ

政治に国民の意見を正しく反映するため，選挙を通して様々な立場の人たちの意見を政治に届けていくことが重要になってくる。一票の格差は改善されてきているが，今後，少子高齢化や過疎化がさらに進んでいくことも考えられるので，㋐<u>持続可能な社会</u>を形成するという視点で，選挙のあり方に注目していきたい。

(1) 「2　テーマ設定の理由」の下線部㋐の選挙制度について，「2021年3月現在の選出方法ごとの議席数」に触れて書け。

(2) [　A　]に当てはまる法律の名称を書け。

(3) [　B　]に入る適切な内容を，図から読み取って書け。また，[　C　]に入る適切な内容を，表1から読み取り，世代ごとの違いに着目して，次の語句を用いて書け。　〔　政治　〕

(4) [　D　]に当てはまる語句を書け。

(5) [　E　]に入る適切な内容を，表2の北海道選挙区の変化を基に考察して書け。

(6) 「5　探究のまとめ」の下線部㋑の形成について指導する上で大切なことを，「解説」を踏まえ，具体例を二つ挙げて書け。

(☆☆☆◎◎◎)

地　理・歴　史

【1】世界史の授業において，学習集団をいくつかのグループに分け，「拡大」という大テーマの下で，グループごとにテーマを設定させ取り組ませた。各グループが発表のために準備した資料に対しアドバイスをする先生と生徒の会話を読み，以下の問いに答えよ。

先 生：皆さんには，国内でも国家間でも様々な制限が課せられている今のこの時代だからこそ，世界史の中での「拡大」，すなわち「狭い枠を超え広がっていくもの」という大テーマに基づいてグループごとにテーマを考えてもらいました。今日は，準備した資料を見せてもらいます。

グループⅠ

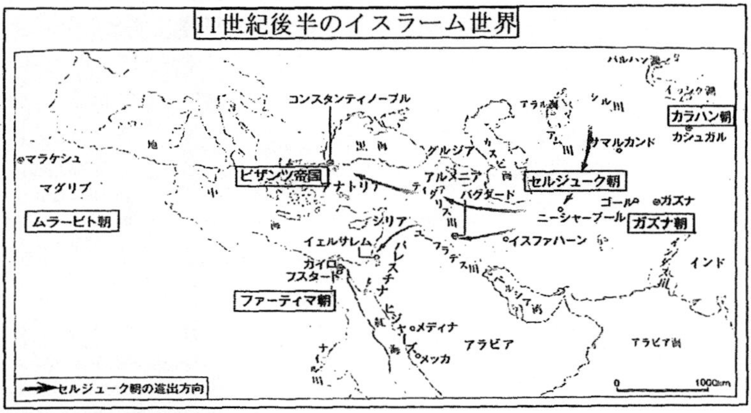

生徒a：私たちのグループは，11世紀後半のイスラーム世界の地図を準備しました。これを使って，アラビア半島で成立したイスラーム教が各地に広がっていったことを説明したいと思います。

先 生：この地図を使うのであれば，地図の西側と東側に注目して，①イスラーム世界と異民族・異文化との接触について説明してみるのもいいと思うよ。

生徒a：地図の西側と東側，というと，ヨーロッパやインドですね。

先 生：②異なる宗教間の融和や対立に触れるのも面白いね。

生徒a：はい，調べてみます。

(1)　下線部①に関連して，イベリア半島におけるイスラーム教とキリスト教の関係について，この地図に見られる王朝を一つ挙げ，さらに次の語句を用いて140字以内で説明せよ。

[　国土回復運動　　8世紀　　15世紀　　]

(2)　下線部②に関連して，地図上の「パレスチナ」に注目して生徒が調べて書いた次の文ア～エのうち，記述内容に誤りがあるものを一つ選んで記号を書け。

ア　ヘブライ王国はソロモン王の死後にイスラエル王国とユダ王国

に分裂し，それらもやがて滅ぼされて，ヘブライ人は国を失った。

イ　7世紀にアラブ人によって征服されたが，キリスト教徒やユダヤ教徒は税を支払うことによって信仰の自由を保障されていた。

ウ　第一回十字軍でキリスト教徒が建てたイェルサレム王国は，イスラーム勢力に滅ぼされた。

エ　第一次世界大戦中，イギリスはバルフォア宣言によってユダヤ人の国家建設を認めたが，サイクス＝ピコ協定によってアラブ人の独立も認めていたため，アラブとユダヤの対立が激化した。

グループⅡ

玄奘三蔵

『大唐西域記』の一部

フェルガナ国は周囲四千余里あり，山が四辺をめぐっている。土地は肥沃に，農業は盛んである。花や果が多く，③羊や馬に適している。気候は風寒く，人の性質は剛勇である。言語は諸国と異なり，顔かたちは醜くおとっている。ここ数十年来，大君主はなく力のある豪族が競いあっていて，互いに服従しようとしない。川に依り険に拠り，土地を画し首都を別にしている。

[玄奘『大唐西域記1』(平凡社，1999年)]

生徒b：私たちは，唐僧玄奘がインドに到達し，仏典を持ち帰ったことを中心に発表したいと思います。

先 生：中国からインドへの彼の大旅行は，国の枠を超えた広がりだったと言えるわけだね。

生徒b：西域を旅した彼の旅行記も資料としてつけてみました。陸路で歩いてインドに向かった旅の大変さが伝わってきました。

先 生：資料をよく見つけてきたね。④インドに赴いた中国僧は他にもいるから，彼らの旅行を比較してみるのもいいかもしれないね。

生徒b：はい，まとめてみます。

(3)　下線部③に関連して，フェルガナは古くから良馬の産地として知られていたが，前漢の武帝が良馬獲得の目的で送った遠征軍を指揮した将軍の名を，次のア～エから一つ選んで記号を書け。

ア　李淵　　イ　李広利　　ウ　李陵　　エ　李元昊

(4)　下線部④に関連して，玄奘の他に仏典を求めて旅した中国僧が渡印した時期のインドの王朝と著作名の組合せが正しいものを，次のア～エから一つ選んで記号を書け。

ア　法顕－グプタ朝－『仏国記』
イ　義浄－ヴァルダナ朝－『仏国記』
ウ　法顕－ヴァルダナ朝－『南海寄帰内法伝』
エ　義浄－グプタ朝－『南海寄帰内法伝』

グループⅢ

火薬（てつはう）

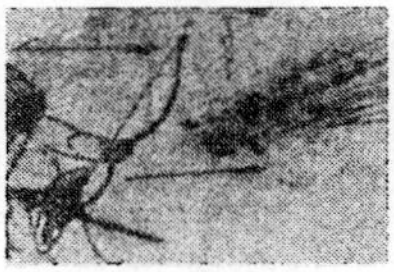

羅針盤（磁針）

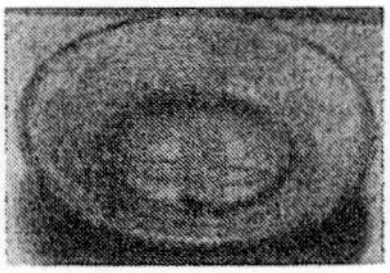

活字印刷

生徒c：私たちは，宋代に普及・実用化した技術に関する写真を準備しました。これらの技術は，イスラーム世界を経てヨーロッパに伝わり，ヨーロッパ世界に大きな変化をもたらしました。

先 生：いわゆる⑤「ルネサンスの三大改良」につながる，スケールの大きい文化の広がりだね。印刷術については，中国の技術がヨーロッパに伝わったかどうかはよく分からないんだ。

生徒c：そうなんですか。

先 生 ：中国の隣の朝鮮では，（　A　）。

生徒c ：技術の歴史も，奥が深いですね。

(5)　下線部⑤に関連して，「三大改良」が西ヨーロッパ世界にもたらした変化について，100字以内で説明せよ。

(6)　文中(　A　)に当てはまる説明文(朝鮮の印刷術に関する内容)を記せ。

グループⅣ

ポルトガルのインド航路開拓	
1488年	バルトロメウ＝ディアスが喜望峰に到達
1498年	ヴァスコ＝ダ＝ガマがカリカットに到達
1510年	インドのゴアを占領
1511年	マレー半島のマラッカを占領
1543年	日本の種子島に漂着
1557年	中国のマカオに居住権獲得

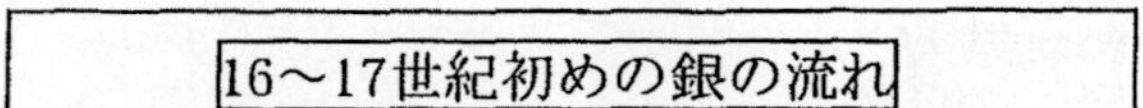

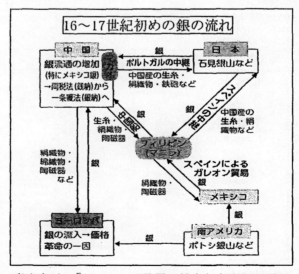

生徒d ：私たちは，「ヨーロッパ世界の拡大」を取り上げ，⑥ポルトガ

ルがインド航路を開拓してアジアに拠点を築く頃までの年表を作りました。

先 生：さらに見方を広げて，少し違う視点からも考えてみてはどうだろう。

生徒d：違う視点，というのはどういうものですか？

先 生：この時代は，アジアにおいては「大交易時代」とも呼ばれる日本も含めた国際商業の繁栄期で，ヨーロッパはアジアの豊かな富を求めて貿易に加わったんだ。⑦この図(「16～17世紀初めの銀の流れ」)を参考にして，アジアの視点も加えてまとめてみてはどうかな。

生徒d：はい，頑張ってみます。

(7)　下線部⑥に関連して，ポルトガルがアフリカ大陸を回ってアジアを目指した理由の一つとして，当時，あるイスラーム国家が地中海に進出していたことが挙げられるが，その国家名を記せ。

(8)　下線部⑦に関連して，ポルトガルやスペインの商人がアジアの交易世界に参入したことによる影響について，「銀の流れ」と関連付けて生徒に説明する際の要点を，箇条書きで記せ。

グループV

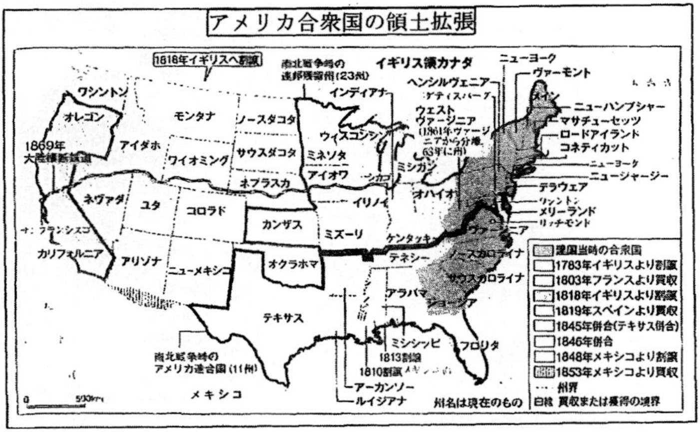

生徒e：私たちは，アメリカ合衆国が19世紀に領土を拡大していった

状況を示す地図を使おうと思っています。

先 生：合衆国が，独立当初の国境を超えて広がっていくことに着目したんだね。

生徒e：はい。でもグループ内で，これだけでは不十分ではないかという意見が出ています。

先 生：そうだね，この地図には南北戦争時の対立状況も示されているから，領土の拡大と⑧奴隷制度の関わりを説明しながら合衆国の多様性に触れてみてはどうだろう。

生徒e：はい，考えてみます。

先 生：例えばこういう資料も使えば，現代との関連も出てくるね。

資料：1963年の(　B　)の演説

私には夢がある，⑨ジョージアの赤土の丘の上で，かつての奴隷の子孫たちとかつての奴隷主の子孫たちが，友愛に固く結ばれてひとつのテーブルを囲む，そんな日が来るという夢が。…私には夢がある，私の幼い4人の子供たちは，肌の色ではなく，人格で判断される，そんな国に住むことができる，そんな日が来るという夢が。

[歴史学研究会・編『世界史史料11』(岩波書店，2012)]

(9)　空欄(　B　)に当てはまる，20世紀後半に公民権運動を指導した人物名を記せ。

(10)　下線部⑧に関連して，前4世紀の古代ギリシアにおいて，次のように述べている哲学者名を記せ。

人間でありながら，その自然によって自分自身に属するのではなく，他人に属するところの者，これが自然によって奴隷なのである。そして他人に属する者というのは，人間でありながら所有物であるところの人間のことであり，所有物というのは生産のための道具ではなくて行為，あるいは生活のための，しかもその所有者から独立な生ける道具のことである。

(11)　下線部⑨について，地図と関連付けながら，南北戦争開始までの19世紀のジョージアの動向を，100字以内で説明せよ。

グループⅥ

列強の東南アジア進出（～19世紀末）

イギリス	ビルマ（インド帝国の一部）、マレーシア・シンガポール（マレー連合州）
フランス	ベトナム・カンボジア・ラオス（フランス領インドシナ連邦）
オランダ	インドネシア（⑩オランダ領東インド）
スペイン	フィリピン　※後にアメリカ合衆国の植民地となる
（独立維持）	タイ

生徒f：私たちは，19世紀末から20世紀にかけての世界分割の動きを植民地支配の「拡大」として，日本にも関わりの深い東南アジアへの列強進出を表にしてみました。

先 生：そうだね，この地域は⑪20世紀半ばに，その多くが日本の植民地となったからね。

生徒f：はい，これからその地図も資料として準備する予定です。

先 生：支配に対する各地の抵抗運動などについて，類似点や相違点を比較する視点があってもいいね。

生徒f：わかりました。分担を決めて取り組んでみます。

(12)　下線部⑩に関連して，オランダが植民地支配に起因する財政難の立て直しのために，ジャワ島を中心に導入した経済政策を記せ。

(13)　下線部⑪に関連して，日本がフランス領インドシナ連邦に進駐したことに対応してアメリカ合衆国がとった措置を記せ。

（☆☆☆◎◎◎◎）

【2】次の各資料を見て，以下の問いに答えよ。

資料Ⅰ

> (A)天皇十二年に曁び，上宮太子親ら憲法十七箇条を作り，国家の制法茲より始まる。降りて(B)天皇元年に至り，令廿二巻を制す。世人の所謂る近江朝廷の令なり。爰に(C)天皇の大宝元年に逮りて，贈太政大臣正一位藤原朝臣不比等，勅を奉りて律六巻，令十一巻を撰す。養老二年，復た同大臣不比等，勅を奉りて更に律令を撰し，各十巻と為す。今世に行ふ律令は是なり。
>
> (『類聚三代格』弘仁格式序，原漢文)

(1) (A)〜(C)に当てはまる天皇名を，次のア〜カからそれぞれ一つずつ選んで記号を書け。

ア 桓武　イ 聖武　ウ 推古　エ 天智　オ 天武
カ 文武

(2) 律令制度による政治の仕組みについて，生徒から「“蔭位の制”では，どのように貴族が優遇されたのですか」と質問を受けた。貴族の優遇に関わる内容を，50字以内で述べよ。

資料Ⅱ

> 二十五日。晴れ。昨日の儀あらあら聞く。一献両三献，猿楽初めの時分，内方とどめく。何事ぞと御尋ねあり。雷鳴かなど三条申さるるのところ，御後の障子引きあけて，武士数輩出てすなわち①<u>公方</u>を討ち申す。(中略)管領・細河讃州・一色五郎・赤松伊豆等は逃走す。その外の人々は右往左往して逃散す。御前において腹切る人なし。赤松は落ち行く。追い懸け討つ人なし。未練謂う量りなし。
>
> (『看聞日記』嘉吉元年六月，読み下し文)

資料Ⅲ

十四日。戊申。天晴。
　定む　徳政の事
　右，一国平均の沙汰たるべきの旨，触れ仰せられ訖(おわ)んぬ。早く存知せしむべきの由，仰せ下さるるところなり。よって下知くだんの如し。
　　嘉吉元年九月十二日
　　　　　　　　　　　　　中務少輔源朝臣
（『建内記』嘉吉元年九月，読み下し文）

(3)　下線部①の将軍名を記せ。

(4)　資料Ⅱの出来事と関連付けて，資料Ⅲの歴史的意義を100字以内で述べよ。

資料Ⅳ

　惣じて北濱(きたはま)の米市は，日本第一の津なればこそ，一刻の間に，五万貫目のたてり商(あきなひ)も有事なり。その米は，蔵々にやまをかさね，夕(ゆふべ)の嵐朝(あした)の雨，日和(ひより)を見合，雲の立所をかんがへ，夜のうちの思ひ入にて，賣(うる)人有，買(かふ)人有。(中略)難波橋より西，見渡しの百景，數千(すせん)軒の問丸，甍(いらか)をならべ，白土，雪の曙をうばふ。杉ばへの俵物，山もさながら動きて，人馬に付(つけ)おくれば，大道轟き地雷(ぢらい)のごとし。(中略)商人あまた有が中の嶋に，岡・肥前屋・木屋・深江屋・肥後屋・塩屋・大塚屋・桑名屋・鴻池屋・紙屋・備前屋・宇和嶋屋・塚口屋・淀屋など，此所久しき分限(ぶげん)にして，商賣(しやうばい)やめて多く人を過(すご)しぬ。

【注】　たてり商……売り手と買い手が立ち会って取引きする帳合い商い。
やま……米俵を三角形の杉なりに積み重ねたもの。
白土……土蔵の白壁。
杉ばへの俵物……杉の木の形に積み上げた俵。

岡・肥前屋～淀屋など……いずれも中之島や北浜付
近の蔵元・掛屋などの大
商人。

(『日本永代蔵』)

(5) 資料Ⅳの著者名を記せ。

(6) 資料Ⅳの内容と関連付けて，近世における大坂の経済的特色を授業で説明したい。次の語句を用いて，板書を作成せよ。

[天下の台所　蔵物　卸売市場]

資料Ⅴ

十月十八日　夜十時(東京)
――暗殺事件が起こったのである，それが大隈外務大臣に！(中略)凶行の原因――条約改正。大隈は，この国多年の宿願であった条約改正をなしとげようと思った。事実かれは，その目的達成の寸前にまでこぎつけ，ドイツ，アメリカ，ロシアとの新条約は，もはや締結されたも同然で，ただ批准を待つのみという状態にあった。②この時，急に多数の日本人が不安をいだき始めたのである。内閣まで，このことで意見の相違による反目を生じた。

(『ベルツの日記』明治二十二年)

(7) 下線部②の背景となる，大隈外相による条約改正交渉の特色を述べよ。

(8) 資料Ⅴの出来事で一命をとりとめた大隈による，第一次内閣の特色を，次の語句を用いて，100字以内で述べよ。

[憲政党　文部大臣]

(9) 資料Ⅴの著者の適切な説明を，次のア～エから一つ選んで記号を書け。

ア　東京医学校や東京大学で医学の教育に従事したドイツの医学者
イ　東京美術学校の設立に尽力したアメリカの哲学者・美術研究家
ウ　札幌農学校の創設に尽力したアメリカの科学者・教育家

エ　ニコライ堂や鹿鳴館の設計を担当したイギリスの建築家

資料Ⅵ

> 戦後日本経済の回復の速かさには誠に万人の意表外にでるものがあった。それは日本国民の勤勉な努力によつて培われ，世界情勢の好都合な発展によつて育くまれた。
>
> (中略)いまや経済の回復による浮揚力はほぼ使い尽された。なるほど，貧乏な日本のこと故，世界の他の国々にくらべれば，消費や投資の潜在需要はまだ高いかもしれないが，戦後の一時期にくらべれば，その欲望の熾烈さは明かに減少した。もはや(　D　)。われわれはいまや異つた事態に当面しようとしている。③回復を通じての成長は終つた。
>
> (1956年度『経済白書』)

(10)　(　D　)に当てはまる内容を記せ。

(11)　下線部③と関連付けて，当時の我が国の経済状況を，1950年からの景気と，1955年からの景気の二つの景気に触れながら100字以内で述べよ。

(☆☆☆☆◎◎◎)

【3】世界の国境について生徒に理解させたい。次の地図を見て，以下の問いに答えよ。

地図

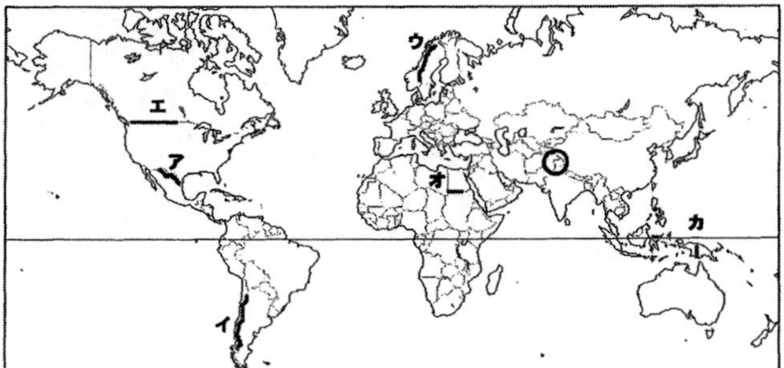

(1)　地図中に示されているア～ウの自然的国境のうち，どれか一つ選んで，次の例のとおり記せ。

(例：ヒマラヤ山脈→中国・ネパール)

(2)　地図中に示されているエ～カの人為的国境のうち，どれか一つ選んで，次の例のとおり記せ。

(例：東経20度→ナミビア・南アフリカ)

(3)　地図中◯の地方は，未だに国境が定まっていない。この地方名を記せ。

(4)　上問(3)の地方について説明した，次の文章の空欄(　A　)，(　B　)に適する語句を記せ。

インド，パキスタンが，1947年にイギリスから独立する際に，インドは，この地方の藩王がインドに帰属すると決めたと主張している。それに対してパキスタンは，この地方の藩王は(　A　)教徒だが，住民の多数は(　B　)でありパキスタン帰属を望んでいるとして占拠してしまい，未だ解決していない。

(☆☆☆◎◎◎)

【4】オーストラリアについて，以下の問いに答えよ。

(1)　オーストラリアは，鉱産資源の世界的な生産国であり，図1のように多くの種類の鉱産資源が生産されている。

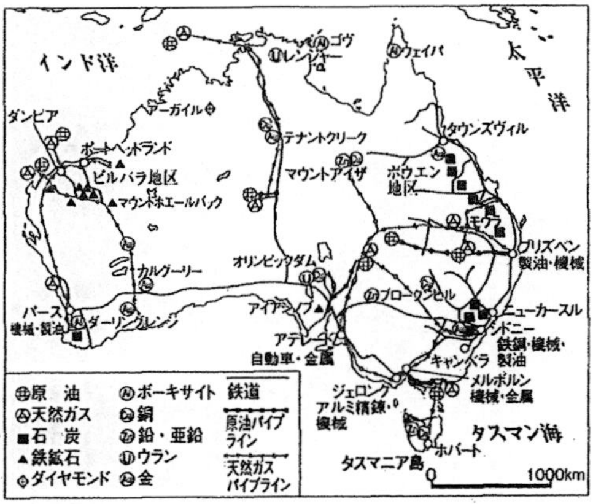

図１　オーストラリアの鉱工業

① 鉄鉱石，石炭が多く産出されているそれぞれの地域について，大地形としての名称を記せ。

② 上問①の地域で，発生する頻度が低い自然災害を一つ記せ。

(2) 20世紀初頭から現在に至るまでのオーストラリアの社会の変化について，図2，図3と関連付けて200字以内で説明せよ。

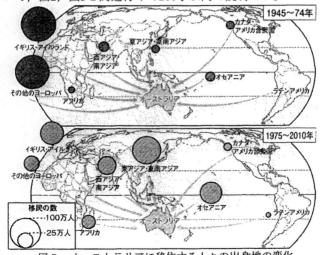

図２　オーストラリアに移住する人々の出身地の変化

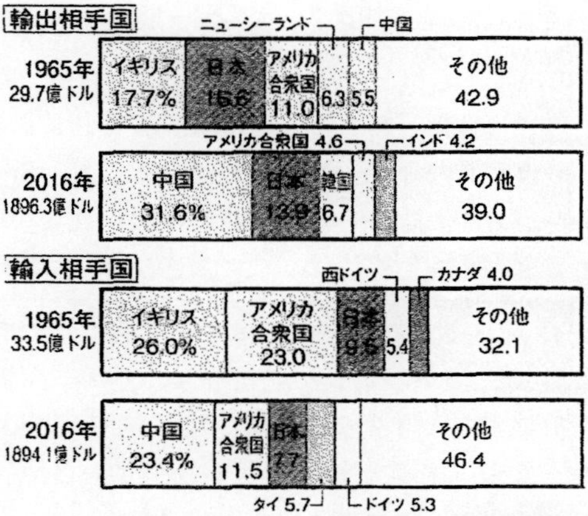

図３　オーストラリアの貿易相手国の変化

(☆☆☆◎◎◎)

【５】次の地図を見て，以下の問いに答えよ。

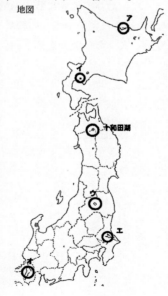

地図

(1)　地図中の十和田湖について，その成因を50字以内で説明せよ。

(2)　十和田湖と同じ成因で形成された地域を，地図中のア～オから一つ選んで，その記号と名称を記せ。

(3)　十和田湖の周辺地域は，現在も24時間の監視体制にある活火山である。日本は，火山活動はもちろん，地震や水害など常に数々の自然災害の危険性があり，防災のための備えは欠かせない。防災学習の進め方に関する，次の文章について，以下の問いに答えよ。

> 自然災害の多い日本では，身近な地域で起こりやすい自然災害の危険性を日頃からしっかり理解し，万が一災害が発生したとしても被害をより少なくする(　A　)の備えをしておかなければならない。身近な地域で起こりやすい自然災害の危険性を理解するために，次の活動が大切である。
>
> 1　自分の住んでいる地域の自治体が公開している(　B　)を見て，どのような自然災害の危険性がある地域なのか理解し，対策を考えておくこと。
>
> 2　郷土史を読んでみたり，地域に残る石碑に刻まれた内容を調べ，過去に起きた災害や先人の教訓を知ること。
>
> 3　災害を経験した人から体験談を聞き，防災の知識を蓄えておくこと。
>
> 以上のような活動により，自然災害の危険性を理解し，災害時に<u>公助・自助・共助</u>の取り組みが連携できるよう日頃から準備しておくことが大切である。

①　空欄(　A　)，(　B　)に適する語句を記せ。

②　下線部の公助・自助・共助について，それぞれ具体的な活動例をあげて説明せよ。

(☆☆☆◎◎◎)

【6】次の(1)～(3)について，一題を選んで答えよ。

(1) 中国の春秋・戦国時代の社会の変化とその影響について，授業で把握させたい。資料の内容に触れつつ，説明の要旨を250字以内で述べよ。その際，次の語句を必ず用い，説明の際は下線を引くこと。

[農具　新思想]

資料

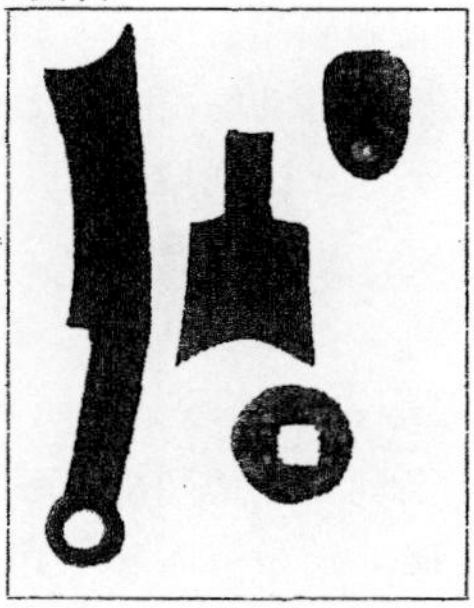

(2) 平安時代に日本に伝来し広まった密教や浄土教の信仰は，人々にどのように受け入れられていったのか，授業で把握させたい。10世紀以降平安時代末に至るまでの密教と浄土教について，その違いを明らかにしながら，250字以内で述べよ。その際，次の語句を必ず用い，説明の際は下線を引くこと。

[阿弥陀堂　加持祈禱　末法思想]

(3) 国内外で起きている「食の安全」をめぐる問題とその対策について，授業で把握させたい。その説明の要旨を250字以内で述べよ。その際，次の語句を必ず用い，説明の際は下線を引くこと。

[トレーサビリティー　BSE]

(☆☆☆◎◎◎)

解答・解説

中学社会

【1】a　野外調査　　b　まとめ方　　c　主題図

〈解説〉a「地域調査の手法」の中項目は，学校周辺の地域の地理的な事象を学習対象としているので，文献調査にとどまらず，実際に校外に出かけて観察や野外調査をして，地域調査に関する地理的技能を身につけることが大切である。　b「地理的なまとめ方」とは，地域調査の結果を地図や図表，写真などを取り入れるなどして表現することを意味している。　c　主題図は特殊図ともいい，特定の目的のために，特定の事象を取り上げて表現した地図である。土地利用図，各種統計地図，都市計画図，地質図，植生分布図，観光地図，道路地図等々がある。

【2】(1)　東南東　　(2)　記号…エ　　大陸…オーストラリア大陸

(3)　(解答例)　正距方位図法の短所は，中心から離れるほど形がゆがむこと，中心以外の2点間の距離は正しくないことである。

(4)　(解答例)　大陸や各国の位置や面積，形について誤った印象を持たないように，常に地球儀と何種類かの図法による地図を参照させるとともに，違いに気づかせることが大切である。

(5)　(解答例)　赤道や本初子午線など目安となる緯線，経線を基準として，大陸の形状や大陸と海洋の位置関係が大まかに示されている程度の世界の略地図を描けるようにすることが求められている。

〈解説〉(1)　図は，都市Xを中心とした正距方位図法である。この図法の特徴は，中心からの距離が正しいこと，地球上の全範囲を描いた場合，対蹠点が円周になること，そして中心点からの方位が正しいことである。　(2)　上問で述べたように，中心からの距離が正しいことから，等距離を結ぶ線は同心円となり，この図では内側から順に5,000km,

10,000km，15,000kmそして外周が20,000kmを表している。円の半径は20,000kmである。Xに近い順にウ→ア→イ→エとなる。また，Xが北アメリカ大陸にあることから考えて，エはオーストラリア大陸上にある。　(3)　日常的にはメルカトル図法に代表される緯線と経線が直線で，直交している図法の地図で各国の形を認識していることが多いだろう。正距方位図法は，大変便利な点の多い図法であるにもかかわらず，形がゆがむような感じがするために違和感を持ちがちである。球面の地球上の陸地をどのように2次元で表現するか，学ぶことが大切である。　(4)「解説」(〔地理的分野〕2内容A「世界と日本の地域構成」)において，大陸と海洋の分布や主な国の位置を理解することが挙げられているが，図法によって大陸や国の形が違って表現されること，距離や方位に対する印象が全く異なることに素直に驚くことは中学生にとって大切なことである。何種類かの図法の地図を用意し，比較させることが肝要である。　(5)　複雑な海岸線や国境線を描く必要はなく，世界の地域構成をおよそ捉えた程度のものが考えられる。

【3】(1)　記号…エ　　理由…(解答例)　cはメキシコと国境を接しているため，ラテンアメリカに多いヒスパニックと呼ばれるスペイン系の比率が高いから。　(2)　シリコンバレー　(3)　a　ネイティブアメリカン　b　(解答例)　労働力不足を補う　c　(解答例)　多様な民族の文化を尊重し平等に暮らす社会を築いていく　(4)　(解答例)
・世界の各州に暮らす人々の生活を基に，各州の地域的特色を大観し理解すること。　・世界各地で顕在化している地球的課題は，それが見られる地域の地域的特色の影響を受けて，現れ方が異なることを理解すること。

〈解説〉(1)　a　ニューヨーク州には雇用を求めて全国から人々が集まり，農業の機械化が進み仕事をなくした黒人が多いことからア。　b　ジョージア州は綿花栽培地域であるコットンベルトで，黒人の比率が最も高いウ。　c　ニューメキシコ州は東隣のテキサス州，dのカリフォルニア州とともに，ヒスパニックの割合が高い。　d　カリフォルニア州は大都市があり大学や産業が発展していて，地理的にも近いアジア系移民が多くイが該当する。　(2)　アメリカではかつて北東部を中心に工業が発展したが，その後北緯37度以南のサンベルトに先端技術工業が集積する地区ができた。その端緒となったのがシリコンバレー。ほかにシリコンデザート，シリコンプレーンなどと呼び名がついている。　(3)　南北アメリカ大陸のことを「新大陸」というが，これは先住民の歴史と文化を無視して，ヨーロッパから渡ってきた人々による侵略の始まりであった。さらに，労働力を補うために，アフリカの人々を労働させるための「商品」として連行してきた。繁栄するアメリカの持つ負の歴史にも，きちんと目を向けさせたい。　(4)　州とは以下の地域である。①アジア②ヨーロッパ③アフリカ④北アメリカ⑤南アメリカ⑥オセアニア。これらの地域のつながりや多様性を理解することが期待されている。

【4】(1)　㋒　　(2)　(解答例)　石油や天然ガス，石炭の輸入に便利な臨海部かつ需要の多い大都市の近くに立地している。　　(3)　①　地熱　　②　(解答例)　日本は，自給率0.7%の石炭や0.1%の原油を始めとして，エネルギー資源や鉱山資源のほとんどに恵まれていないため，消費する資源の大部分を海外からの輸入に依存している。

③　a　有限な(限りある)　　b　二酸化炭素(CO_2)を排出する(温暖化を加速させる要因となる)

〈解説〉(1)　㋐　カナダは国土が広く，高緯度に広がり，水が豊富なことから水力発電が盛ん。　㋑　フランスは積極的に原子力発電を行っていて，世界的に見ても割合が高い。　㋒　ドイツは環境問題に対する意識が高く，新エネルギーの割合が高い。新エネルギーの中では，風力発電が多い。　(2)　火力発電には一次エネルギーが必要で，日本ではほとんど自給できないことから臨海部にしか設置できない。電力の性質上，需要のある大都市や工業地帯の近くで発電することが必要であることから，大都市近郊に立地するのが特徴である。

(3)　①　新エネルギーには，地熱発電のほか風力，太陽光，バイオ燃料など再生可能エネルギーが含まれる。X は沿岸から離れた場所に多く見られることから，地熱発電と考える。最も発電量の多いのは大分県九重町，続いて岩手県雫石町，秋田県鹿角市にある発電所。

② 鉱産資源に乏しい日本では，発電のための資源確保が必須の課題である。そのためには資源産出国と良好な関係を維持することが重要である。国際情勢によって輸入が途絶えたときのために，オイルショック以降備蓄も進められているが，長期間の需要に耐えられるものではない。 ③ 上問にあるように，緊急時に備える意味でも，日本では新エネルギーの開発が急務である。一時は原子力発電の占める割合が30％近くに達したこともあった。新エネルギーの問題点は発電規模が小さいこと，商用ベースに乗るかということである。しかし化石燃料の枯渇も視野に入れ，環境対策も鑑みて，長い目で取り組む必要がある。

【5】(1) (解答例) 東北地方と比べて耕地面積が小さく農業従事者が少ない (2) ① A 宮崎(県) B 鹿児島(県) ② b (解答例) 冬でも温暖 c 促成栽培 (3) (解答例) ・そこに暮らす人々の生活・文化を踏まえた視点に留意すること。 ・地域の伝統や歴史的な背景を踏まえた視点に留意すること。 ・地域の持続可能な社会づくりを踏まえた視点に留意すること。 から二つ

〈解説〉(1) 表1から，耕地面積は九州が東北の約7割，農業従事者は約8割と，いずれも規模が小さいが，農業産出額は九州地方の方が多く，1.3倍の規模である。 (2) 宮崎県では平野が広く，冬でも温暖な気候を生かして，ビニルハウスを利用したピーマンやきゅうりの促成栽培が盛んで，肉用牛のほか豚肉，鶏肉の生産も盛ん。鹿児島県はシラス台地でかんしょ，ばれいしょの栽培のほか，茶の生産が多い。また，宮崎県同様，肉用牛のほか豚肉，鶏肉，鶏卵の生産が盛んである。 (3) この3つの留意点は，「中学校学習指導要領 第2章 第2節 社会」の「第2 各分野の目標及び内容」における〔地理的分野〕の「3 内容の取扱い」の中で挙げられているものである。

【6】(1)　a　意味　　b　文化　　c　比較　　d　意見　　e　選択・判断　　(2)　(解答例)　歴史的分野における表現力を養うためには，学習内容や活動に応じた振り返りの場面を設定し，生徒の表現を促すようにすることが重要である。

〈解説〉(1)　a　本問の文章は，歴史的分野の「目標」の(2)であり，歴史的分野の学習を通じて育成される資質・能力のうち，「思考力・判断力・表現力等」に関わるねらいを示していることになる。　b　伝統と文化の特色などを，歴史的な見方や考え方を用いて，多面的・多角的に考察する力や，歴史に見られる課題を把握して，学習したことを基に複数の立場や意見を踏まえて選択・判断できる力が，歴史的分野において養われる思考力や判断力であるとしている。　c「前の時代と比較してどのように変わったか」などの視点は，社会的事象の歴史的な見方・考え方に沿った視点の例を示している。　d　歴史的分野の学習対象である社会的事象は，そのものが多様な側面をもつとともに，様々な角度から，いろいろな立場に立ち，意見を踏まえて追究することが可能である。　e　歴史に関わる社会的事象を様々な角度から，いろいろな立場に立って追求するには，歴史的分野の「目標」の(1)に示される「資料を適切に収集，選択，活用し，史料に基づいて考察，構想すること」も重要である。そのことが歴史における課題について「公正に選択・判断する力」を養う基本となる。　(2)「解説」は，歴史的分野における表現力を，「主旨が明確になるように内容構成を考え，歴史に関わる事象についての意味や意義について，自分の考えを論理的に説明する力，他者の主張を踏まえたり取り入れたりして，歴史に関わる事象についての自分の考えを再構成しながら議論する力」のこととしている。

【7】(1)　(解答例)　自らが生活する地域や受け継がれてきた伝統や文化への関心をもって，具体的な事柄との関わりの中で，地域の歴史について調べたり，収集した情報を年表などにまとめたりするなどの技能を身につけること。　　(2)　A　重要無形民俗文化財　　B　五穀豊

穣

〈解説〉(1)　青森中央郵便局の風景印には，青森県地図，ねぶた，青森県の特産品であるリンゴ，仙台中央郵便局の風景印には，七夕飾り，伊達政宗騎馬像，市木のケヤキ，秋田中央郵便局の風景印には，竿燈まつり，久保田城が描かれている。　(2)　A　祭礼・年中行事・舞台芸など無形の民俗文化財のうち，文化財保護法に基づいて国が指定するものを重要無形民俗文化財という。秋田県では2022年1月現在，「秋田の竿燈」のほか，「男鹿のナマハゲ」「六郷のカマクラ行事」など17件が指定されており，全国一である。　B　資料2のまとめで説明されているように，秋田竿燈まつりの起源は江戸時代の宝暦年間(1751~64年)に遡る。江戸時代はしばしば飢饉に見舞われ，飢饉にまで至らなくても凶作・不作の年も多かったため，秋田の人々は夏(旧暦の7月)に竿燈を稲穂，提灯を米俵に見立てて額・腰・肩などに乗せて練り歩き，五穀豊穣を祈ったのである。

【8】(1)　a　長岡京　　b　最澄　　c　菅原道真　　(2)　(解答例)「律令国家の形成」の事項のねらいは，東アジアの文物や制度を積極的に取り入れながら，国家の仕組みが整えられ，その後，天皇や貴族による政治が展開したことを理解できるようにすることである。(3)　唐招提寺　　(4)　(解答例)　大陸からもたらされた仏教が我が国の文化の様々な面に影響を及ぼした

〈解説〉(1)　a　781年に即位した桓武天皇は奈良の仏教勢力を遠ざけて律令政治を立て直すため，784年に都を平城京から長岡京に移した。しかし，翌785年に長岡京造営を主導していた中納言藤原種継が大伴継人らに暗殺され，首謀者とされた皇太子早良親王が廃太子されて淡路に配流される(親王は食を断ってその途中で死去)など混乱が続いたため，794年に平安京に遷都した。　b　平安時代初期の804年，最澄(伝教大師)と空海(弘法大師)は遣唐使船で唐に渡って仏教を学んだ。帰国後，最澄は比叡山(滋賀県・京都府)に延暦寺を建てて天台宗を広め，空海は高野山(和歌山県)に金剛峯寺を建てて真言宗を広めた。

c　894年，参議・左大弁の菅原道真は遣唐大使に任命されたが，反乱や異民族の侵入による唐の衰退(唐に留学中の僧中瓘からの手紙によって詳細を把握していた)や，航海中の難破や盗賊に襲撃される危険を理由に派遣の停止を提唱し，公卿会議の結果，これが認められた。
(2)　この事項の学習に際しては，「東アジアとの接触や交流と政治や文化の変化」などに着目して課題(問い)を設定し，考察した結果を表現する活動などを工夫して，この事項のねらいを実現することが大切である。　(3)　奈良時代中期の753年，鑑真は聖武天皇の要請に応え，盲目になりながらも6度目の挑戦で唐から来日し，正式な僧侶となるための戒律のあり方を伝えた。759年，鑑真は平城京に僧侶の養成機関として唐招提寺を創建した。資料2の金堂は近年の解体修理の結果，鑑真の没後の8世紀末の建立とみられるようになったが，その背後にある講堂は鑑真の生前に平城宮の朝集殿を移築したものである。
(4)「解説」は，「(エ)　古代の文化と東アジアとの関わり」の事項のねらいを，「国際的な要素をもった文化が栄え，それらを基礎としながら文化の国風化が進んだことを理解できるようにすること」としている。

【9】(1)　(解答例)　国王と対立する民衆が武器を持って立ち上がり，大きな混乱と犠牲が生まれた。それにより，近代民主政治への道が切り開かれた。　(2)　①　A　茶　B　アヘン　②　(解答例)　・関税自主権を喪失した。　・領事裁判権を認めた。　(3)　漢数字…四　条約名…日米和親条約　(4)　①　岩倉具視　②　イ　(5)　廃藩置県，学制・兵制・税制の改革，身分制度の廃止，領土の画定
〈解説〉(1)「解説」には，欧米における近代社会の成立について，フランス革命などを取り上げ，近代民主政治への動きが生まれたことに気付かせるとある。資料を見ると，民衆が国王の絶対王政に反対して立ち上がり，大きな混乱と犠牲が生まれていることがわかる。近代民主政治とは，国民が国家のあり方を決める政治である。その成立の始まりがこうした混乱と犠牲であったことに気付かせたい。　(2)　①「資

料2」はアヘン戦争の様子を描いた絵である。清のジャンク船とイギリスの蒸気船が戦っており，軍事力の差が圧倒的であったことがわかる。イギリスが手に入れたかったのは茶である。労働者の長時間労働を支えるエネルギー源となったのが「砂糖入り紅茶」であり，18世紀半ばから始まる産業革命期において，その需要が多いに高まった。B　イギリスでは茶の輸入によって銀の流出が続いたために，インド産のアヘンを清に売り込んで銀を回収しようとしたところから，アヘン戦争が始まった。イギリスはさらにインドに綿製品を売り込むことで銀を回収した。　②「最恵国待遇を認めた」という解答も正解である。この後フランスやアメリカとも同様の不平等条約を締結する。そのため，アヘン戦争は中国の半植民地化に向けての一つの布石となったということができる。　(3)　1853年のペリー来航時の江戸幕府の混乱や人々の動揺を皮肉った狂歌。「上喜撰」(喜撰は宇治茶の銘柄で，その上級品のこと)と「蒸気船」を掛け，表では「上喜撰をたった4杯飲んだだけで夜も眠れない」という意味だが，裏の意味では4隻の蒸気船(実際には蒸気船は2隻で，他の2隻は帆船)の来航による衝撃が幕府の将軍・老中から庶民に至るまで，夜も眠れなくなるほどの衝撃だったことを風刺している。翌1854年，7隻の軍艦(黒船)を率いて再来航したペリーと幕府との間で日米和親条約が結ばれ，日本は開国した。その内容は下田・箱館の2港を開き，アメリカ船に石炭や水・食料を供給すること，アメリカに対して片務的な最恵国待遇を認めるものだったが，貿易の要求は拒絶した。　(4)　①　1871～73年，公家出身で右大臣の岩倉具視を全権大使とする岩倉使節団が欧米に派遣された。当初の目的は幕末に幕府が欧米諸国と結んだ不平等条約を改正することだったが，最初のアメリカとの交渉で断念し，欧米諸国の政治・経済・産業などを視察して帰国した。　②　ドイツはゆるやかな連邦体制が続いていたが，1866年のプロイセン＝オーストリア戦争(普墺戦争)によって翌年にビスマルク率いるプロイセンを盟主とする北ドイツ連邦が結成され，1870年に起こったプロイセン＝フランス戦争(普仏戦争)の勝利がほぼ確定するなかで，翌1871年にヴィルヘルム1世が即位してドイツ帝国が成立した。　ア　ナポレオンが皇帝になったのは1804年。　ウ　ピューリタン革命が起こったのは1640年。　エ　権利章典が出されたのは1689年。　(5)　資料4は官営模範工場(富岡製糸場)である。「富国強兵・殖産興業政策」は中項目の「(1)近代の日本と世界」の中で身に付けるべき知識として挙げられている項目の中の「(イ)明治維新と近代国家の形成」で学習する内容である。

【10】(1)　①　人物名…ゴルバチョフ　　島名…マルタ島
②　(解答例)　世界的規模での米ソ両陣営の対立である冷戦が終結したこと。　　(2)　A　平和外交　　B　援助　　C　公民的分野の学習に向けた課題意識をもつこと

〈解説〉(1)　①　ゴルバチョフは，1985年に共産党の書記長に就任すると，ペレストロイカで資本主義の市場原理を導入した社会主義経済の立て直しを図り，1986年にはチェルノブイリ原発事故を機にグラスノスチと呼ばれる情報公開を促進した。一方，外交面では新思考外交を唱え，中距離核戦力全廃条約を締結した。1989年にベルリンの壁が崩壊すると，マルタ会談が開かれた。　②　マルタ会談で宣言されたのは，冷戦の終結である。この会談によって，1947年のトルーマン・ドクトリンによって開始された冷戦が終結した。　(2)　A　国際社会との関わりについては，沖縄返還や日中国交正常化などを扱う際に課題を設定し，国際平和の実現への努力などについて考察する活動などが考えられる。　B　日本が高度経済成長により世界有数の経済大国へ急速に発展したことを踏まえ，課題を設定し，国際社会における日本の役割について考察する活動などが考えられる。　C　大項目C「近現代の日本と世界」の中の中項目「(2)現代の日本と世界」は，歴史分野で学ぶ最後の中項目であり，その中でも最後の項目に当たる「(イ)日本の経済の発展とグローバル化する社会」は，これまでの歴史学習を踏まえ，これから始まる公民的分野の学習に向けた課題意識をもたせる役割をもつ項目である。

【11】a 協調　b 追究　c 貧困　d 経済　e 技術

〈解説〉a 「協調」とは「互いに協力し合うこと」であり，特に「利害や立場などの異なるものどうしが協力し合うこと」を意味する。「(1)世界平和と人類と福祉の増大」の中項目は，国際社会において国家が互いに尊重し協力し合うために大切なものは何か，といった問いを設け，指導していく項目なのである。 b 「追究」とは「どこまでも考え調べて明らかにしようとすること」であり，「追い求める」という意味合いの「追求」と漢字を間違えないように気を付けよう。「追究」は，「教科の目標」の柱書の冒頭で「課題を追究したり解決したりする活動を通して」として使われている語句である。 c 公民的分野の最後の，つまり，中学社会で最後に学ぶ大項目「D 私たちと国際社会の諸課題」の最初の中項目「(1)世界平和と人類の福祉の増大」には二つの指導すべき項目がある。一つ目は国際政治・国際協調に関わる項目で，二つ目がこの(イ)の地球環境，資源・エネルギー，貧困などの課題解決のために理解すべきこととなっている。 d 例えば，政府開発援助(ODA)をはじめとする日本の国際貢献を取り上げ，貧困の解決に向けての取り組みを行っていることなどを具体的に理解できるようにすることを意味している。 e 日本政府が主体となって行う技術協力としては国際協力機構(JICA)が中核的な役割を果たす海外協力隊の派遣や専門家の派遣，技術研修員の受入れなどがあり，その他NGOやNPOを通じて行われる活動もある。

【12】(1) A ウ　B エ　C ア　D イ　(2) (解答例) 家計や企業への貸し出しで支払われる利子と，家計や企業の預金に対して支払う利子との差額が銀行の利潤となる。　(3) (解答例) ・所得税，法人税，消費税などの減税を行い，個人の可処分所得の増加や企業収益の改善を通じて消費や投資の増加を促す。　・道路・橋・公園をつくる，イベントを行うなどの公共事業を行って公共投資を増やし，雇用の拡大や所得の増加をはかる。　(4) (解答例) 公開市場操作は日本銀行が行う金融政策の一つである。日銀が市中の金融機関

との間で国債などの売買を行うことによって通貨量を調節し，景気の安定化を図る。不況期には，日銀が市中銀行の国債などを買い，民間に資金を放出して金融を緩和する。好況期には，日銀が市中銀行に国債などを売って民間の資金を吸い上げ，金融を引き締める。

(5)　(解答例)　起業について触れるとともに，経済活動や起業などを支える金融などの働きについて取り扱うこと。　(6)　a　自分

b　考察

〈解説〉(1)　A　地方銀行は，各都道府県に本店を置き，特定の地域を中心に営業活動を行う普通銀行のことである。地域の有望な企業に融資してその成長を支えるなど地域経済に大きな役割を果たしている。B　信託銀行は，お金だけでなく，不動産，有価証券などの財産を預かって，これを管理・運用(貸し出しや投資)する信託業務を主として行う銀行のことである。　C　消費者金融機関は，消費者への小口の無担保融資(金銭の貸付)を専門に行うノンバンク(金融機関)のこと。1983年に，金融業者の登録や取り立ての規制，金融庁の監督など消費者金融業者の規制を定めた貸金業法(通称・サラ金規制法)が成立した。D　日本政策投資銀行は，政策性の高いプロジェクトに対して，出資や長期資金の融資などの支援を行う政府系金融機関である。　(2)　家計が銀行に預金し，銀行は集めた資金を様々な企業に貸し出す。企業は借入金の利子を銀行に支払い，銀行はその一部を預金利子として家計に支払う。その企業から支払われる利子と，家計に支払う預金利子の差が銀行の利潤となる。　(3)　減税は，不況期に総需要の増加をねらって実施される。所得税や消費税などを減税すれば，個人消費が刺激され，法人税を減税すれば賃金増加や投資が促され，景気回復の達成につながる。不況期には有効需要が減少しているので，大規模な公共事業を行うなどして公共投資を増やし，総需要の不足を補う。好況期には逆に公共事業などを削減して公共投資を減らし，総需要を抑制する。　(4)　不況期に日銀が市中銀行などから国債等を買うことを買いオペレーション，好況期に日銀が市中銀行などに国債等を売ることを売りオペレーションという。　(5)　少子高齢化，グローバル化，情

報化など社会の変化に伴って，今後新たな発想や構想に基づいて財やサービスを想造することの必要性が一層生じることが予想される中で，社会に必要な様々な形態の起業を行うことの必要性に触れること，経済活動や起業などを支える金融などの働きが重要であることについて取り扱うという意味である。 (6) a この単元においては，義務教育課程の最終学年で指導する経済に関する学習であることを意識し，「個人や企業の経済活動における役割と責任」や「経済活動や企業などを支える金融の仕組み」などを自分ごととして捉えられるよう指導することが大切である。 b 中央教育審議会は，今回の改訂に向けての審議において，「『問い(課題)』を設定し，『社会的な見方・考え方』を働かせることで，『考察』したり，『構想』したりする学習を一層充実させること」を求めている。「学習指導要領」の本文や「解説」の「第1章総説」にある改訂の基本方針や趣旨・要点などにたびたび登場するキーワードが頭に入っていると空欄補充に対応できる。

【13】(1) (解答例) 衆議院の選挙は小選挙区比例代表並立制で行われている。小選挙区では，全国を289選挙区に分け，1つの選挙区から1人，合計289議席を選出し，比例代表では全国11ブロックによる拘束名簿式比例代表制で，合計176議席を選出する。 (2) 公職選挙法
(3) (解答例) B 投票者数がこの50年で大きく低下している。
C 投票に際して考慮した問題として上位に入るものは，10～40代が景気対策や子育て・教育政策であるのに対し，50代以上は医療・介護や年金問題となっており，世代によって政治に期待する事柄が異なることが分かった。 (4) 法の下の平等 (5) 定数を見直し
(6) (解答例) ・世代間の公平を調和の下に進めていくことが必要であることを理解できるようにすること。 ・地域間の公平を調和の下に進めていくことが必要であることを理解できるようにすること。

〈解説〉(1) 拘束名簿式比例代表制とはあらかじめ政党側で候補者の当選順位を決めた名簿を作成・公表しておく方法で，政党の獲得議席数に応じて名簿登録順位順に上から当選者が決まる。この場合，投票に

際し，有権者は政党名のみを記入する。一方，非拘束名簿式比例代表制とはあらかじめ当選順位を定めておかない方法で，有権者は，政党名・候補者名のどちらかを記入する。当選人は，各政党の比例代表選挙で候補者個人として得票数が多かった順に当選が決まる。参議院選挙の比例代表選挙では非拘束名簿式が採用されている。　(2)　参議院議員選挙の「1票の格差」を是正するため，隣り合う選挙区を統合する「合区」を盛り込んだ改正公職選挙法が2015年に成立し，鳥取県・島根県，徳島県・高知県がそれぞれ定数2名の合区となった。
(3)　B　若者の投票率の低下は若者の政治的影響力につながるなど問題が多いが，その原因については，政治に対する関心・期待の低さや政治的中立を重視しすぎる教育などが挙げられている。　C　医療・介護サービスや年金を守るといった50代以上の有権者の要求は方向が一つにまとまりやすいが，40代以下の有権者の，特に景気対策などの要求にはいろいろな方向性があり，政治が高齢者重視になりやすい要因の一つともなっている。　(4)　憲法第14条第1項は，「すべて国民は，法の下に平等であって，人種，信条，性別，社会的身分又は門地により，政治的，経済的又は社会的関係において，差別されない。」というものである。空欄補充にも対応できるようにしておきたい。
(5)　2015年の改正公職選挙法成立により，2つの合区が誕生したほか，北海道で定数を5から6に増やすなど，全体で10増10減の定数の見直しが行われた。　(6)　少子高齢化が進む中でも，若者の投票率低下を食い止め，若者の声も政治に反映されるようにすることが世代間の公平を保つことにつながる。過疎化が進む中でも，議員一人当たりの各選挙区の有権者数を調整したり，選挙制度を検証したりすることが一票の格差を縮め，地域間の公平を保つことにつながる。

地　理・歴　史

【1】(1)　(解答例)　ウマイヤ朝は8世紀に西ゴート王国を滅ぼしてイベ

リア半島を支配した。その後モロッコに成立したムラービト朝などイスラーム政権による支配が続いたが，キリスト教徒の国土回復運動が行われ，15世紀にナスル朝が滅亡した。これにより，イスラーム勢力はイベリア半島から放逐されることとなった。(137字)　(2)　エ

(3)　イ　(4)　ア　(5)　(解答例)　火薬の伝来により集団戦法が主流となり，封建諸侯の没落が推進された。羅針盤は遠洋航海を可能とし，大航海時代の到来を招いた。活字印刷は，新しい思想の普及に貢献し，ルネサンスや宗教改革を促進した。(95字)　(6)　(解答例)　高麗の下で金属活字を用いた活字印刷が行われるとともに，高麗版大蔵経が木版印刷によって作成されました　(7)　オスマン帝国

(8)　(解答例)　・銀が流入した中国では銀が基本通貨となり，一条鞭法が導入された。　・日本では銀の対価として中国産品が流入し，海外貿易が盛んになった。　・ラテンアメリカからの銀をアジアとの貿易の対価としたヨーロッパでは商業革命が起こった。　・銀を供給したラテンアメリカではエンコミエンダ制が行われた。　(9)　キング牧師　(10)　アリストテレス　(11)　(解答例)　ジョージアは北緯36度30分以南にあり，ミズーリ協定によって奴隷州とされた地域となる。奴隷制を支持しており，共和党のリンカンが大統領に当選すると，南部諸州の一つとしてアメリカ連合国に加わった。(94字)

(12)　強制栽培制度　(13)　対日石油禁輸

〈解説〉(1)　8世紀のウマイヤ朝による征服からイベリア半島におけるイスラーム教の支配が始まる。その後，後ウマイヤ朝，ムラービト朝，ムワッヒド朝とイスラーム政権の支配が続く中でキリスト教による国土回復運動が行われ，1492年のナスル朝の滅亡によって目的が達成される。指定語句の「8世紀」はイスラーム教支配の始まり，「15世紀」は終わりの年代として使用し，「国土回復運動」によってキリスト教勢力がイスラーム教勢力を放逐したことを入れること。地図中に見られるムラービト朝がイベリア半島を支配したことも必ず入れることが条件である。　(2)　アラブ人の独立を認めたのは，フサイン＝マクマホン協定。サイクス＝ピコ協定は，英・仏・露の帝国主義列強による

オスマン帝国領の分割協定。　ア　イスラエルはアッシリアに，ユダは新バビロニアに滅ぼされた。　イ　ジズヤを負担した。　ウ　サラディンによって滅ぼされた。　(3)　武帝は同じ頃，匈奴討伐のための同盟を提案するために，張騫を大月氏に派遣した。　ア　唐の創始者の高祖。　ウ　前漢武帝の時代の武将で匈奴に敗北し，降伏した人物。司馬遷がこの人物を弁護したことで宮刑に処されたことがよく知られている。　エ　11世紀に西夏を建国した人物。　(4)　唐の僧侶義浄は法顕に倣い7世紀後半に往復海路を利用してインドを訪れ，ヴァルダナ朝のハルシャ・ヴァルダナの厚遇を得た。往路・復路ともにシュリーヴィジャヤに滞在し，『南海寄帰内法伝』を著した。　(5)　封建諸侯の没落により，王権が強化された。大航海時代も価格革命によって封建諸侯の没落を招き，宗教改革やルネサンスは，キリスト教的価値観を動揺させた。つまり，「ルネサンスの三大改良」は，西ヨーロッパの中世世界を崩壊させるのに大きな役割を果たしたことがわかる。(6)　この時代の朝鮮における王朝は高麗である。高麗で印刷技術に関わる事象は，解答にある「金属活字による活版印刷術」と「高麗版大蔵経」である。なお，次の李氏朝鮮では，銅活字による活版印刷術が行われるようになる。　(7)　オスマン帝国は1453年にビザンツ帝国を滅ぼし，地中海の商業権益を握ると，アジアから地中海を経てヨーロッパに輸入される香辛料などの貿易品に高い関税をかけた。そのため，地中海を経由せずにアジアに行くルートが必要となったことがポルトガルのインド航路発見につながっていった。　(8)　ポルトガル商人，スペイン商人によって銀が流入した中国で銀による決済が一般的となり，地税と丁税などを一括して銀で納入する一条鞭法が行われるようになった。また，ラテンアメリカの銀で対価を支払い，中国の物産を輸入したヨーロッパでは，従来の地中海にかわって，大西洋岸が貿易の中心地となる商業革命が起こった。日本も銀の対価として中国産品を輸入し，海外貿易が盛んになった。ラテンアメリカは銀の供給地であり，銀の採掘はエンコミエンダ制の下でインディオを酷使して行われた。　(9)　1963年のワシントン大行進の際の演説として知られている。1863年に奴隷解放宣言が出された百周年を記念するデモ行進である。翌年には，黒人公民権法の制定に尽力したとしてノーベル平和賞を受賞したが，1968年に暗殺された。 (10) アリストテレスは，奴隷を「もの言う道具」と捉えた。この捉え方の背景には，人間とは理性を持って主体的に考え，生きる存在であるという考え方がある。この考え方によれば，奴隷は主人の命令に従って生きるので人間ではない。 (11) 「地図と関連づけて」とあるので，地図上の位置を指摘する。ジョージアは「南部」に属する。南部の州に関する動向として，ミズーリ協定(1820年)時と南北戦争開始時について記述すればよい。 (12) オランダのジャワ総督であったファン・デン・ボスが行った政策で，農民に藍やコーヒーなどのヨーロッパ輸出用の商品作物の栽培を強制し，安く買い上げた制度である。その結果，オランダには富が蓄積され，産業革命を進める一つの要因となった。しかし，ジャワ島の人々にとっては，米の作付面積が減少した結果，飢饉などの発生へとつながっていくことになった。 (13) 日本がフランス領インドシナに進駐すると，アメリカは日本に対して石油禁輸措置をとり，イギリスやオランダもこれに続いたため，日本は石油の供給を絶たれた。そのため，アメリカとの交渉を行うが，アメリカが提示してきたハル・ノートは中国大陸からの日本軍の撤退など厳しい内容を含むものであったため交渉は決裂し，日本は開戦を決断する。こうして，1941年12月8日，日本による真珠湾攻撃が行われ，太平洋戦争が始まった。

【2】(1) A ウ B エ C カ (2) (解答例) 五位以上の貴族が優遇され，子や孫は能力などには関係なく父祖の位階に応じた位階が与えられた制度。(47字) (3) 足利義教 (4) (解答例) 資料Ⅲは嘉吉の徳政一揆に関するものである。嘉吉の変ののち，7代将軍足利義勝の代始めに際して，京都で数万人の群衆が徳政を要求して起こした土一揆であり，幕府はこれに屈して初めて徳政令を発布した。(95字) (5) 井原西鶴

(6)　(解答例)

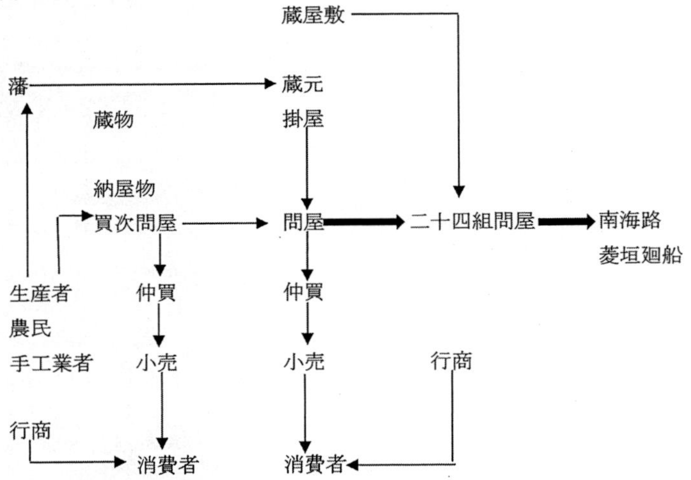

(7)　(解答例)　1888年に外務大臣になった大隈重信は国別に条約改正交渉をしたが，大審院への外国人判事の任用を認めていたことがわかると反対論が高まった。翌年10月，玄洋社社員による大隈暗殺未遂事件が起こり，交渉は中断した。　(8)　(解答例)　1898年に成立した第一次大隈重信内閣は憲政党による初の政党内閣で，板垣退助が内務大臣として入閣し隈板内閣と呼ばれたが，尾崎行雄文部大臣による共和演説事件をきっかけに憲政党が分裂し，4か月で崩壊した。(98字)

(9)　ア　(10)「戦後」ではない　(11)　(解答例)　1950年に朝鮮戦争が起こると，アメリカ軍による兵器調達などの膨大な特需が発生したため特需景気と呼ばれる好況となり，休戦となる1953年まで続いた。1955～57年6月の好景気は神武景気と呼ばれた。(92字)

〈解説〉(1)　A　資料Ｉ中の「憲法十七箇条」から推古天皇とわかる。「上宮太子」は厩戸王(聖徳太子)のこと。604年，大王中心の国づくりをめざす推古天皇の摂政の厩戸王は豪族に役人としての心得を示すため，憲法十七条を制定した。その第1条では和を貴ぶこと，第2条では仏・法(仏法)・僧＝仏教を敬うこと，第3条では詔(天皇の命令)を受けたら必ず従うことが定められている。　B「近江朝廷の令なり」とあるので，この「令廿二巻」とは庚午年籍。大化改新を推し進めた中大兄皇子は667年に都を近江大津宮に移し，翌668年に即位して天智天皇となった。670年には最初の全国的な戸籍とされる庚午年籍を作成し，翌年に亡くなった。　C「大宝元年」から，この「律六巻，令十一巻」とは大宝律令。697年に即位した文武天皇は刑部親王(天武天皇の皇子)，藤原不比等らに律令の編纂を命じ，701年，唐の律令にならいながらも日本独自の事情にも合わせた形で大宝律令が完成した。

(2)　蔭位の制とは，律令制度の下で五位以上の貴族が優遇され，子や孫は能力などには関係なく父祖の位階に応じた位階が与えられた制度のこと。例えば，六位以下の官人の子が試験に合格して得られる初叙の最高位は，貴族では最も位の低い従五位の嫡子が蔭位の制によって得られるのと同じ従八位上だった。　(3)　資料Ⅱは，「公方を討ち」，(首謀者の)「赤松は落ち行く」という「嘉吉元年」に起こった事件を記したものなので，1441年に起こった嘉吉の変とわかる。播磨・備前・美作の守護赤松満祐が6代将軍足利義教を京都の自邸に招いて謀殺し，播磨に帰国して籠城したが，幕府の追討軍に攻められて自刃した事件である。　(4)　資料Ⅲは，嘉吉の変の発生から2か月あまりのちに7代将軍足利義勝の「代始めの徳政」を要求して数万人の土一揆が京都を占拠し，徳政を要求した嘉吉の徳政一揆に関するものである。室町幕府はこの大群衆の要求に屈し，1428年の正長の徳政一揆の要求に対しても認めなかった徳政令を初めて発布した。これを機に徳政を要求する土一揆がしばしば起こり，幕府非公認の私徳政も各地で行われるようになった。　(5)　資料Ⅳの『日本永代蔵』は，元禄文化の時代の1688年に井原西鶴が著した浮世草子。上方の町人の出世や破産を描いた物語で，『世間胸算用』(1692年)とともに町人物の代表作である。

(6)　江戸時代の大坂は全国から年貢米や特産物などの物資が集まる経済の中心地で，「天下の台所」と呼ばれた。諸藩は中之島などに倉庫兼販売所の蔵屋敷を置いて蔵役人を常駐させ，蔵物と呼ばれる年貢米や特産物を蔵元・掛屋と呼ばれる商人を通じて売りさばく卸売市場が成立していた。大坂では二十四組問屋，江戸では十組問屋がその中心となり，江戸とは南海路で結ばれていた。このような流通のしくみを解答例のような板書にまとめればよい。　(7)　1887年，欧化政策に批判が高まって井上馨外務大臣が辞任し，その後，伊藤博文首相の外相兼任のあとを受けて翌1888年に外務大臣となった大隈重信は国別に条約改正交渉をしたが，翌1889年4月にロンドン＝タイムズにその内容が掲載されると，大審院への外国人判事の任用を憲法違反として，反対論が高まった。同年10月，大隈は超国家主義団体の玄洋社社員来島恒喜による爆弾テロで右足を失う重傷を負って黒田清隆内閣は総辞職し，交渉は中断した。　(8)　1898年，第3次伊藤博文内閣を退陣に追い込んで，初の政党内閣の第1次大隈重信内閣が成立した。その基盤となったのは，自由党と進歩党が合同して成立した憲政党だった。大隈内閣には板垣退助が内務大臣として入閣し，隈板内閣と呼ばれたが，尾崎行雄文部大臣が辞任に追い込まれた共和演説事件が起こると，後継をめぐって憲政党は旧自由党系の憲政党と旧進歩党系の憲政本党に分裂し，内閣はわずか4か月で崩壊した。　(9)　資料Ⅴの『ベルツの日記』の著者ベルツは，1876年に政府の招きで来日したお雇い外国人のドイツ人医学者。東京医学校や東京大学で内科・産科を講義し，暗殺未遂に遭った大隈の手術も担当した。なお，イはフェノロサ，ウはクラーク，エはコンドルについての説明である。　(10)　経済企画庁(2001年の省庁再編により統合され内閣府となる)は，1956年7月に発表した資料Ⅵの1956年度『経済白書』において，「もはや『戦後』ではない」と記した。戦後11年を経て混乱・復興期はもはや過去となったことを宣言したもので当時の流行語となり，1973年の石油危機まで続くことになる高度経済成長期のスタートを象徴する言葉となった。(11)　1950年に朝鮮戦争が勃発すると，韓国側で介入した国連軍の中心だったアメリカ軍による兵器・石炭などの軍需品の調達や，建物の建設，自動車・機械の修理，荷役・倉庫などの膨大な特別需要が発生したため，日本は特需景気と呼ばれる好況となった。朝鮮戦争は1953年7月に休戦となってこの好況は終わったが，1955年初めから1957年6

月まで続いた好景気は，初代天皇とされる「神武天皇以来」と言われたことから神武景気と呼ばれた。

【3】(1)　ア　リオグランデ川→アメリカ合衆国・メキシコ合衆国　イ　アンデス山脈→チリ・アルゼンチン　　ウ　スカンディナビア山脈→ノルウェー・スウェーデン　　(2)　エ　北緯49度→アメリカ合衆国・カナダ　　オ　北緯22度→エジプト・スーダン　　カ　東経141度→インドネシア・パプアニューギニア　　(3)　カシミール地方　(4)　A　ヒンドゥー　　B　ムスリム

〈解説〉(1)　主権，領域，国民の3つを国家の3要素という。領域とは，領土，領空，領海で，領土は他国との間で境界を定めるが，紛争の危険をはらむことも多い。自然的国境は山，河川，海，湖など地形を境界とするものである。　(2)　人為的国境は，経線，緯線などを利用した直線的な国境である。植民地分割などにより，当地の民族分布などを考慮せずに定められた場合には禍根を残すことになる。

(3)，(4)　インド北部のカシミール地方は，宗教の絡む問題を抱える地域である。1947年，インドはイギリスから独立したが，そのときムスリムの多い現パキスタンとバングラデシュはパキスタンとして独立，後に分離した。その際，カシミール地方では住民の多くがムスリムでパキスタンへの帰属を望んだが，藩主がヒンドゥー教徒であったためにインド領となった。カシミール地方は標高が高く，風光明媚な観光地でもある。インドでは東部においても中国との間に国境未確定地域が残されている。

【4】(1)　①　鉄鉱石…安定陸塊　　石炭…古期造山帯　　②　地震　(2)　(解答例)　オーストラリアは先住民アボリジニが居住していたが，イギリスからの政治犯を中心に入植が進み，1901年に独立した。ヨーロッパ系以外の移民を制限する白豪主義を採り，貿易もイギリスとの関係が強かったが，戦後は労働力不足から南欧，東欧からの移民が増加した。イギリスのEC加盟によって多文化政策へと転換し，APECを

主導するなどアジア，太平洋諸国との関係を深め，1970年代半ばからアジアからの移民が増加した。(196字)

〈解説〉(1)　①　大陸の成因から，鉄鉱石は安定陸塊での産出が多く，オーストラリアでは西部のピルバラ地区が主要生産地。ダンピアから積み出し，中国や日本に輸出されている。石炭は古期造山帯で多く産出され，東部のグレートディヴァイディング山脈ボウエン地区モウラなどが主要産地。石油は新期造山帯での産出が多いが，近年では必ずしもこの関連は高くないとされている。　②　安定陸塊，古期造山帯は成立が古く，侵食が進み，安定した陸地である。プレートの境界から離れているため，プレート境界で内的営力によって引き起こされる地震や噴火，それに伴う津波，土石流，火砕流などによる災害が起こりにくい。　(2)　図2において，1945～74年ではイギリス・アイルランドからの移民とその他のヨーロッパからの移民が多いが，1975～2010年では東アジア・東南アジア，オセアニア，南アジアへと変化したことがわかる。これは移民制限法の撤廃による。図3より貿易相手国は，1965年では日本を除くとイギリス，アメリカが多かったのに対し，2016年には中国の存在感が増している。オーストラリア最大の輸出品は25％を占める鉄鉱石で，その8割近くが中国に輸出されている。

【5】(1)　(解答例)　十和田湖は，火山が噴火してできた空洞に表面が落ち込んでできるカルデラに水がたまってできたカルデラ湖。(50字)

(2)　記号…イ　　名称…洞爺湖　　(3)　①　A　減災　　B　ハザードマップ　　②　(解答例)　公助…国や都道府県，自治体などによる災害支援・救助のこと。警察，消防，自衛隊によるものなども含み，避難所の開設，給水ステーションの運営など。　　自助…災害時に，自分自身で身を守ること。住居の場所，家具の固定，それから災害時に備えて水や薬，食料を備蓄しておくことも含む。　　共助…公助と自助の中間にあたる，近隣の住民同士で助けあうことをいう。無事を確認し合う，一緒に逃げる，食料を分けあう，避難所で食事を作る，清掃をするなど分担をすること。

〈解説〉(1)　湖の成因は，大きく分けると侵食型，構造型，堰止型に分けられる。侵食型には，氷河によって作られた凹地からなる氷食湖や溶食湖，河川の氾濫によってできる三日月湖(河跡湖)がある。構造型には地殻変動によってできた断層に水がたまってできる断層湖のほか，火山湖，カルデラ湖などがある。堰止型には土砂によって堰止められてできた湖や海跡湖があり，砂州や砂嘴によってできる潟湖も海跡湖である。　(2)　洞爺湖はカルデラ湖で，中央火口丘を持ち，南側には有珠山，昭和新山がある。　ア　サロマ湖は砂嘴によってオホーツク海から切り離されてできた潟湖。淡水と海水が混じる汽水湖である。　ウ　猪苗代湖は形状からカルデラ湖のようだが，断層湖である。後の噴火によって現在の形になった。　エ　霞ヶ浦は琵琶湖に次いで日本で2番目に大きい湖で，海跡湖。　オ　琵琶湖は断層湖である。(3)　①　災害はいつ起こるかわからないが，心構えをした上で備えておくことによって，被害をより少なくすることができる。これを減災という。そのためには，ハザードマップによって居住地や職場の位置は，地震，洪水，浸水，土砂崩れなど，どんな災害の危険性があるかを冷静に把握しておくことが重要である。　②　公助とは，国や自治体による災害時の支援全般のことだが，大きな災害が起きたとき，住民はただ支援を待っているだけではなく，自ら行動することが必要であると意識することが必要となってきた。ハザードマップを見たり，災害時の備えをしたりする等，各人の少しずつの行動が減災につながり，いざというときの被害を最小限にとどめ，復旧を早めることにつながる。

【6】(1)　(解答例)　鉄器を用いた諸侯たちは，未開地を開墾したり，治水・灌漑を行ったりして邑を再編成し，地縁集団である県を建設した。能力ある者を官僚として登用し，農民も家族単位で耕作に励んだために，従来の氏族制が解体した。鉄製農具が普及し，牛耕も広まったために，農業生産力が増大し，商工業が発達した。富国強兵を目指す諸侯たちは，この動きを促進するために，資料にある青銅貨幣を国ごと

に鋳造したので，貨幣経済が進展した。こうした社会の変化は政治や社会のありかたをめぐる新思想の誕生を促し，諸子百家と呼ばれる学者たちが出現した。(250字)　(2)　(解答例)　平安時代初期の9世紀初めに唐に渡った最澄が伝えた天台宗，空海が伝えた真言宗は，教義が口伝され加持祈禱を重んじる密教として広まった。10世紀に入ると「釈迦の死後，次第に仏法が衰え，2001年目から末法の世に入る」という末法思想が流行し，阿弥陀仏にすがって極楽浄土に生まれ変わることを願う浄土教が広まった。末法の世に入ったと考えられた翌年の1053年，関白藤原頼通は宇治に阿弥陀堂の平等院鳳凰堂を建てた。浄土教は11世紀末からの院政期には聖や上人によって全国に広まり，多くの地方豪族が阿弥陀堂を建立した。(244字)　(3)　2001年9月に発生したBSE(牛海綿状脳症)およびその後の食品の偽装表示問題は食品産業全体への信用の失墜をもたらし，大きな衝撃を与えた。そのような状況の中，政府，業界が信用回復のため，トレーサビリティー(追跡可能性)システムを導入した。「その製品がいつ，どこで，誰によって作られたのか」を明らかにすべく，原材料の調達から生産，そして消費または廃棄まで追跡可能な状態にすることである。近年では安全意識の高まりから重要度が増しており，自動車や電子部品をはじめ，食品や医薬品など幅広い分野に浸透している。(248字)

〈解説〉(1)　把握させたいのは，「春秋戦国時代の社会の変化とその影響」である。まず，社会すなわち人間集団のあり方や経済のあり方の変化を記述する。人間集団のあり方については，氏族制が解体し，地縁集団が社会の基本単位となっていくことを書くこと。経済のあり方については，農業生産力の増大，商工業の発達，貨幣経済の進展という流れを記述すること。その中で資料の青銅貨幣についても触れること。次にその影響として新思想が誕生したことを記述すること。　(2)　10世紀～平安時代末において密教や浄土教の信仰が朝廷・貴族と，地方の有力者にどのように受容されてきたかを述べる。密教は平安初期に本格的に導入されて以降，加持祈禱により鎮護国家の役割を担うとともに，病気平癒や安産，立身出世など皇族・貴族たちの現世利益に応えた。浄土教は人々の極楽浄土への往生を約束した阿弥陀如来に対する信仰で，死後における幸福(地獄に落ちることなく浄土に往生すること)を説いた。こうした宗教が広まっていった時代背景として，律令国家が大きく変質・解体して地方政治・在地の社会秩序が混乱し，社会秩序の動揺・再編が進んでいたことが挙げられる。さらには，地震・火山の噴火・長雨などの災厄や疫病の流行が相次ぎ，人々は死と隣り合せの生活を続けていた。こうしたことが，人々の社会不安を増幅させていたのである。　(3)　食品がいつ，どこで作られ，どのような経路で食卓に届いたかという生産履歴を明らかにする制度で，trace(追跡)とability(できること)とを組み合わせた言葉である。食の安全を脅かす事件が多発したことを契機に，政府は消費者の信頼回復のため，BSEの発生に対応して2003年に牛肉トレーサビリティー法が成立させた。すべての牛には出生時に個体識別番号が付けられ，インターネット検索でも牛の履歴(飼料や衛生管理実績を含めて)がわかるようになった。2004年には店頭で販売される牛肉すべてに，識別番号を付けることが義務化された。

2021年度　実施問題

中学社会

○　全ての設問において，「中学校学習指導要領(平成29年3月告示)第2章第2節　社会」を「学習指導要領」，「中学校学習指導要領解説社会編(平成29年7月文部科学省)」を「解説」と記す。

【1】次は，「解説」に例示されている，社会的事象を地理的な事象として見いだしたり，社会に見られる課題を「地理的な課題」として考察したりする際の視点を整理したものである。[　a　]～[　c　]に当てはまる語句をそれぞれ書け。

1)　位置や[　a　]
2)　場所
3)　人間と[　b　]との相互依存関係
4)　[　c　]的相互依存作用
5)　地域

(☆☆◎◎◎◎◎)

【2】「学習指導要領」〔地理的分野〕2内容A「世界と日本の地域構成」に関する問題である。(1)～(4)の問いに答えよ。

(1)　日本の対蹠(たいせき)点(地球上の正反対の地点)が含まれる範囲を模式図のア～エから一つ選び，記号を書け。

模式図

※緯線，経線はともに15度ずつ引いている。

(2) ブラジルのリオデジャネイロなど，南アメリカの大都市に見られるスラムの呼称を書け。

(3) 我が国の国土の特色を，表から読み取れることと関連付けて書け。

表　4か国の比較（万km²）

	領土の面積	排他的経済水域の面積
日本	38	447
ニュージーランド	27	483
ブラジル	852	317
カナダ	998	470

※排他的経済水域の面積には領海を含む。
（「海洋白書2009年」などから作成）

(4) 地理的分野の導入部分に世界と日本の地域構成の基本的な枠組みに関する学習を位置付ける理由を，「解説」を踏まえて書け。

(☆☆☆◎◎◎)

【3】「学習指導要領」〔地理的分野〕2内容B(2)「世界の諸地域」に関する問題である。(1)，(2)の問いに答えよ。

(1) 「世界の諸地域」の学習では，各州の地域的特色を大観し理解することが求められている。この「大観」が意味していることを，「解説」を踏まえて書け。

(2) 「オーストラリアでは，他地域との結び付きがどのように変化してきたか」という学習問題を立てて学習活動を展開することにした。準備した資料1～3に基づき，①～③の問いに答えよ。

資料１　オーストラリアの歴史

年代	主なできごと
18世紀後半	・イギリスから最初の移民団が到着
19世紀中頃	・ゴールドラッシュ ・移民制限法を制定 【X主義を強化】
20世紀前半	・オーストラリア連邦成立
20世紀後半	・人種差別禁止法を制定 【X主義を撤廃し，Y主義を導入】

資料２　オーストラリアの貿易相手国の変化

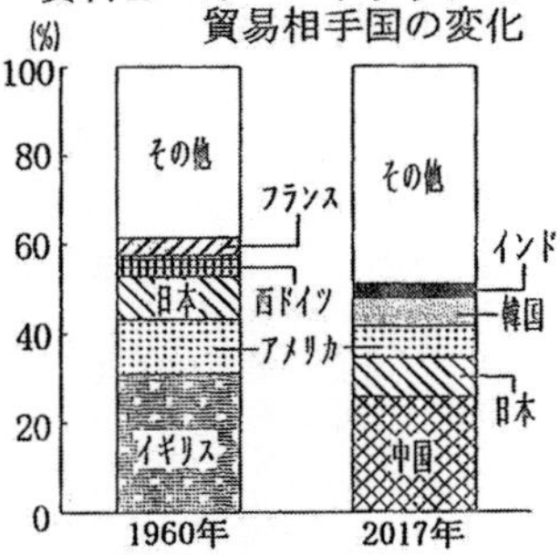

(「国連資料」などから作成)

資料３　ある経済協力組織

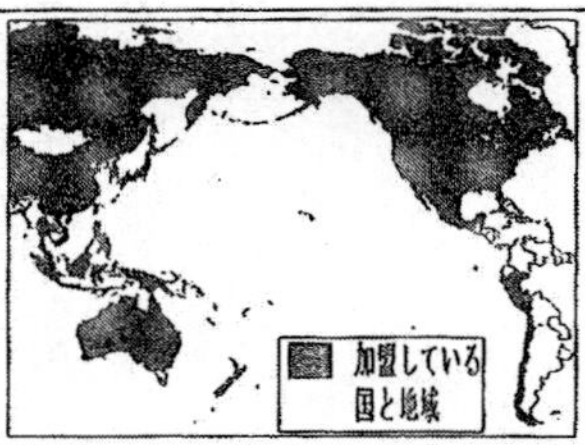

○オーストラリアの呼びかけにより，1989年に設立
○太平洋に面している21の国と地域が参加

①　資料1の［X］と［Y］に当てはまる語句を書け。ただし，［X］には同じ語句が入る。

②　次は資料2を基に，生徒が調べたことをまとめたものである。(　a　)に当てはまる語句と(　b　)に入る適切な内容を書け。

> オーストラリアの主な貿易相手国が，ヨーロッパ州から(　a　)州の国々へと変化している。その背景を調べてみると，1973年にイギリスが(　b　)ことが一つのきっかけになっていることが分かった。

③　資料3の組織の略称をアルファベットで書け。

(☆☆☆☆◎◎◎)

【4】「学習指導要領」〔地理的分野〕2内容C(1)「地域調査の手法」に関する問題である。(1)～(4)の問いに答えよ。

図

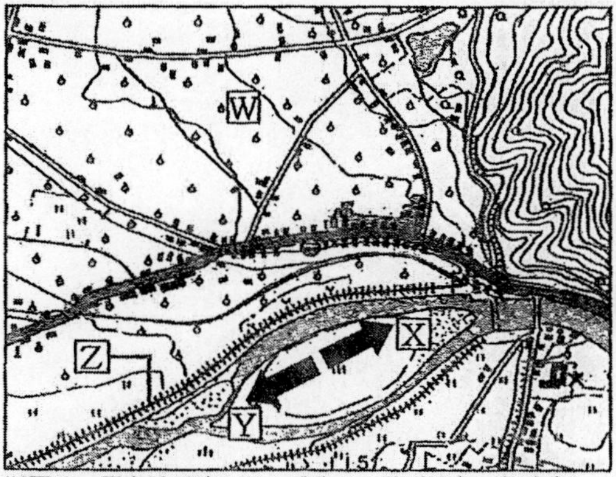

※図は，国土地理院2万5千分の1地形図を一部改変して示している。

(1)　図のWの付近では，主にどのようなことに土地利用されているか書け。

(2)　図の河川は矢印X，Yのどちらの方向に向かって流れているか，記号を書け。

(3)　資料は，「解説」に示されている，防災を取り上げて地域調査を行う場合の学習展開例の一部をまとめたものである。①～③の問いに答えよ。

資料

Ⅰ　取り上げる事象を決める。
Ⅱ　事象を捉える調査項目を決め，観察や調査を行う。
Ⅲ　捉えた地理的な事象について地図等に表す。
Ⅳ　[　A　]性や規則性を見いだし，地形図や関係する主題図と見比べる。
Ⅴ　事象を成り立たせている要因を調べ，関連を調査する。
Ⅵ　地図等に分かりやすくまとめ，調査結果を発表する。

> 地図やグラフなどから読み取れることと，[　B　]と分けて説明できるようにすることも大切である。

① [　A　]に当てはまる語句を書け。

② 図の地域で観察や調査をしたところ，Zのような防災のための対策が見られた。想定される災害名とZの名称を示して，どのような対策が施されているか書け。

③ 下線部について，[　B　]に入る適切な内容を，「解説」を踏まえて書け。

(4) 「地域調査の手法」の学習において，観察や調査を指導計画に位置付ける際に考えられる教育課程上の工夫を，「解説」を踏まえて書け。

(☆☆☆☆◎◎◎)

【5】「学習指導要領」〔地理的分野〕2内容C(3)「日本の諸地域」に関する問題である。(1)～(4)の問いに答えよ。

(1) 資料に当てはまる県を図のア～エから一つ選び，記号を書け。また，その県名も書け。

資料

> この県は65歳以上人口の割合が30％を超え，人口減少が進んでいる。
>
> 石見銀山や出雲大社などの文化財や史跡を観光資源として生かしながら，地域おこしを行っている。

図

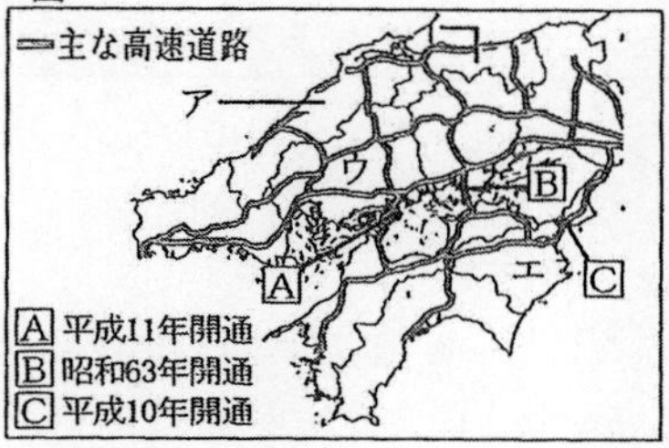

表　四国と中国・京阪神方面間の交通機関別利用者数及び自動車通行台数

交通機関＼年度	航空機（万人）	船舶（万人）	自動車（万台）
平成8年度	239	1 011	1 068
平成18年度	120	412	2 897
平成28年度	92	187	4 224

（「四国における運輸の動き３０年」などから作成）

(2)　図のA～Cで示した本州と四国を結ぶルートに建設された橋の総称を書け。

(3)　表から読み取れる，交通機関の利用の変化について，図と関連付けて書け。

(4)　次は，「学習指導要領」に示されている，内容の一部である。①，②の問いに答えよ。

> イ(ア)　日本の諸地域において，それぞれ*<u>①から⑤までで扱う中核となる事象</u>の成立条件を，地域の(　D　)や地域内の(　E　)，人々の対応などに着目して，他の事象やそこで生ずる課題と有機的に関連付けて多面的・多角的に考察し，表現すること。

*「①　自然環境」，「②　人口や都市・村落」，「③　産業」，「④　交通や通信」，「⑤　その他の事象」を中核とした考察の仕方

①　(　D　)，(　E　)に当てはまる語句を書け。

②　下線部について，内容の取扱いには「国内を幾つかの地域に区分して取り上げることとし，その地域区分は，指導の観点や学校所在地の事情などを考慮して適切に決めること。」と示されている。各地域を学習する順序について留意することを，「解説」を踏まえて書け。

(☆☆☆◎◎◎)

【6】次は,「解説」に示されている歴史的分野における改訂の要点である。(1),(2)の問いに答えよ。

ア　歴史について(a)する力や(b)する力の育成の一層の重視
イ　歴史的分野の学習の(c)と(d)
ウ　我が国の歴史の背景となる世界の歴史の扱いの一層の充実
エ　主権者の育成という観点から,民主政治の来歴や人権思想の広がりなどについての学習の充実
オ　様々な(e)や文化の学習内容の充実

(1)　(a)～(e)に当てはまる語句を,それぞれ書け。
(2)　エについて,近代の学習で取り扱う例を,「解説」を踏まえて書け。

(☆☆☆◎◎)

【7】「学習指導要領」〔歴史的分野〕2内容A(2)「身近な地域の歴史」に関する問題である。(1)～(3)の問いに答えよ。

資料1

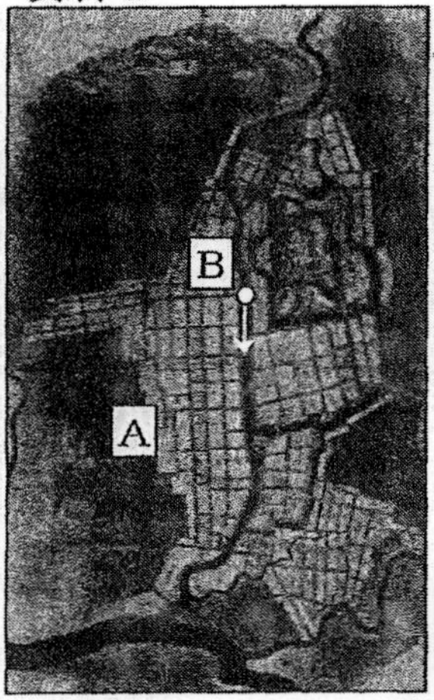

(「国立公文書館デジタルアーカイブ」から作成)

資料2

(「地理院地図電子国土Web」から作成)

資料3

(1)　資料1は，出羽国秋田郡久保田城画図である。

①　久保田城を築城した初代藩主は誰か，人物名を書け。

②　資料2は，資料1の[A]付近の現在の様子を示している。この一帯に寺院が配置された理由を城下町の構造の視点から簡潔に書け。

(2)　資料3は，資料1の[B]地点から矢印方向に撮影したものである。久保田城下は，川を境に武士と町人の居住地を分けた「内町・外町型」である。これと同じ型に分類される城下町として最も適切なものを，ア～エから一つ選び，記号を書け。

ア　鯖江　　イ　高崎　　ウ　二本松　　エ　彦根

(3)　「身近な地域の歴史」の指導において，生徒に身に付けさせる思考力，判断力，表現力等の内容を，「解説」を踏まえ，次の語句を用いて書け。

〔　歴史的な特徴　〕

(☆☆☆☆◎◎◎)

【8】「学習指導要領」〔歴史的分野〕2内容B(2)「中世の日本」に関する問題である。(1)～(3)の問いに答えよ。

年表

年代	主なできごと
12世紀	・平清盛が太政大臣になる ・源頼朝が征夷大将軍になり，幕府を開く
13世紀	・北条氏が執権政治を確立…[X]
14世紀	・足利尊氏が征夷大将軍になり，幕府を開く
15世紀	・応仁の乱が始まる…[Y]

(1)　年表の二つの波線部について，その両方に置かれた機関を，ア～エから一つ選び，記号を書け。

ア　鎌倉府　　イ　問注所　　ウ　六波羅探題　　エ　管領

(2)　年表の[X]について，北条泰時らによる，御家人に対する裁判の基準を定めた法律名を書け。

(3)　年表の[Y]の後，幕府の支配力が弱まり，守護大名の地位を奪う者も現れた。

①　守護大名と治めていた旧国名の組み合わせとして正しいものを，ア～エから二つ選び，記号を書け。

ア　島津貴久－安芸　　イ　今川義元－越前

ウ　大友義鎮－豊後　　エ　武田信玄－甲斐

②　この時期に見られた，下の者が上の者にとって代わる風潮を，漢字三字で書け。

③　戦国の動乱を取り扱う際に生徒に気付かせる内容を，「解説」を踏まえ，次の語句を用いて書け。

〔　産業の振興　〕

(☆☆☆◎◎◎)

【9】「学習指導要領」〔歴史的分野〕2内容C(1)「近代の日本と世界」に関する問題である。(1)～(3)の問いに答えよ。

(1)　資料1，2は，「第一次世界大戦に関する背景とその影響」について，生徒に考えさせるために準備したものの一部である。

資料1

資料2

①　第一次世界大戦のきっかけとなった，オーストリア皇太子夫妻が暗殺された都市を，地図のア～エから一つ選び，記号を書け。

地図

② 第一次世界大戦が，それまでの戦争と違う点を，資料1，2を関連付けて書け。

③ 「第一次世界大戦に関する背景とその影響」について，生徒に気付かせる内容を，「解説」を踏まえ，次の語句を用いて書け。

〔 国際情勢 〕

(2) 資料3の米騒動が最初に始まったのはどこか，県名を書け。また，それが起こった理由を，外交的なできごとと関連付けて，次の語句を用いて書け。

〔 米の値段 〕

資料3

(3) 資料4は，インドの自治を求める運動をした人物である。この人物が，独立運動の方針として唱えたことを書け。

資料4

(☆☆☆☆◎◎◎)

【10】「学習指導要領」〔歴史的分野〕2内容C(2)「現代の日本と世界」に関する問題である。(1)～(5)の問いに答えよ。

(1) 資料1は，戦後初の衆議院議員総選挙の様子である。このときに与えられた選挙権について，それまでとの違いに着目して書け。

資料1

(2)　資料2，3は，戦後，農村で行われた改革について示したものである。この二つの資料から読み取れる内容を簡潔に書け。

資料2

資料3　農地の割合の変化

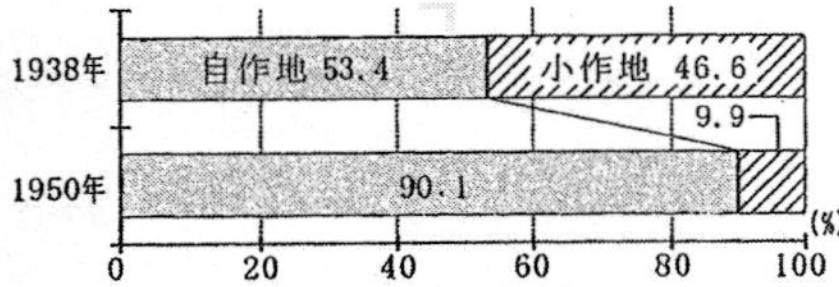

(「農林省統計表」から作成)

(3)　資料4は，1950年に創設された警察予備隊である。これが創設されたきっかけとなった，東アジアでのできごとを書け。

資料4

(4)　資料5は，1965年に当時の首相が，日本復帰前の沖縄を訪れたときの様子である。この首相は誰か，人物名を書け。また，沖縄復帰の過程で国の方針となった非核三原則の内容を書け。

資料5

(5)　次は，「解説」に示されている「日本の経済の発展とグローバル化する世界」の事項を指導する際のねらいである。[　A　]，[　B　]に入る適切な内容を，それぞれ書け。

> 高度経済成長，国際社会との関わり，冷戦の終結などを基に，我が国の経済や科学技術の発展によって[　A　]が向上し，国際社会において[　B　]が大きくなってきたことを理解すること。

(☆☆☆◎◎◎)

【11】次は，「学習指導要領」に示された公民的分野の目標の一部である。(　a　)～(　e　)に当てはまる語句を，それぞれ書け。

> (3)　現代の社会的事象について，(　a　)に見られる課題の解決を視野に主体的に社会に関わろうとする(　b　)を養うとともに，多面的・多角的な考察や深い理解を通して涵(かん)養される，(　c　)を担う公民として，自国を愛し，その平和と(　d　)を図ることや，各国が相互に(　e　)を尊重し，各国民が協力し合うことの大切さについての自覚などを深める。

(☆☆◎◎◎◎)

【12】次の資料は「私たちのくらしと財政」の授業の板書の一部である。(1)～(6)の問いに答えよ。

学習問題 我が国の税金制度は，どのようにして公平性を保っているのだろうか。

探究活動１ 主な税金の種類

		直接税	間接税
国　税		所得税 法人税 A	消費税　酒税 揮発油税　たばこ税 B
地方税	道県税	道府県民税 事業税 C	地方消費税 道府県たばこ税 ゴルフ場利用税 軽油引取税
	市町村税	市町村民税 D	市町村たばこ税 入湯税

探究活動２ 所得税と消費税の特色

<歳入面の長所について>
- 所得税は，税収の額が多い。
- 消費税は，［　E　］

<納税者の負担について>
- 所得税は，所得が多くなればなるほど高い税率を負担する［　F　］の方法が適用されている。
- 消費税は，低所得者の所得に占める負担の割合が高くなる［　G　］という問題が生じる。

図１　所得税と消費税の税収の推移

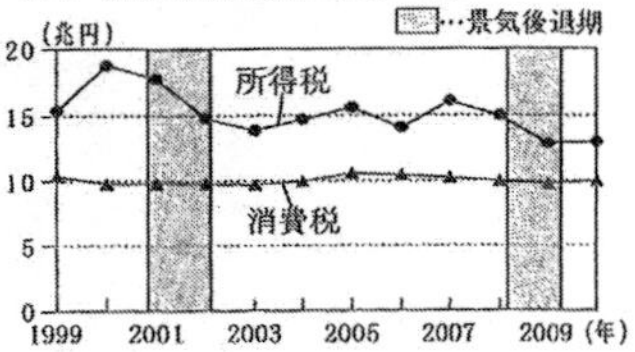

図２　所得税の税率

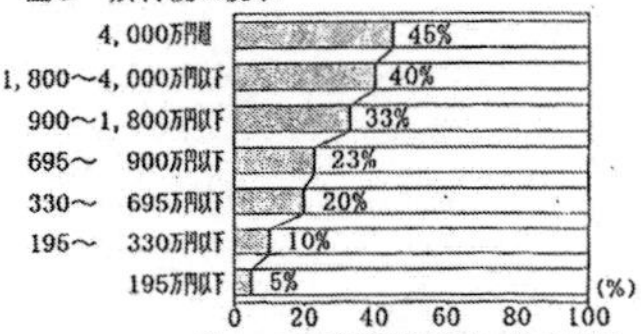

(図１，２は「財務省資料」などから作成)

(1)　図1の期間の消費税率を数字で書け。

(2)　［　A　］～［　D　］には，自動車税，関税，固定資産税，相続税のいずれかが入る。自動車税に当たるものを一つ選び，記号を書け。

(3)　［　E　］に入る適切な内容を，図1から読み取れることと関連付けて書け。

(4)　［　F　］と［　G　］に当てはまる語句を，それぞれ書け。

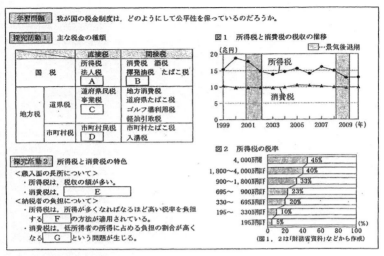

(5)　「納税の義務」について，どのような自覚を養うことが大切か，「解説」を踏まえて書け。

(6)　次の文は，「学校教育の指針　令和2年度の重点」(秋田県教育委員会)に示す社会科の重点の一部である。(　a　)，(　b　)に当てはまる語句をそれぞれ書け。

> ①　社会的な見方・考え方を働かせる学習活動の充実
> ◇自らの(　a　)や予想に基づいて調べたり考えたりすることができるよう，学習問題(課題)の設定や(　b　)の構成を工夫する。

(☆☆☆◎◎◎)

【13】次は，「学習指導要領」〔公民的分野〕2内容D(2)「よりよい社会を目指して」に関する学習において，ある生徒が作成したレポートの一部である。(1)～(6)の問いに答えよ。

レポート

1　探究のテーマ　「我が国と国際連合」

2　テーマ設定の理由
現代までの歴史学習で，様々な国際組織が協力し合って国際協調を進めてきたことを学んだが，その中でも，特に我が国が国際社会に果たしている役割や課題，国際連合の今後の在り方等について調べて，自分なりの考えをまとめたいと思い，このテーマを設定した。

3　探究の方法
教科書，外務省や国際連合のウェブサイト，統計資料等を調べ，分かったことや考えたことをまとめる。

4　調べて分かったこと

資料　国際連合憲章（一部）

第１条〔目的〕
国際連合の目的は，次のとおりである。
1　国際の（ａ）及び（ｂ）を維持すること。

図１　国連分担金の比率（2015年）

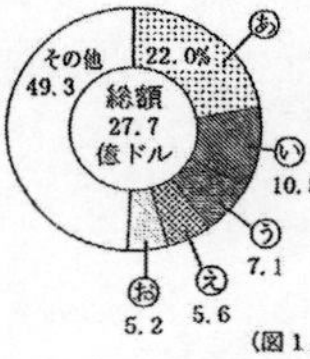

図２　国連関係機関国別職員数（2015年）

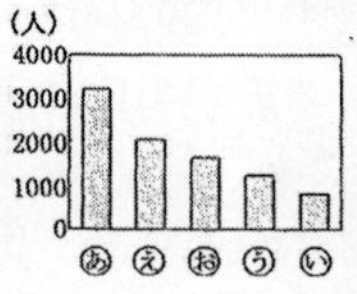

（図１，２は「外交青書2017」から作成）

図３　総会と安全保障理事会の特色

	総会	安全保障理事会
構成国	全加盟国	５か国の常任理事国と［Ａ］か国の非常任理事国
採決の特色	［Ｂ］をもつ	常任理事国が拒否権をもつ

図４　常任理事国の拒否権発動回数

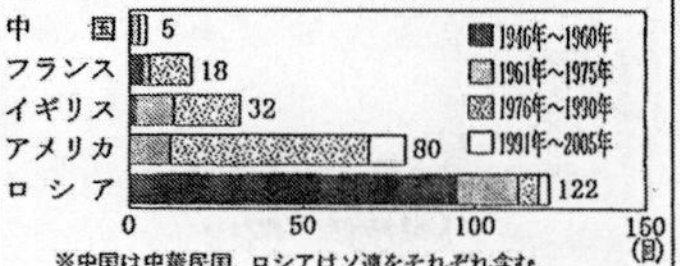

※中国は中華民国，ロシアはソ連をそれぞれ含む。
（「Global Policy Forum ホームページ」などから作成）

分かったこと

◇国際連合は各国からの分担金等によって運営されており，我が国は，国際連合の目的達成に向け，政策面や㋐財政面，人材面などで協力している。

分かったこと

◇総会と安全保障理事会とでは採決方法に違いがある。また，［　　Ｃ　　］ため，安全保障理事会は十分に機能することができなかったが，こうした状況は改善されつつある。

5　探究のまとめ（考察・構想）

国際連合の存在意義は，グローバル化が進む現在の国際社会において，ますます重要になってきている。我が国は，分担金の面だけでなく国連で働く職員を増やしていくなど，多面的に貢献していくことが大事だと思う。また，国際連合は公正であることはもちろん，㋑持続可能な社会を形成することができるよう，時代の変化に合わせ，体制や施策の在り方を見直していくことが必要だと思う。

(1)　資料の(　ａ　)，(　ｂ　)に当てはまる語句を，それぞれ書け。

(2)　下線部㋐について，図1，2のあ～おはイギリス，フランス，アメリカ，ドイツ，日本のいずれかである。日本に当てはまるものを一つ選び，記号を書け。

(3)　図3の［　Ａ　］に当てはまる数字と，［　Ｂ　］に入る適切な内容を書け。

(4) [C] に入る適切な内容を，図4から読み取れることと関連付けて書け。

(5) 下線部㋑とはどのような社会か，「解説」を踏まえ，次の語句を用いて書け。

〔 ニーズ 〕

(6) 国際政治に関する内容の学習において大切にしなければならないことを，「解説」を踏まえて書け。

(☆☆☆◎◎◎)

地理・歴史

【1】グループごとに，自分の身のまわりにある様々なものの歴史について調べ，授業で発表することになった。これについて，あとの問いに答えよ。

Ⅰ 「塩」について調べたグループの発表原稿

私たちが生きていく上で，塩は必要不可欠です。明代の産業技術書である①『天工開物』には，「塩だけは十日のあいだ禁断しただけで，身体が衰弱してだるくなってしまう」という記述があり，その重要性が認識されていました。そして生活必需品であるがゆえ，塩は時の権力者や政府の財政を支えるために利用されてきました。中国では，②前漢の武帝が利用したことがよく知られています。ただ，国家が塩を統制することに反抗して密売を行う者も存在し，唐王朝を衰退に向かわせた③黄巣もその一人でした。

ヨーロッパでも④フランスなど，塩を重要な財源とした地域が存在しました。ただ⑤ロシアでは，塩への課税をめぐって1648年にいわゆる「塩一揆」が勃発し，多くの犠牲者が出てしまいました。

なお塩の製造方法には様々なものがありますが，⑥アフリカのサハラ砂漠では岩塩の形で産出され，サハラ以南の金と盛んに取り引きされました。

(1)　下線部①の作者として正しい人物名を，次のア～エから一つ選んで記号を書け。

ア　李時珍　　イ　徐光啓　　ウ　宋応星　　エ　湯若望

(2)　下線部②に関連して，武帝の対外政策と関連づけながら，彼が行った経済政策について次の語句を用いて100字以内で説明せよ。

[　南越　　均輸　]

(3)　次の資料1は，下線部③が起こした反乱に言及したものである。文中のヒジュラ暦の由来となったヒジュラとは何か，説明せよ。

資料1

> 黄巣という名の人物が，王家の出身ではなく，彼ら(民衆)のあいだから起って旗揚げした。(中略)町の住民は抵抗したので，この男は長期間この町の住民を包囲攻撃した。この事件はヒジュラ暦二六四年に起ったことである。(中略)この男はまた，そこにあった桑の木やその他の樹木を切り倒してしまった。我々がことさら桑の木を取り上げて話すのは，シナ人は蚕が(繭の中に)包まれてしまうまで，桑の葉を蚕に与えるからである。そこでこの事件は，アラブの国々から特に(　A　)がなくなる原因となったのである。
>
> (アブー＝ザイド『シナ・インド物語』)

(4)　資料1の文中(　A　)に当てはまる交易品を記せ。

(5)　下線部④で16世紀後半に勃発したユグノー戦争が終息に向かった経緯について，次の語句を用いて80字以内で説明せよ。

[　アンリ4世　　旧教　]

(6)　下線部⑤やソ連に関わる出来事W～Zが年代順に正しく並んでいるものを，次のア～エから一つ選んで記号を書け。

W－ヤルタ会談の開催　　X－露仏同盟の成立

Y－日露戦争の勃発　　Z－日ソ中立条約の締結

ア　X→Y→W→Z　　イ　X→Y→Z→W　　ウ　Y→X→W→Z

エ　Y→X→Z→W

(7)　下線部⑥について，金を産出してこの塩金交易で繁栄したが，11

世紀後半にムラービト朝に攻撃されて衰退した西アフリカの国として正しいものを，次のア～エから一つ選んで記号を書け。

ア　クシュ王国　　イ　ソンガイ王国　　ウ　モノモタパ王国

エ　ガーナ王国

Ⅱ 「胡椒」について調べたグループの発表原稿

胡椒はその刺激的な味で古くから人々を魅了してきました。1世紀のローマ帝国で活躍した(　B　)は，その著書『博物誌』の中で，「胡椒を手に入れるため人々がインドにまで出かけていく」と述べています。また胡椒を好んだのはヨーロッパの人々だけではありません。⑦中国でも大量に取り引きされていたようです。胡椒はインド原産とされていますが，現在では⑧東南アジアや⑨ラテンアメリカなどでも栽培されるようになりました。特に近年は⑩ベトナムで胡椒の生産量が増えており，世界でも有数の生産拠点に成長しています。

(8)　文中(　B　)に当てはまる人物名を記せ。

(9)　下線部⑦に関連して，次の資料2の文中にみられる「大カーン」は，南宋を滅ぼした人物でもある。この人物名を記せ。

資料2

フニー(福州)を発って…五日進むと大きく壮麗なサルコン(泉州)の町に至る。フニーの管轄下にある町で，大カーンに服属し，証言の通貨を用い，住民は偶像崇拝者である。このサルコンの港には，インドからやって来る船がかならず立ち寄り，香料類や各種の貴重な商品をもたらすので，マンジ(蛮子)地方のあらゆる商人も買い付けにやってくる。(中略)キリスト教国のために胡椒を積んだ船がアレクサンドリアの港にようやく一艘やって来るとしたら，このサルコンの港には百艘以上の船がやって来るといっても過言でない。(マルコ＝ポーロ『東方見聞録』)

(10)　資料2の文中のアレクサンドリアやアラビア半島南端の港町アデ

ンを中心に，マムルーク朝の保護を受けて東西交易に活躍したムスリム商人団の呼称を記せ。

(11)　下線部⑧に関連して，1623年にこの地でオランダとイギリスの間に紛争が起こった。紛争の名称を明らかにしながら，このできごとがイギリスの海外進出策に与えた影響について説明せよ。

(12)　下線部⑧に関連して，現在この地域の協力機構としてASEANが存在している。その加盟国のうち，次の資料3の文中(　C　)に当てはまる国名を記せ。

資料3

> そして，世界中の人々が，およそ信じがたいことを目にしたのである。…ロザリオを手に持ち祈りをもって武装車両を迎える修道女と司祭たち。厳しい表情の兵士たちに花を贈りマルコスのために戦わないよう懇願する子供たち。同胞の(　C　)人を粉砕しようとやって来たタンクを，人々は腕を組んで阻止したのだ。　(中略)　(　C　)人は政治的自由だけでなく誇りを取り戻した。抑圧から解放されただけでなく人間としての尊厳を取り戻した。名誉だけでなく世界からの尊厳を取り戻したのである。
>
> (『(　C　)・デイリー・インクワイアラー』社説 1986年2月27日)

(13)　下線部⑨の地図中a～dの地域について，それぞれの独立運動で指導的役割を果たした人物の名としてふさわしいものを，あとのア～エから一つずつ選んで記号を書け。

ア　サン＝マルティン　　イ　トゥサン＝ルヴェルチュール

ウ　シモン＝ボリバル　　エ　イダルゴ＝イ＝コスティリャ

(14)　下線部⑩では，ホー＝チ＝ミンがベトナム民主共和国の独立を宣言したことをきっかけに，1946年インドシナ戦争が勃発した。この戦争は1954年に休戦したが，戦争の経過と結果について，次の語句を用いて100字以内で説明せよ。

[　ディエンビエンフー　　北緯17度線　]

(☆☆☆◎◎◎)

【2】次の各資料を見て，あとの問いに答えよ。

資料Ⅰ

> 又，治承四年ミナ月ノ比，①ニハカニ都遷リ侍キ。イト思ヒノ外也シ事ナリ。ヲホカタ，此ノ京ノハジメヲ聞ケル事ハ，②嵯峨ノ天皇ノ御時都ト定マリニケルヨリノチ，スデニ四百余歳ヲ経タリ。コトナル故ナクテ容易クアラタマルベクモアラネバ，コレヲ世ノ人ヤスカラズ愁ヘアヘル，実ニ事ハリニモ過ギタリ。
>
> (『方丈記』)
>
> (注)　治承四年……1180年

(1) 資料Ⅰの著者名を記せ。

(2) 下線部①の出来事を，具体的な地名を用いて説明せよ。

(3) 下線部②に関わる出来事と，それにともなう制度改革が後の政治に与えた影響を，次の語句を用いて100字以内で述べよ。

[二所朝廷]

資料Ⅱ 北条氏略系図

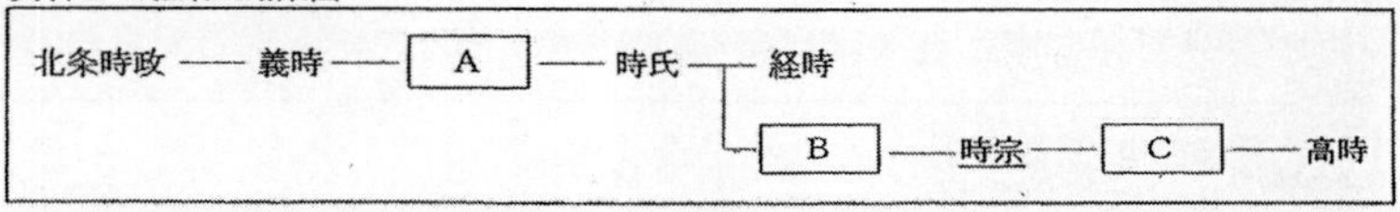

(4) 資料Ⅱの A ～ C にあてはまる人物による，鎌倉幕府の機構の整備について，100字以内で説明せよ。その際，A～Cの人物名をそれぞれ明らかにすること。

(5) 下線の人物がまねき，円覚寺を開いた人物名を，次のア～エから一つ選んで記号を書け。

ア 無学祖元　イ 隠元隆琦　ウ 夢窓疎石　エ 虎関師錬

資料Ⅲ 江戸幕府の対外統制

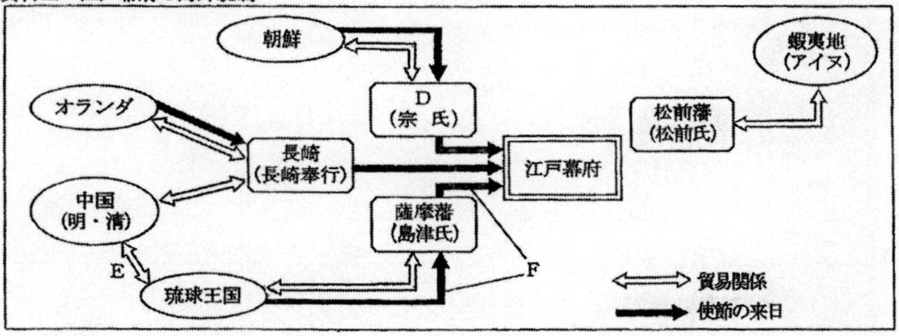

(6) 資料ⅢのDにあてはまる地名を記せ。

(7) 資料Ⅲを用いて，生徒に近世の琉球王国の対外関係を説明したい。Eの関係の特色と，Fの使節名とその役割について，それぞれ明らかにして，100字以内で述べよ。

資料Ⅳ

> 彼等ハ常ニ口ヲ開ケバ直ニ忠愛ヲ唱へ，恰モ忠君愛国ハ自分ノ一手専売ノ如ク唱ヘテアリマスルガ，其為ストコロヲ見レバ，常ニ(　G　)ノ蔭ニ隠レテ，政敵ヲ狙撃スルガ如キ挙動ヲ執ッテ居ルノデアル，(拍手起ル)彼等ハ(　G　)ヲ以テ胸壁トナシ，(　H　)ヲ以テ弾丸ニ代ヘテ政敵ヲ倒サントスルモノデハナイカ
>
> (『帝国議会衆議院議事速記録27　第二九・三〇回議会』)

(8)　資料Ⅳの演説を行った人物名を記せ。

(9)　資料Ⅳの(　G　)，(　H　)にそれぞれあてはまる語を記せ。ただし，二つの(　G　)には同じ語が入る。

(10)　資料Ⅳの演説が行われた当時の内閣が退陣にいたる経緯を，演説の内容と関連づけて100字以内で説明せよ。

資料Ｖ　衆議院議員総選挙の党派別獲得議席数

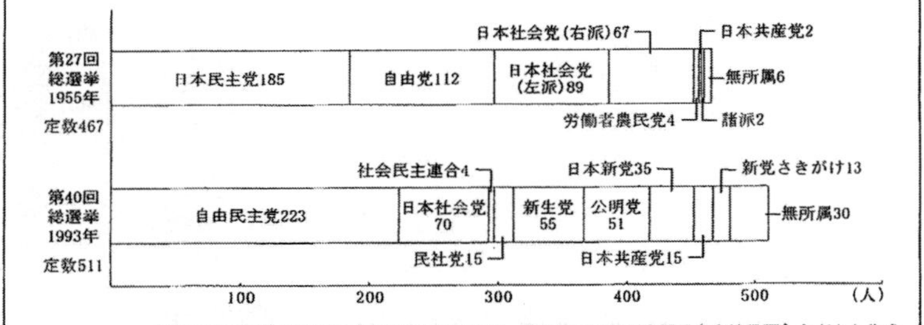

総務省自治行政局選挙部『衆議院議員総選挙・最高裁判所裁判官国民審査結果調』などから作成

(11)　資料Ｖをもとに，55年体制について150字以内で説明せよ。

(12)　次は，55年体制のあいだにみられた，考古学上の主な発見である。(　I　)～(　K　)にあてはまる遺跡名または古墳名を，あとのア～クからそれぞれ一つずつ選んで記号を書け。

1972年　奈良県(　I　)から彩色壁画が発見された。

1984年　島根県(　J　)から358本の銅剣が発見され，翌年には銅鐸と銅矛も発見された。

1989年　佐賀県(　K　)で大規模な環濠集落跡が発見された。

Ｉの彩色壁画

Ｊの出土状況

Ｋの復元された様子

ア　加茂岩倉遺跡　　イ　キトラ古墳　　ウ　荒神谷遺跡
エ　唐子・鍵遺跡　　オ　吉野ヶ里遺跡　　カ　稲荷山古墳
キ　高松塚古墳　　ク　江田船山古墳

(☆☆☆☆◎◎◎)

【3】次の図1～3を用いて，日本の自動車企業の海外生産の特徴について生徒に理解させたい。あとの問いに答えよ。

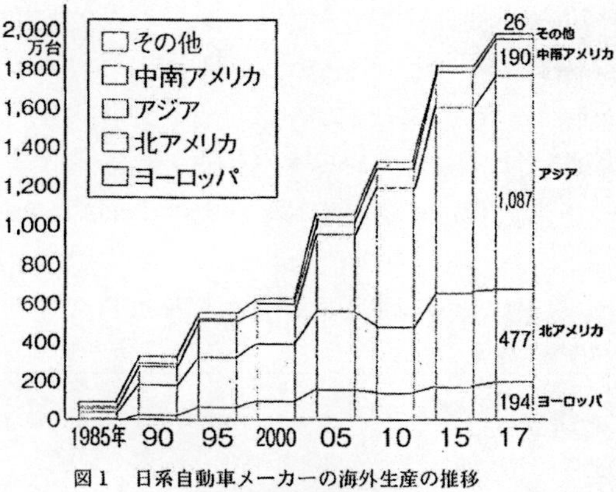

図１　日系自動車メーカーの海外生産の推移
(日本自動車工業会資料)

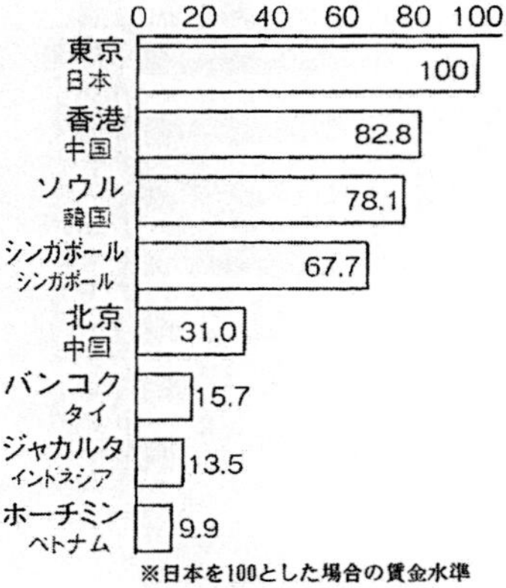

図２　アジアのおもな都市における日本の進出企業（製造業）の賃金水準（2017年）（JETRO資料）

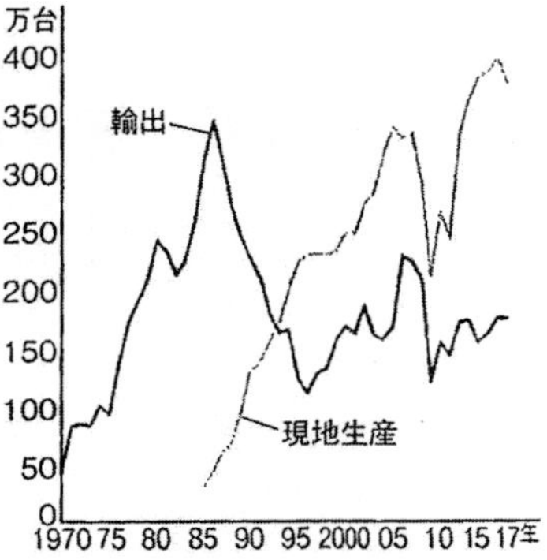

図３　日本のアメリカ合衆国への自動車輸出及び日本企業のアメリカ合衆国における自動車の現地生産（日本自動車工業会資料）

(1)　自動車交通の発達により，人間の生活は大きく変化した。自動車が一般の人々の間に普及することによって，自動車に依存した生活と社会が進行することを何というか記せ。

(2)　図1から読み取れることについて，図2と関連づけて述べよ。

(3)　図1と図3を参考にして，日本の自動車企業がアメリカ合衆国に生産拠点を移した理由について，その背景にも触れながら50字以内で説明せよ。

(4)　次の地図中のA～Iの都市を，都市機能別にグループ分けしたい。あとの問いに答えよ。

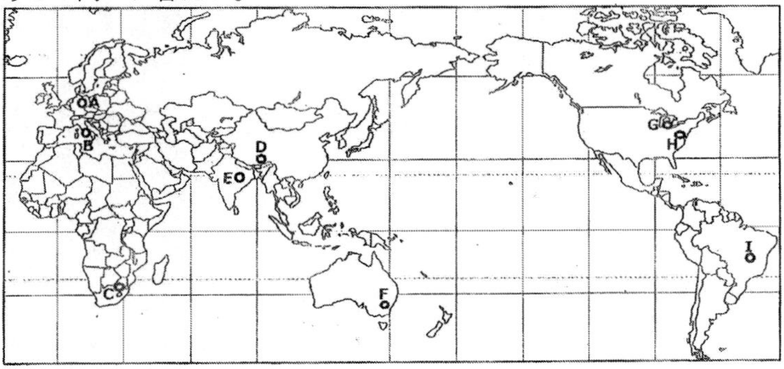

※　地図中の記号は次のいずれかの都市名にあたる。

ヴァラナシ　　キャンベラ　　デトロイト　　バチカン

ブラジリア　　ヨハネスバーグ　　ラサ　　ワシントンD.C.

ヴォルフスブルク

①　自動車の生産で知られる工業都市を二つ選んで記号で書け。

②　上問①以外の都市のうち，同じ都市機能をもつ3都市ずつで二つのグループをつくりたい。その都市機能を下の語群から一つずつ，これに対応する都市を地図中のA～Iから三つずつ選んで記せ。

③　上問②で答えたどちらのグループにも属さない都市が一つある。その都市機能を次の語群から選んで記せ。

語群

保養都市	宗教都市	鉱業都市	水産都市
政治都市	軍事都市		

(☆☆☆◎◎◎)

【4】次の各地図を見て，あとの問いに答えよ。

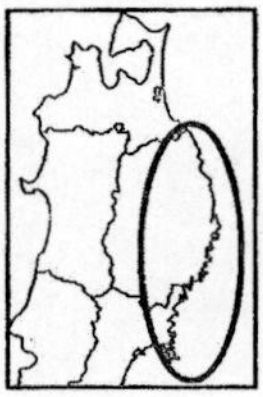

地図1

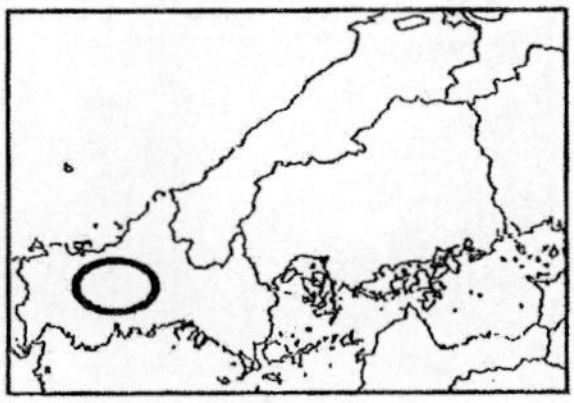

地図2

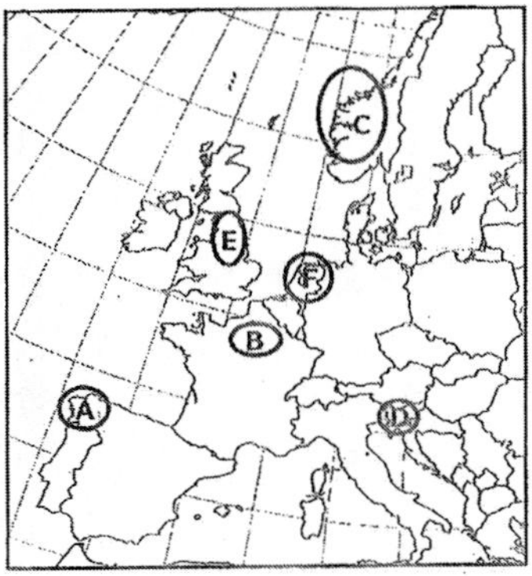

地図３

(1)　日本の東北地方を中心とする地図1と中国地方を中心とする地図2を見て，それぞれの地図中◯の地域に卓越してみられる地形と同じ地形が発達している地域を，地図3のA～Dから一つずつ選んで記号を書け。また，地図3のA～Dから選んだもの以外の二つの地域に卓越している地形名称もそれぞれ記せ。

(2)　地図1，2中◯地域にみられる地形と同じ地形を示している写真を，次のア～ウからそれぞれ一つずつ選んで記号で書け。

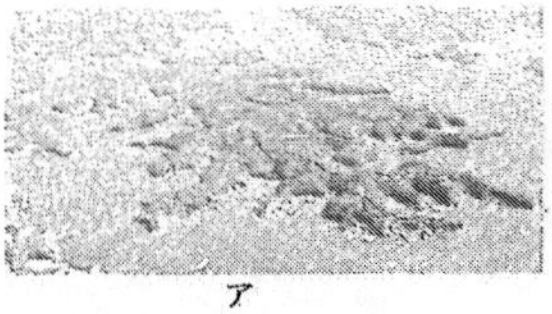

ア

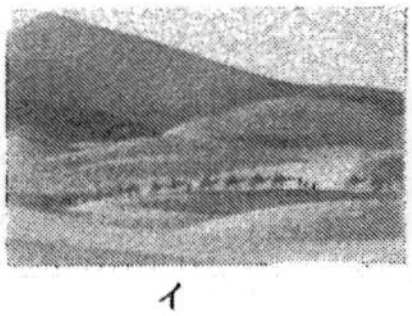

イ

ウ

(3)　地図3中のEの地域について，下の絵を参考に，ランカシャー地方の気候と産業の関わりについて授業で取り上げたい。次の問いに答えよ。

①　偏西風と地形によってもたらされるランカシャー地方の気候の特色について，50字以内で説明せよ。

②　ランカシャー地方の産業の特色について，上問①の気候の特色やこの地域で産出される地下資源についても触れながら，「産業革命」という語句を用いて100字以内で説明せよ。

産業革命期のイギリス

(4)　地図3中のFの地域と秋田県について，次の問いに答えよ。

①　Fの地域で行われている農業の特色を説明せよ。

②　Fの地域で土地造成のために用いられた技術を記せ。

③　昭和30年代に，国は上問②の技術を秋田県の八郎潟に導入し農地を拡大した。その目的と八郎潟が選ばれた地形的な要因を説明せよ。

(☆☆☆☆◎◎◎)

【5】次の(1)～(3)について，一題を選んで答えよ。

(1)　14・15世紀の西ヨーロッパ封建社会の変化について，授業でその歴史的背景を把握させたい。資料Aの内容に触れつつ，説明の要旨を250字以内で述べよ。その際，次の語句を必ず用い，説明の際は下線を引くこと。

[　貨幣経済　　農業人口　　王権　]

資料A

(2)　資料Bを授業で用い，この作品に描かれている出来事の歴史的背景や影響について把握させたい。資料Bの出来事に触れつつ，説明の要旨を250字以内で述べよ。その際，次の語句を必ず用い，説明の際は下線を引くこと。

[　開国　　世直し　　伊勢神宮　]

資料B

(3)　先進国の都市問題解決への取り組みとして，さまざまな都市再開発が行われていることを授業で把握させたい。先進国における都市再開発の2つの型とその特徴，課題について，その説明の要旨を250字以内で述べよ。その際，次の語句を必ず用い，説明の際は下線を引くこと。

[　ウォーターフロント　　ジェントリフィケーション
　コミュニティ　]

(☆☆☆☆◎◎◎)

解答・解説

中学社会

【1】a　分布　　b　自然環境　　c　空間

〈解説〉中学校学習指導要領解説社会編(平成29年7月)において，地理的な視点は，地理的分野の学習を通じて育成される資質・能力のうち，「思考力，判断力，表現力等」に関するねらいとして示されている。すなわち，位置や分布，場所，人間と自然環境との相互依存関係，空間的相互依存作用，地域は，社会に見られる課題を「地理的な課題」として考察する際の視点となる。なお，実際の授業で取り入れる場合には，1つの個別的な視点に固執せず，多様な視点に着目し，地理的な見方・考え方を働かせる上でのねらいとしたい。

【2】(1)　ウ　　(2)　ファベーラ　　(3)　(解答例)　日本は国土の面積が小さいにもかかわらず，海岸線が長く多数の島々が点在する。このため，排他的経済水域が非常に広い海洋国家となっており，その面積はブラジルを大きく上回っている。　(4)　(解答例)　世界と日本の地理的認識を深める際には，地域構成の基本的な枠組みに関する学習が座標軸のような役割を果たし，地理学習への関心を高めたり，学習成果の定着を図ったりするのに効果的となる。

〈解説〉(1)　対蹠点は，地球の正反対の地点であるため，北緯a度，東経b度の場合，南緯a度，西経$(180-b)$度となる。東京をおよそ北緯35度，東経135度とすると，その対蹠点は南緯35度，西経45度になる。したがって，日本の対蹠点は，ブラジル沖の南大西洋上であるウが該当する。　(2)　ブラジルは貧富の差が大きく，治安の悪い都市や地区があることで知られる。リオデジャネイロ周辺には，海岸から離れた丘にファベーラと呼ばれるスラム街があり，そこでは違法住居が密集している。このようなファベーラは，アルゼンチンやメキシコ，コロンビアなど南米諸国の大都市にも存在する。　(3)　排他的経済水域(EEZ)は，沿岸国が排他的管轄権を行使できる水域であり，領海の基線から200海里の範囲のことをいう。日本は，海に囲まれた細長い島国で離島も多いことから，排他的経済水域は国土面積(約38万km²)の11倍以上もある。この結果，日本の排他的経済水域の総面積は，アメリカ，オーストラリア，インド，ニュージーランド，カナダに次いで世界第6位となっている。　(4)　学習指導要領解説では，世界と日本の地域構成を取り上げ，位置や分布などに着目して，課題を追究したり解決したりすることの重要性が指摘されている。具体的には，「A　世界と日本の地域構成」の中で，緯度と経度，大陸と海洋の分布，主な国々の名称と位置などを基に，世界の地域構成を大観し理解すること。我が国の国土の位置，世界各地との時差，領域の範囲や変化とその特色などを基に，日本の地域構成を大観し理解することなどが求められている。

【3】(1)　(解答例)　ここでいう大観とは，各州の自然，産業，生活・文化，歴史的背景などについて概観し，その結果として基礎的・基本的な知識を身に付けることを意味する。　(2)　①　X　白豪　　Y　多文化　　②　a　アジア　　b　EC(ヨーロッパ共同体)に加盟した　③　APEC

〈解説〉(1)　学習指導要領解説・地理的分野の大項目「B　世界の様々な地域」は，「(1)　世界各地の人々の生活と環境」と「(2)　世界の諸地域」の2つの中項目で構成されている。「(2)　世界の諸地域」では，アジア・ヨーロッパ・アフリカ・北アメリカ・南アメリカ・オセアニアの6つの各州を取り上げ，そこに暮らす人々の生活を基に，各州の地域的特色を大観し，理解することが求められている。

(2)　①　X　白豪主義は，「ホワイト・オーストラリア・ポリシー」ともいい，オーストラリア政府によって行われた有色人種の移民を排斥する政策である。資料1は，オーストラリアの歴史を示している。19世紀中頃，ゴールド・ラッシュに伴い，中国人労働者などが多数オーストラリアに流入し，白人労働者の職が奪われるなどした。そこで，1901年に移民制限法が制定され，白人以外の人々の移住が厳しく制限された。　Y　長らく白豪主義が続いたオーストラリアでは，1975年に人種差別禁止法が制定され，多文化主義が導入された。多文化主義とは，異なる文化を持つ集団が存在する社会において，それぞれの集団が対等な立場で扱われるべきだという考え方，または政策である。
②　資料2は，オーストラリアの貿易相手国の変化を示している。これによると，オーストラリアの最大の貿易相手国は，1960年のイギリスから2017年には中国へと変化している。この要因としては，EC(ヨーロッパ共同体)の存在を指摘できる。オーストラリアは，ECの前身であるEEC(ヨーロッパ経済共同体)時代から，ヨーロッパとの貿易に力を入れていた。しかし，オーストラリアは，EECが拡大するにつれて欧州の輸出市場を失っていく。そして1973年，オーストラリアの旧宗主国であるイギリスがECに加盟すると，その状況はより深刻なものとなった。イギリスは，ECへの加盟によって位置的に近いヨーロッパとの関係を重視するようになり，オーストラリアとの間の特恵貿易協定も，ECとの関係上，見直された。　③　APECは，「Asia Pacific Economic Cooperation」の略称で，アジア太平洋経済協力会議のこと。この組織は，アジア太平洋諸国との経済関係強化を図ろうとする，オーストラリアのホーク首相の提唱で発足し，現在，世界のGDPの約6割，貿易量の約5割，人口の約4割を占めるともいわれている。

【4】(1)　果樹園　　(2)　Y　　(3)　①　傾向　　②　(解答例)　この地域では，洪水が繰り返し起きたことがわかる。図Zの土堤は間隔を広くとり，広い地域で洪水の被害を防止しようとしている。
③　(解答例)　読み取った事実から自分が解釈したこと
(4)　(解答例)　観察や調査については，総合的な学習の時間，防災活動・遠足等の学校行事を組み合わせるなど，各学校で教育課程を工夫することも考えられる。
〈解説〉(1)　図のWの付近には，果樹園の地図記号♁が点在している。

この付近は東部に山があり，W周辺は，西に向かってゆるやかに傾斜する乏水地となっている。このような土地は，水はけがよいため水田には不向きで，傾斜地は果樹園に利用されることが多い。　(2)　図の河川は，東のXから西のYに向かって流れている。河川の周囲には堤防が見られ，水田 || に利用されている。　(3)　①　学習指導要領の大項目，「C　日本の様々な地域」は，地域調査の手法，日本の地域的特色と地域区分，日本の諸地域，地域の在り方の4つの中項目で構成されている。地域調査の手法では，学校周辺の資料や地図を利用するなど，地理的技能を身に付けることを目標とする。具体的には，資料から自然災害の傾向を読み取ったり，被害を受ける危険性が高い場所の傾向性を読み取ったりすることが求められている。　②　図のZは，土堤の地図記号を示している。土堤は，高さ3m以上，上の幅5m未満，長さ75m以上の土を盛ってつくられた堤のことで，一般的には土手ともいわれる。図のケースでは，中間部に湿地を残し，2本に分かれている河川の周囲に沿うように設けられていることから，かつて氾濫した地域であることがわかる。　③　設問の図のようなケースでは，まず河川や土堤，土地の利用方法などを正確に読み取る。その際には，果樹園や水田，集落の分布を色分けするなどの工夫も考えられる。そして，そのようにして読み取った事実から，自分なりに解釈してことを分かりやすくまとめ，河川と水害などについて説明したり，調査結果を発表できるようにする。　(4)「地域調査の手法」の学習においては，総合的な学習の時間における職場体験活動と関連付け，店舗・事業所などの分布を地図に表したりする。また，特別活動における防災訓練と関連付け，避難経路や危険箇所，避難に適した場所を地図上に表したりする活動などの工夫も考えられる。

【5】(1)　記号…ア　　県名…島根(県)　　(2)　本州四国連絡橋
(3)　(解答例)　航空機，船舶の利用者が激減する一方，自動車の通行量が急増している。これは，本州と四国を結ぶルートの開通により，天候に左右されずに貨物や旅客を運送できるようになったことによ

る。 (4) ① D 広がり E 結び付き ② (解答例) 学習する順序については，各学校の実態に応じて決定し，我が国の国土に関する地理的認識を深めることができるようにする。

〈解説〉(1) 世界遺産登録されている石見銀山，縁結びの神様として名高い出雲大社があるのは，アの島根県である。島根県は人口が全国で2番目に少なく，高齢化も進んでいる。しかし，ほかにも宍道湖など有名な観光資源があり，これらを生かしながら地域振興を図っている。なお，イは鳥取県，ウは広島県，エは徳島県である。 (2) 本州四国連絡橋のうち，最も古い1988年に開通したBは，岡山県倉敷市と香川県坂出市を結ぶ瀬戸大橋(児島・坂出ルート)。1998年に開通したCは，兵庫県の神戸市と淡路島を結ぶ明石海峡大橋(神戸・鳴門ルート)。1999年に開通したAは，広島県尾道市と愛媛県今治市を結ぶ，瀬戸内しまなみ街道(尾道・今治ルート)である。 (3) 表によると，平成8(1996)年度と平成28(2016)年度の比較では，航空機の利用者数が6割強の減，船舶の利用者数が8割強の減，自動車の通行台数が約4倍増となっている。これは，1988年以降，本州と四国を結ぶルートが次々に開通し，自動車での輸送が容易となったことを物語っている。しかし，その一方，四国各県では人口減少が続いており，航空機や船舶の減便などによる住民の影響が懸念される。 (4) ① 学習指導要領解説の「(3)日本の諸地域」では，思考力，判断力，表現力等を身に付けることに関し，地域の広がりや地域内の結び付き，人々の対応などに着目して多面的・多角的に考察し，表現することの重要性が示されている。② 学習指導要領解説では，地理的分野の目標は，国土のすみずみまで細かく学習しなくても達成できるということに配慮し，地域区分を細分化し過ぎないようにすることが大切とされている。また，各地域を学習する順序についても，各学校の実態に応じて決定し，我が国の国土に関する地理的認識を深めることが重要とされている。

【6】(1) a 考察 b 説明 c 構造化 d 焦点化 e 伝統
(2) (解答例) 近代の学習では，政治体制の変化，人権思想の発達や

広がりについて取り扱う。

〈解説〉(1)　a　今回の改訂では，すべての教科等の目標と内容が「知識及び技能」「思考力，判断力，表現力等」「学びに向かう力，人間性等」の育成を目指す資質・能力の3つの柱で整理された。考察する力の育成は，「思考力，判断力，表現力等」の中の思考力，判断力の育成と関係が深い。　b　説明する力の育成は，「思考力，判断力，表現力等」のうち，表現力の育成の一部である。　c　教科の「内容」の中項目は，すべて，アに示す「知識及び技能を身に付ける」学習と，イに示す「思考力，判断力，表現力等を身に付ける」学習を並立させ，構造的に示されている。また，個別的な歴史的事象同士の関係を明確にするため，学習内容と学習過程についても構造的に示されている。

d　学習の構造化と学習のねらいを明確にすることによって，学習の際に扱うべき歴史に関わる諸事象の精選を図り，焦点化を行った。

e　今回の改訂でも，歴史的分野の目標の(2)で，「伝統と文化の特色」などを考察することが示されている。　(2)　近代の学習で取り扱う例としては，啓蒙思想，立憲国家の成立，議会政治の始まり，自由民権運動や大正デモクラシーなどが考えられる。

【7】(1)　①　佐竹義宣　　②　(解答例)　敵は，田が広がる西の低地から攻めてくると考えられる。このため，城下の外縁に多くの寺院を建てて配置し，有事の際には敵の侵入を防ぐ防衛拠点とした。

(2)　エ　　(3)　(解答例)　時代的な背景や地域的な環境，歴史と私たちとのつながりなどに着目し，地域に残る文化財や諸資料を活用して，身近な地域の歴史的な特徴を多面的・多角的に考察する力や表現する力を身に付けさせる。

〈解説〉(1)　①　久保田城は，1602年に常陸の水戸から国替えとなった初代秋田藩主，佐竹義宣によって築城された。義宣は初め，前の領主の居城だった湊城に入るが，その後，久保田神明山に久保田城を築き，1604年に居城とした。　②　寺院は，本堂などに多くの人員を収容することが可能で，武器・弾薬や兵糧も収蔵できる。このため，有事の際には前線の司令基地や兵士の駐屯地として活用できる，城下の防衛ラインとして集中的に建てられた。秋田は，姫路・和歌山・富山・高田(上越市)などとともに，その特徴がよく残っている代表的な城下町である。　(2)　彦根城の南を流れる芹川は，江戸時代初期の築城の際に流路が変更され，武家地と町人地を区分するとともに，防衛ラインとされた。なお，アの鯖江(福井県)は，武家地と町人地の境界を隔てる本格的な施設のない開放型。イの高崎(群馬県)は，城下町全体を総郭(惣構)で囲んだ総郭型。ウの二本松(福島県)は，戦国時代の山城がそのまま残り，城下町が分散している戦国期型である。　(3)「身近な地域の歴史」の指導においては，時代的な背景や地域的な環境，歴史とのつながりなどに着目させることが重要となる。このような学習は，生徒にとって，歴史を追究する方法そのものを学ぶことができる有効な機会となる。なお，身近な地域は，生徒自身で調査活動ができる，生徒の居住地域や学校の所在地域が中心となる。ただし，それぞれの地域の歴史的な特性に応じて，より広い範囲を含む場合もある。

【8】(1)　イ　(2)　後成敗式目　(3)　①　ウ，エ　②　下剋上　③　(解答例)　戦国大名が自らの領国を支配して分国法を定めたり，城下町を形成して，産業の振興に努めたりしたことなどに気付かせるようにする。

〈解説〉(1)　イ　問注所は，鎌倉幕府では訴訟の審理や文書作成などを管掌し，室町幕府では文書・記録の保管を行った。問注には，訴訟の当事者双方から審問・対決させ，その内容を文書記録するという意味がある。なお，アの鎌倉府とエの管領は，室町幕府のみの機関。ウの六波羅探題は，鎌倉幕府のみの機関である。　(2)　鎌倉時代には，御家人同士や御家人と荘園領主の間で，土地をめぐる争いが各地で頻発するようになった。このため1232年，3代執権・北条泰時は，武士の慣習をまとめた初の武家法である御成敗式目(貞永式目)を制定し，裁判を公平に行うための基準とした。　(3)　①　ウの大友義鎮(宗麟)は豊後の守護大名(戦国大名)で，本拠は府内。エの武田信玄(晴信)は甲斐の守護大名で，本拠は府中(甲府)である。なお，アの島津貴久は薩摩・大隅，イの今川義元は駿河・遠江の守護大名である。　②　11年にもおよんだ応仁の乱は，室町幕府と将軍の権威を著しく失墜させた。この結果，地方では旧来の荘園制が崩壊し，身分が下であっても実力がすべてを決する下剋上の時代へと変化した。　③　歴史的分野の「(2)　中世の日本」では，応仁の乱後の社会的な変動について，「戦国の動乱も取り扱うようにすること」としている。1467年に始まった応仁の乱の後，約100年にわたって戦国時代が続いた。その過程で新しい支配者が登場し，下剋上の風潮が広がるなど，社会全体が大きく変化していった。

【9】(1)　①　エ　　②　(解答例)　第一次世界大戦では，戦車などの新兵器が使用され，多くの兵士が動員されて労働力が不足した。それを補うため，女性も軍需工場での労働に従事せざるを得なくなり，総力戦となった。　③　(解答例)　第一次世界大戦に関する背景とその影響については，ヨーロッパ諸国間の対立や民族問題，大戦後の世界及び我が国に大きな影響を及ぼしたことに気付くことができるようにする。　(2)　県名…富山県　　理由…(解答例)　第一次世界大戦中に起きた第二次ロシア革命を阻止するため，連合国はシベリアに出兵し，日本は1922年まで出兵を続けた。このシベリア出兵のニュースが流れると，米穀商や地主による投機的な買い占めや売り惜しみが続出し，米価の高騰が起きた。　(3)　非暴力・不服従

〈解説〉(1)　①　オーストリアの皇太子夫妻は，1914年，地図エのサラエボ(現在のボスニア・ヘルツェゴビナの首都)で暗殺された。犯人はセルビアの青年だったため，オーストリアは，ドイツの支援を受けてセルビアに宣戦布告する。これをきっかけに，オーストリア・ドイツ・トルコなどの同盟国と，セルビア側についたロシア・イギリス・フランスなどとの間で第一次世界大戦が勃発した。　②　第一次世界大戦は，当初，早期の終結が見込まれていた。しかし，開戦後，資料1が示す戦車のほか，毒ガスや軽量化された機関銃などの新兵器が

次々に開発・導入されていった。このため，塹壕戦が主体となって長期化し，被害も拡大する。多くの兵士が動員されて労働力が不足したことから，軍需工場などに女性も動員され(資料2)，総力戦となった。
③　第一次世界大戦の背景には，露仏同盟(1894年)，英仏協商(1904年)，英露協商(1907年)の締結による，イギリス・フランス・ロシア対ドイツという対立の図式があった。また，1914年当時の日本は，日露戦争前後の軍拡により，財政危機に直面していた。しかし，日本は日英同盟を根拠に連合国側の一員として参戦し，輸出の急増から大戦景気と呼ばれる好況を手にした。　(2)　ロシア革命に干渉するシベリア出兵が始まると，これに乗じて儲けようとする商人たちが米を買い占めたため，米価が高騰する。1918年，不満をつのらせた富山県の漁村の主婦たちが米の安売りを求める運動を起こすと，これをきっかけに米騒動が全国に広がった。この騒ぎは3カ月ほどで収まったが，藩閥内閣の寺内正毅内閣は，混乱の責任をとって退陣した。　(3)　資料4のガンディーは，非暴力・不服従(サティヤーグラハ)を掲げ，1920年代から反英運動を開始し，第二次大戦後に独立を達成した。このため，「インド独立の父」と呼ばれている。

【10】(1)　(解答例)　1945年，衆議院議員選挙法が改正され，選挙権はそれまでの満25歳以上の男子から，満20歳以上の男女に認められた。
(2)　(解答例)　第二次世界大戦後，寄生地主制を解体して農村を民主化するため，農地改革が行われた。この結果，自作地が増え，大部分の小作人が自作農となった。　(3)　朝鮮戦争　(4)　人物名…佐藤栄作　内容…核兵器を，持たず，つくらず，持ち込ませず
(5)　A　国民の生活　B　我が国の役割
〈解説〉(1)　1945年10月，幣原喜重郎首相に対し，GHQ最高司令官マッカーサー元帥が婦人参政権の付与を含む五大改革指令を指示した。これにより，同年12月に衆議院議員選挙法が改正され，選挙権の要件はそれまでの満25歳以上の男子から満20歳以上の男女とされた。翌1946年4月には，女性が初めて選挙権を行使する戦後初の総選挙が行われ

(資料1)，39名の女性議員が誕生した。　(2)　GHQは，寄生地主制による農民層の窮乏が日本の対外侵略の要因の1つとみなし，政府にその解体を指令した。しかし，1946年2月から実施しようとした第1次農地改革は，不徹底な内容で同意を得られなかった。このため政府は，GHQの勧告案に基づいて同年10月に自作農創設特別措置法を制定し，翌1947～1950年にかけ第2次農地改革を実施した。この結果，資料3が示すように，1950年には90.1％が自作地となった。　(3)　1950年，北朝鮮軍の韓国侵攻によって朝鮮戦争が勃発し，在日アメリカ軍が国連軍として朝鮮半島に出動した。GHQは日本の軍事的空白を埋めるため，日本政府に警察予備隊(資料4)の創設を指令する。その後，警察予備隊は1952年に保安隊となり，1954年には保安庁が防衛庁に改組されて，自衛隊となった。　(4)　1964年11月，東京オリンピックの直後に総辞職した池田勇人内閣に代わり，佐藤栄作内閣が発足する。資料5の佐藤栄作首相は，1968年に核兵器を「持たず，つくらず，持ち込ませず」という非核三原則を国会で表明し，1971年にはこれが国会で決議された。佐藤首相は1972年7月まで，3次にわたり通算7年8カ月，内閣総理大臣を務めた。首相退任後の1974年にノーベル平和賞を受賞するが，その死後，核持ち込みの密約が発覚している。　(5)「日本の経済の発展とグローバル化する世界」の事項のねらいは，我が国の経済や科学技術が急速に発展して国民の生活が向上し，国際社会において我が国の役割が大きくなってきたことを理解する点にある。実際，高度経済成長による日本の経済や科学技術の急速な発展は，三種の神器や3Cの普及など国民生活を大きく向上させた。それにつれて，日本は世界有数の経済大国に成長し，国際社会における役割も大きくなった。なお，この学習を進める際には，公民的分野の学習に向けた課題意識をもつことが重要である。

【11】a　現代社会　b　態度　c　国民主権　d　繁栄　e　主権

〈解説〉本問は，公民的分野の目標の(3)「学びに向かう力，人間性等」に関するねらいからの出題である。公民的分野は，地理的分野及び歴史的分野の基礎の上に位置付けられている。実際の社会における諸課題の解決を目指し，主体的に関わる態度や行動を養うとともに，国民主権の主体としての自覚や多様な他者と協働することができる能力の育成が求められている。なお，学習指導要領，及び同解説については，キーワードになりそうな語句をノートに書き出すなどして理解を深めてほしい。

【12】(1) 5%　(2) C　(3) (解答例) 景気後退期でも，安定した税収が見込める。　(4) F 累進課税　G 逆進性
(5) (解答例) 納税者として，租税の使いみちや配分の在り方を選択・判断する責任があるということへの自覚。　(6) a 疑問
b 発問

〈解説〉(1) 1989年4月に導入された税率3%の消費税は，その後1997年4月に5%，2014年4月に8%，2019年10月に10%へと引き上げられている。　(2) Cの自動車税は，地方税のうち，自動車を所有している人に課税される道府県税である。なお，Aには相続税，Bには関税，Dには固定資産税が当てはまる。　(3) 所得税や法人税は景気変動の影響を強く受けるが，消費税は増減幅が小さい。これは，景気が悪くなっても，生活必需品の消費があまり変わらないことによる。
(4) F 累進課税は，富(財産)の再分配をねらいとする税であり，贈与税や相続税にも適用されている。これには，富(財産)の固定化を防ぐという役割がある。　G 消費税などにみられる逆進性には，所得の少ない人ほど負担が多くなり，所得の多い人ほど負担が少なくなるという性質がある。これに対し，所得税には，所得が多いほど税率が高くなるという累進性の性質がある。　(5) 納税の義務については，まず，国民が納税の義務を果たすことの大切さを理解できるようにする。そのうえで，税の負担者として，租税の使い道や配分の在り方などについて理解と関心を深め，納税者としての自覚を養うことが大切となる。　(6) 「学校教育の指針」については，今後も問われる可能性が高いことから，熟読しておきたい。社会科の重点としては，設問の①

に示された項目のほか，②として「学習したことを社会生活に生かそうとする態度を養う学習活動の充実」が示されている。

【13】(1)　a　平和　　b　安全　　(2)　ⓘ　　(3)　A　10　B　(解答例)　一国一票の投票権　　(4)　(解答例)　冷戦期にアメリカとソ連が互いに拒否権を行使した。　(5)　(解答例)　将来世代のニーズを満たしながら，同時に現在世代のニーズも満たすような社会。　(6)　(解答例)　国際政治に関する内容の学習においては，単なる国際機構の名称などの知識の習得に終わることなく，それがなぜ設立され，現在どのような目的をもって活動しているのかなどを理解できるようにする。

〈解説〉(1)　国際連合憲章は国連の基本文書であり，加盟国の権利や義務を規定するとともに，国連の主要機関や手続きを定めている。その第1条には，「国際の平和及び安全を維持すること」という国際連合の目的が明示されている。　(2)　2015年における国連分担金比率について，ⓘの日本は，ⓐのアメリカに次ぐ第2位となっていた。ただし，2021年における日本の分担金比率は，アメリカ，中国に次ぐ約8.6%となり，世界第3位に後退している。なお，図1のⓤはドイツ，ⓔはフランス，ⓞはイギリスである。　(3)　A　安全保障理事会について，10か国の非常任理事国(任期2年)は，5か国ずつ改選される。　B　国連総会の採決は，加盟国が一国一票の投票により，多数決で議決する。ただし，重要事項の議決では，出席かつ投票する加盟国の3分の2以上の賛成を必要とする。　(4)　東西冷戦期には，アメリカとロシア(ソ連を含む)の拒否権発動回数が突出して多い点に着目したい。安全保障理事会を十分に機能させるため，1950年の第5回総会で「平和のための結集」決議が採択された。この結果，拒否権の発動によって安全保障理事会が機能しない場合，総会が武力行使を含む集団的措置をとることが可能となった。　(5)　持続可能な社会を形成するためには，世代間の公平，地域間の公平，男女間の平等，社会的寛容，貧困削減，環境の保全，経済の開発，社会の発展を調和の下に進めていくことが必要となる。学習指導要領解説公民分野の「(2)よりよい社会を目指して」では，これらの理解を基に探究することの大切さと共に，持続可能な社会の発展のために必要となる，教育の役割の重要性についても示されている。　(6)　中学校学習指導要領解説公民的分野の大項目，「D 私たちと国際社会の諸課題」の記述を熟読すること。国際政治に関する内容の学習においては，世界平和を確立するための熱意，協力の態度を育成することなどの大切さを踏まえながら，理解を深めることが重要となる。

地　理・歴　史

【1】(1)　ウ　(2)　(解答例)　武帝は，匈奴を撃退してタリム盆地まで進出した。衛氏朝鮮を征服して楽浪郡などを設置し，南方でも南越を滅ぼす。しかし，度重なる遠征による財政難から，塩・鉄・酒の専売や均輸，平準などの経済統制策を実施した。(100字)

(3)　(解答例)　メッカで迫害されたムハンマドが信徒とともにメディナへ移住したこと。　(4)　絹　(5)　(解答例)　16世紀末に即位したアンリ4世は，新教徒から改宗して旧教徒を懐柔する一方，ナントの王令を発布して新教徒のユグノーにも信教の自由を保障し，ユグノー戦争を終結させた。(81字)　(6)　イ　(7)　エ　(8)　プリニウス　(9)　フビライ　(10)　カーリミー商人　(11)　アンボイナ事件によってイギリスは東南アジアから撤退し，インド経営に力を注いだ。(39字)　(12)　フィリピン　(13)　a　エ　b　イ

c　ウ　d　ア　(14)　(解答例)　フランスは1949年にバオ＝ダイを元首としてベトナム国を建国したが，1954年，ディエンビエンフーでベトミン軍に大敗するとジュネーヴ休戦協定を締結し，北緯17度線を暫定軍事境界線とする休戦が実現した。(100字)

〈解説〉(1)　中国古来の産業技術書である『天工開物』は，17世紀の前半，明末の地方官吏である宋応星が図入りで著した。なお，アの李時

珍は『本草綱目』(薬学百科全書)，イの徐光啓は『農政全書』(農業技術書)，エの湯若望は『崇禎暦書』(暦書)の作者である。　(2)　武帝(漢の第7代皇帝)は，匈奴や南越(ベトナム)などに外征を行い，領土を最大とした。しかし，これによって国の財政が逼迫したため，塩・鉄・酒の専売制，均輸や平準などの政策を講じて財政の健全化をはかった。なお，均輸は，国が特産物を強制的に献納させて不足地に転売する財政政策。平準は，国家が物価低落時に購入し，高騰時に売却する物価安定策である。　(3)　西暦622年，メッカの商人たちから迫害を受けたムハンマドは，少数の信者を率いてメディナに移住した。これをヒジュラ(聖遷)といい，イスラーム教が成立した年とされる。その後，第2代カリフのウマルにより，この622年をイスラーム紀元の元年とするイスラーム暦(ヒジュラ暦)が定められた。　(4)　Aは，「桑の葉を蚕に与える」から，絹と判断できる。蚕は桑の葉を食べて成長し，絹の原料となる繭をつくる。絹は中国の特産で高価なため，古来から取引され，金や銀に代わる通貨としても利用された。なお，黄巣は，875年に王仙芝らと共に反乱を起こしたことで知られる塩の密売人で，この農民反乱は884年に鎮圧されたが，これをきっかけとして唐は急速に衰退した。　(5)　16世紀後半のフランスでは，1562年から旧教徒とカルヴァン派のユグノー戦争(宗教戦争)が続いていた。1589年に即位したアンリ4世は，それまで新教徒であったが，自らカトリックに改宗することで旧教徒側に歩み寄る。その一方，新教徒のユグノーに対しては，1598年にナントの王令(勅令)を発布し，プロテスタント信仰を認める。この新旧教徒に対する融和策が功を奏し，ユグノー戦争はようやく終結した。　(6)　古い順に並べると，Xの露仏同盟の成立は，1894年。Yの日露戦争の勃発は，1904年。Zの日ソ中立条約の締結は，1941年。Wのヤルタ会談の開催は，1945年の出来事である。

(7)　ガーナ王国は，8世紀にアフリカ西部のニジェール川上流で成立した。塩と金の交易で栄えたが，1147年頃，イスラーム教国のムラービト朝によって滅ぼされた。なお，アのクシュ王国は北アフリカ東部にあった国で，4世紀半ばにエチオピアに滅ぼされている。イのソンガイ王国は，15世紀に成立した西アフリカの国。ウのモノモタパ王国は，11世紀に成立して19世紀に滅亡した，東アフリカの国(現在のジンバブエ)である。　(8)　プリニウスは，1世紀に活躍した古代ローマの博物学者で，軍人でもある。主著の『博物誌』は，地理や動植物など全項目数2万にも及ぶ大著として知られるが，プリニウスは軍人としての任務中，火山噴火の救援作業中に殉職した。　(9)　フビライ(1215～1294年)は，1260年，モンゴル帝国第5代皇帝に即位し，アリクブケの反乱を平定すると，その後大都(現在の北京)に遷都した。1271年，国号を元に改称し，1276年には南宋を滅ぼした。日本やジャワなどの遠征では失敗したが，文化面では1269年にパスパ文字が公布され，1280年には郭守敬が授時暦を作成している。　(10)　カーリミー商人は，アデンやアレクサンドリアを拠点として，胡椒や香辛料，陶磁器や砂糖など，インド・東南アジアなどの物産を取り扱い，アイユーヴ朝やマムルーク朝の保護下で，ヴェネツィア商人などと交易した。なお，カーリミーは，廻船または船主を意味するカリームに由来するとされる。　(11)　アンボイナ事件は，1623年，モルッカ諸島のアンボイナ島で起きたイギリスとオランダの紛争である。オランダは，イギリスが日本人傭兵らを利用し，オランダ商館の襲撃を計画しているとの疑いをかけ，イギリス商館員ら20名を殺害した。このため，アンボイナの虐殺ともいわれる。この中には，日本人9名が含まれていたが，この事件は，イギリスがインドに拠点を移す契機となった。その後イギリスは，1640年にマドラス，1661年にボンベイ，1690年にカルカッタに拠点を確保した。　(12)　ASEAN(東南アジア諸国連合)は，1967年のバンコク宣言によって設立された。原加盟国のタイ，インドネシア，シンガポール，フィリピン，マレーシアに加え，カンボジア，ブルネイ，ベトナム，ミャンマー，ラオスの10カ国が加盟している。資料3には，「ロザリオ」や「修道女と司祭たち」との記述があることから，Cはキリスト教国家であることが分かる。これに当てはまるフィリピンは，ASEAN唯一のキリスト教国であり，国民の8割以上がカトリック教徒といわれている。なお，インドネシア・マレーシア・ブルネイはイスラーム教徒，タイ・カンボジア・ミャンマーは仏教徒が多い。社会主義国家のベトナムとラオスは，建前上無宗教。多民族国家のシンガポールは，多宗教の国である。　(13)　a　イダルゴ＝イ＝コスティリャは，1810年，メキシコの独立を求めて蜂起したクリオーリョの神父である。結局，翌1811年に捕らえられて処刑されたが，その影響は大きく，現在でも「メキシコ独立の父」と慕われている。
b　トゥサン＝ルヴェルチュールは，ハイチの独立運動を指導した黒人奴隷で，1801年にフランスからの独立を宣言する。しかし，1803年，ナポレオンによって捕縛され，殺された。　c　シモン＝ボリバルは，ベネズエラ出身のクリオーリョで，1819年，ベネズエラを含む大コロンビア共和国を独立させた。　d　サン＝マルティンは，アルゼンチン生まれのスペイン軍人で，1816年のラプラタ連邦(1853年からアルゼンチン)，1818年のチリ，1821年のペルー独立を指導した。　(14)　ベトナムでは，1945年9月，日本の降伏とともに，ホー＝チ＝ミンがベトナム独立同盟会を中心として独立を宣言し，ベトナム民主共和国(北ベトナム)を建国して大統領に就任した。しかし，フランスはこれを認めず，1946年12月にインドシナ戦争(第一次)が勃発する。その後フランスは，バオ＝ダイ(ベトナム阮朝最後の皇帝)を元首とするベトナム国を建てて対抗。しかし，1954年5月，ラオス国境付近の要塞ディエンビエンフーが，北ベトナム軍の攻撃によって陥落したため，同年 7月，ジュネーヴ休戦協定に調印する。この結果，北緯17度線を暫定軍事境界線とする休戦が成立するが，これはベトナムが分断国家となる要因となった。

【2】(1)　鴨長明　　(2)　(解答例)　平清盛が平安京から大輪田泊のある摂津の福原京に遷都したこと。　(3)　(解答例)　平安時代初期，嵯峨天皇と平城太上天皇による「二所朝廷」と呼ばれる権力の二重構造が生まれた。これは，810年に天皇方の勝利で決着(薬子の変)するが，これ以来，藤原北家が繁栄していく。(90字)　　(4)　(解答例)　3代執権北条泰時(A)は，叔父の北条時房を初代連署に任じ，御成敗式目を制定

する。その後，5代執権北条時頼(B)は裁判のための引付衆を設置し，9代執権北条貞時(C)は得宗専制政治を確立させた。(86字)　(5)　ア　(6)　対馬藩　(7)　(解答例)　江戸時代初期，琉球王国は薩摩藩(島津氏)に征服されてその支配下に入り，幕府に対して国王の代替わりごとに謝恩使，将軍の代替わりごとに慶賀使を派遣したが，中国(明・清)とも朝貢貿易を行う冊封関係を維持した。(99字)　(8)　尾崎行雄　(9)　G　玉座　H　詔勅　(10)　(解答例)　藩閥内閣の第3次桂太郎内閣が発足すると，立憲政友会の尾崎行雄，立憲国民党の犬養毅らが「閥族打破・憲政擁護」を掲げ，第一次護憲運動として全国に広がった。これを支持する民衆が議会を包囲し，内閣は退陣した。(100字)
(11)　(解答例)　55年体制とは，日本の政権与党を自由民主党が占め，野党第1党を日本社会党が占めていた体制のことをいう。1955年に日本社会党が再統一を果たすと，保守政党である自由党と日本民主党も合同し自由民主党を結成した。この二大政党による55年体制は，1993年，非自民8党派連立政権の成立によって終わりを遂げた。(150字)
(12)　I　キ　J　ウ　K　オ

〈解説〉(1)　鴨長明は，鎌倉時代の初期，京都から鎌倉に下向した歌人で，資料Ⅰの『方丈記』の著者として知られる。この随筆は1212年頃に完成したとされ，仏教的無常観を基調として，飢饉などの不安な世情，日野山に閑居した方丈の庵での閑寂な生活を，簡明な和漢混交文で描いている。　(2)　治承四年は，平氏政権末期の1180年のこと。平清盛は，この年に即位した孫の安徳天皇を擁する平安京から，大輪田泊のある摂津の福原京に遷都した。清盛は，貿易で栄える海洋国家をめざし，それにふさわしい都の建設を意図したといわれるが，貴族や寺院勢力の反対，源頼朝の挙兵などが相次いだことにより，わずか半年で平安京に戻った。　(3)　810年，平城太上天皇が側近の藤原薬子らと謀って嵯峨天皇を廃し，重祚して平城京に再遷都しようとした。この薬子の変(平城太上天皇の変)は嵯峨天皇側が勝利し，敗れた太上天皇は出家，薬子は自殺した。この対立(二所朝廷)の際，嵯峨天皇は天皇の命令を速やかに伝えるため，令外官の蔵人所を設置し，藤原北家の藤原冬嗣を長官である蔵人頭に任命した。以来，藤原北家は繁栄し，摂関家の系統となった。　(4)　A　北条泰時は，3代執権に就任すると，叔父(泰時の父・義時の弟)である北条時房を鎌倉幕府初代連署に起用する。そして1232年，武士の慣習をまとめた初の武家法・御成敗式目(貞永式目)を制定し，裁判を公平に行うための基準とした。
B　北条宗家(得宗家)の権力強化をはかる5代執権北条時頼は，1249年，裁判の公平・迅速を図るために引付衆を設置した。　C　9代執権北条貞時は，2度の元寇(蒙古襲来)のあと，1285年の霜月騒動，1293年の平頼綱の乱を経て，得宗専制政治を確立させた。　(5)　元寇を退けたことで知られる8代執権北条時宗は，臨済宗に深く帰依し，1279年に南宋から無学祖元を招いた。無学祖元は，前年に没した南宋の蘭溪道隆が開いた鎌倉の建長寺に住し，1282年，円覚寺を開山した。　(6)　宗氏は鎌倉時代からの対馬の領主で，室町時代には対馬守護，江戸時代には対馬藩主を務めた。室町時代の日朝貿易は宗氏を窓口として行われ，江戸時代初期に日朝の国交が回復すると，宗氏は1609年に朝鮮との間で己酉約条(慶長条約)を結び，朝鮮との貿易を独占した。
(7)　琉球王国は，江戸時代初期の1609年，薩摩藩の島津家久が派遣した軍に征服された。しかし，その後も形式的な独立国として，中国(明のちに清)とも朝貢貿易を行う両属関係を保っていた。一方，江戸幕府に対しては，将軍が代わるごとに慶賀使，琉球王国の国王が代わるごとに謝恩使と呼ばれる琉球使節が派遣された。なお，この服属儀礼としての使節派遣は，1634年の慶賀使から1850年まで，両使合わせて20回行われている。　(8)　尾崎行雄は，第一次護憲運動で先頭に立って活躍し，「憲政の神様」と称された人物である。大正時代に入った1912年の末，内大臣の桂太郎を首班とする藩閥内閣の第3次桂内閣が成立すると，立憲政友会の尾崎行雄，立憲国民党の犬養毅らが「閥族打破・憲政擁護」を掲げ，第一次護憲運動と呼ばれる倒閣運動を起こした。資料Ⅳは1913年2月5日，停会していた帝国議会衆議院が再開された日に，尾崎行雄が行った内閣弾劾決議案の提出理由説明演説である。　(9)　Gの玉座とは，天皇が坐る席のこと。Hの詔勅とは，天皇の意志を伝える文書のこと。1912年12月，第三次桂太郎内閣が発足したが，これを批判する世論が高まったため，桂内閣は組閣および斎藤実海相の留任に際し，大正天皇の詔勅を出して鎮静化をはかる。これに対して尾崎行雄は，演説でこれを「玉座を以て胸壁となし，詔勅を以て弾丸にかえて政敵を倒さんとするものではないか」と激しく批判した。 (10) 第一次護憲運動は，商工業者や都市部の民衆が加わって全国に広がり，各地で大規模な演説会が行われた。1913年2月5日に議会が再開されると，多くの民衆が議場を包囲したため，桂内閣は紛糾の収拾を命じる天皇の詔勅を出したが効果はなかった。同年2月11日，内乱に発展することを恐れた桂内閣は，わずか62日で退陣した。これを大正政変という。 (11) 資料Vには，1955年2月の第27回総選挙において，保守は自由党と日本民主党，革新は日本社会党の左派と右派などに分かれていたことが示されている。その後，同年10月に日本社会党が再統一されると，これに危機感を強めた自由党と日本民主党も同年11月に合同(保守合同)し，自由民主党(自民党)が結成された。その後自民党は，ほとんどの期間，与党第一党として単独政権を担い続け，日本社会党も野党第一党の座にあった。しかし，1993年に行われた第40回総選挙において，自由民主党の議席が過半数を割り込む。その後，日本新党の細川護熙代表を首相とする細川連立内閣が誕生し，長らく続いた55年体制は終焉した。 (12) I 1972年に行われた発掘調査において，奈良県明日香村の高松塚古墳の石室から，白鳳文化期に属する飛鳥時代後期の美しい彩色壁画が発見された。特に，西壁に描かれたこの女子群像は色鮮やかで，その装束には中国・朝鮮半島の影響が感じられる。 J 1984～1985年，島根県斐川町(現・出雲市)の荒神谷遺跡から銅剣358本，銅矛16本，銅鐸6個が出土した。これにより，近畿地方の銅鐸文化圏，瀬戸内中部の銅剣文化圏，九州北部の銅矛文化圏という，従来からの3つの青銅器文化圏というとらえ方に，疑問が呈されることとなった。 K 1980年代後半，佐賀県神埼町(現在の神埼市)・三田川町(現在の吉野ヶ里町)において，吉野ヶ里遺跡が発見された。これは，集落の周囲を二重の壕(濠)で囲む，弥生時代の大規模な環濠集落の遺跡であったが，本格的な防御施設を備えていたのは，米などの保存・蓄積が可能な余剰生産物をめぐる争いが始まっていたことを示している。

【3】(1)　モータリゼーション　　(2)　(解答例)　労働集約型産業である自動車産業は，労働者の賃金水準の低さから，アジアでの生産が急増している。　　(3)　(解答例)　日本が国内で生産した自動車をアメリカに輸出することで貿易摩擦が起こり，政治問題になったため。(46字)

(4)　①　A，G　　②　宗教都市…B，D，E　　政治都市…F，H，I
③　鉱業都市

〈解説〉(1)　モータリゼーションは，自動車の大衆化を意味する。1910～1920年代から欧米先進国を中心に進み，特にアメリカでは郊外の自宅に住み，車で買い物に行くなど，日常生活になくてはならないものとなった。日本でも，高度経済成長期の1950年代後半から本格的に進展し，自動車保有台数が急増した。　(2)　図1を見ると，日本の自動車企業の海外生産は，ヨーロッパやアメリカに比べ，アジアでの増加が著しいことがわかる。これは図2にあるとおり，東京と比べて賃金水準の低いアジアで生産したほうが，賃金コストを低く抑えられるからである。中でも「アジアのデトロイト」を目指したタイは，自動車工業を積極的に誘致したため，日本の関連企業も数多く進出した。
(3)　日本の自動車は品質がよく，円安ドル高という為替相場の恩恵もあったことから，アメリカで大量に販売された。このため，アメリカの自動車販売が低迷し，日米貿易摩擦へと発展した。この事態を解消するため，日本の自動車メーカーは現地生産へと舵を切った。
(4)　①　地図中Aは，ドイツのヴォルフスブルクで，世界的な自動車メーカー，フォルクスワーゲンの本社がある。Gは五大湖に近いデトロイトで，かつて世界最大の自動車メーカーとして繁栄した，ゼネラルモーターズの本社がある。　②　Bのバチカンはキリスト教カトリックの総本山で，ローマ教皇の居住地でもある。Dのラサはチベット仏教の中心地で，中国チベット自治区にある。Eのヴァラナシはヒンドゥー教の聖地で，ガンジス川では沐浴や水葬が行われる。したがって，これらはすべて宗教都市といえる。一方，Fのキャンベラ，Hのワシントン D.C.，Iのブラジリアは，いずれも政治機能を発達させた政治都市であり，それぞれの国の首都となっている。 ③ Cは，南アフリカ共和国のヨハネスバーグである。金鉱の発見・開発によって成立し，その後大きく発展した鉱山都市である。

【4】(1) (同じ地形) 地図1…A 地図2…D (それ以外) ① 記号…B 地形名…ケスタ地形 ② 記号…C 地形名…フィヨルド (2) 地図1…ア 地図2…ウ (3) ① (解答例) ランカシャー地方は偏西風がペニン山脈にぶつかり地形性降雨をもたらすため，風上は年中温暖で湿潤となる。(50字) ② (解答例) ペニン山脈風上のランカシャー地方は温暖湿潤なため，綿工業に適していた。このため，産業革命には紡績機や織機が開発改良され，蒸気機関が発明されると，ペニン山脈の豊富な石炭を利用して産業革命が進展した。(98字) (4) ① (解答例) 野菜や花卉などを栽培する園芸農業 ② 干拓技術 ③ (解答例) 八郎潟の干拓は，人口急増による食糧不足解消のために行われた。八郎潟は，広大で水深が浅いことから，大規模な干拓に適していた。

〈解説〉(1) 地図1は，三陸海岸を示している。ここでは，出入りの激しい沈降海岸であるリアス海岸が見られ，これと同じものは地図3のAが当てはまる。この地域は，イベリア半島北西部，スペイン北西部のガリシア地方の海岸である。地図2は，山口県の秋吉台を示している。ここではカルスト地形が見られ，これと同じ地域は地図3のDが当てはまる。この地域は，この地形の名称の語源となったスロベニアのカルストである。一方，地図3のBは，フランスのパリ盆地に見られるケスタ地形。Cは，スカンジナビア半島西岸に見られるフィヨルドである。ケスタ地形は，傾斜した地層の差別侵食によって形成される。また，フィヨルドは，氷河が山脈を削ってできたU字谷が沈降，または海水面が上昇することによって形成される。 (2) 写真のアは，山が海面に沈降している様子が写し出されている。これは地図1の地域と同じ，リアス海岸の地形である。写真のウは，水面の向こうに塔のような形状が写し出されている。これは図2の地域と同じ，石灰岩の溶食によって形成された，タワーカルストの地形である。なお，写真のイはラクダの隊商が見られる。これは，乾燥地帯の砂砂漠の地形を示している。　(3)　①　西ヨーロッパでは，偏西風の影響を強く受ける。イギリスのランカシャー地方は，ペニン山脈西側の風上側に位置する。この地域は温暖で降水に恵まれ，湿り気のある気候となる。逆に，ペニン山脈東側の風下は少雨となる。　②　紡績，織布工業は，一定以上の湿度を必要とする。ランカシャー地方はペニン山脈の風上に位置し，温暖湿潤であったため，その気候は綿工業に適していた。加えて炭田にも恵まれ，水運の便もよかったことから，産業革命以後，綿紡績工業の世界的な中心地となった。ランカシャー地方の中心地・マンチェスターでは，織機や紡績機の発明が相次ぎ，蒸気力を用いた力織機も生まれた。蒸気機関は，石炭をエネルギー源としたため，産業革命はここから始まった。　(4)　①　園芸農業は商業的農業の1つで，大都市の消費地向けに野菜や果実，花卉などを栽培する。園芸農業は，近郊農業と，消費地から離れた地域で生産する輸送園芸に分けられる。後者では，気温差を生かして作物をつくる暖地農業，寒冷地農業がある。地図3中Fのオランダでは，特に花卉・球根栽培が盛んで世界各地に輸出している。　②　オランダは国土の約4分1が海抜よりも低いため，古くから低湿地帯を耕地化することが続けられてきた。この干拓地は，ポルダーと呼ばれる。ポルダーは埋め立てによる造成とは異なり，水深の浅い湖沼や入り江の水を堤防でせき止め，中の水を排水するという干拓技術によってつくり出されている。　③　八郎潟は，かつて琵琶湖に次ぐ国内第2位の面積(約22,000ha)を誇る湖だった。八郎潟干拓事業は，オランダの技術協力を得て1957年に着工し，20年後の1977年に完了した。約852億円を投じたこの大事業により，八郎潟は17,239haもの耕作地へと生まれ変わった。なお，八郎潟は，北緯40度線と東経140度線の経緯度交会点があることでも知られている。

【5】(1) (解答例) 商業と都市の発達に伴って貨幣経済が浸透すると，自給自足の荘園に基づく封建社会は崩壊し始めた。領主は賦役を廃止し，直営地を農民に貸与して生産物，貨幣を地代として徴収する。農民は市場で生産物を売り，貨幣を蓄えて経済力を身に着けた。一方，資料Aにあるように，14世紀には黒死病や飢饉などで多くの人が亡くなり，農業人口が急減する。労働力確保のため領主は農民の待遇を改善し，この結果経済的に困窮した領主層は，時代の変化に対応できず没落したが，商人と結びついた王権が力を増して，中央集権的な社会へと変容していった。(250字) (2) (解答例) 1867年の夏から翌年にかけ，東海道筋や畿内一帯を中心とする地域で，天から御札が降ってきたとの話が広まり，多くの民衆が「ええじゃないか」と連呼しながら熱狂して乱舞した。開国後，物価の高騰に苦しみ，2度にわたる長州征討などで政治的混乱を目の当たりにした民衆は，世直しを願い，各地で世直し一揆を起こす。また天理教や金光教などの民衆信仰が広まり，伊勢神宮への御蔭参りも流行した。「ええじゃないか」は，こうした背景のもとで生まれた民衆運動であり，討幕派が策動したとする説もあるが，真偽のほどは定かではない。(250字)

(3) (解答例) 先進国では，古くから発展した都心部に人口が過度に集中した。しかし，建物の老朽化などによって居住環境が悪化すると，富裕層を含む都心部の人口が急減し，コミュニティが崩壊するインナーシティ問題が生じた。こうしたことへの反省から，イギリスではドックランズ，日本ではお台場など港湾部のウォーターフロントにおいて，再開発が行われた。再開発地域には，ショッピングモールや住宅が建設され，企業も流入する。近年は，このように生まれ変わったエリアに富裕層や企業が戻る，ジェントリフィケーションと呼ばれる現象が起きている。(250字)

〈解説〉(1) 資料Aには，14世紀半ばに生じた黒死病(ペスト)などで，多くの人が死亡した光景が描かれている。これに触れながら，農業人口の変動と農村社会の変化について説明し，前段部分では貨幣経済について記述する。そして後段部分では，封建社会から中央集権的な絶対主義の時代へと変化する中で王権について触れる。14·15世紀における西ヨーロッパの封建社会では，貿易の活性化によって商業の復活が生じ，都市が成長すると貨幣経済が浸透した。このため荘園領主は，賦役による直営地経営から，土地を農民に貸与して地代を徴収する方法へと切り替えた。これにより，農民は生産物を都市で売却して地代の余りを蓄え，自立的な経済力を獲得する。実際，イギリスでは，ヨーマンと呼ばれる独立自営農民が登場している。他方，14世紀後半には黒死病(ペスト)が流行し，多数の死者が出る。荘園領主は不足した農業人口を確保するため，領主裁判権撤廃や諸税廃止などの待遇改善を行わざるを得なくなった。困窮した荘園領主は，時代の変化にも対応できなくなり，裁判権などを持たない単なる地主へ没落していった。この反面，封建領主の支配外にあった都市部の商人層は，自らの保護などを目的に王権へすり寄る。軍事費捻出のため，収入増を目論む王権もこれに応じ，没落する封建領主層を廷臣化することで，封建社会は中央集権的な国家・社会へと変貌していった。　(2)　資料Bは，一恵斎(落合)芳幾による「豊饒御蔭参之図」である。この浮世絵には，「ええじゃないか」と連呼しながら，集団で踊る民衆の光景が描かれている。「ええじゃないか」は，幕末に起きた打ちこわしを伴う騒動で，開国後の混乱に対し，世直しへの期待と不安が噴出した民衆運動ともいわれている。1867年8月，東海地方で寺社のお札などが降ったという噂に端を発し，老若男女が「ええじゃないか」とはやしたてながら，集団で町を練り歩いた。これは，たちまち京都・大坂・江戸などに広がって翌年まで続いたため，討幕運動を加速化させたとの見方もある。　(3)　ウォーターフロントと呼ばれる先進国の港湾・臨海地区では，近年，再開発が盛んとなっている。海外ではイギリスのドックランズのほか，ニューヨークのバッテリーパークなどがよく知られているが，日本でも横浜みなとみらい21事業，東京臨海副都心計画などが行われてきた。また，都市中心部の再開発によって人口が回帰するジェントリフィケーションは，インナーシティ問題の解決策として注目されている。しかし，このような再開発によって，地価や家賃が上昇し，これまでの住人が退去せざるを得なくなるという新たな問題も起きている。いずれにしても，少子高齢化が進む先進国の都市再開発は，長い展望に立って計画的に行うことが求められている。

2020年度　実施問題

中　学　社　会

○　全ての設問において，「中学校学習指導要領(平成29年3月告示)　第2章　第2節　社会」を「学習指導要領」，「中学校学習指導要領解説社会編(平成29年7月文部科学省)」を「解説」と記す。

【1】次は，「学習指導要領」に示されている社会科の目標である。(a)～(e)に当てはまる語句を，それぞれ書け。

> 社会的な(a)を働かせ，課題を追究したり解決したりする活動を通して，(b)に立ち，グローバル化する国際社会に(c)に生きる平和で民主的な国家及び社会の(d)に必要な公民としての(e)の基礎を次のとおり育成することを目指す。

(☆☆☆◎◎◎◎◎)

【2】「学習指導要領」〔地理的分野〕2内容A「世界と日本の地域構成」に関する問題である。(1)～(6)の問いに答えよ。

地図

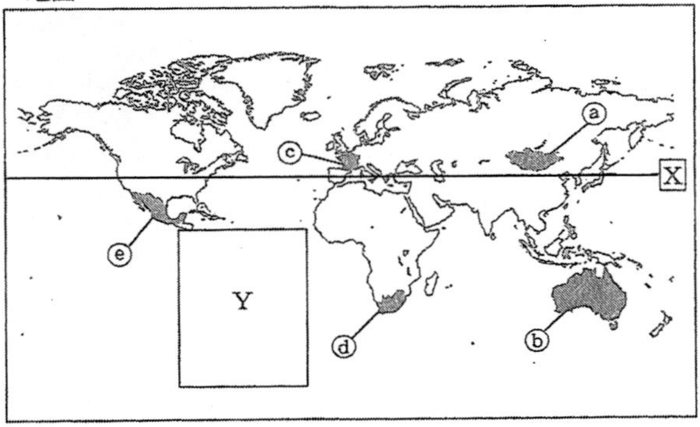

(1) 地図にあるⓐの国の名称を書け。また，この国で使われている移動式住居の名称を書け。

(2) 三大洋の中で，面積が最も大きな海洋に面している国をⓑ～ⓔから二つ選び，記号を書け。

(3) 国名を覚えることに負担を感じている生徒に対し，関心を引き出すような活動を，「解説」を踏まえて二つ書け。

(4) 地図中の X は，秋田県大潟村を通る緯線を示している。この緯線付近に位置する国の首都を次から三つ選び，記号を書け。

ア マドリード　　イ カイロ　　ウ ペキン

エ アンカラ　　オ バンコク

(5) 日本の国土の位置について，「解説」を踏まえ，相対的位置(関係的位置)の視点から，具体的に説明せよ。

(6) 地図中の Y に位置する大陸について，赤道を示しそれを基準に枠内の略地図を描け。

(☆☆☆◎◎◎)

【3】「学習指導要領」〔地理的分野〕2内容B(2)「世界の諸地域」に関する問題である。(1)，(2)の問いに答えよ。

資料1 「解説」

(前略)地球的課題については，グローバル化する国際社会において，人類全体で取り組まなければならない課題，例えば，<u>持続可能な開発目標(SDGs)</u>などに示された課題のうちから，生徒が地理的な事象として捉えやすい(中略)などに関わる課題を取り上げることを意味している。

(1) 次は，資料1の下線部について，教師が教材研究をした際に，外務省のウェブサイトに掲載されている情報をまとめたメモの一部である。(a)に当てはまる都市，(b)に当てはまる数字，(c)に当てはまる内容をそれぞれ書け。

○　2015年9月，(　a　)にある国連本部で「持続可能な開発のための2030アジェンダ」が採択された。 ○　SDGsでは，格差や貧困をはじめ，人々の生産や消費のあり方にまで言及した「(　b　)ゴール・169ターゲット」の目標が設定された。 ○　今回採択されたアジェンダのスローガンである“人間中心”，“(　c　)”などに，日本が重視する人間の安全保障の理念が反映されている。

(2)　南アメリカ州を大観する学習を踏まえ，ブラジルを対象に学習活動を展開するとき，①～③の問いに答えよ。

資料２　ブラジルの森林面積と耕地面積の変化

年	森林面積（万ha）	耕地面積（万ha）
1990	54 671	5 741
1995	53 399	6 550
2000	52 127	6 520
2005	50 673	7 643
2010	49 846	7 746
2015	49 354	8 808

（「FAO資料」などから作成）

①　資料2を踏まえ，次の学習問題を教師が生徒とともに設定したとき，[　あ　]に当てはまる内容を書け。

学習問題 　ブラジルでは[　あ　]結果，どのような問題が生じているのか。

②　ブラジルはロシア連邦，インド，中国，南アフリカ共和国とともに，近年経済成長が著しい新興国として注目されている。これらの国々は，国名の頭文字を採って何と呼ばれているか，アルファベットで書け。

③　資料3と資料4を関連付けて，持続可能な開発に関わる課題を書け。

資料３　森林を切り開いた牧場

資料４　ブラジルの穀物生産量と穀物輸出額の変化

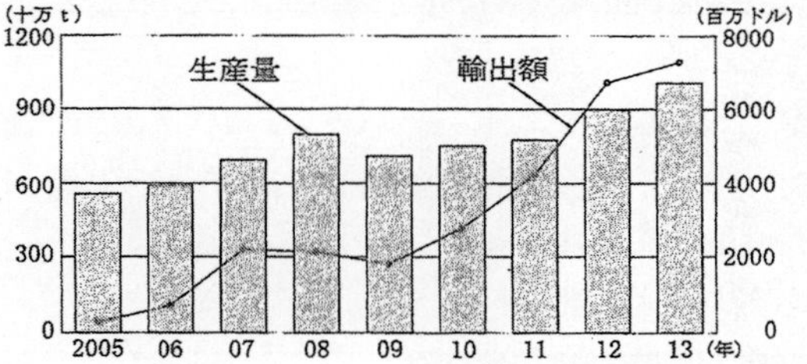

(「UNCTAD資料」などから作成)

(☆☆☆◎◎◎)

【4】「学習指導要領」〔地理的分野〕2内容C(2)「日本の地域的特色と地域区分」に関する問題である。(1)～(7)の問いに答えよ。

地図

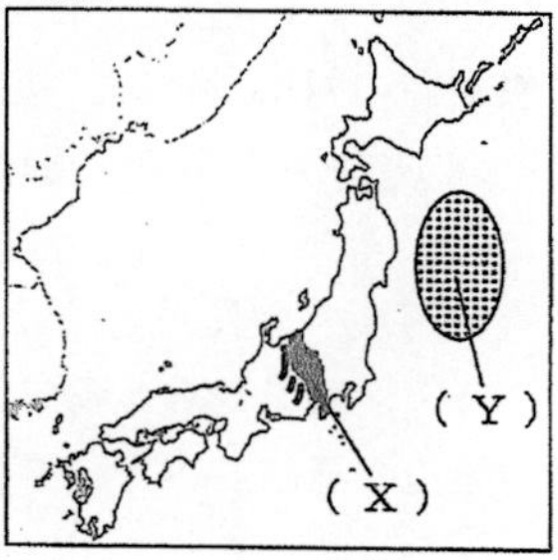

資料　各班のまとめ

◎自然環境について(1班)
・日本は環太平洋造山帯に……。地図に示した日本アルプスから，その東側にのびる(　X　)を境に，ⓐ日本列島の地形が東西で大きく異なる。
・日本の国土は海に囲まれて…，ⓑ豊かな漁場になっている。
・東日本大震災などの大規模な地震や……ⓒ自然災害の発生しやすい地域が多く，……。

◎交通・通信について(2班)
・国内や日本と世界との交通・通信網の整備状況……。ⓓ国内の輸送は貨物も旅客も自動車が中心であるが，(　Z　)などによって輸送手段が異なることが分かった。
・国内各地の結び付きや日本と……。

(1)　地図の(　X　)と資料にある1班のまとめの(　X　)には同じ語句が入る。この地溝帯の名称を書け。

(2)　下線部ⓐについて，どのように異なっているか，山地や山脈に着目して書け。

(3)　地図の(　Y　)は下線部ⓑの一つになっている。その理由を，海底地形と海流に着目して書け。

(4)　下線部ⓒについて，災害時の対応や復旧，復興を見据えた視点から取り扱う際に，「解説」に示されている，触れる必要がある内容を書け。

(5)　下線部ⓓの背景に，高速道路の整備が進んでいることが挙げられる。現在建設が進んでいる，新潟県から山形県，秋田県の日本海側を縦断し，東北縦貫自動車道と連結し，青森県に至る高規格幹線道路の名称を書け。

(6)　資料にある2班のまとめの(　Z　)に入る，図と表を基に生徒が考察した内容を，「解説」を踏まえて書け。

図　国内輸送の状況（2013年）

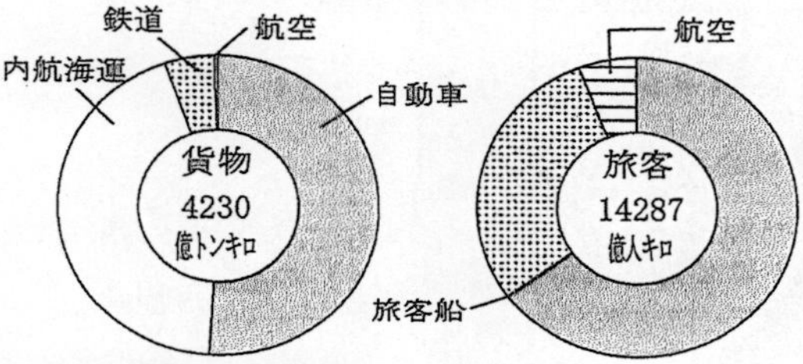

※トンキロ…輸送トン数×輸送距離
※人キロ……旅客数×乗車距離　（「日本国勢図会2015/16」から作成）

表　移動におけるＪＲ線と航空機の利用割合
（2012年度）

移動区間	ＪＲ線	航空機
東京—大阪間	73.3％	26.7％
東京—秋田間	54.0％	46.0％
東京—福岡間	7.6％	92.4％

（「国土交通省資料」から作成）

(7)　2内容C(3)「日本の諸地域」の学習と取扱い方を区別するために，「解説」で示しているこの単元の学習の留意点を書け。

(☆☆☆☆◎◎◎)

【5】「学習指導要領」〔地理的分野〕2内容C(3) 「日本の諸地域」に関する問題である。(1)～(5)の問いに答えよ。

(1)　次は，表と図1，写真を基に，生徒が北海道の観光産業についてまとめたものである。(　a　)～(　c　)に入る，適切な内容を書け。

> 北海道では夏に観光客が多い。これは(　a　)という気候が理由と考えられる。また，夏に比べ，冬は観光客が少なくなる傾向にあるが，(　b　)を生かしたレジャーを企画したり，(　c　)を開催したりするなどして，観光客を増やす工夫をしている。

表　北海道の観光 レクレーション施設数

施設名	数（全国順位）
キャンプ場	234（1位）
ゴルフ場	173（1位）
スキー場	29（3位）
海水浴場	48（8位）
水族館	10（1位）
動物園・植物園	48（1位）
温泉地	246（1位）

（「データで見る県勢2017」から作成）

図1　北海道への月別観光客数(2013年度)

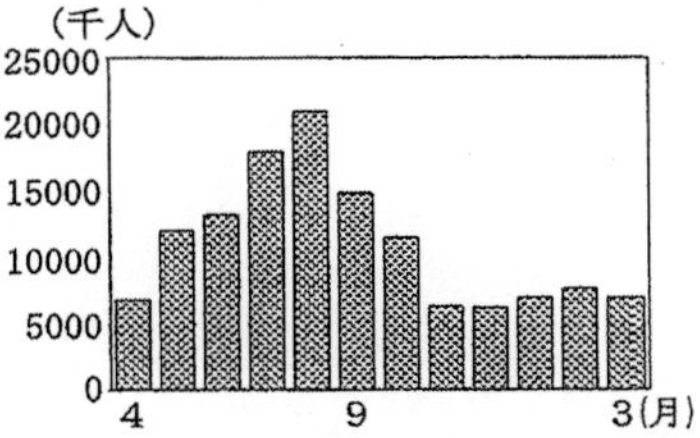

（「北海道観光入込客数調査報告書」から作成）

写真　冬の北海道を楽しむ観光客

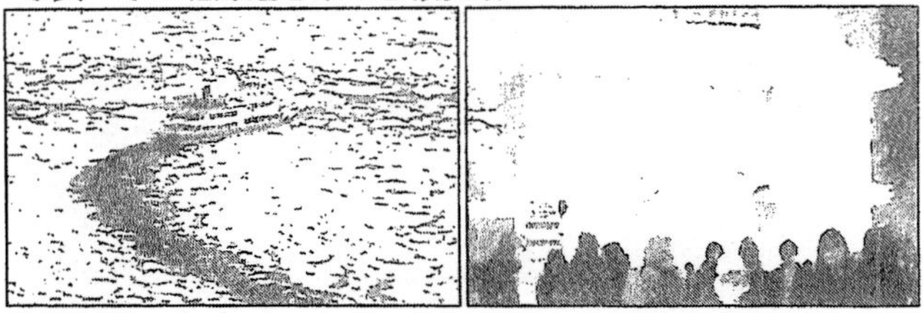

(2)　図2のア～エは，北海道，宮城県，千葉県，山梨県のいずれかである。北海道に当てはまるものを一つ選び，記号を書け。

図2　農業産出額割合

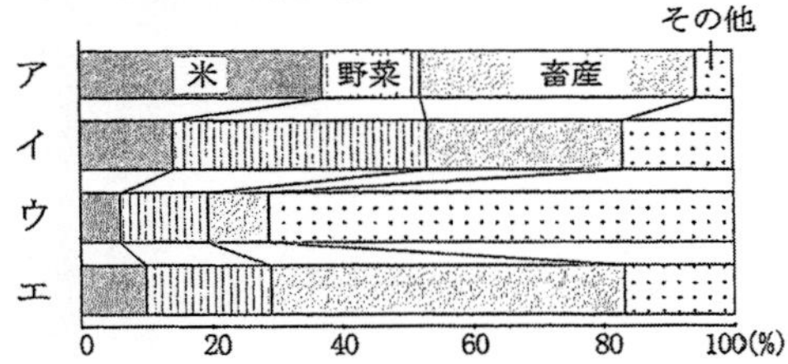

（「データで見る県勢2017」から作成）

(3)　図3から，北海道は他の県と異なり，生乳を乳製品向けに加工する割合が高いことが分かる。この理由を，次の語句を用いて書け。

〔　大消費地　〕

図３　生乳用途別処理量

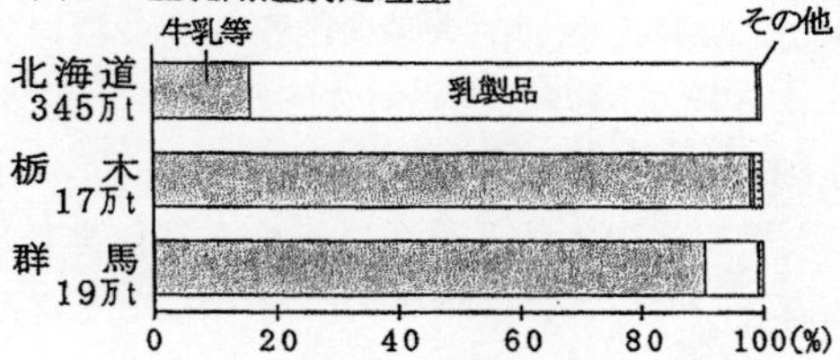

(「牛乳乳製品統計2017年度」から作成)

(4)　この単元の学習を進めるに当たって，「学習指導要領」では「①自然環境」「②人口や都市・村落」「③産業」「④交通や通信」の主に四つを中核とした考察の仕方が示され，「①から④までの考察の仕方は，少なくとも一度は取り扱う」ことが示されている。地域を七つに区分し，同じ考察の仕方で学習を進める場合，2回目の考察ではどのように学習を進めたらよいか。「解説」を踏まえて書け。

(5)　この単元では，中核となる事象の成立条件を，他の事象やそこで生ずる課題と有機的に関連付けていくことが大切である。「有機的に関連付ける」とはどういう意味か，「解説」を踏まえて書け。

(☆☆☆◎◎◎)

【6】次は，「解説」に示されている歴史的分野の目標の一部である。(1)，(2)の問いに答えよ。

(1)　我が国の歴史の(　a　)を，世界の歴史を背景に，各時代の特色を踏まえて理解するとともに，諸資料から歴史に関する様々な情報を効果的に(　b　)を身に付けるようにする。

(2)　歴史に関わる事象の意味や意義，伝統と文化の特色などを，<u>時期や年代，推移，比較，相互の関連や現在とのつながりなど</u>に着目して多面的・多角的に考察したり，歴史に見られる課題を把握し複数の立場や意見を踏まえて公正に選択・判断したりする力，思考・判断したことを説明したり，それらを基に議論したりする力を養う。

(3)　歴史に関わる諸事象について，よりよい社会の実現を視野

にそこで見られる課題を主体的に追究，解決しようとする態度を養うとともに，多面的・多角的な考察や深い理解を通して涵(かん)養される我が国の歴史に対する(　c　)，国民としての(　d　)，国家及び社会並びに文化の発展や人々の生活の向上に尽くした歴史上の人物と現在に伝わる文化遺産を尊重しようとすることの大切さについての(　d　)などを深め，国際協調の精神を養う。

(1)　(　a　)～(　d　)に当てはまる語句を，それぞれ書け。ただし，(　d　)には同じ語句が入る。

(2)　下線部の視点に着目した考察や構想に向かう「問い」の例を，「解説」を踏まえて三つ書け。

(☆☆☆☆◎◎)

【7】「学習指導要領」〔歴史的分野〕2内容B(1)「古代までの日本」，(2)「中世の日本」に関する問題である。(1)～(6)の問いに答えよ。

年表

年代	できごと
6世紀	・(　a　)が中国を統一 ・聖徳太子が(　b　)天皇の摂政となる
7世紀	・小野妹子らが使節として(　a　)に派遣される ・中国で(　a　)に代わり(　c　)が建国 ・白村江の戦いが起こる…X ・壬申の乱が起こる…Y
ⓐ8世紀	・東大寺大仏の開眼
11世紀	・藤原道長が摂政となる
12世紀	・源頼朝が征夷大将軍になる
13世紀	・北条氏が実権をにぎる ・承久の乱が起こる ・文永の役が起こる｝元寇…Z ・弘安の役が起こる｝
14世紀	・足利尊氏が征夷大将軍になる

(1)　年表中の(　a　)～(　c　)に当てはまる語句を書け。ただし，(　a　)

には同じ語句が入る。

(2)　年表中の下線部ⓐは，西暦で何年から何年までを指すか書け。また，「年代の表し方や時代区分」の学習で取り扱う内容を「解説」を踏まえ，次の語句を用いて書け。

〔　基盤　〕

(3)　年表中Xの後，中大兄皇子が国防のためにとった対策を書け。

(4)　年表中Yの後，即位した天皇は誰か，人物名を書け。

(5)　「解説」に示された歴史的分野における改訂の要点を踏まえて，年表中Zの学習の例を書け。

(6)　次の資料1～3は，教師が年表中のできごとについて，授業で使うために準備したものの一部である。

資料１　天皇や貴族による政治

聖武天皇
仏教の力で国家を守ろうと考え，地方には(　A　)，都には東大寺を建てた。

藤原道長
娘を(　B　)ことで，政治の実権をにぎる摂関政治を行った。

資料２　武家政治の展開

北条政子の訴え
頼朝公が朝廷の敵をたおし，幕府を開いてこのかた，官職といい，土地といい，その恩は山より高く海より深いものでした。（中略）名誉を大事にするものは，ⓑ京都に向かって出陣し，逆臣をうち取り，幕府を守りなさい。
（「吾妻鏡」の一部）

⇩

承久の乱の後，京都には，ⓒ六波羅探題が置かれた。

①　資料1の(　A　)，(　B　)に入る内容をそれぞれ書け。

②　資料2の下線部ⓑで，鎌倉幕府を倒そうと兵を挙げた上皇は誰か，人物名を書け。

③　資料2について，鎌倉幕府が下線部ⓒを置いた目的を，簡潔に書け。

④　資料3のPとQを代表する文化財として最も適切なものを，写真ア～オから一つずつ選んで，記号を書け。

資料３　鎌倉時代と室町時代の文化

特色
P　武士の気風を反映した力強い文化
⇩
Q　公家の文化と武家の文化が融合

写真

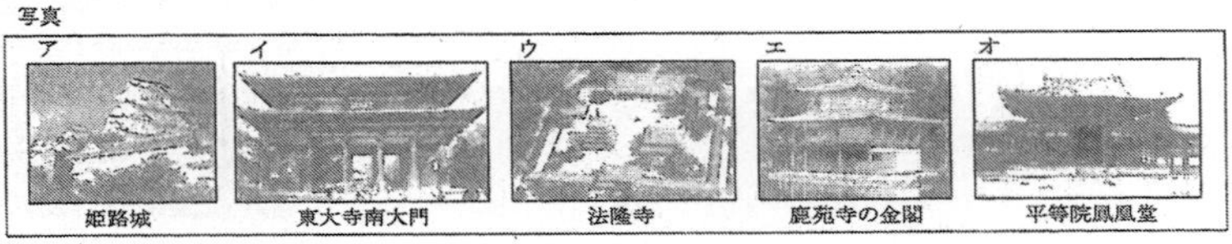

ア 姫路城　イ 東大寺南大門　ウ 法隆寺　エ 鹿苑寺の金閣　オ 平等院鳳凰堂

(☆☆☆◎◎◎)

【8】「学習指導要領」〔歴史的分野〕2内容B(3)「近世の日本」に関する問題である。(1)～(3)の問いに答えよ。

(1) 資料1は，生徒が調べて分かったことを記述したノートの一部である。

資料１　生徒のノートの一部

＜経済の成長と幕政の改革＞

○学習問題
幕府政治の改革が繰り返し行われたのはなぜだろう。

A　天保の改革
・老中（　a　）による改革
・株仲間の解散，出版や風俗の取り締まり，江戸の出かせぎ農民を故郷に帰す

B　田沼意次の政治
・株仲間の結成を奨励
・長崎貿易の拡大，蝦夷地開拓の計画

C　享保の改革
・８代将軍（　b　）による改革
・新田開発，目安箱の設置，公事方御定書の制定，質素・倹約，上米の制

D　寛政の改革
・老中（　c　）による改革
・江戸に来ていた農民を故郷に帰す，凶作に備えて米を貯蔵，旗本・御家人の借金を帳消し，昌平坂学問所の設立

① (a), (b), (c)に当てはまる人物名を書け。

② 次に示す狂歌は，A～Dのどのできごとを風刺してよまれたものか，記号を書け。また，下線部ⓐが示す内容を簡潔に書け。

白河の清きに魚のすみかねて　ⓐもとの濁りの田沼恋しき

③「解説」に示されている，幕府の政治改革について取り扱う際の留意点を踏まえ，AとCのできごとについて，資料1の生徒のノート記述に足りない内容を付け足して書け。

④ A～Dのできごとを，年代の古い順に並び替えよ。

(2) 資料2は，秋田藩の改革を調べた際の生徒のメモである。下線部ⓑについて，佐竹義和が設立し，1811年に改称した藩校の名称を一つ選び，記号を書け。

ア　興譲館　　イ　作人館　　ウ　日新館　　エ　明徳館

資料2　身近な地域の歴史

<わたしの疑問> 江戸時代には，秋田でも藩を立て直そうとする改革が行われたのかな？ ○秋田藩の改革 ・9代藩主　佐竹義和(よしまさ)による改革 ・林業，製糸業などの奨励 ・ⓑ藩校を設立

(3) 資料3は，教師が生徒に，江戸時代に生まれた文化の特色について考えさせる際に準備したものの一部である。

資料3　江戸時代の文化

文化	中心となった場所	文化を担った身分
ⓒ元禄文化	京都，大阪	（ d ）
化政文化	江戸	

①　資料3の下線部ⓒの頃に，次の絵を描いた人物名を書け。

絵

見返り美人図

②　「解説」には，近世の文化の学習について次のように示されている。(　X　)に当てはまる内容を資料3の(　d　)に入る語句を用いて書け。

大阪・京都・江戸などの都市を舞台に，(　X　)とする文化が形成されたことや，衣食住，年中行事，祭礼などの「各地方の生活文化」が生まれたことを，「身近な地域の事例を取り上げるように配慮」(内容の取扱い)して理解できるようにするとともに，近代の日本の基盤が形成されたことなど，それと「現在との結び付き」(内容の取扱い)に気付くことができるようにする。

(☆☆☆◎◎◎)

【9】「学習指導要領」〔歴史的分野〕2内容C(1)「近代の日本と世界」に関する問題である。(1)～(3)の問いに答えよ。

資料1　「学習指導要領」〔歴史的分野〕

(1)　近代の日本と世界 　課題を追究したり解決したりする活動を通して，次の事項を身に付けることができるよう指導する。

ア　次のような知識を身に付けること。

(ア)　欧米における近代社会の成立とアジア諸国の動き

(イ)　明治維新と近代国家の形成

(ウ)　議会政治の始まりと国際社会との関わり

(エ)　近代産業の発展と近代文化の形成

(オ)　第一次世界大戦前後の国際情勢と大衆の出現

(カ)　第二次世界大戦と人類への惨禍

(1)　資料1の(1)ア(イ)において，「領土の画定」で触れる内容を，「解説」を踏まえ，次の語句を用いて書け。

〔我が国の立場〕

(2)　資料1の(1)ア(ウ)において，資料2のできごとをきっかけに条約改正の世論が高まった内容を指導する際に留意すべきことについて，「解説」を踏まえて書け。

資料２　ノルマントン号事件の風刺画

(ビゴー筆
日本漫画資料館蔵)

(3)　資料1の(1)ア(カ)を学習するに当たっての問いを，「解説」を踏まえて次のように設定した。(　　)に入る内容を書け。

なぜ，(　　　　　　)は，生かされなかったのだろうか。

(☆☆☆☆◎◎)

【10】次は，「学習指導要領」〔公民的分野〕2内容B「私たちと経済」の一部である。(a)～(e)に当てはまる語句を，それぞれ書け。

> (2)　国民の生活と政府の役割
>
> 対立と合意，効率と公正，(a)，(b)などに着目して，課題を追究したり解決したりする活動を通して，次の事項を身に付けることができるよう指導する。
>
> ア　次のような知識を身に付けること。
>
> (ア)　(c)の整備，公害の防止など環境の保全，少子高齢社会における社会保障の充実・安定化，(d)の保護について，それらの意義を理解すること。
>
> (イ)　財政及び租税の意義，国民の(e)の義務について理解すること。

(☆☆☆◎◎)

【11】次の資料は，「少子高齢化と財政」の授業の板書の一部である。(1)～(7)の問いに答えよ。

資料

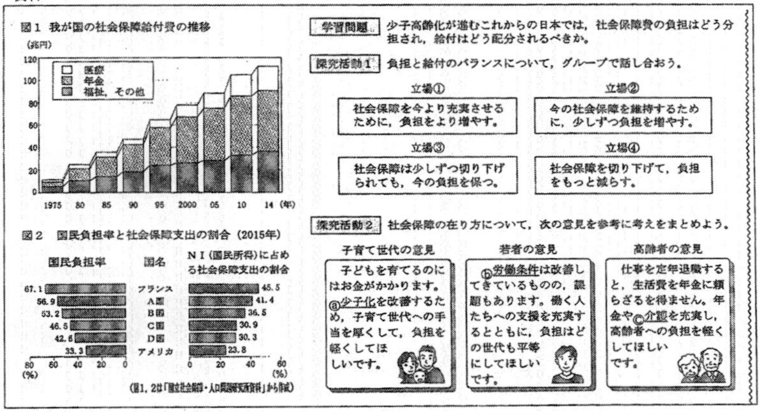

(1)　資料の図2のA国～D国には，日本，スウェーデン，ドイツ，イギリスのいずれかが入る。日本に当たるものを選んで記号を書け。

(2) 図1，図2から生徒が読み取った内容として誤っているものを，ア～エから一つ選んで記号を書け。また，このような誤りをした生徒に，どのような指導をしていくか，図中の語句を使って具体的に書け。

ア 1975年以降，我が国の社会保障給付費は年々増加している。

イ 我が国の2014年の社会保障給付費の中で最も割合が高いのは，年金である。

ウ アメリカのNI(国民所得)に占める社会保障支出額は，六か国中最も少ない。

エ 社会保障支出の国民負担率が，六か国中最も高い国はフランスである。

(3) 資料の探究活動1について，立場②と④を次の図3に示すとき，現在の日本の位置を基に，それぞれの立場が入る適切な位置を，ⓐ～ⓔから選んで書け。

図3

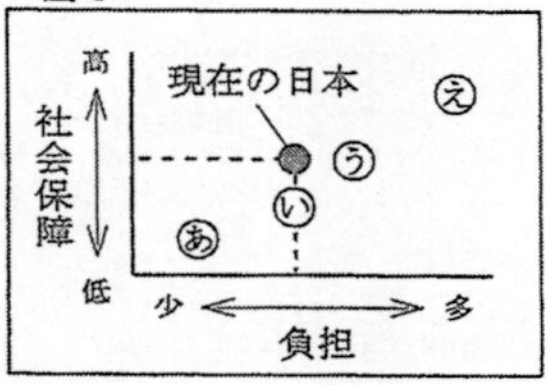

(4) 資料の下線部ⓐは人口減少の要因の一つと考えられるが，これは「社会減」に対して何というか書け。

(5) 資料の下線部ⓑについて，労働基準法第32条に規定されている労働時間についての内容を書け。

(6) 資料の下線部ⓒについて，平成12年に導入された介護保険制度の概要を，加入対象年齢に着目して書け。

(7) 次の文は，「学校教育の指針　2019年度の重点」(秋田県教育委員会)に示す社会科の重点の一部である。(　X　)に当てはまる語句，(　Y　)に当てはまる内容をそれぞれ書け。

①　社会的事象に対する疑問や予想を基に，(　X　)に課題を追究する学習活動の充実 ②　よりよい社会の実現に向けて，主体的に(　Y　)とする態度を養う学習活動の充実

(☆☆☆◎◎◎)

【12】次は，「学習指導要領」〔公民的分野〕2内容D(2)「よりよい社会を目指して」に関する学習において，ある生徒が作成したレポートの一部である。(1)～(7)の問いに答えよ。

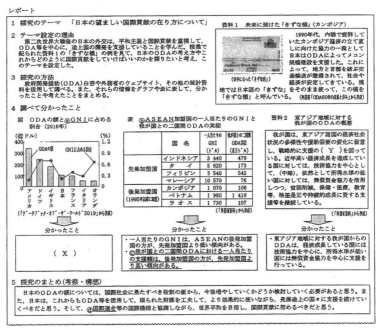

レポート

1　探究のテーマ　「日本の望ましい国際貢献の在り方について」

2　テーマ設定の理由

第二次世界大戦後の日本の外交は，平和主義と国際貢献を重視して，ＯＤＡ等を中心に，途上国の開発を支援していることを学んだ。授業で配られた資料１の「きずな橋」の例を見て，日本のＯＤＡの考え方やこれからどのように国際貢献をしていけばいいのかを探りたいと考え，このテーマを設定した。

3　探究の方法

政府開発援助（ＯＤＡ）白書や外務省のウェブサイト，その他の統計資料を活用して調べる。また，それらの情報をグラフや表に表して，分かったことや考えたことをまとめる。

資料１　未来に架けた「きずな橋」（カンボジア）

（切手になった「きずな橋」）

1990年代，内戦で疲弊していたカンボジア経済の立て直しに向けた協力の一環として日本はＯＤＡによってメコン架橋建設を支援した。これによって，地方と首都を結ぶ交通輸送が整備されて，社会や経済が安定してきている。現地では日本語の「きずな」をそのまま使って，この橋を「きずな橋」と呼んでいる。（外務省「ODA60年の成果と歩み」から作成）

4　調べて分かったこと

図　ＯＤＡの額と ⓐＧＮＩに占める割合（2016年）

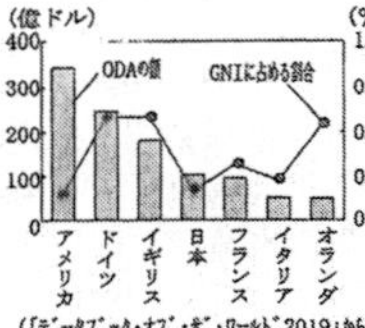

（「データブック・オブ・ザ・ワールド2019」から作成）

分かったこと

（　X　）

表　ⓑＡＳＥＡＮ加盟国の一人当たりのＧＮＩと我が国との二国間ＯＤＡの実績

	国　名	一人当たりの GNI (ドル)	我が国との二国間 ODA実績 (百万ドル)
先発加盟国	インドネシア	3 440	479
	タ　イ	5 620	173
	フィリピン	3 540	542
	マレーシア	10 570	76
後発加盟国 (1995年以降に加盟)	カンボジア	1 070	106
	ベトナム	1 980	1 419
	ラ オ ス	1 730	107

（「外務省資料」から作成）

分かったこと

・一人当たりのＧＮＩは，ＡＳＥＡＮの後発加盟国の方が，先発加盟国より低い傾向がある。
・ⓒ我が国との二国間ＯＤＡにおける一人当たりの支援額は，後発加盟国の方が，先発加盟国より高い傾向がある。

資料２　東アジア地域に対する我が国のＯＤＡの概要

我が国は，東アジア諸国の経済社会状況の多様性や援助需要の変化に留意し，戦略的に支援の（　Y　）を図っている。近年高い経済成長を達成している国に対しては，技術協力を中心として，（中略），依然として所得水準の低い国に対しては，無償資金協力を活用しつつ，貧困削減，保健・医療，教育等，格差是正や持続的成長に資する支援等を継続している。

（「外務省資料」から作成）

分かったこと

・東アジア地域に対する我が国からのＯＤＡは，経済成長している国には技術協力を中心に，所得水準が低い国には無償資金協力を中心に支援を行っている。

5　探究のまとめ（考察・構想）

日本のＯＤＡの額については，国際社会に果たすべき役割の面から，今後増やしていくかどうか検討していく必要があると思う。また，日本は，これからもＯＤＡ等を活用して，限られた財源を工夫して，より効果的に使いながら，発展途上の国々に支援を続けていくべきだと思う。そして，ⓓ国際連合等の国際機構と協調しながら，世界平和を目指し，国際貢献に努めるべきだと思う。

(1)　図の下線部ⓐは何を表しているか，GDPとの違いを明らかにし，内容に着目して書けけ。

(2)　レポートの(　X　)には，図から読み取れる我が国のODAの特色が入る。適切な内容を書け。

(3)　表の下線部ⓑやEUのように，特定の地域でまとまりを作り，協力を強めようとする動きを何というか書け。また，それらが現在かかえている課題を書け。

(4)　表から下線部ⓒの結論を導くために，必要なデータとして適切なものを，ア～エから一つ選んで記号を書け。

ア　それぞれの国の面積

イ　それぞれの国の他国からのODA支援額

ウ　それぞれの国の経済成長率

エ　それぞれの国の人口

(5)　資料2の(　Y　)に当てはまる適切な語句を，ア～エから一つ選んで記号を書け。

ア　重点化　　イ　簡素化　　ウ　多様化　　エ　広域化

(6)　下線部ⓓについて，安全保障理事会の常任理事国をすべて書け。また，この組織の総会によって設立された機関のロゴを，ア～エから一つ選んで記号を書け。

ア　　イ　　ウ　　エ

(7)　このレポートの作成に当たり，生徒にどのような表現力を身に付けることができるよう指導すべきか，「解説」を踏まえて書け。

(☆☆☆◎◎◎)

地理・歴史

【1】世界史の授業のまとめとして，歴史上の出来事について年表や史料等を作成した。これを見て，あとの問いに答えよ。

前3世紀～前1世紀　古代ローマ
前264　①ポエニ戦争（～前146)
前133　グラックス兄弟の改革
前 91　②同盟市戦争始まる
前 31　アクティウムの海戦

6世紀の世界
・ビザンツ帝国が地中海帝国再復興をめざす。
・（　A　）がビザンツ帝国と抗争
・（　A　）と結んだ突厥が（　B　）を滅ぼす。
・（　C　）が、分裂していた中国全土を統一

14世紀～15世紀　教皇権の衰退
1302　三部会招集
1303　③アナーニ事件
1414　④コンスタンツ公会議（～18)

15世紀～16世紀　オスマン帝国
1402　（　D　）の戦い
1453　ビザンツ帝国滅亡
1529　第1次ウィーン包囲失敗
1538　［　X　］

17世紀～18世紀の戦争・革命
1618　⑤三十年戦争
1688　⑥名誉革命
1775　⑦アメリカ独立戦争始まる
1789　⑧フランス革命始まる

史料Ⅰ

1. 人間は自由かつ権利において平等なものとしてうまれ，また，存在する。社会的な差別は，共同の利益に基づいてのみ，設けることができる。

17. 所有権は神聖かつ不可侵の権利であるから，何人も，適法に確認された公共の必要が明白にそれを要求する場合であって，また，事前の公正な補償の条件のもとでなければ，それを奪われることはない。

史料Ⅱ

…すべての人は平等につくられ，神によって，一定のゆずることのできない権利を与えられていること。そのなかには生命，自由，そして幸福の追求が含まれていること。これらの権利を確保するために，人類のあいだに政府がつくられ，その正当な権力は被支配者の同意に基づかねばならないこと。…

史料Ⅲ

議会の上下両院は…古来の権利と自由をまもり明らかにするために，次のように宣言する。

1. 王の権限によって，議会の同意なく，法を停止できると主張する権力は，違法である。

4. 国王大権と称して，議会の承認なく，王の使用のために税金を課することは，違法である。

(1)　下線部①に関連して，第2回ポエニ戦争が始まった前218年頃，中国で権力を握っていた皇帝の政策を100字以内で述べよ。その際，皇帝名を明らかにすること。

(2)　下線部②の原因と結果について60字以内で述べよ。

(3)　(　A　)・(　B　)・(　C　)にあてはまる国家(王朝)・民族名をそれぞれ記せ。

(4)　下線部③の経緯を踏まえながら，その内容について，次の語句を用いて60字以内で述べよ。[　課税　]

(5)　下線部③から下線部④までの経緯について110字以内で述べよ。なお，教皇名や国王名，コンスタンツ公会議については記さなくてよい。

(6)　(　D　)を首都とする現在のトルコ共和国の地図を描け。なお，次の点も記すこと。

・バルカン半島と黒海の海岸線を描くこと。

・現在のトルコ共和国の領土を太線で囲むこと。

・(　D　)の位置に★印を記し，そのわきに都市名を記すこと。

・北緯40度線を引くこと。

(7)　[　X　]にあてはまる海戦の内容と意義について，次の語句を用いて50字以内で述べよ。その際，海戦名とオスマン帝国のスルタンの名も明らかにすること。[　制海権　]

(8)　下線部⑤を終結させた条約について，誤りを含む文を次のア～エから一つ選んで記号を書け。

ア　フランスは，アルザスとロレーヌの一部を獲得した。

イ　スイスとオランダの独立が認められた。

ウ　神聖ローマ帝国でカルヴァン派が承認され，個人の信仰の自由が認められた。

エ　ドイツの諸侯にほとんど完全な主権が承認され，諸侯の分立状態は決定的となった。

(9)　下線部⑥・⑦・⑧と最も関連の深い史料を，それぞれ史料Ⅰ～史料Ⅲの中から選んで番号を書け。

(10)　下線部⑦を終結させたパリ条約(1783)の内容を50字以内で述べよ。

(11)　下線部⑧について，次のア～エを年代の古い順に並べ替え，記号を書け。

ア　立法議会がオーストリアに宣戦

イ　テルミドール9日のクーデタ

ウ　国民議会が人権宣言を採択

エ　ルイ16世処刑

19世紀～20世紀の戦争・事件・革命など	
＜あ＞	
1840	アヘン戦争勃発
＜い＞	
1853	クリミア戦争勃発
＜う＞	
1898	英仏間で（　E　）事件起こる
＜え＞	
1900	義和団事件発生
1911	Y
1914	第一次世界大戦勃発
＜お＞	
1917	ロシア革命
1919	ローラット法制定
	（　F　）事件
1934	中国共産党が長征開始（～36）
1936	（　G　）事件
1937	（　H　）事件
1939	第二次世界大戦勃発
1946	インドシナ戦争勃発
1965	⑨九・三〇事件

(12)　南アフリカ戦争が勃発した年は，＜あ＞～＜お＞のどこに入るか。一つ選んで記号を書け。

(13)　(　E　)～(　H　)に入る語句を，次のア～コから一つずつ選んで記号を書け。

ア　ドレフュス　　イ　西安　　ウ　モロッコ

エ　ファショダ　　オ　血の日曜日　　カ　盧溝橋

キ　五・三〇　　ク　柳条湖　　ケ　アムリットサール

コ　ノモンハン

(14) [Y] にあてはまる中国で起こった革命の歴史的意義について，次の語句を用いて110字以内で述べよ。その際，革命の名称を明らかにし，1911年10月から1912年2月までの出来事を時系列に沿って記述すること。[　共和国　　中国の皇帝政治　]

(15) 下線部⑨が起こった国では，この事件を機に軍部が実権をにぎり，共産党は弾圧され，大統領は失脚した。その大統領名を記せ。

(☆☆☆☆◎◎◎)

【2】次の各資料を見て，下の問いに答えよ。

資料Ⅰ　古代宮都の推定位置

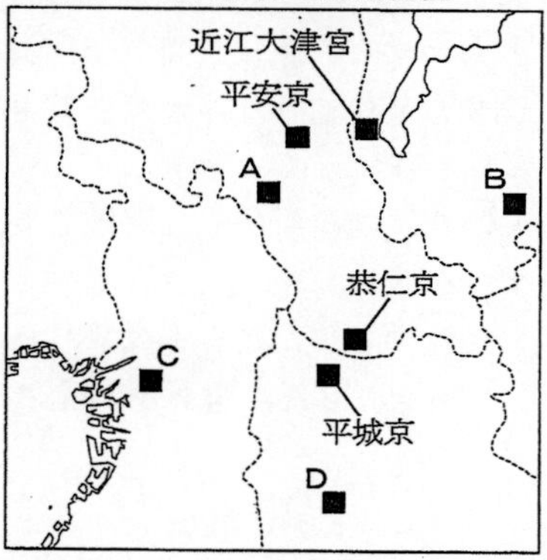

(1) 資料ⅠのA～Dについて，適切な宮都名の組合せを，一つ選んで記号を書け。

ア	A	長岡京	B	難波宮	C	紫香楽宮	D	藤原京
イ	A	藤原京	B	難波宮	C	紫香楽宮	D	長岡京
ウ	A	長岡京	B	紫香楽宮	C	難波宮	D	藤原京
エ	A	藤原京	B	紫香楽宮	C	難波宮	D	長岡京

(2) 平城京から恭仁京への遷都について，同年の九州における出来事と関連づけて50字以内で述べよ。その際，遷都した天皇名を明らかにすること。

(3) 飛鳥から近江大津宮に宮都が移り，再び飛鳥に移る経緯を，支配体制の形成と関連づけて100字以内で述べよ。

資料Ⅱ

定

一　日本ハ神国たる処，きりしたん国より邪法を授候儀，太以不可然候事，

一　其国郡之者を近付門徒になし，神社仏閣を打破之由，前代未聞候，国郡在所・知行等，給人に被下候儀者，当座之事候，天下よりの御法度を相守，諸事可得其意処，下々として猥義，曲事事，

一　伴天連其知恵之法を以，心さし次第ニ檀那を持候と被思召候ヘハ，如右日域之仏法を相破事，曲事候条，伴天連儀，日本之地ニハおかせられ間敷候間，今日より廿日之間ニ用意仕，可帰国候，其中に下々伴天連に不謂族申懸もの在之ハ，曲事たるへき事，

一　黒船之儀ハ，商買之事候間，各別候之条，年月を経，諸事売買いたすへき事，

一　自今以後，仏法のさまたけを不成輩ハ，商人之儀ハ不及申，いつれにてもきりしたん国より往還くるしからす候条，可成其意事，

已上

天正十五年六月十九日

(『松浦文書』)

(4)　資料Ⅱの定書を発した人物名を記せ。

(5)　資料Ⅱの内容とその効果を，80字以内で述べよ。

資料Ⅲ　儒学者系統図

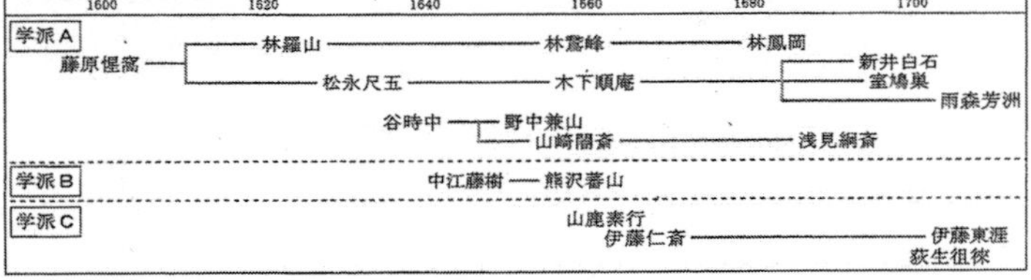

(6)　資料Ⅲの学派A～Cの適切な説明を，それぞれ一つずつ選んで記

号を書け。

ア　知行合一を説いて実践を重視し，現実の世を批判した。

イ　孔子・孟子の原典に直接立ち返ろうとした。

ウ　大義名分論を基礎に，上下の身分秩序を重視した。

(7)　文治主義に転換する諸藩の特色を，会津藩と岡山藩の具体例を挙げて，80字以内で述べよ。その際，資料Ⅲ中の人物名を用いること。

資料Ⅳ

> 今般地租改正ニ付，旧来田畑貢納ノ法ハ悉皆相廃シ，更ニ地券調査相済次第，土地ノ代価ニ随ヒ，百分ノ三ヲ以テ地租ト可相定旨被　仰出候条，改正ノ旨趣別紙条例ノ通可相心得，且従前官庁並郡村入費等地所ニ課シ取立来候分ハ，総テ地価ニ賦課可致，尤其金高ハ本税金ノ三ヶ一ヨリ超過スヘカラス候，此旨布告候事，
>
> (『法令全書』)

(8)　資料Ⅳの税制改正の要点を授業で説明したい。下線部と比較して表にまとめた板書を作成せよ。

(9)　資料Ⅳの税制改正の意義を，50字以内で述べよ。

(10)　「三大事件建白運動」の推移を，100字以内で述べよ。その際，「地租」という語を用いること。

資料Ⅴ

> 私の第一次内閣は二十一年五月から翌二十二年五月までの丸一ヵ年の短期間ではあったが，旧憲法下の第九十，九十一，九十二の三議会において，戦後処理と民主日本再建の基本的役割を果す多くの重要法案を成立させた。すなわち憲法改正案審議の重大任務を果して，新憲法を制定したほか，軍需補償打切りと，これに関連する経済再建整理法，農地改革法，労働三法，財産税法，参議院選挙法，教育基本法，地方自治法，独占禁止法等，すべて画期的な意義を持つ戦後日本の基本法ばかりである。

なかでも二十二年五月三日には日本国憲法が実施され，この日，皇居前広場において，天皇陛下親臨の下に記念式典が挙行されたことは，私の生涯忘れ得ざるところである。

（『回想十年』）

(11)　資料Ｖの下線部は誰か，人物名を記せ。

(12)　資料Ｖの下線部の人物による第一次内閣と第二次内閣のあいだの我が国の政治の推移を，100字以内で述べよ。その際，該当する期間に内閣総理大臣に就任した人物名をすべて記すこと。

（☆☆☆☆☆◎◎◎）

【３】世界の水産業について生徒に説明するために次の図1～図3を用いることとした。あとの問いに答えよ。

図１　主な国の漁獲量の推移

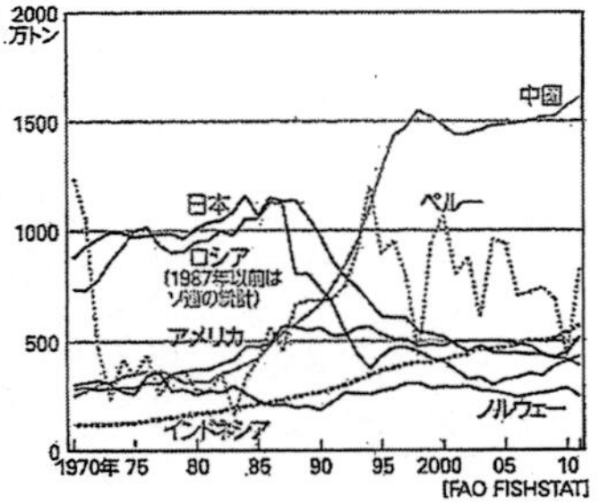

図２　日本の漁業別漁獲量と
魚介類輸入の推移

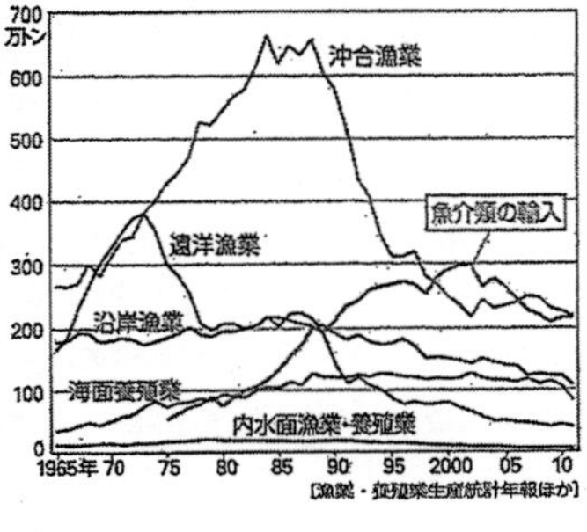

図3　主な国の水産物の輸出入額

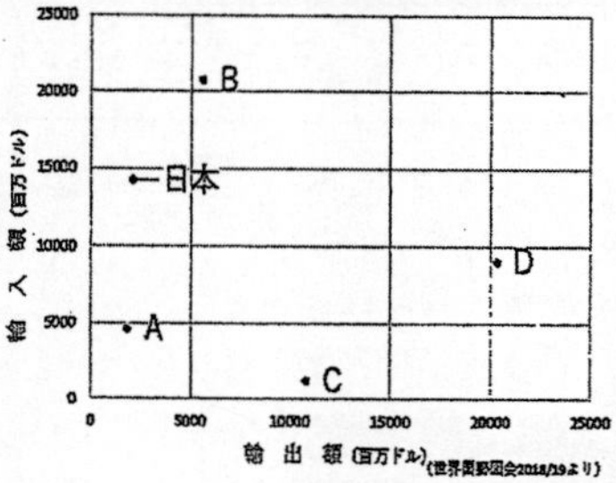

(1)　図1について，ペルーは年による漁業生産量の変動幅が大きい。その要因について50字以内で述べよ。

(2)　図2について，遠洋漁業が衰退した要因について80字以内で述べよ。

(3)　図2について，魚介類の輸入が増加した要因について次の語句を用いて50字以内で述べよ。

[　プラザ合意　]

(4)　寒流と暖流が接する潮境が好漁場となる要因について，魚種が多いことのほか，何が挙げられるか50字以内で述べよ。

(5)　図3について，A～Dに該当する適切な国名の組合せを，一つ選んで記号で書け。

ア　A　タイ　B　アメリカ合衆国　C　中国　D　ノルウェー

イ　A　韓国　B　中国　C　アメリカ合衆国　D　ノルウェー

ウ　A　タイ　B　ノルウェー　C　アメリカ合衆国　D　中国

エ　A　韓国　B　アメリカ合衆国　C　ノルウェー　D　中国

(6)　日本の輸入依存度が高いエビ，サケ・マス，タコについて，次の表の空欄(　E　)～(　G　)に適する国名を記せ。

表　日本が消費するおもな魚介類の輸入相手国　（2015年財務省貿易統計より）

輸入品目（輸入額）	エビ（2078億円）	サケ・マス（1918億円）	タコ（403億円）
輸入相手国（上位３か国）	（　E　）　21.1%	（　F　）　56.4%	（　G　）　36.2%
	インドネシア　17.4%	ノルウェー　22.0%	モロッコ　31.7%
	インド　16.9%	ロシア　11.1%	中国　20.3%

(7)　図4を参考に，今後の水産資源の保全のあり方について，次の語句の意味を明らかにしながら80字以内で述べよ。[　SDGs　]

図４　日本の調査船調査で推定したサンマの海区別分布量

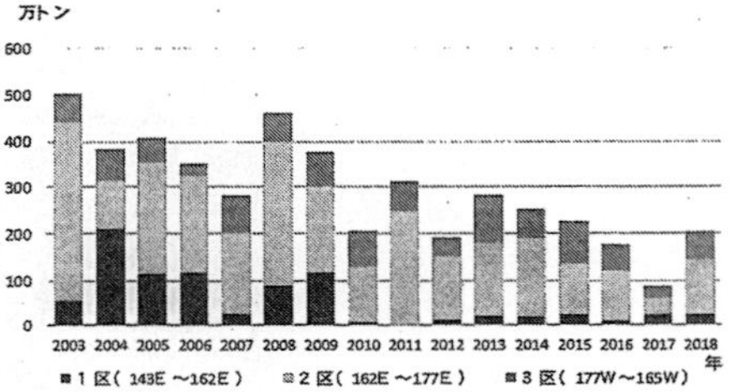

（水産研究・教育機構「平成30年年度国際漁業資源の現況」より）

(☆☆☆◎◎◎)

【４】アフリカの国々に関する次の問いに答えよ。

(1)　次の図1，表1を授業の導入に用いて，アフリカの国々が抱える課題について生徒に理解させたいと考えた。資料の着眼点と導き出す課題について，それぞれ80字以内で述べよ。

図１　アフリカ中部の地図

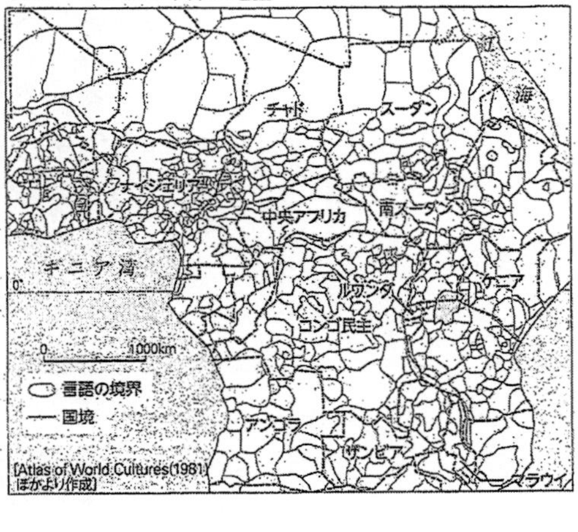

表１　各国の主な商品別輸出額とその割合

エチオピア（2015年）

品　目	百万ドル	%
コーヒー豆	1019	20.3
野菜・果実	915	18.2
石油製品	693	13.8
装飾用切花等	662	13.2
輸出総額	5028	100.0

ガーナ（2016年）

品　目	百万ドル	%
金（非貨幣用）	4428	41.6
カカオ豆	1886	17.7
原油	1079	10.1
野菜・果実	1025	9.6
輸出総額	10656	100.0

ボツワナ（2016年）

品　目	百万ドル	%
ダイヤモンド	6427	87.8
ニッケル鉱	235	3.2
機械類	187	2.6
輸出総額	7321	100.0

ザンビア（2015年）

品　目	百万ドル	%
銅	5150	73.8
とうもろこし	201	2.9
機械類	159	2.3
輸出総額	6983	100.0

（世界国勢図会2018/19より）

(2)　アフリカの熱帯地域に広がっている土壌について，生徒が次のように質問した。どのように答えるか，100字以内で述べよ。

「なぜ常緑広葉樹が繁茂しているのにやせていて，しかも赤いのですか。」

(3)　アフリカ南部で産出されるチタン，コバルト，クロムなどは特殊合金の材料となり，航空宇宙・新素材・エレクトロニクスなどの先端技術産業には欠かせない。もともと埋蔵量が少なかったり，技術面や費用面から純粋なものを取り出すことが難しかったりするこれらの金属を総称して何というか記せ。

(4)　アフリカの国々における情報通信手段の普及について，次の表2から読み取ることができることを80字以内で述べよ。

表2　アフリカの国々における100人あたり移動電話契約数とインターネット利用者率の推移

項目／国名	100人あたり移動電話契約数（件）		インターネット利用者率（%）	
	2010年	2016年	2010年	2016年
コートジボワール	76.5	115.8	2.7	26.5
コンゴ民主共和国	18.3	36.7	0.7	6.2
南アフリカ共和国	97.6	147.1	24.0	54.0
日本	95.9	130.6	78.2	93.2
世界全体	76.6	101.5	28.9	45.9

（世界国勢図会2018/19より）

(☆☆☆☆◎◎◎)

【5】次の(1)～(3)について，一題を選んで答えよ。

(1)　資料Ⅰを授業で用いて，この作品が描かれた歴史的背景を把握させたい。説明の要旨を250字以内で述べよ。

資料Ⅰ

ドイツ皇帝ヴィルヘルム２世がロシア皇帝
ニコライ２世に贈った寓意画「黄禍の図」

(2)　資料Ⅱを授業で用いて，同時代の他の作品にも触れながら，このような作品の特徴や描かれた歴史的背景を把握させたい。説明の要旨を250字以内で述べよ。

資料Ⅱ

(3)　地理の学習活動において，授業で得た知識を活用しながら秋田県の地形について説明する課題を生徒に与えた。この課題の模範解答を，具体的な地域(地名)を明示しながら，次の語句を用いて250字以内で作成せよ。

[　陸繋島　　カルデラ　　氾濫原　　扇状地　　ラグーン　]

(☆☆☆☆☆◎◎)

解答・解説

中学社会

【1】a　見方・考え方　　b　広い視野　　c　主体的　　d　形成者　　e　資質・能力

〈解説〉新学習指導要領では，教科や各分野の目標において，まず柱書として全体的な目標が掲げられ，それに続いて育成を目指す資質・能力の3つの柱に沿った(1)〜(3)の目標が示される形がとられている。本問の文章は，社会科の目標の柱書に該当するものである。　a　社会的な「見方・考え方」とは，社会的事象等の意味や意義，特色や相互の関連を考察したり，社会に見られる課題を把握して，その解決に向けて構想したりする際の「視点や方法(考え方)」である。　b「広い視野に立ち」には，社会科の学習が目指している多面的・多角的に事象をとらえ，考察することに関わる意味，国際的な視野という空間的な広がりに関わる意味の2つが含まれる。　c「主体的」とは，自分の意志や判断によって行動するさまを表す。　d　この柱書に続く目標の(1)～(3)に示される資質・能力を育成することが，平和で民主的な国家及び社会の「形成者」を育てることにつながることを示している。　e　公民としての「資質・能力」の基礎は，小・中学校社会科の目標に一貫した表現で，社会科の究極のねらいとなっている。

【2】(1)　国名：モンゴル　　住居：ゲル　　(2)　ⓑ，ⓔ

(3)　(解答例)　国名を単に覚えるだけの学習にならないよう，地図帳の活用を積極的に行ったり，人物名や地形名などに由来する国名に着目したりして，生徒の関心を引き出すこと。　(4)　ア，ウ，エ

(5)　(解答例)　日本は，ユーラシア大陸の東に位置する太平洋に囲まれた島国であり，中国や韓国などと隣接している。

(6)　(解答例)

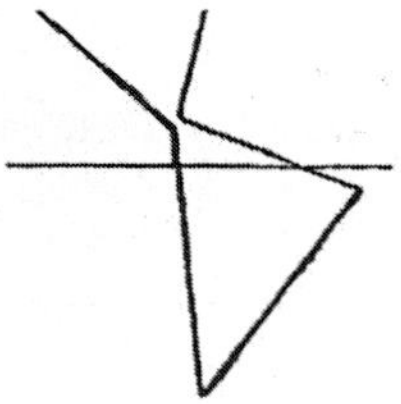

〈解説〉(1)　ⓐの「モンゴル」はアジア中央部の内陸国で，ロシアと中国に国境を接している。首都はウランバートル。北部はステップ地域，南部はモンゴル高原で乾燥が著しく，ゴビ砂漠が広がる。遊牧民の移動式住居「ゲル」は，円筒型の壁にドーム状の屋根を組み合わせたテントで，移動に便利なように組み立て式となっている。　(2)　三大洋は大西洋，太平洋，インド洋である。このうち，太平洋の面積は約1億6624万km²で最も大きく，ユーラシア，オーストラリア，南北アメリカの各大陸の間に広がる。したがって，太平洋に面するのはⓑのオーストラリアとⓔのメキシコである。　(3)　小学校高学年から中学校

にかけては，生徒の空間的な視野が急速に拡大する時期である。世界の国名などの知識を積極的に身に付け，それがより深い理解につながっていく生徒も多い一方，国名を覚えることに負担を感じる生徒も少なくない。そのような生徒の特性に十分に配慮しながら，授業を展開する必要がある。その際には，国名を単に覚えるだけの学習にならないよう留意する。具体的には，地図帳の索引を使って国の位置を把握したり，人物名や歴史的背景，山や川などの地形名に由来する国名に着目したりすることで，生徒の関心を引き出すことが可能となる。

(4) X は北緯40度線で，日本では秋田県大潟村も北緯40度(東経140度)に位置する。これと同じ北緯40度付近を通るのは，アのマドリード(北緯40度西経3度)，ウのペキン(北緯39度東経116度)，エのアンカラ(北緯39度東経32度)となる。なお，イのカイロは北緯30度東経31度，オのバンコクは北緯13度東経100度に位置する。 (5) 日本の国土の位置については，緯度と経度を基準とする国土の絶対的位置に加えて，様々な相対的位置(関係的位置)を取り上げる必要がある。具体的には，日本に隣接する大陸や海洋，近隣の国々との位置関係によって捉えたりするなど，様々な面から取り扱うことが重要となる。 (6) 世界の略地図の描き方については，赤道や基準となる経線と大陸との関係に留意する。南アメリカ大陸の形はおおよそ三角形で描き，北側は北アメリカ大陸とつなげる。三角形の右側(東側)のでっぱりは，赤道より下になるように描く。なお，南アメリカ大陸を通る赤道の西側はエクアドル(赤道という意味)，東側はアマゾン川の河口にあたる。

【3】(1) a ニューヨーク b 17 c 誰一人取り残さない

(2) ① 森林の耕地化が進んだ ② BRICS ③ (解答例) 森林の開発が進めば，穀物などの生産量・輸出量が増大して経済の発展につながる。一方，持続可能な開発には，進行する森林破壊を最小限に抑えるなど，環境の保全も必要となる。

〈解説〉(1) a 国際連合の本部所在地は，アメリカの「ニューヨーク」にある。国際連合は193カ国で構成され，6つの主要機関と14の専門機関を持つ。1945年に開かれた「国際機関に関する連合国会議」で国連憲章が起草され，この年の10月に正式に設立された。　b　SDGsは「Sustainable Development Goals」の略で，ミレニアム開発目標(MDGs＝2000年策定)の後継として採択された。これは，気候変動や経済的不平等，イノベーション，持続可能な消費，平和と正義の実現など「17」のゴール(目標)と，それらを具体化した169のターゲット(ねらい)を設定している。　c　2015年に採択されたアジェンダのスローガン，「誰一人取り残さない世界の実現」には，日本が重視する人間の安全保障の理念が反映されている。　(2)　①　資料2の1990年と2015年の数値を比較すると，森林面積の減少に伴い，耕地面積が増加していることがわかる。このような森林破壊の背景には，急激な人口増加や地下資源の開発が進められていることがあり，世界的に熱帯林の減少が問題となっている。　②　BRICSは，Brazil，Russia，India，China，South Africaの総称。ブラジル，ロシア，インド，中国，南アフリカ共和国は，広大な国土と豊かな資源を有し，人口大国でもある。近年，経済改革や社会改革によって，比較的高い経済成長率を達成している。③「持続可能な開発」は，開発と環境が相反するものではなく，共存し得るものという概念に基づいている。すなわち，これを実現するためには，環境保全を考慮した節度ある開発が必要となる。

【4】(1)　フォッサマグナ　　(2)　(解答例)　東側の東北日本弧では南北に，西側の西南日本弧では東西に山脈が連なっている。

(3)　(解答例)　日本列島沿岸に大陸棚が広く分布していることに加え，暖流と寒流がぶつかる潮目では，栄養の豊富な深層の海水が水面まで湧昇するため，プランクトンが大量に発生して好漁場となる。

(4)　(解答例)　消防や警察をはじめとする国や地方公共団体は，地域の人々やボランティアと連携し，情報の提供や被災者の支援など，地域の人々の生命や安全の確保のために活動している。　(5)　日本海沿岸東北自動車道　　(6)　(解答例)　国内の輸送では，自動車や鉄道，航空機など多様な交通機関が用いられることから，輸送対象の違いに加えて輸送の距離や輸送時間，地域性などによって輸送手段の違いが見られる。　(7)　(解答例)　ここでは，日本全体の地域的特色を理解するための基本的な事柄を扱い，事例地域を通した具体的な取り扱いはしないことに留意する。

〈解説〉(1)「フォッサマグナ」は「大きな溝」を意味し，日本列島の中央部を南北に走る大地溝帯となっている。東北日本弧と西北日本弧を分け，中央部には火山の列が連なる。フォッサマグナの西縁は糸魚川・静岡構造線だが，東縁は諸説ある。　(2)　フォッサマグナの東側の東北日本弧は，東側に日本海溝が並行し，中央を東日本火山帯が走っているため，山脈は南北に伸びている。フォッサマグナの西側の西南日本弧は，山陰地方から九州中央部にかけて西日本火山帯が走っている。　(3)　暖流と寒流がぶつかるところを潮境といい，潮境が水面に現れたものを「潮目」という。三陸沖は，寒流の千島海流と暖流の黒潮(日本海流)がぶつかる好漁場となっている。また，潮境では海面の温度差によって，湿った空気が急激に冷やされる。このため，濃い霧が発生しやすいことも特徴となっている。　(4)　内容のC「日本の様々な地域」「(2)日本の地域的特色と地域区分　①自然環境」では，自然災害と防災への取り組みなどを基に，日本の自然環境に関する特色を理解することが示されている。震災や台風など，さまざまな自然災害について，取り扱う内容は防災対策のみにとどまらない。災害時の対応や復旧，復興を見据えた視点からの取り扱いも必要となる。したがって，国や地方公共団体，地域の人々の連携によって安全確保の活動が行われていることを明示したい。　(5)　日本海沿岸東北自動車道は，新潟県を起点とし，山形県の酒田市，秋田県の秋田市など日本海側を縦断，東北縦貫自動車道と連結して青森県に至る高規格幹線道路である。高速道路ネットワークの形成による災害時の緊急輸送と速達性の確保，地域間の連携などをめざして整備が進められている。(6)　海外との輸送手段を見ると，物流では船舶(外航船)，人の往来手段としては航空機が多用されることから，輸送対象によって輸送手段が異なる。一方，国内の輸送手段としては，物流では自動車とともに船舶(内航船)，人の往来では自動車や鉄道，航空機，船舶といった多様な交通機関が利用されている。輸送対象の違いとともに，輸送距離や輸送時間，地域性などによって輸送手段の違いが見られることを理解させる。　(7)　「(2)日本の地域的特色と地域区分」は，「①自然環境」「②人口」「③資源・エネルギーと産業」「④交通・通信」の小項目について，系統的理解を深めるために基本的な事柄で構成されている。それぞれの項目について地域的特色を理解し，諸地域の特色や共通点などに着目して，地域区分をするなど多面的・多角的に考察する。また，「(3)日本の諸地域」で日本の様々な地域を取り上げて学習するため，それぞれの地域を個別に扱うことなく，具体的な取扱いはしない。

【5】(1)　a　夏に涼しい　　b　自然資源　　c　イベント　　(2)　エ
(3)　大消費地に遠い　　(4)　習熟の度合いを高める
(5)　(解答例)　地域の特色は，様々な事象が結び付いて影響を及ぼし合っているという意味で，有機的につながっている。地域的特色と他の事象との関連から，その成り立ちを考察することを意味している。

〈解説〉(1)　北海道の旅行目的は，名所などへの観光，温泉地などでの保養，ドライブなどが多く，観光客は夏の冷涼な時期に多い。一方，冬の降雪などの自然資源を観光資源として活用することも企画されている。海外から北海道のスキー場に来訪する観光客も増加し，流氷の時期に合わせて道内各地でイベントが企画されるなど，冬季の集客に向けた様々な取組が行われている。　(2)　エ　正答。北海道では酪農が盛んで，畜産は農業産出額の半分ほどを占める畜産大国となっている。また，野菜もにんじん，じゃがいも，アスパラガスなど，全国的に産出額上位のものが多い。さらに，北海道はもともと米作には不向きな土地だったが，品種改良の結果，近年はブランド米の生産も可能になった。なお，アは宮城県，イは千葉県，ウは山梨県が該当する。
(3)　北海道の生乳生産は全国1位で，日本全体の半分ほどを占める。しかし，首都圏など大消費地の都市部から遠いことから，日持ちのするチーズやバター，ヨーグルトなどの乳製品に加工して出荷することが多い。　(4) 「解説」では，「(3)日本の諸地域」について地域を7つに区分してそれぞれ小項目を設定し，「①自然環境」「②人口や都市・村落」「③産業」「④交通や通信」の考察の仕方のいずれかを複数回取り扱うことが示されている。その際，既習地域の学習を参考にしたり，比較したりするなどして，習熟の度合いを高めて考察することが求められている。ただし，特定の「考察の仕方」に偏った学習にならないよう，すべての「考察の仕方」を一度は取り扱う必要がある。
(5)　「(3)日本の諸地域」では，身に付けるべき思考力，判断力，表現力等として，それぞれ①から⑤までで扱う中核となる事象の成立条件を，地域の広がりや地域内の結び付き，人々の対応などに着目して多面的・多角的に考察し，表現することが求められている。地域の特色は，様々な事象が結びついて影響を及ぼし合っていることから，それらの関連を捉えて成り立ちを考察することが重要となる。

【6】(1)　a　大きな流れ　　b　調べまとめる技能　　c　愛情　d　自覚　　(2) ・いつ(どこで，誰によって)おこったか　　・前の時代とどのように変わったか　　・どのような時代だったのか　　・なぜ，おこった(何のために行われた)か　　・どのような影響を及ぼしたか　　・なぜそのような判断をしたと考えられるか　　・歴史を振り返り，よりよい未来の創造のために，どのようなことが必要とされるのか　から三つ
〈解説〉(1)　a　歴史的分野の目標の(1)は，この分野の学習を通じて育成される資質・能力のうち，「知識及び技能」に関わるねらいを示している。これは平成20年改訂の趣旨を引き継ぎ，歴史的分野の学習の中心が，日本の歴史の「大きな流れ」を理解することにあることを示している。　b 「調べまとめる技能」とは，課題の解決に向けて必要な社会的事象に関する情報を収集する技能，収集した情報を社会的事象の歴史的な見方・考え方を働かせて読み取る技能，読み取った情報を課題の解決に向けてまとめる技能を示している。　c，d　目標の(3)は，

歴史的分野の学習を通じて育成される資質・能力のうち，「学びに向かう力，人間性等」に関わるねらいを示している。我が国の歴史に対する「愛情」，国民としての「自覚」は，歴史的分野の学習を通じて，教育基本法の教育の目標にある精神を実現することを意味している。(2)　歴史的分野の目標の(2)は，歴史的分野の学習を通じて育成される資質・能力のうち，「思考力，判断力，表現力等」に関するねらいを示している。歴史的分野では，解答例に挙げられたような「問い(課題)」に導かれて，それらの意味を考えたり，解決したりする活動が展開される。

【7】(1)　a　隋　　b　推古　　c　唐　　(2)　西暦：701年から800年まで　　取り扱う内容：(解答例)　歴史的分野の導入学習として，世紀，西暦，元号の互いの関係や，時代を区分することの意味や意義について理解できるようにする。その学習内容を基盤に，内容のB以下の学習の中で継続的・計画的に学習する。　　(3)　(解答例)　中大兄皇子は，対馬・壱岐・筑紫に防人と烽を置いた。また，大宰府の周囲に水城を設け，大野城など朝鮮式山城を築いて新羅・唐軍の侵攻に備えた。(4)　天武天皇　　(5)　(解答例)　生徒に対しては，まず，モンゴル帝国の成立過程と拡大がユーラシア世界に与えた影響について考えさせ，元の襲来(元寇)がユーラシアの時代の変化の中で起こったことを理解させる。　　(6)　①　A　国分寺や国分尼寺　　B　(解答例)　天皇の妃とし，皇子が生まれると次の天皇に立てて外祖父となり，天皇が幼い時は摂政，成長すると関白の職につく　　②　後鳥羽上皇　③　(解答例)　六波羅探題は，朝廷を監視するとともに，西国の御家人を統制し，幕府の西国支配を強化するために置かれた。
④　P　イ　　Q　エ

〈解説〉(1)　a 「隋」は文帝(楊堅)が581年に建国し，589年に南朝の陳を滅ぼして中国を統一した。文帝は律令制による中央集権体制を整備したが，次の煬帝が民衆の反発を受け，618年に滅亡する。　b 「推古」天皇(在位592～628年)は，第33代の天皇で，日本初の女帝として知られる。 c「唐」は，隋の軍閥であった李淵(高祖)によって建国され，次の李世民(太宗)が628年に全国を統一した。官僚政治を行い，907年に滅亡するまで，300年近くにわたって存続した。 (2) 世紀とは，時代を100年ごとに区切って西暦を数えたときの一画期である。8世紀(西暦701年から800年)の日本は，その多くを奈良時代(710～794年)が占めており，律令国家の完成期に相当する。また，「年代の表し方や時代区分」については，歴史的分野の学習の導入部分，「A 歴史との対話」の中で扱われる。 (3) 660年，新羅が唐と結び，日本と友好関係にあった百済を滅ぼす。663年，日本は百済の復興を支援しようと朝鮮半島に大軍を派遣したが，白村江の戦いで唐・新羅の連合軍に大敗し，撤退する。中大兄皇子(のちの天智天皇)は，対馬・壱岐・筑紫に防人と烽を置き，大宰府の周囲に水城や山城を築くなどして，唐・新羅による日本侵攻に備えた。なお，水城は土塁と河川水を組み合わせた防御施設，大野城は朝鮮式山城である。 (4) 壬申の乱は，壬申の年の672年，天智天皇の弟である大海人皇子と，天皇の長子である大友皇子が皇位継承をめぐって起こした内乱である。大友皇子は敗北して自殺し，翌年，大海人皇子は「天武天皇」として即位する。この結果，大友皇子に味方した近江朝の蘇我氏・巨勢氏らの有力豪族は没落し，強大な権力を手に入れた天武天皇は，天皇と皇族を中心とした皇親政治を進めた。 (5) 歴史的分野の改訂の要点の1つに，「我が国の歴史の背景となる世界の歴史の扱いの一層の充実」がある。元寇の指導についての質問には，元寇をユーラシアの変化の中で捉える学習であることを十分アピールする必要がある。 (6) ① A 聖武天皇は，仏教の力によって国家の安定をはかろうとする鎮護国家思想に基づき，741年に国分寺建立の詔を発布して，国ごとに「国分寺」と「国分尼寺」をつくらせた。さらに，743年には大仏造立の詔を発布し，745年に全国の総国分寺である東大寺が造営された。 B 藤原道長は，平安時代中期に摂政となるが，その後，嫡子頼通にこれを譲る。しかし，実権を握り，天皇の外戚となって藤原氏全盛時代を築いた。道長が祝宴で詠んだ「望月の歌」は，栄華を極めて得意絶頂となった気持ちを表したものとして，つとに有名である。　②　1219年，朝廷との連携をはかっていた3代将軍・源実朝が暗殺されると，朝幕関係は不安定になる。1221年，「後鳥羽上皇」は鎌倉幕府を倒そうと画策し，諸国の武士に執権・北条義時の追討を命じる院宣を下す。主に西国の御家人を味方につけて承久の乱を起こすが，敗れて隠岐に流された。
③　承久の乱後，執権・北条義時は仲恭天皇を廃して，後鳥羽上皇，土御門上皇，順徳上皇を配流するとともに，朝廷の監視，および西国の御家人を統制して幕府の支配を強化するため，京都に六波羅探題を置き，義時の子・泰時などがその初代に就任した。　④　P　イの東大寺南大門は，鎌倉時代初期に再建された。宋から渡来した工人・陳和卿の技術により，宋の建築様式である大仏様が採り入れられた。鎌倉時代の文化の主な担い手は公家や僧だったが，武士の気風に合った力強さを特徴とする。東大寺南大門の両脇の金剛力士像がその代表で，奈良仏師の運慶・快慶の力強く写実的な作風が取り入れられている。
Q　エの鹿苑寺金閣は，室町時代前期の北山文化を代表する建造物である。ただし，当時の建物は1950年に焼失したため，1955年に再建された。その初層は公家の文化の寝殿造，二層は武家の文化の書院造，三層は仏教文化の禅宗仏殿で，公家の文化と武家の文化が融合したことを示している。なお，アの姫路城は桃山文化(完成は江戸時代初期)，ウの法隆寺は飛鳥文化，オの平等院鳳凰堂は国風文化の代表的な建造物である。

【8】(1)　①　a　水野忠邦　　b　徳川吉宗　　c　松平定信
②　記号：D　　内容：(解答例)　田沼意次時代における，わいろがはびこり，地位や特権のある人たちだけが優遇される濁った政治。
③　A　(解答例)　(～江戸の出稼ぎ農民を故郷に帰す)人返しが行われた。また，江戸や大坂周辺を幕領とする上知令も発布されたが，多くの大名や旗本の反対にあい，これは結局実現されなかった。
C　(解答例)　(～上米の制)などが行われた。吉宗の時代には，貨幣経済の浸透から貧富の差が拡大して不況となる。このため，百姓一揆や

打ちこわしが頻発し，吉宗は窮乏化した幕府の財政を立て直すため，享保の改革を行った。しかし，度重なる飢饉と米価下落のため，十分な成果をあげることができなかった。　④　C→B→D→A

(2)　エ　　(3)　①　菱川師宣　　②　(解答例)「経済力を高めた町人」を担い手

〈解説〉(1)　a　1841年，老中「水野忠邦」は天保の改革を始め，倹約令・株仲間の解散などの政策を実施する。しかし，1843年，財政の安定や防衛の強化を図るため上知令を出すが，強い反対にあって実施できず，改革は挫折して失脚した。　b　8代将軍「徳川吉宗」は，在職中の1716～1745年に享保の改革を行った。吉宗は，旗本や御家人のために「上米の制」を出して救済に努め，目安箱を設置して広く庶民の意見を聞くなどした。しかし，この改革は，飢饉と米価下落のため，十分な成果をあげることができなかった。　c　1787～1793年，老中「松平定信」は寛政の改革を行い，農村復興のための旧里帰農令や囲米，旗本・御家人の借金を一部帳消しにする棄捐令，朱子学以外の講義や研究を禁じる寛政異学の禁などを実施した。しかし，これらの改革案は，厳しい統制や倹約令が反発を招いて失敗に終わる。　②　資料の「白河」とは，白河藩主を務めた老中・松平定信のこと。「田沼」とは，その前の1786年まで政権の中枢にあった老中・田沼意次を指す。この狂歌は，松平定信による寛政の改革の清廉潔白さ(清き)に人々が嫌気を差し(魚のすみかねて)，地位や特権の乱用が目立ち，わいろがはびこるなど濁った時代ではあったが，「活気にあふれた田沼時代が恋しい」といった気持ちが込められている。　③「解説」は，「幕府の政治改革については，『百姓一揆などに結びつく農村の変化や商業の発達などへの対応という観点から，代表的な事例を取り上げる』(内容の取扱い)ようにする。その際，財政の悪化などの背景や，改革の結果などに触れる」としている。よって，Aの天保の改革，Cの享保の改革の背景や失敗に終わった理由について言及するようにしたい。

④　古い順に並べると，Cの享保の改革は1716～1745年。Bの田沼意次の政治は，1767年(側用人就任)ないし，1772年(老中就任)から1786年。

Dの寛政の改革は，1787～1793年。Aの天保の改革は，1841～1843年のこと。 (2) エ 明徳館は，1789年に「中興の英主」と称された佐竹義和が開いた藩校を起源とする。その後，明道館を経て，1811年に明徳館と改称された。儒学を中心としたが医学教育にも力を入れ，のちには国学教育も行った。なお，アの興譲館は米沢藩，イの作人館は盛岡藩，ウの日新館は会津藩の藩校である。 (3) ①「見返り美人図」は，浮世絵版画の開祖とされる菱川師宣の代表作である。菱川は安房出身の絵師で，17世紀後半に活躍し，独自の美人画様式を確立した。元禄文化は上方を中心に栄えたが，菱川や俳諧を芸術として大成させた松尾芭蕉のように，江戸を中心に活躍した人物もいた。 ②「近世の日本」の「解説」において，大阪・京都・江戸などの都市を舞台に，「経済力を高めた町人」を担い手とする文化が形成されたことが明示されている。また，近世の文化の学習に際しては，「代表的な事例を取り上げてその特色を考察させる」ことも重要となる。

【9】(1) (解答例) 「領土の画定」では，ロシアとの領土の画定をはじめ，琉球の問題や北海道の開拓を扱う。その際，北方領土が一貫して我が国の領土として国境設定がなされたことについても触れるようにする。また，竹島，尖閣諸島については，我が国が国際法上，正当な根拠に基づき正式に領土に編入した経緯にも触れ，これらの領土についての我が国の立場が歴史的にも国際法上も正当であることを理解できるようにし，中国や朝鮮との外交も扱うようにする。

(2) (解答例) 条約改正については，当時の国内の社会状況や国際情勢との関わりなどの背景を踏まえて，欧米諸国と対等な外交関係を樹立する過程の中から代表的な事例を取り上げ，長年にわたる外交上の課題として取り組まれたことに気付くことができるようにする。

(3) (解答例) 第一次世界大戦の反省

〈解説〉(1) 北方四島は，一度も他国の領土となったことがなく，日本固有の領土となっている。しかし，1945年に北方四島がソ連に占領されて以降，ソ連・ロシアによる不法占拠が続いている。また，竹島は歴史的事実に照らしても明らかに日本固有の領土であり，韓国の不法占拠は，国際法上，一切根拠のないものといえる。さらに，尖閣諸島も日本固有の領土であることは，歴史的にも国際法上も明らかであり，現に我が国はこれを有効に支配している。したがって，尖閣諸島をめぐり，解決しなければならない領有権の問題は存在しない。　(2)　まず，帝国主義を強める欧米列強の動き，その欧米列強との間の不平等条約を改正しようとする日本の動きなどの背景を踏まえる。そして，条約改正交渉の過程として，井上馨の欧化主義政策，ノルマントン号事件による国民の治外法権回復要求の高まりなどを取り上げ，長年にわたる外交上の課題として，条約改正に取り組んだことを理解する。(3)　この事項のねらいは，第一次世界大戦の反省が生かされなかったことを踏まえ，軍部の台頭から戦争までの経過と，大戦が人類全体に惨禍を及ぼしたことを理解することにある。「解説」は課題(問い)を設定し，二度目の世界大戦が起こった理由，その戦争の影響を世界的な視野で考察できるようにすることなどを求めている。

【10】a　分業と交換　　b　希少性　　c　社会資本　　d　消費者　　e　納税

〈解説〉a 「分業」とは，組織全体の労働を分けることによって生産を行う協業の一形態。「交換」とは，人間が使用価値を求めて行う物々交換，貨幣を媒介とする交換などのことをいう。　b 「希少性」とは，人々の必要性，欲望を十分に満たすだけの財・サービスが不足している状態のこと。　c 「社会資本」とは，国や地方公共団体などによって供給される，社会全体に必要な道路・鉄道・港湾・水道・下水道・工場用地・公園・図書館などの施設・設備のこと。　d 「消費者」の保護については，「内容の取扱い」の中で，消費者の自立の支援なども含めた消費者行政を取り扱うこととしている。　e　国民が「納税」の義務を果たすことの大切さを理解し，税の負担者として，租税の使い道や配分の在り方についても関心を深めるなど，納税者としての自覚を深めることが大切となる。

【11】(1)　D　　(2)　記号：ウ　　指導：(解答例)　割合と額の概念の違いを説明したのち，支出割合から支出額を算出するためには，国民所得のデータが不可欠であることを理解させる。　(3)　②　㋒　④　㋐　(4)　自然減　(5)　(解答例)　労働時間は休憩時間を除き，一日8時間以内，および週40時間以内とする。　(6)　(解答例)　介護保険制度は，40歳以上を加入対象年齢とし，介護が必要であると認定された場合，在宅または施設で介護サービスが受けられる社会保険制度である。　(7)　X　協働的　　Y　社会と関わろう

〈解説〉(1)　図2のA国はスウェーデン，B国はドイツ，C国はイギリス，D国は日本が該当する。日本は高齢化が急速に進んでいるが，国民負担率，NI(国民所得)に占める社会保障支出の割合は，アメリカについで低い。これについては，日本の財政や社会保障の仕組みを持続的なものにしていくため，国民全体で議論していく必要がある。　(2)　図2の右グラフは，「額」ではなく「割合」を示している。よって，ウは誤り。　(3)　立場②は，今の社会保障を維持する意見であるため，図3の位置は「現在の日本」より右側(国民の負担が多くなる)，㋒で示される。立場④は，社会保障費を切り下げる意見であるため，図3の位置は「現在の日本」より左側かつ下側(国民の負担が少なくなる)，㋐で示される。なお，立場①は㋓，立場③は㋑で示される。　(4)「社会減」は，人口の流入数と流出数の差がマイナスの場合，「自然減」は出生数と死亡数の差がマイナスの場合をいう。反対に，「社会増」は，人口の流入数と流出数の差がプラスの場合，「自然増」は出生数と死亡数の差がプラスの場合となる。　(5)　労働基準法第32条第1項には，「使用者は，労働者に，休憩時間を除き1週間について40時間を超えて，労働させてはならない」とある。また，第2項には，「使用者は，1週間の各日については，労働者に，休憩時間を除き1日について8時間を超えて，労働させてはならない」とある。この条文が規定する労働時間を法定労働時間という。ただし，変形労働時間制や裁量労働制の場合は，この限りでない。また同法第36条では，労働組合，または労働者の過半数を代表する者との書面による協定があれば，法定

労働時間を延長して労働させることができると定めている。 (6) 介護保険制度は，加入者が保険料を出し合い，介護が必要なときに認定を受けて，必要な介護サービスを利用する制度である。介護保険の実施主体(保険者)である市町村は，保険料と公費を財源として介護保険事業を運営する。介護保険の加入者(被保険者)は，年齢により第1号被保険者(65歳以上)と第2号被保険者(40歳～64歳までの医療保険加入者)に分けられる。第1号被保険者は原因を問わず，第2号被保険者は，加齢による病気(特定疾病)が原因で介護や支援が必要になった場合，要介護認定を受け，それぞれの要介護状態に応じたサービスを利用することができる。 (7) 「学校教育の指針　2019年度の重点」では，引き続き「ふるさと教育の推進」に取り組み，「教育立県あきた」を目指すとしている。社会科では，「協働的」に課題を追究する学習活動の充実，主体的に「社会と関わろう」とする態度を養う学習活動の充実が求められている。これは，新学習指導要領・公民的分野の目標の(3)の一部，「現代の社会的事象について」「主体的に社会に関わろうとする態度を養う」ことと密接にリンクする。

【12】(1) (解答例) GNIは，国民が国内外で1年間に得た所得の合計。GDPは，国内で1年間に生産された付加価値の合計である。
(2) (解答例) 日本は，他の先進国と比べてODAの額はそれほど低くないが，GNIに占める割合が低いため，国の経済規模に見合った貢献ができているとはいいがたい。 (3) 動き：地域主義
課題：(解答例) 特定の地域の国々でまとまる地域主義は，他の地域との経済格差をもたらし，複数の国が関わるため，政策等の決定がより複雑になったことなども指摘されている。 (4) エ (5) ア
(6) 常任理事国：アメリカ・ロシア・イギリス・フランス・中国
ロゴ：ウ (7) (解答例) 収集した情報の中から必要な情報を選択し，それを用いて導き出した結論，その根拠を具体的・論理的，かつ効果的に表現する力を身に付けられるよう指導する。
〈解説〉(1) GNI(国民総所得)は国民の経済活動，GDP(国内総生産)は国

内での経済活動に着目する経済指標となっている。　(2)　図を見ると，日本のODA(政府開発援助)の額は，アメリカ，ドイツ，イギリスに次ぐ4番目となっている。しかし，GNIに対する割合は，アメリカに次いで低くなっている。1970年の国連総会において，加盟各国が支出するODAの国際目標をGNI比0.7％とすることが定められたが，日本は2016年時点で約0.2％にとどまっている。　(3)　地域主義は，「リージョナリズム」ともいう。1990年以降，地域主義や地域統合が増えたのは，GATT・WTOを軸とした自由貿易の秩序が崩れたことが背景にある。また近年は，アメリカや中国に代表される国益追求のための地域主義も目立っており，それらの動きをコントロールできなくなりつつあることが問題視されている。　(4)　各国の二国間ODAにおける一人当たりの支援額は，「二国間ODA実績」÷「その国の人口」で求められる。(5)　日本のODAは，戦略として支援の「重点化」が図られている。これには，バブル崩壊後，日本の財政状況が厳しさを増しており，ODAについてもより効率的な運用が求められるようになったという背景がある。　(6)　国連児童基金(UNICEF)は，1946年，国連総会の補助機関として設立された。ウのロゴには，世界中の子どもたちが心身とも健康に育ち，よりよい世界をつくる力になっていってほしいという願いが込められている。なお，アは国連教育科学文化機関(UNESCO)，イは国際労働機関(ILO)，エは国連食糧農業機関(FAO)のロゴであり，これらはすべて国連の専門機関となっている。　(7)「解説」では，公民的分野の目標の(2)に示されている「思考・判断したことを説明したり，それらを基に議論したりする力」が，公民的分野における表現力に関わるとされる。その表現力は，学習の結果を効果的に発表したり，文章にまとめたりする力だけではなく，「学習の過程で考察，構想したことについて表現することも含」むとされている。

地理・歴史

【1】(1) (解答例) 前221年に中国を統一した秦の始皇帝は，法家思想に基づく中央集権政策による郡県制を実施した。また，貨幣や文字を統一する一方，長城や阿房宮の建設などを推進し，焚書・坑儒による思想統制を行った。(95字) (2) (解答例) 同盟市戦争は同盟市がローマ市民権を要求して起こした戦いで，鎮圧後，自由民にはすべてローマ市民権が付与された。(54字) (3) A ササン朝 B エフタル C 隋 (4) (解答例) 聖職者への<u>課税</u>問題で対立した教皇ボニファティウス8世が，フランス王フィリップ4世の側近によって監禁され，死亡した。(57字) (5) (解答例) 1309年に教皇庁がアヴィニョンに移され，70年間近く経ってから教皇がローマに戻ると，アヴィニョンにはフランスの後押しで別の教皇が立てられた。この結果，ローマとアヴィニョンに教皇が併存する教会大分裂時代が始まった。(107字)

(6) (解答例)

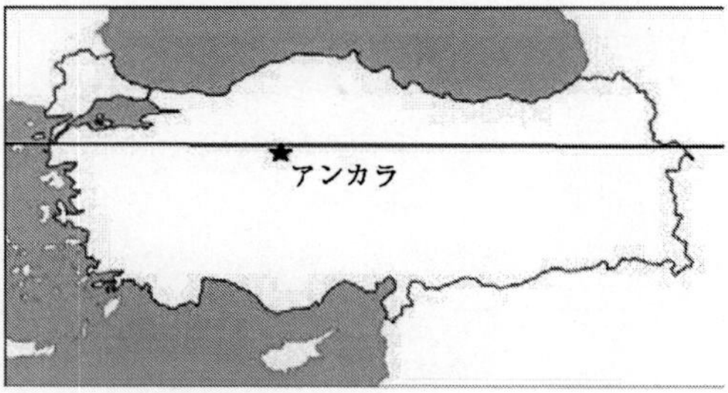

(7) (解答例) スレイマン1世は，プレヴェザの海戦でスペイン海軍などの連合軍を破り，地中海の<u>制海権</u>を得た。(45字) (8) ウ
(9) ⑥ Ⅲ ⑦ Ⅱ ⑧ Ⅰ (10) (解答例) イギリスはアメリカ合衆国の独立を承認し，ミシシッピ川以東のルイジアナをアメリカ合衆国に割譲した。(48字) (11) ウ→ア→エ→イ (12) 〈え〉
(13) E エ F ケ G イ H カ (14) (解答例) 辛亥

革命は，1911年10月，中国湖北省・武昌の武装蜂起から始まる。これは，翌1912年2月，孫文を臨時大総統とするアジア初の共和国，中華民国が成立する原動力となった。これにより，中国の皇帝政治は終わりを遂げた。(106字)　(15)　スカルノ

〈解説〉(1)　秦による中国の統一は，1911年に辛亥革命で清朝が終わるまで，2000年以上続く皇帝政治の幕開けでもあった。秦の皇帝となった始皇帝は，全土を36(のち48)郡に分け，その下に県を置く郡県制を導入して，中央から任命した官吏に統治させた。また，度量衡を統一して半両銭を発行し，小篆へと文字を統一する。外交面では，前214年に百越を滅ぼして南海3郡を設置する一方，匈奴討伐を実施してオルドスを領有する。しかし，始皇帝の没後は農民反乱が頻発し，秦王朝は約15年で崩壊した。　(2)　同盟市は，共和政ローマと個別に条約を結んで同盟者となり，自治を認められた都市である。ただし，ローマ市民権は与えられず，軍事援助の義務のみを負っていた。このため，同盟市は前91年に市民権を求めて戦いを挑むが，前88年，閥族派のスラによって鎮圧される。しかし，戦後，パドゥス川(ポー川) 以南の同盟市にローマ市民権が付与された。　(3)　A　ササン朝は，3世紀前半にイラン高原で建国された。ゾロアスター教を国教とし，パルティアの国制を継承する。6世紀の中盤，ホスロー1世のもとで全盛期を迎え，ビザンツ帝国と抗争を繰り広げた。　B　エフタルは，5世紀頃から中央アジアに勢力を伸ばした騎馬遊牧民である。インドのグプタ朝に侵入し，ササン朝とも対立するが，突厥と結んだササン朝のホスロー1世の攻撃を受け，6世紀半ばに滅亡した。　C　隋は，北周の外戚であった楊堅が581年に建国した。589年に南朝の陳を滅ぼし，中国全土の統一に成功する。均田制・租調庸制・府兵制・科挙などを実施したが，618年に滅亡した。　(4)　フランス王フィリップ4世は，聖職者への課税問題で教皇ボニファティウス8世と争っていた。1303年，国王の部下がローマ郊外のアナーニに滞在していたローマ教皇のボニファティウス8世を軟禁し，退位を迫った。教皇はこれを拒否するが，その後まもなく屈辱の中で急死する。これは，結果的に教皇権の衰退を印象

づける事件となった。　(5)　教皇のバビロン捕囚(アヴィニョン捕囚ともいう)から，教会大分裂(大シスマ)までについて説明する。1309年，教皇庁が南仏のアヴィニョンに移され，教皇のバビロン捕囚と呼ばれる事態が1377年まで続く。この年，教皇グレゴリウス11世がローマに帰還するが，翌1378年にはウルバヌス6世が教皇に選出される。これに反発したフランスは，アヴィニョンにクレメンス7世を教皇として擁した。さらに，1409年からはピサにも教皇アレクサンデル5世が立つ事態となり，ローマ＝カトリック教会の権威は大きく失墜した。(6)　1402年，アンカラの戦いでは，バヤジット1世率いるオスマン軍がティムールの軍に敗れ，一次的にオスマン帝国は中絶した。アンカラはトルコ共和国の首都であり，アナトリア半島のほぼ中央に位置する。トルコ共和国は，アナトリア半島全土とイスタンブル周辺のバルカン半島の一部を領土とする。また，北緯40度線は，ほぼアンカラ上を通過する緯線となっている。　(7)　プレヴェザは，イオニア海に面したギリシア西部にある町である。1538年にスペイン・ヴェネツィア・ローマ教皇庁などの連合艦隊をオスマン海軍が撃破した結果，スレイマン1世統治下のオスマン帝国は，地中海の制海権を確保することに成功する。スレイマン1世は，オスマン帝国の第10代スルタンであり，フランスと友好関係を結ぶ。1529年にウィーンを包囲する一方，国内では法整備を行い，「立法者(カーヌーニー)」と呼ばれた。

(8)　ウ　三十年戦争を終結させたのは，ウェストファリア条約である。この条約ではカルヴァン派の信仰は容認されたが，個人に信仰の自由は認められなかった。　(9)　史料Ⅰは，1条で人間の生まれながらの自由や平等を説く一方，17条で所有権の不可侵について述べていることから，フランス革命中の1789年に出された「人権宣言」と判断できる。史料Ⅱは，基本的人権の尊重と並んで，政府の権力が被支配者の同意に基づくことを述べていることから，1776年に表明された「アメリカ独立宣言」とわかる。史料Ⅲは，第1条で議会の同意，第4条で議会の承認がないと違法であることが述べられているため，1689年に制定された「権利の章典」と判断できる。よって，⑥の名誉革命は史料

Ⅲ，⑦のアメリカ独立戦争は史料Ⅱ，⑧のフランス革命は史料Ⅰが当てはまる。　(10)　1783年に結ばれたパリ条約は，アメリカ独立戦争の講和条約であり，これによってアメリカ合衆国は独立を果たす。なお，1763年に結ばれたパリ条約は，イギリスとフランスによるフレンチ＝インディアン戦争における講和条約である。　(11)　古い順に並べ替えると，ウの人権宣言の採択は1789年8月。アの立法議会によるオーストリアへの宣戦布告は，1792年4月。エのルイ16世の処刑は，1793年1月。イのテルミドール9日のクーデタは，1794年7月のこと。(12)　南アフリカ戦争は1899年に勃発し，1902年まで続いた。よって，表の＜え＞の期間が当てはまる。この戦争は，イギリスが南アフリカの金やダイヤモンドを獲得するため，オレンジ自由国，トランスヴァール共和国を侵略した戦いである。両国は激しく抵抗したが，勝利したイギリスは1902年に両国を併合した。　(13)　E　ファショダ事件(1898年)は，スーダンのファショダにおいて，アフリカ縦断政策を推進するイギリスと，アフリカ横断政策を推進するフランスが衝突した事件である。これは，帝国主義国家同士による最初の衝突とされるが，この事件をきっかけに両国の協調が成立する。　F　アムリットサール事件(1919年)は，ローラット法(民族運動に対する弾圧法)に反対するインド人の民衆に対し，イギリス軍が無差別に発砲した事件である。この事件による死者は，1000人以上といわれている。　G　西安事件(1936年)は，張学良が蔣介石を監禁し，国共内戦の停止を迫った事件である。これは，翌1937年，日中戦争の勃発とともに成立した第2次国共合作の契機となった。　H　盧溝橋事件(1937年)は，北京郊外の盧溝橋で日中両軍が衝突した事件である。これは短期間に終了したが，その後まもなく第1次近衛文麿内閣は派兵を決議し，日中戦争が引き起こされた。　(14)　1911年10月，武昌蜂起による辛亥革命が起きると，革命は中国全土に広がり，大半の省が独立を宣言する事態となった。孫文は滞在中のアメリカから年末に帰国し，翌1912年1月，南京で中華民国を建国して臨時大総統に選ばれた。清朝は袁世凱を登用して事態の収拾を図るが，袁世凱は革命派と妥協し，同年2月に宣統帝を退位させる(清朝の滅亡)。この結果，中国の皇帝政治に終止符が打たれ，アジア初の共和国が誕生した。　(15)　スカルノは，1945年8月，インドネシア共和国独立宣言を発表し，初代大統領に選出される。その後，1947年からオランダと独立戦争を戦い，1949年にインドネシア連邦共和国として改めて初代大統領に就任した。1963年には終身大統領となるが，1965年に起きた「九・三〇事件」をきっかけに失脚し，この事件を鎮圧したスハルトが1968年，第2代大統領に就任した。

【2】(1)　ウ　(2)　(解答例)　740年，聖武天皇は，九州で起きた廷臣・藤原広嗣の乱に衝撃を受け，平城京から恭仁宮に遷都した。(47字)　(3)　(解答例)　中大兄皇子は飛鳥から近江大津宮に遷都し，天智天皇となるが，崩御後，壬申の乱が起きる。これに勝利した大海人皇子は，飛鳥浄御原宮で即位して天武天皇となり，皇親政治を進めて律令政治の確立に努めた。(99字)　(4)　豊臣秀吉　(5)　(解答例)　秀吉は宣教師の国外追放を命じたが，人々の信仰は禁止しておらず，南蛮貿易も奨励したため，貿易活動と一体化して布教を行う宣教師の追放を徹底することはできなかった。(79字)　(6)　学派A　ウ　学派B　ア　学派C　イ　(7)　(解答例)　会津藩主・保科正之は山崎闇斎を招く。闇斎は神儒一致を説き，垂加神道を開いた。岡山藩主・池田光政は熊沢蕃山を藩士とし，藩校・花畠教場を設立して陽明学を講義させた。(80字)

(8)　(解答例)

項目	改正前(江戸)	改正後
課税対象	収穫高	地価
税率	各藩ごとに不統一	地価の3%
納税法	現物納・村単位	金納・個人
納税者	本百姓	土地所有者(地券所有者)

(9)　(解答例)　年貢では財政が安定しないので地価を定めて地券を発行し，土地所有者に地価の3%を地租として金納させた。(50字)　(10)　(解答例)　1887年，自由民権運動家の片岡健吉らは，政府の条約改正交渉失敗の機をとらえ，地租軽減，言論の自由，外交失策の挽回

の三大要求(三大事件)を元老院に提出したが，保安条例によって鎮圧された。(92字)　(11)　吉田茂　(12)　(解答例)　1947年，総選挙で日本社会党が第一党となり，片山哲内閣が発足した。しかし，炭鉱国家管理法案などにより，9カ月で退陣に追い込まれる。次に芦田均内閣が発足したが，昭和電工疑獄事件により7カ月で退陣した。(100字)

〈解説〉(1)　A　長岡宮は，平安京の南西に位置する。784年に平城京から遷都し，平安京に遷都する794年まで宮都となった。　B　紫香楽宮は，近江の南部に位置する。742年に離宮となり，744年から翌745年にかけ，平城京に戻るまで宮都となった。　C　難波宮は，現在の大阪市に位置する。744年に恭仁京から遷都したが，まもなく紫香楽宮に遷都した。　D　藤原京は，平城京の南方に位置する。694年に飛鳥浄御原宮から遷都し，平城京に遷都する710年まで宮都となった。

(2)　740年，大宰少弐として大宰府に赴任中の藤原広嗣が，都で権力を振るう吉備真備・玄昉らの排除を求めて反乱を起こす(藤原広嗣の乱)。朝廷は，大将軍・大野東人率いる大軍を派遣して2カ月あまりで鎮圧したが，聖武天皇はこれに動揺し，平城京から恭仁京に遷都した。その後，745年に平城京に戻るまで，難波宮・紫香楽宮と遷都が繰り返された。　(3)　663年，中大兄皇子は，白村江の戦いで唐・新羅の連合軍に大敗する。その後，唐などの侵攻に備え，667年に飛鳥から近江大津宮に遷都し，翌668年には即位して天智天皇となる。671年に天智天皇が崩御すると，翌672年，天智天皇の子の大友皇子と弟の大海人皇子の間で後継争い(壬申の乱)が起きる。東国の豪族を動員し，大津宮を陥落させて勝利した大海人皇子は，翌673年に飛鳥浄御原宮で即位して天武天皇となる。この結果，大友皇子に味方した蘇我氏・巨勢氏らの有力豪族は没落し，強大な権力を手に入れた天武天皇は，天皇と皇族を中心とした皇親政治を進めた。　(4)　九州を平定した豊臣秀吉は，博多滞在中の1587年6月，バテレン追放令(資料Ⅱ)を発布した。　(5)　バテレン追放令は，第1条で日本を神国として，宣教師による布教活動を禁止し，第3条で宣教師の帰国＝追放を命じている。

しかし，その一方，第4条で貿易はこれまで通りとし，第5条で仏教の妨げにならない者はキリシタン国からの来日を認めた。秀吉は，南蛮貿易を奨励していたので，貿易と一体化して行われていたキリスト教の布教活動を完全に取り締ることはできなかった。　(6)　学派A　朱子学派は藤原惺窩を祖とし，その門人の林羅山から子の鵞峰，孫の鳳岡と林家に受け継がれていった。林羅山は，万物には必ず上下があると考えた。これを「上下定分の理」といい，この考え方は幕藩体制の根幹をなす身分制度を正当化するための理論となった。　学派B　陽明学派は中江藤樹を祖とし，門人の熊沢蕃山に受け継がれた。中江は「孝」を重視するとともに，その実践は時(時間)，処(場所)，位(身分)に応じたものでなければならないと説いた。陽明学は，開祖の王陽明が知行合一の立場から現実の世を批判したため，幕府からは警戒された。なお，知行合一とは，知(知識)と行(道徳的実践)とは表裏一体であるとする考え方である。学派C　山鹿素行・伊藤仁斎が創始した古学派は，朱子学や陽明学の教えに対し，孔子・孟子の原典に立ち返ることをめざした学派である。これを受け継いだ荻生徂徠は，徳川綱吉に仕えたのち，古学派から発展させた古文辞学派を開いて，幕政改革案の『政談』を著した。　(7)　文治主義とは，法令や学問などによって政治を治めようとする考え方である。江戸幕府では，初代家康から3代家光までの時代，武力や刑罰を前提とする武断政治が行われたが，4代将軍・家綱から7代家継の時代は，法や制度をもとに幕府の権威を高める文治政治が展開された。会津藩主・保科正之は，儒学者(朱子学派)の山崎闇斎を賓師として招き，名君と慕われた。また，3代将軍・家光の遺言により，幼少の4代将軍・徳川家綱を補佐して，武断政治から文治政治への転換を主導した。一方，岡山藩主・池田光政は，陽明学者の熊沢蕃山を藩士として重用する。藩校・花畠教場を設立し，文武を奨励して藩政改革に尽力した。　(8)　(解答例)の資料は，1873年に出された地租改正条例である。明治新政府は，政府財政安定化のため地租改正を実施し，以後，土地所有者が地価の3％の地租を豊凶に関係なく金納することとなった。なお，地租率は，地租改正反対一揆などの影響で，1877年には2.5%に引き下げられた。 (9) 資料Ⅳは，1873年7月に出された「太政官布告」である。江戸時代の年貢制度では，豊凶や米価の変動によって税収は安定しなかった。そこで明治新政府は，財政基盤の安定を図るため，1873年から土地の所有者と価格を定めて地券を発行し，地価の3%を土地の所有者に現金で納めさせる地租改正を実施する。しかし，負担は江戸時代と変わらず，苦しむ農民たちが各地で一揆を起こしたため，政府は1877年に税率を2.5%に引き下げた。 (10) 「三大事件建白運動」は，明治時代に起きた民権派による政治運動である。この運動は星亨や尾崎行雄らの大同団結運動と結びついて拡大したが，保安条例の発布により，数百名にのぼる活動家が東京から追放されて頓挫した。 (11) 資料Ⅴの『回想十年』は，吉田茂が池田勇人や佐藤栄作を相手に語った回想録である。吉田は，1946年5月から翌1947年5月まで第1次内閣を担い，その後1948年から1954年にかけ第5次内閣まで組閣した。この間，1951年にはサンフランシスコ講和条約，日米安全保障条約に調印し，戦後日本の路線を方向づけた。 (12) 片山哲は弁護士出身で，1946年に社会党の初代委員長となる。社会党は，翌1947年の総選挙で吉田茂の自由党を抑えて第1党となり，片山は第46代内閣総理大臣として，社会・民主・国民協同による3党連立内閣を組閣した。しかし，入閣できなかった党内左派が炭鉱国家管理問題などをめぐって野党化し，短命内閣に終わる。1948年3月，片山のあとを受けた芦田均は第47代内閣総理大臣に指名され，外相を兼務する。しかし，昭和電工の贈収賄事件が飛び火し，総辞職に追い込まれた。その後，芦田も逮捕されたが，1958年に無罪が確定している。

【3】(1) (解答例) 貿易風が弱まり暖かい海水が滞留すると，平年より海水温の高いエルニーニョ現象が起こり漁獲量が減少する。(50字)

(2) (解答例) 1970年代に各国が排他的経済水域を設定したため，好漁場である大陸棚での漁が制限された。1980年代には石油危機による燃料費高騰が起き，遠洋漁業は衰退した。(78字)

(3)　(解答例)　1985年のプラザ合意以降，円高が進み魚介類の輸入が増えたが，食生活の変化で国内の消費量は減少した。(50字)

(4)　暖流と寒流が出合う潮境は，湧昇流によって深層の栄養分が上昇するため，プランクトンが多い好漁場となる。(50字)　　(5)　エ

(6)　E　ベトナム　　F　チリ　　G　モーリタニア

(7)　(解答例)　SDGsは，国連で採択された「持続可能な開発目標」の略称。海洋汚染の防止や海洋生態系の保全とともに，海洋資源の持続可能な利用が目標の一つとして挙げられている。(79字)

〈解説〉(1)　エルニーニョ現象は，ペルー沖(中部太平洋赤道域から南米沿岸まで)の海域で，海水温が高い状態が半年から1年半程度続く現象である。海水温の高い水域がずれると，積乱雲の発生する地域もずれる。そのため，世界各地の雨・雪の降り方，気温，気圧配置が平年と異なり，異常気象を引き起こすと考えられている。また，エルニーニョ現象が起こると栄養の豊富な深海からの湧昇流が弱まり，プランクトンが発生しないため，漁獲量は激減する。　(2)　日本の遠洋漁業は，南太平洋，アフリカ近海のインド洋，北大西洋を主な漁場とする。マグロやカツオ漁が中心で，高度経済成長期には，漁獲量が飛躍的に伸びた。しかし，自国以外の国が魚を獲ることを禁じた「排他的経済水域」を各国が設定したため，日本が操業できる漁場は狭くなり，燃料代の高騰もあって遠洋漁業の漁獲量は急減した。　(3)　プラザ合意以降，日本では急激な円高が進行する。このため，輸出産業は大きな打撃を受け，工場の海外移転が進んで産業の空洞化が起きた。一方，円高は円の価値が上がることを意味するため，輸入には有利となる。この結果，水産業界では冷凍ものを中心に魚介類の輸入が急増した。
(4)　暖流と寒流が出合う潮境は，水温・塩分など性質の異なる海水が接するため，渦流が起きて海底に沈殿した栄養分が水面近くまで上昇する。そのため，プランクトンが大量に発生し，好漁場となる。なお，潮境が海面に現れた線を潮目という。　(5)　水産物の輸出では，水産資源の豊富なノルウェーなどの北欧諸国に加え，近年は中国やタイ，ベトナムの輸出量が増えている。特に，中国の水産業は，国民の所得

増に伴う水産物需要の高まりに後押しされて，急速に拡大した。水産物の輸入額は，Bのアメリカ合衆国が最も多くなっている。

(6)　E　ベトナムの水産物の輸出は養殖エビが中心となっており，外貨獲得の重要な産業として，日本だけでなくEU諸国やアメリカに輸出されている。　F　チリでは，日本人技術者の派遣によりサケの養殖技術が向上し，国際的な輸出産業に成長した。特に，チリ産のギンザケ，アトランティックサーモン，トラウトは，日本の外食産業やスーパーなどに幅広く流通している。　G　モーリタニアはアフリカ北西部に位置し，西は大西洋に面している。その沖合は暖流と寒流がぶつかる潮境があり，好漁場となっている。モーリタニアではタコを食用としないため，多くが日本に輸出されている。　(7)　SDGsは「Sustainable Development Goals」の略で，ミレニアム開発目標(MDGs＝2001年策定)の後継として採択された。持続可能な世界を実現するため，17の目標(ゴール)と169のねらい(ターゲット)で構成されており，「誰一人として取り残さない世界の実現」が謳われている。なお，サンマについては，高度回遊性魚類として，北太平洋漁業委員会による資源管理の対象になっている。2018年の年次総会では，すでに合意されている漁獲量の抑制に加え，サンマの洋上投棄禁止，小型魚の漁獲抑制の奨励が追加措置として合意された。

【4】(1)　(解答例)　図1　アフリカには多数の民族がいるが，国境線の多くが植民地時代に欧州の宗主国によって引かれた。このため，異なる民族がひとつの国に所属し，民族紛争の原因となっている。(80字)
表1　一次産品の生産・輸出に依存するモノカルチャー経済の国が多い。このため，生産量や国際価格の変動によって，一国の経済が左右されやすい不安定な経済構造になっている。(79字)

(2)　(解答例)　常緑広葉樹が繁茂する熱帯の湿潤気候下では，雨季に地下への有機物の流出が起き，乾季の水分蒸発が多いため，表面にアルミニウムや鉄の酸化物が集積する。そのため，酸化鉄による赤色で硬質のやせた土壌が広がる。(99字)　　(3)　レアメタル

(4) (解答例) 近年，アフリカでも移動電話の普及やインターネットの利用が顕著となっている。しかし，その普及率と利用者率には国によって大きな格差があり，格差是正が求められている。(80字)

〈解説〉(1) 図1 アフリカには，大小合わせて1,000以上の民族集団が存在するといわれているが，アフリカの独立国の国境線は，多くが植民地時代に宗主国によって引かれたものとされる。そのため，国境線は民族の居住範囲を配慮しないものとなっており，ルワンダ民族紛争のような民族対立や内戦の要因となっている。 表1 モノカルチャー経済とは，その国の輸出が少数の農産物や鉱物資源に依存する経済をいう。発展途上国に多く見られ，国際価格の変動や気候変動に影響を受けやすい。表1を見ると，エチオピアはコーヒー豆，ガーナは金，ボツワナはダイヤモンド，ザンビアは銅が各国における商品別輸出額の第1位となっている。 (2) 気候の影響を強く受けた土壌を成帯土壌といい，気候帯や植生帯とほぼ一致する。一般に多湿なほど酸性に，乾燥するほどアルカリ性になる。また，高温になると腐食が進んで赤色系の土壌となり，低温になると分解が進まないため，灰白色系の土壌となる。熱帯・亜熱帯に分布する赤色土・黄色土はラトソルといい，サバナ気候地域や熱帯モンスーン気候地域に発達する。 (3) レアメタルは，埋蔵量や生産量が少なく希少性の高い金属のことで，ニッケル・チタン・コバルトなど全部で31種類ある。ロケットや充電池，液晶パネルなど先端技術産業向けの需要が高い。なお，レアメタルのうち，一部の元素(希土類)はレアアースと呼ばれるが，混同しがちなので注意すること。 (4) アフリカでの移動電話の契約数は，南アフリカ共和国を筆頭に，ヨーロッパからの中古品の流入や中国系の通信事業者の参入によって急増している。インフラ整備が必要な固定電話と異なり，移動電話は基地局の配置によって利用が可能なため，ネットワークの整備にかかるコストが相対的に低く，急速に普及が進んでいる。一方，コンゴ民主共和国は，1990年代初めより，歴史的な部族対立，天然資源を巡る武装勢力の対立，周辺国の介入などにより，不安定な情勢が続いてきた。このため，移動電話の普及率，インターネットの利用者率は，世界全体と比較しても，まだかなり低い状態となっている。

【5】(1)　(解答例)　資料Ⅰは，日本が日清戦争に勝利して下関条約を結び，それに対してロシアがドイツ・フランスを誘って三国干渉を行った1895年，ドイツ皇帝からロシア皇帝に贈られた寓意画である。19世紀後半は，欧米列強が後進地域に進出し，帝国主義が本格化した時代である。日清戦争における日本の勝利は，アジア進出をめざす列強，特に満州・朝鮮への南下を策すロシアを刺激した。世界政策で植民地獲得を急ぐドイツ皇帝・ヴィルヘルム2世は，「黄禍論＝黄色人種脅威論」を説いて，ロシアに日本の中国進出を抑えさせようと画策した。(241字)　　(2)　(解答例)　資料Ⅱは「後三年合戦絵巻」で，陸奥守・源義家が飛雁の列の乱れから，敵の伏兵を見破った場面が描かれている。後三年合戦は平安時代の11世紀に行われた合戦で，義家が出羽の豪族・清原氏を滅ぼした戦いである。これにより，義家は奥州を平定した。この絵巻は，鎌倉時代の14世紀，絵師の飛騨守惟久が描いたとされる。絵巻物は，詞書と絵を交互に書き，場面展開や人の動きを表す巻物で鎌倉時代に最も流行した。武士の時代となった鎌倉時代は合戦物ものが多く，「蒙古襲来絵巻」のように恩賞を要求する際の記録として描かせたものもあった。(248字)　　(3)　(解答例)　秋田県は三方を山で囲まれ，十和田カルデラ，田沢湖カルデラ，三途川カルデラなどのカルデラがある。山がちな地形のため，平地のほとんどは米代川と雄物川の流域にあり，雄物川流域には横手盆地がある。その北部は，雄物川水系丸子川によってつくられた六郷扇状地や，雄物川最大の支流である玉川の氾濫原が形成した仙北平野となっている。男鹿半島はもともと離島であったが，米代川・雄物川から運搬される土砂により，陸地とつながる陸繋島となった。また，半島の付け根にある八郎潟は，浅い湖沼となったラグーンの好例である。(245字)

〈解説〉(1)　寓意画「ヨーロッパの諸国民よ，諸君らの最も神聖な宝を守れ」は，俗に「黄禍図」と呼ばれる。これは，ドイツ皇帝・ヴィルヘルム2世自ら原画を描き，宮廷画家に仕上げさせたものとされる。この寓意画は，ロシア皇帝・ニコライ2世だけでなく，その複製が仏大統領，米大統領らにも配布されたと伝えられている。その構図は，絵の右側の田園で燃え上がる炎の中に仏陀が描かれ，左側から中央の十字架が輝く高台には，ヨーロッパ諸国を擬人化した女神たちの前で，キリスト教の大天使ミカエルが戦いを呼びかけている。　(2)　絵巻物は，仏画，似絵，頂相(高僧などの肖像画)などとともに，鎌倉文化の代表的な絵画となっている。平安時代から流行が見られたが，平安時代は「源氏物語絵巻」のような物語を題材としたものが多かったのに対し，鎌倉時代は合戦物や仏教関係が増えた。「一遍上人絵伝」「北野天神縁起絵巻」「平治物語絵巻」などが有名である。　(3)　カルデラは，火山活動によって生じた大きなくぼ地で，火口より大きく，スペイン語で「大鍋」を意味する。扇状地は，河川の砂礫が扇状に堆積して形成された，半円錐状の堆積地形のこと。氾濫原は，洪水時に流路に沿った一帯が浸水して形成される起伏の少ない土地のこと。陸繋島は，砂州が成長して海岸とつながった島。ラグーンは，発達した砂州などによって外海と隔てられた水域である。

2019年度　実施問題

中学社会

○　全ての設問において，「中学校学習指導要領(平成20年3月告示)　第2章　第2節　社会」を「学習指導要領」，「中学校学習指導要領解説社会編(平成20年9月文部科学省)」を「解説」と記す。また，設問中の「おおむね満足できる」状況(B)とは，〔「十分満足できる」状況(A)，「おおむね満足できる」状況(B)，「努力を要する」状況(C)〕の3段階評価によるものである。

【1】次は，「解説」の中で整理された「地理的な見方や考え方」の基本である。(　ア　)～(　オ　)に当てはまる語句を，それぞれ書け。ただし，(　イ　)，(　エ　)には，それぞれ同じ語句が入る。

> ①　どこに，どのようなものが，どのように広がっているのか，諸事象を(　ア　)や(　イ　)的な広がりとのかかわりでとらえ，地理的事象として見いだすこと。また，そうした地理的事象にはどのような(　イ　)的な規則性や傾向性がみられるのか，地理的事象を(　ウ　)や(　イ　)的な配置に留意してとらえること。
> ②　そうした地理的事象がなぜそこでそのようにみられるのか，また，なぜそのように分布したり移り変わったりするのか，地理的事象やその(　イ　)的な配置，秩序などを成り立たせている背景や要因を，(　エ　)という枠組みの中で，(　エ　)の環境条件や他地域との結び付きなどと(　オ　)の営みとのかかわりに着目して追究し，とらえること。

(☆☆☆☆◎◎◎◎)

【2】学習指導要領〔地理的分野〕2　内容(1)　ア　「世界の地域構成」に関する問題である。(1)～(4)の問いに答えよ。

資料1　「解説」(一部抜粋)

生徒は，a日本を中心に描かれたメルカトル図法やミラー図法などによる世界地図に影響された世界観をもっていることが多い。そこで，例えば，(　X　)を使って陸半球と水半球を図に描く，(　X　)の日本の位置に十字に貼(は)ったテープをあて，東西方向へ進むとどこの国に到達するかを調べ世界地図と比較する，(　X　)と世界地図それぞれにおけるbグリーンランドの大きさを比較するなどの活動を通して，(　X　)で地球上の位置関係や陸地面積，形状を正しくとらえる学習を行うことが考えられる。

(1)　(　X　)に共通して入る語句を書け。

(2)　資料2を見て，①～④の問いに答えよ。

資料２　ある生徒のノート

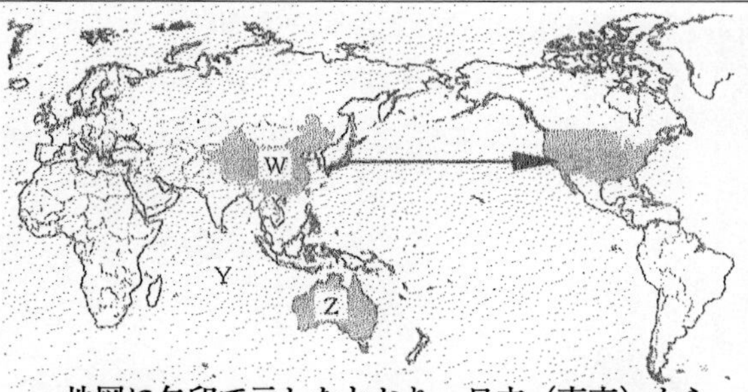

地図に矢印で示したとおり，日本（東京）から東に進むと北アメリカ大陸に到着する。

①　ノートの記述は下線部aに起因していると推察される。なぜこの生徒は誤った記述をしたのか，「この地図では,」の書き出しに続けて書け。

②　世界地図を使った学習活動で留意すべきことを,「解説」を踏まえて書け。

③　Yの海洋名，Zの大陸名を書け。
④　北緯35度，東経139度に位置する東京の対蹠(たいせき)点を緯度，経度を使って書け。
(3)　下線部bはどこの国の領土か，国名を書け。
(4)　主な国々の名称と位置について，教師がWの国を取り上げる意図を，「解説」を踏まえて二つ書け。

(☆☆☆◎◎◎)

【3】学習指導要領〔地理的分野〕2　内容(1)　ウ　「世界の諸地域」に関する問題である。(1)～(4)の問いに答えよ。
(1)　この学習で設定する主題について，「解説」で述べられていることとして適切なものを，二つ選び記号を書け。
ア　主題は教師によって設定される
イ　主題は州ごとに異なるものとなるようにする
ウ　主題は各州で一つとする
エ　「解説」の例示と異なる趣旨の主題は設定できない
(2)　図1，2の空欄(　a　)，図1と年表の空欄(　b　)に入る国名を書け。ただし(　a　)，(　b　)にはそれぞれ同じ国名が入る。

図1　主な国のGDPの割合(%)
(2015年)

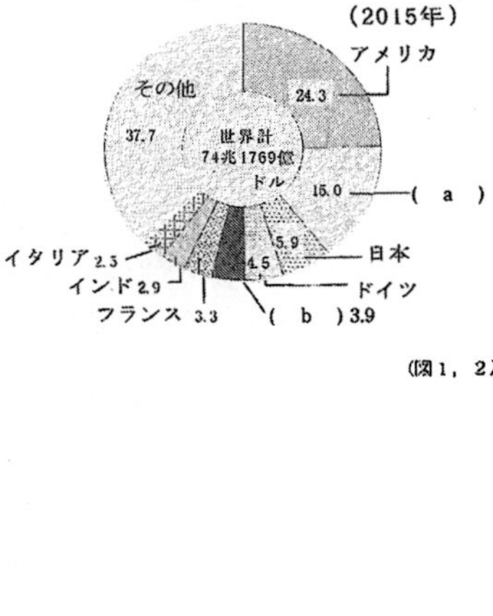

図2　世界の貿易に占めるEUの割合(%)
(2015年)

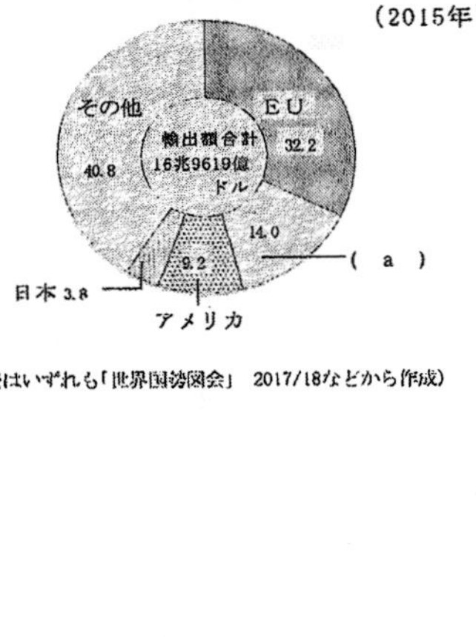

(図1，2及び年表はいずれも「世界国勢図会」 2017/18などから作成)

年表　ＥＵに関する主なできごと

年	主なできごと
1939	第二次世界大戦勃発
1945	第二次世界大戦終結
1952	欧州石炭鉄鋼共同体発足
1958	欧州経済共同体発足
	欧州原子力共同体発足
1967	ＥＣ発足（加盟国６か国）
1990	統一ドイツの加盟承認
1993	ＥＵ発足（加盟国12か国）
1999	ユーロ導入
2013	28か国に拡大
2017	（ b ）が離脱を正式通知

(3)　「ヨーロッパの国々はなぜ，国境をこえた統合を進めたのか」という学習問題に対して，図1と2を基に次の予想を立てた。空欄に入る適切な内容を書け。

> アメリカや日本などと比べ，(　c　)ので，統合を進めて(　d　)ためではないか。

(4)　(3)の学習問題を追究するための資料の1つとして，教師が年表を準備した意図を「解説」を踏まえて書け。

(☆☆☆◎◎◎)

【４】学習指導要領〔地理的分野〕2　内容(2)　ア　「日本の地域構成」についての問題である。(1)～(3)の問いに答えよ。

(1)　資料1は，実際の授業場面において，時差の学習で提示したものである。この資料を提示した教師の意図を「解説」を踏まえて書け。

資料１　ニュース映像

１月１日午前９時東京

その時のニューヨーク（12月31日午後７時）

(2)　資料2に関連して下の①，②の問いに答えよ。

資料２　領土問題に関する内容の取扱い

	北方領土	竹島	尖閣諸島
共通点	我が国固有の領土である。我が国の立場が（ X ）にも（ Y ）も正当である。		
相違点	ロシア連邦によって不法に占拠されているため，その返還を求めている。	韓国によって不法に占拠されているため，累次にわたり抗議している。	（ Z ）

①　ロシアに不法に占拠されている，日本の最北端にある島を何というか，漢字で書け。また，最南端である沖ノ鳥島の護岸工事に，政府が約300億円を費やした理由を書け。

②　（　X　）～（　Z　）に当てはまる言葉を，中学校学習指導要領解説　社会編(平成29年7月文部科学省)を踏まえて書け。

(3)　日本の略地図を描く学習活動を生徒にさせたとき，図に示された略地図が「おおむね満足できる」状況(B)であると判断した理由を，「解説」を踏まえて書け。

図　生徒が描いた日本の略地図

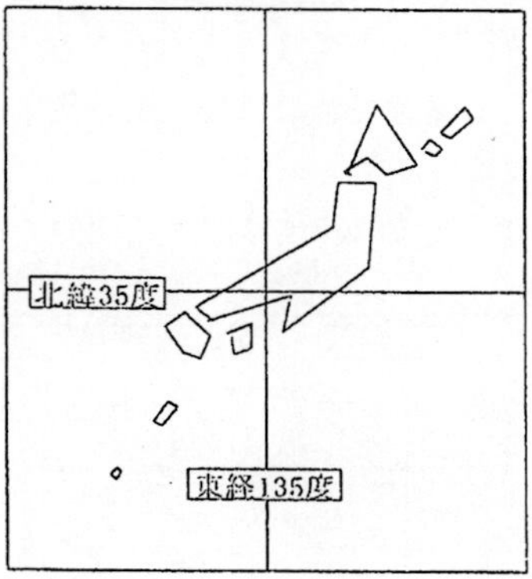

(☆☆☆◎◎◎)

【5】学習指導要領〔地理的分野〕2　内容(2)　ウ　「日本の諸地域」，エ「身近な地域の調査」についての問題である。(1)～(3)の問いに答えよ。

(1)　次は，東北地方の地域的特色に関する問題である。

表

東北地方の県	面積※(k㎡)	人口※(万人)	農業生産額（億円）				工業生産額(億円)
			米	野菜	果樹	畜産	
ア	13 784	191	563	480	264	509	51 247
イ	15 275	128	506	274	106	1 483	22 843
ウ	9 323	112	752	383	673	368	26 237
エ	11 638	102	854	261	64	352	12 249
オ	7 282	233	635	266	24	743	39 880
カ	9 646	131	422	751	857	910	16 031

※面積，人口とも2015年10月1日現在　　（「日本国勢図会」2017/18などから作成）

①　表の中のア～カの中で，秋田県と青森県をそれぞれ選び，記号を書け。

②　秋田県では，県内への産業立地を検討する企業に対し，様々な優遇制度や支援制度を整え，その誘致を図っている。「あきた企

業立地サポートガイド」等に示されているこの施策を何というか書け。

③　秋田県のなまはげや青森県のねぶたなど，衣食住，信仰，年中行事などに関する慣習で特に重要なものとして国が指定したものを何というか書け。

(2)　次は，近畿地方の地域的特色に関する問題である。

図　近畿地方の特色ある「街づくり」

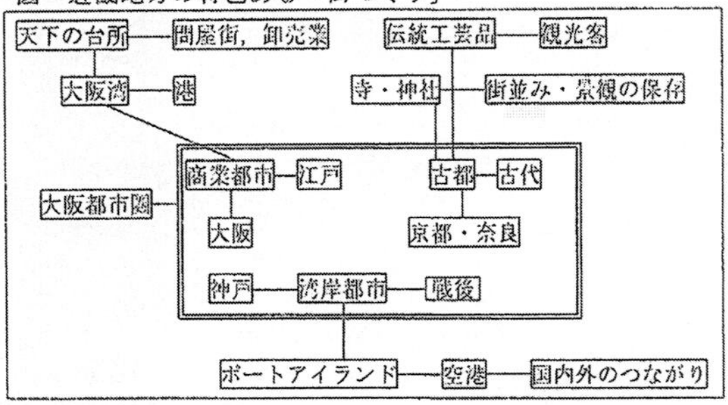

①　図から近畿地方の中核となる，「考察の仕方」を一つ選び，記号を書け。

ア　自然環境　　　イ　歴史的背景

ウ　産業　　　　　エ　環境問題や環境保全

オ　人口や都市・村落

②　図のようにまとめた生徒を，「おおむね満足できる」状況(B)である，と判断した理由を「解説」を踏まえて書け。

③　近畿地方全体の人口の分布や密集の度合いを表すときに最も効果的な地図を一つ選び，記号を書け。

ア　ドットマップ　　　イ　階級区分図

ウ　図形表現図　　　　エ　流線図

(3)　「身近な地域の調査」で，地理的なまとめ方や発表の方法として，どのようなものがあるか「解説」を踏まえて書け。

(☆☆☆◎◎◎)

【6】次は，「解説」に示されている「歴史のとらえかた」の一部である。(　a　)～(　e　)に当てはまる語句をそれぞれ書け。

> 「時代を大観し表現する活動」とは，学習した内容の(　a　)や(　b　)，総合などを通して，政治の展開，産業の発達，社会の様子，文化の特色など他の時代との共通点や相違点に着目しながら，「つまりこの時代は」「この時代を代表するものは」など各時代の特色を大きくとらえ，言葉や図などで表したり，互いに意見交換したりする学習活動である。これによって，「思考力・判断力・表現力等を養う」とともに，各時代の特色を生徒が(　c　)で表現できるような「確かな理解と定着を図る」(内容の取扱い(1)イ)ことが求められる。多くの事象を個別に「(　d　)」だけの学習ではなく，各時代の特色などひとまとまりの学習内容の焦点や脈略が「(　e　)」学習を実現していくことが重要なのである。

(☆☆☆☆☆◎◎)

【7】「学習指導要領」〔歴史的分野〕2　内容(2)「古代までの日本」～(4)「近世の日本」に関する問題である。次のカードと資料は，古代から近世までの政治の特色をとらえるために準備したものの一部である。(1)～(6)の問いに答えよ。

カードA

> 聖徳太子は，十七条の憲法をつくり，豪族が争いをやめ，天皇を中心とする政治にはげむように，役人としての心構えを説いた。

カードB

> 幕府は，(　a　)を定め，大名が許可なく城を修理したり，大名どうしが無断で縁組をしたりすることを禁止した。

カードC

戦国大名が独自の分国法を定めて武士や領民の行動を取り締まり，領国を統一して支配する政治を行った。

カードD

執権の(　b　)は，御成敗式目(貞永式目)を定めた。これは，長く武士の法律の手本となった。

(1)　カードの(　a　)には法律名を，(　b　)には人名をそれぞれ書け。

(2)　カードA～Dを時代の古い順に並べ替え，記号を書け。

(3)　カードAに関連して，小学校では，聖徳太子の働きを中心にどのようなことを学ばせているか，小学校学習指導要領解説社会編(平成20年8月文部科学省)を踏まえて書け。

(4)　カードCに関連して，戦国大名が家臣や商工業者を呼び集めて整備した都市の形態を書け。また，その場所と戦国大名の組み合わせとして正しいものを，二つ選んで記号を書け。

ア　小田原　－　上杉　　イ　鹿児島　－　島津

ウ　山口　　－　今川　　エ　一乗谷　－　朝倉

(5)　カードDの下線部の理由について，次の語を用いて書け。

〔　慣習　〕

(6)　教師は，「身近な地域の歴史」を取り上げて，生徒の歴史に対する興味・関心を高めるために，資料1のカードと資料2の写真を新たに準備した。

資料1　国内の様子(8世紀末から9世紀)

朝廷は，坂上田村麻呂を征夷大将軍に任命し，(　c　)が抵抗を続ける東北地方に大軍を送った。

資料２　漆紙文書の一部（秋田城より出土）

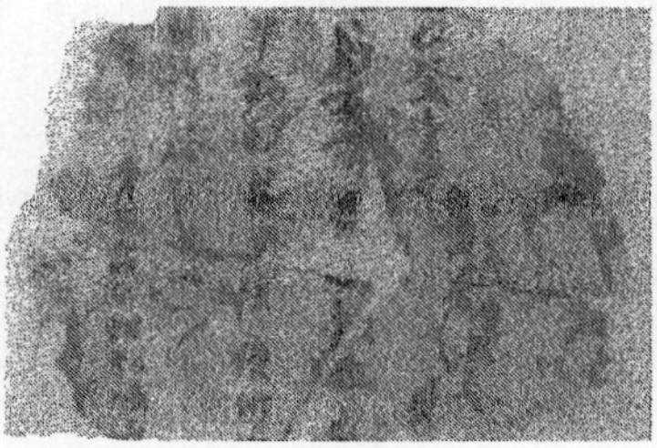

①　資料1の(　c　)には，下線部に住んでいた朝廷の支配に抵抗した人々が入る。この人々を，何というか書け。

②　現在の山形県，秋田県にまたがる，資料1，2の頃の旧国名を書け。

③　次のまとめは，秋田城から出土した資料2などの漆紙文書に記されていることについて，二人の生徒が考察したものである。教師は，生徒Ⅱが記述した内容を，「おおむね満足できる」状況(B)と判断した。そのように判断した理由を書け。

まとめ

生徒Ⅰ

漆紙文書には，税を納めたことや亡くなった人の名前などが書かれている。この時代の人々の平均寿命や税の種類などについても調べてみたいと思った。

生徒Ⅱ

漆紙文書には，例えば亡くなった人の氏名や年齢，税に関することが書かれている。朝廷の支配が及び，この場所に律令国家の地方官庁が置かれた証拠となる資料だと思った。

④　資料2を活用し，日本人の生活などについて生徒が具体的に学ぶことができるようにする際の留意点を，「解説」を踏まえ，次

の語句を用いて書け。　　　〔　見学・調査　〕

(☆☆☆☆☆◎◎◎)

【8】「学習指導要領」〔歴史的分野〕　内容(5)「近代の日本と世界」の「オ」に関する問題である。(1)～(5)の問い に答えよ。

年表

世界の動き	年	我が国の動き
	1912	・第一次護憲運動が起こる
・第一次世界大戦	1914	・第一次世界大戦に参戦
	1915	・中国に二十一か条の要求を出す
・ロシア革命	1917	
	1918	・米騒動が起こる　……X ・政党内閣成立
・［　①　］ ・ベルサイユ条約	1919	
・［　②　］	1920	
・ワシントン会議	1921	
	1922	・全国水平社結成
	1925	・［　③　］

(1)　年表の①～③にあてはまるものを一つずつ選び，記号を書け。

ア　五・四運動　　　　イ　宗教改革が始まる

ウ　国際連盟設立　　　エ　韓国を併合する

オ　世界恐慌　　　　　カ　普通選挙法公布

(2)　年表のXの原因を「世界の動き」の中のできごとと関連付けて書け。

(3)　資料は，女性解放を唱えて青鞜社を結成した人物の宣言文である。この人物の名を書け。また，このような運動による成果として生徒に気付かせたい内容を「解説」を踏まえて書け。

資料

> 元始，女性は実に太陽であった。真正の人であった。今，女性は月である。他によって生き，他の光によって輝く，病人のように青白い顔の月である。私たちは隠されてしまった我が太陽を今や取りもどさなくてはならない。(部分要約)

(4)　第一次世界大戦が我が国に与えた影響について，図1と図2を基に生徒に考察したことをまとめさせるとき，「おおむね満足できる」状況(B)と判断できる内容を書け。

図１　貿易額の変化

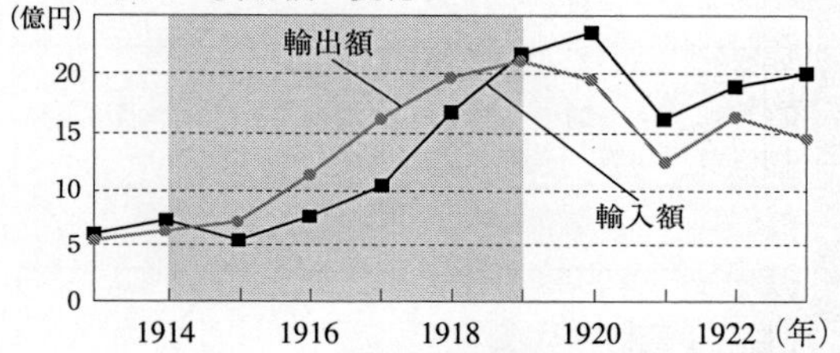

(「日本統計協会(1988)」から作成)

図２　産業構造の変化

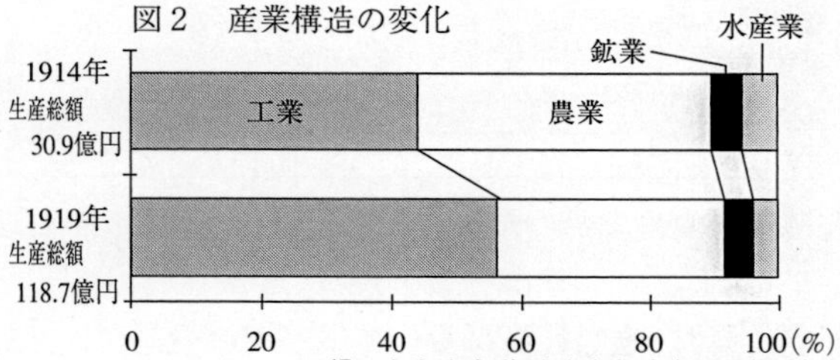

(「日本資本主義発達史年表」から作成)

(5)　この時代の「文化の大衆化」について，取り上げる内容を「解説」を踏まえて書け。

(☆☆☆◎◎◎)

【９】「学習指導要領」〔歴史的分野〕　内容(6)「現代の日本と世界」に関する問題である。(1)～(4)の問いに答えよ。

(1)　表の①，②にあてはまる語を書け。

学習問題：冷戦下の国際社会の動きは，我が国にどのような影響を与えたのだろうか。

表　戦後の我が国の主な動き

政策面	・日本国憲法の制定など戦後改革が進められた。 ・（　①　）が作られ，保安隊を経てのちに自衛隊になった。
経済面	・朝鮮戦争により，大量の軍需物資が日本で調達され，好景気（特需）になった。
外交面	・48か国とサンフランシスコ平和条約を結んだ。 ・ソ連との間で（　②　）に調印し，同年国際連合に加盟した。

⇩

○　まとめ

・政策面では，戦後民主化や非軍事化が基本方針だったが，冷戦が激化すると政策転換が図られた。

・経済面では，朝鮮戦争をきっかけに景気が回復し，復興が早まった。

・外交面では，［　　　③　　　］

(2)　学習問題に対するまとめの③に入る適切な内容を次の語を用いて書け。　〔　回復　　国際社会　〕

(3)　この単元では，「国際社会において我が国の役割が大きくなってきたこと」を理解させるためにどのようなことに着目させるか，次の資料1，2を参考に「解説」を踏まえて書け。

資料１　ＰＫＯへの自衛隊派遣

南スーダン（2014年）

資料２　主な国のＯＤＡ（%）（2015年）

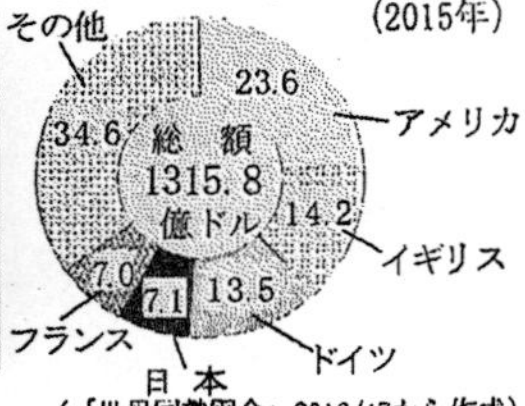

（「世界国勢図会」2016/17から作成）

(4)　歴史的分野の指導内容を構成するに当たり，生徒の発達の段階を考慮する他，どのようなことに配慮しなければならないか。「解説」を踏まえ，「各時代の」の書き出しに続けて書け。

（☆☆☆◎◎◎）

【10】次は，「学習指導要領」第2章　第2節〔公民的分野〕　2　内容(1)「私たちと現代社会」の一部である。(　a　)～(　c　)に当てはまる語句を，それぞれ書け。

> イ　現代社会をとらえる見方や考え方
>
> 　人間は本来社会的存在であることに着目させ，社会生活における物事の決定の仕方，きまりの意義について考えさせ，現代社会をとらえる見方や考え方の基礎として，(　a　)，(　b　)などについて理解させる。その際，個人の尊厳と両性の本質的平等，契約の重要性やそれを守ることの意義及び(　c　)などに気付かせる。

(☆◎◎◎◎◎)

【11】次の資料は，「生産と労働」の授業の黒板の一部である。(1)～(6)の問いに答えよ。

資料

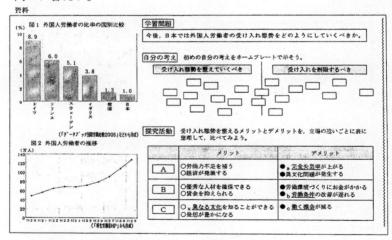

図1　外国人労働者の比率の国別比較

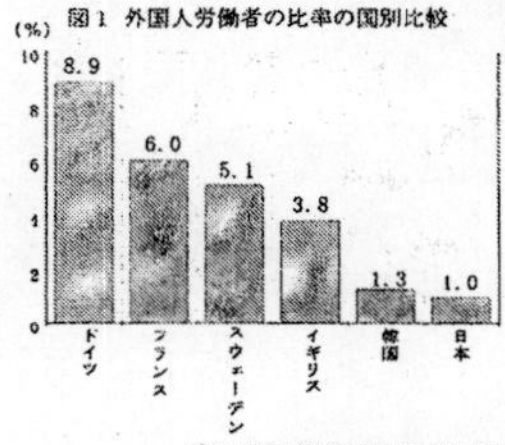

(「データブック国際労働比較2005」などから作成)

図2　外国人労働者の推移

(「厚生労働省HP」から作成)

学習問題

今後，日本では外国人労働者の受け入れ態勢をどのようにしていくべきか。

自分の考え　初めの自分の考えをネームプレートで示そう。

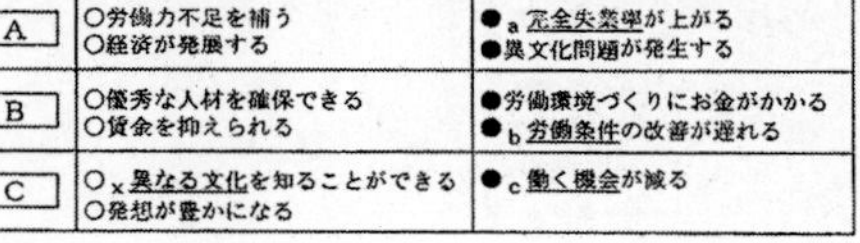

探究活動　受け入れ態勢を整えるメリットとデメリットを，立場の違いごとに表に整理して，比べてみよう。

	メリット	デメリット
A	○労働力不足を補う ○経済が発展する	●a完全失業率が上がる ●異文化問題が発生する
B	○優秀な人材を確保できる ○賃金を抑えられる	●労働環境づくりにお金がかかる ●b労働条件の改善が遅れる
C	○x異なる文化を知ることができる ○発想が豊かになる	●c働く機会が減る

(1)　資料の下線部aの意味を，次の語を用いて書け。

〔　労働力人口　　完全失業者　〕

(2)　資料の下線部bについて，それらを改善するために定められた労働三法のそれぞれの名称を書け。

(3)　資料の下線部cについて，日本の労働者の「働く権利」を保障している憲法の条文は第何条かを下から選び，記号で書け。

ア　第1条　　イ　第9条　　ウ　第27条　　エ　第96条

(4)　資料中の［ A ］～［ C ］に入る三つの立場を，それぞれ次から選んで書け。

〔　日本人労働者　　外国人労働者　　日本の企業　　外国の企業　日本全体　〕

(5)　資料の下線部xについて，現代社会における文化の意義や影響について理解させる際に，どのような態度が大切であるか，「解説」を踏まえて書け。

(6)　次の文は，「学校教育の指針　平成30年度の重点」(秋田県教育委員会)に示す社会科の重点の一部であり，上の授業は，この内容を踏まえて構成したものである。［ D ］，［ E ］に当てはまる語を書け。

> ②よりよい社会の形成に参画する態度を養う学習活動の充実
> ◇複数の立場や意見を踏まえ，よりよい社会の在り方や社会への関わり方を各自で［ D ］・［ E ］する活動を取り入れる。

(☆☆☆◎◎◎)

【12】次の資料は，「学習指導要領」〔公民的分野〕2　内容(4)　イ「よりよい社会を目指して」に関する学習において，ある生徒が作成したレポートの一部である。(1)～(7)の問いに答えよ。

資料

1　探究のテーマ　「日本の選挙の課題について」

2　テーマ設定の理由
授業で日本の若い世代の投票率が低いということを学習して残念に思った。選挙は国民の意見を立法や政治に反映させるために最も大事なものであるにも関わらず，棄権する人が多いという現状に着目して，投票率を上げるための国の取組を調べようと思った。

3　探究の方法
棄権の状況や投票率を上げる取組などについて新聞やインターネットを活用して調べる。また，それらの情報をグラフや表に表し，分かったことや考えたことをまとめる。

4　探究の内容（調べて分かったこと）

戦後の主な選挙制度の移り変わり

1946	２０歳以上の男女による普通選挙が実現
1950	[あ] 法を公布
1994	a 小選挙区比例代表制を採用
1997	投票時間の延長
2000	b 衆議院・参議院議員の定数削減
2003	期日前投票制度の創設
2013	c インターネット選挙運動解禁
2015	選挙年齢を１８歳に引き下げる

分かったこと
・有権者が投票しやすいような制度が整えられてきている。
・若い世代の政治参加の機会を広げている。

年代別投票率（第48回衆院選）

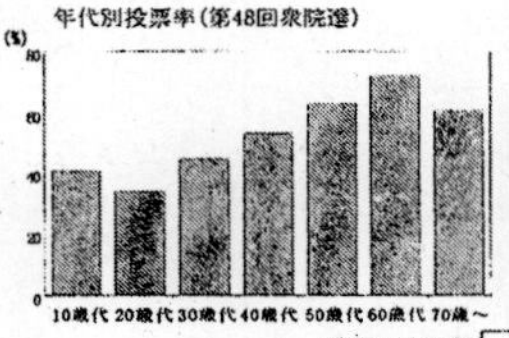

（「総務省HP」から作成）

棄権の理由（20～30歳代）

関心がなかった	23.4%
仕事があった	22.2%
適当な候補者も政党もなかった	21.3%
政党や候補者の違いがよくわからなかった	19.2%

（「私たちが拓く日本の未来」から作成）

分かったこと
・１０歳代の投票率は，[い]。
・棄権の理由としては，政治への関心の低さや政党や立候補者についての情報不足などがあげられる。

立候補者や政党の情報の集め方

X	政見放送	Y	街頭演説	演説会	Z
投票日の二日前までに，世帯ごと届けられる新聞に似た印刷物。候補者の氏名，意見や考えなどが掲載されている。	候補者や政党等がテレビやラジオを通じて意見や考えを訴える。対話を用いるなど，有権者に分かりやすく伝える工夫もされている。	当選したらどんなことをいつまでに実現させるかを，政党等が有権者に向けて発表する選挙公約。パンフレットなどで街頭演説の場所などにおいて無料配布される。	駅前や商店街などで，候補者が有権者に直接政策を訴える。	候補者が開催するものと，政党等が開催するものがある。	立候補予定者が一堂に集まり，自分の政策や公約などの考え方を有権者に説明したり，立候補予定者同士がお互いに討論したりする。

(1)　資料の [あ] に当てはまる語を書け。

(2)　資料の下線部aの制度について，小選挙区制と比例代表制のそれぞれの特色を入れて説明せよ。

(3)　資料の下線部bについて，平成30年4月現在の衆議院と参議院の定数を，それぞれ書け。

(4)　資料の下線部cについて，インターネットを使っての選挙運動として有権者が禁止されているものを，一つ選んで記号を書け。

ア　選挙運動メッセージをSNSで広める
イ　電子メールで選挙運動をする
ウ　自分で選挙運動メッセージをブログに書き込む
エ　選挙運動の様子を動画サイトなどに投稿する

(5)　資料の [い] に入る適切な内容について，次の語を用いて書け。
〔　20歳代　　全体　〕

(6)　資料の[X]，[Y]，[Z]に入る内容の組み合わせとして適切なものを，一つ選んで記号を書け。

ア

X	選挙公報
Y	冊子状の公約集
Z	公開討論会

イ

X	テレビ広告
Y	候補者の葉書
Z	新聞広告

ウ

X	新聞広告
Y	選挙公報
Z	冊子状の公約集

エ

X	冊子状の公約
Y	公開討論会
Z	テレビ広告

(7)　社会科のまとめとして位置付けられた中項目「イ　よりよい社会を目指して」のねらいを，「解説」を踏まえて書け。

(☆☆☆◎◎◎)

地　理・歴　史

【１】次に示す歴史の描き方に関する文章を読んで，下の問いに答えよ。

古代においては，中国で『史記』を著した(　A　)やペルシア戦争を物語的に叙述したギリシアの(　B　)などはよく知られている歴史家である。「マホメットなくしてシャルルマーニュなし」の言葉で知られるベルギーの歴史家(　C　)は，古代地中海世界の統一の終焉を7～8世紀に求めた。中国ではやがて，周辺諸民族の台頭により漢族は圧迫を受けるようになる。そのような時代であった11世紀に，旧法党の政治家でもあった(　D　)が書いた歴史書は，君主の統治に資することを目的に書かれた編年体の通史である。近代ヨーロッパの人々はいわゆる大航海時代に世界へと乗り出し，その後，ヨーロッパ各国は海上覇権を争い合った。大航海時代以降の世界の歩みを欧米を中心とする世界的な国際分業体制の発展過程とみなし，「開発途上国の低開発は世界経済の分業体制の中で生み出されたもの」という考え方を1970年代に提唱したのは，アメリカの歴史社会学者(　E　)である。

(1)　(　A　)～(　E　)に適切な人物名を記せ。

(2)　下線部に関連して，17世紀半ばから18世紀半ばまでの海上覇権の変遷について70字以内で述べよ。

(☆☆◎◎◎)

【2】次の文章を読んで，下の問いに答えよ。

8世紀のユーラシア大陸を概観すると，①中国では，当時の王朝の支配体制が大きく変化し，②イスラーム世界では，王朝の交替が起こった。③ヨーロッパでも西欧世界の成立に向けた動きがあった。また，8世紀は④文化の伝播という視点からも重要な出来事が起こった世紀であった。

(1)　下線部①に関連して，8世紀における中国での税制変化について70字以内で述べよ。その際，変化の背景となった事情にも触れること。

(2)　下線部②に関連して，イスラーム世界では8世紀に税制に大きな変化があった。その変化について50字以内で述べよ。

(3)　下線部③に関連して，授業のまとめとして用いる板書を作成せよ。その際，次のⅠ～Ⅳの条件に従うこと。

Ⅰ　本時の目標を下記のようにする。ただし，これは板書に書き込まなくてもよい。

☆　本時の目標　☆ 西欧をまとめる政治勢力誕生の経緯をつかむ ～8世紀，ローマ教皇が期待した3人は誰だ？～

Ⅱ　本時の目標にある3人を古い順番に並べる。それぞれの人物について，次の語句を用いる。

【1番目の人物】　ウマイヤ朝

【2番目の人物】　ランゴバルド

【3番目の人物】　ビザンツ帝国

Ⅲ　次のことについては，生徒は学習を終えている。

(アリウス派)　ランゴバルドとの対立 ↓ (アタナシウス派)　ローマ教皇　←　(干渉)　←　聖像禁止令　by　ビザンツ皇帝レオン3世 ↑ ウマイヤ朝の勢力拡大

Ⅳ　内容を強調するための文字の太さや下線などは考慮しなくてよい。

(4)　下線部④に関連して，重要な文化の伝播が8世紀にあった。それについて，次の語句を用いて60字以内で述べよ。

[　シチリア島　　蔡倫　]

(☆☆☆☆◎◎)

【3】次に示す20～21世紀の政治家の演説を読んで，あとの問いに答えよ。

演説A 彼は「人民の敵」という概念を作りました。……革命的法秩序のいっさいの規範を無視した最も過酷な弾圧手段を用いることができるようになったのです。……何千という人たちの大量逮捕と流刑，裁判や正常な審理を経ない処刑などによって，危険のただよう雰囲気，逃れられない不安，そして恐怖さえ生まれました。

演説B 大統領制を創設して，ペレストロイカの政策を実施するのに必要なすべての権限を大統領に与える問題が提起されている。……私はこの構想がこの総会で検討される価値があると考えている。

演説C

すでにバルト海のシュテッティンからアドリア海のトリエステに至るまで，大陸を横切って鉄のカーテンが降ろされております。そして，そのカーテンの向こうに，中欧と東欧の古くからある国々のすべての首都があるのです。……こうした名だたる都市と，そこに住む人々のすべてが，ソヴィエト圏とも呼ぶべき地域にあるのです。

演説D

私の命令により，合衆国の軍は，アフガニスタンにあるアルカイダのテロリスト訓練キャンプとタリバン政権の軍事施設に対し，攻撃を開始しました。慎重に標的が選定されたこれらの攻撃は，テロリストがアフガニスタンを作戦基地として使用するのをやめさせ，タリバン政権の軍事能力をたたくためのものです。

演説E

アメリカならびに全西半球の防衛のため，憲法により私に与えられ，議会で確認された権限にもとづき，私は次の措置をただちに取ることを指示した。

一，まず攻撃的装備の強化を阻止するため，いかなる国あるいは港からのものであろうと，キューバ向けの船舶は，もし攻撃的兵器を積んでいることが判明した場合，引き返させるであろう。

(1) 演説Aは誰の演説か。次のア～オから一つ選び，記号を記せ。

ア ゴルバチョフ　イ ケネディ　ウ G.W.ブッシュ

エ フルシチョフ　オ チャーチル

(2) 次のア～エは，それぞれある都市の歴史について述べた文章である。これらのうち，演説Cの下線部が示す地域の都市に該当しないものはどれか。一つ選び，記号と都市名を記せ。

ア　この都市の名称を冠した軍事機構が1991年に解体された。

イ　カルヴァンは厳格な禁欲主義にたち，この都市で一種の神権政治を行った。

ウ　この都市を首都とする国は1939年にヒトラーにより解体され，1968年にも周辺国の軍事侵攻を受けた。

エ　この都市はアウスグライヒ体制のもとでマジャール人の王国の首都とされた。

(3)　演説Eが行われたのは，ある事実が発覚したからである。その事実を50字以内で述べよ。

(4)　演説A～Eを古い方から年代順に並べよ。

(☆☆◎◎◎◎)

【4】次の各史料を読み，下の問いに答えよ。

史料Ⅰ

……，①天皇清麿を牀下に召して，勅して曰はく，「昨夜夢みるに，八幡神の使来りて云はく，『大神事を奉けたまはら令めむが為に，尼法均を請ふ』とのたまふ。宜しく汝清麿相代りて往きて彼の神の命を聴くべし」とのたまふ。発するに臨みて，(　A　)清麿に語りて曰はく，「大神使を請ふ所以は，蓋し我即位之事を告げむが為ならむ。因りて重ねて募るに官爵を以てせむ」とまうす。清麿行きて②神宮に詣ずる。大神託宣して曰はく，「我が国家開闢以来，君臣定りぬ。臣を以ちて君と為すことは，未だ之れ有らざる也。天之日嗣は必ず皇緒を立てよ。无道之人は宜しく早く掃ひ除くべし」とのたまふ。……

(『続日本紀』　原漢文)

(1)　(　A　)にあてはまる人物名を記せ。

(2)　史料Ⅰの事件とその結果を，皇位の継承と関連づけて50字程度で述べよ。その際，下線部①の天皇名と，下線部②の神社名をそれぞれ明らかにすること。

史料Ⅱ

日本准三后某，書を大明皇帝陛下に上る。日本国は開闢以来，聘問を上邦に通ぜざることなし。③某幸に国鈞(こくきん)を秉(と)り，海内虞(うれい)なし。特に往古の規法に遵いて，肥富をして祖阿に相副え，好みを通じ，方物を献ぜしむ。金千両・馬十匹・薄様千帖・扇百本・屏風三双・鎧一領・筒丸一領・剣十腰・刀一柄・硯筥一合・同じく文台一箇。海島に漂寄せる者幾許人を捜し尋ねてこれを還す。某誠惶誠恐，頓首頓首，謹言。……

(『善隣国宝記』　原漢文)

(3)　下線部③に示された当時の状況を50字程度で述べよ。その際，「某」にあたる人物名を明らかにすること。

(4)　史料Ⅱの交渉による，我が国と中国との外交の変化を50字程度で述べよ。

(5)　史料Ⅱの当時，中国からの渡来僧や中国帰りの留学僧が五山の禅僧に多かったが，彼らが我が国で果たした役割を100字以内で述べよ。

史料Ⅲ

諸役人役柄に応ぜざる小身之面々，前々より御役料定め置かれ下され候処，知行之高下之有る故，今迄定め置かれ候御役料にてハ，小身之者御奉公続兼申すべく候，之に依り今度御吟味之有り，役柄により，其場所不相応ニ小身ニて御役勤候者ハ，御役勤候内御足高仰せ付けられ，御役料増減之有り，④別紙之通相極候，此旨申し渡すべき旨仰せ出され候，

但，此度御定之外取来候御役料は其儘下し置かる，……

(『御触書寛保集成』)

(6)　史料Ⅲの制度を設けたときの将軍名を記せ。

(7)　史料Ⅲの制度の特徴を，下線部④の別紙に掲げられた次の事例を

もとに100字以内で述べよ。

【別紙に掲げられた事例の一部】

三千石より内ハ 三千石之高ニ成し下さるべく候，	大目付 町奉行 御勘定奉行

史料Ⅳ

……，⑤現内閣ハ一銀行一商店ノ救濟ニ熱心ナルモ，支那方面ノ我ガ居留民及對支貿易ニ付テハ何等施ス所ナク，唯々我等ノ耳ニ達スルモノハ，其ノ慘憺タル暴狀ト，而シテ政府ガ彈壓手段ヲ用イテ，之等ノ報道ヲ新聞紙ニ掲載スルコトヲ禁止シタルコトナリ

之ヲ要スルニ，今日ノ恐慌ハ現内閣ノ内外ニ對スル失政ノ結果ナリト云フヲ憚ラズ，一銀行一會祉ノ救助ノ爲ニ，既ニ二億七百萬圓，今復タ二億ノ補償義務，合計シテ四億七百萬圓ノ鉅額ヲ，人民ノ膏血ヨリ出タル國帑ノ負擔ニ歸セシメントシ，支那ニ在留スル數萬ノ同胞ニ對シテハ殆ド顧ル所ナシ，一般國民ハ之ヲ見テ果シテ如何ナル感慨ヲ生スベキ乎，刻下到ル處思想ノ悪化シツツアル情勢ニ顧ミ，前途ヲ慮ルトキハ轉タ悚然タラザルヲ得ザルナリ

(『伯爵伊東巳代治　上』)

(8)　下線部⑤に示された状況を，総理大臣名，銀行名，企業名をそれぞれ明らかにしながら，50字程度で述べよ。

(9)　史料Ⅳで伊東巳代治が批判している，当時の外交の特徴を50字程度で述べよ。

史料Ⅴ

……，⑥私の信ずるところでは日本は目下厳しい経済を余儀なくされている。しかし現在とられている国内的な方針政策は，合理的でもなく現実的でもない。すなわち日本の経済は両足を地につけていず，竹馬にのっているようなものだ。竹馬の片足は米国の援助，他方は国内的な補助金の機構である。竹馬の足をあまり高くしすぎると転んで首を折る危険がある。今たゞちにそれをちゞめることが必要だ。つゞけて外国の援助を仰ぎ，補助金を増大し，物価を引き上げることはインフレの激化を来すのみならず，国家を自滅に導く恐れが十分にある。

(『朝日新聞』1949年3月8日)

(10)　下線部⑥にあたる人物名を記せ。

(11)　史料Ⅴの年に設定された単一為替レートは，1ドル何円で実施されたか，記せ。

(12)　下線部⑥の人物の指示により実施された政策が，当時の我が国に与えた影響を80字以内で述べよ。

(☆☆☆☆☆◎◎◎◎)

【5】次の世界地図を授業で用いながら，地図の特徴に加えて，様々な地域と都市の特色や課題を取り上げて生徒に説明した。そのことについて，下の問いに答えよ。

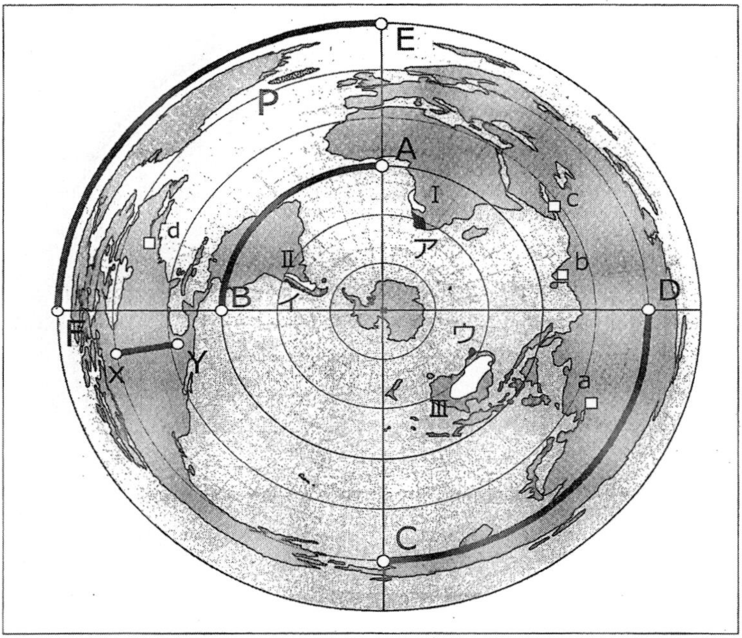

(1)　地図の特徴を生徒に次のように説明した。空欄にあてはまる語句を記せ。

地球上の任意の2地点間の最短経路を(　①　)コースとよびます。正距方位図法では，図の中心となる地点と任意の地点とを直線で結ぶと，それが(　①　)コースを表すようになっているのです。また，中心からみた任意の地点の方位が正しく描かれています。そのため航空図に利用されたりします。今，目にしている地図は南極中心の正距方位図法で描かれた地図です。皆さんは初めて見る不思議な地図と感じたかもしれませんが，実は北極を中心にした正距方位図法と平和を意味するオリーブを模式化したデザインは(　②　)のシンボルマークになっているので，見覚えのある人もいるのではないでしょうか。非常に特徴のある地図ですので，前回の授業で取り上げたメルカトル図法との違いを考えながら正距方位図法の特色を理解していきましょう。

(2)　地図中の同心円状に描かれた区間A～B，C～D，E～Fの実際の距離〔km〕を整数で記せ。ただし，便宜上地球は球体で一周4万kmとする。

(3)　プレートテクトニクスに関する既習内容を確認するため，地図中の　　で示した島Pを含むこの地域のプレートの様子を生徒に答えさせたい。次の地図の範囲で，代表的なプレートの境界を書き込め。また，その境界についてPの特異性にも触れながら50字以内で述べよ。

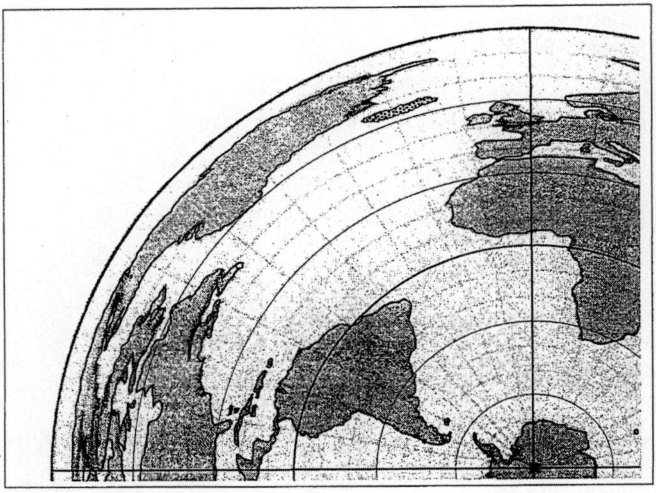

(4)　地図中の　　で示した地域ア・イ・ウはケッペンの気候区分では同一の気候区に分類される。この気候区はほぼ同じ緯度に出現しているが，この気候区の気候記号と成因を「この気候区は____

で」の書き出しに続いて70字以内で述べよ。ただし，気候記号は下の選択肢から選び，下線部空欄に①～⑩の記号で記せ。書き出し部分は文字数に含めないこととする。

① Af　② Aw　③ BS　④ BW　⑤ Cs

⑥ Cw　⑦ Cfa　⑧ Cfb　⑨ Df　⑩ Dw

(5) 地図中の□で示した地域Ⅰ・Ⅱ・Ⅲはケッペンの気候区分では同一の気候区に分類される。しかし，それぞれの地域にみられる気候区の成因は全く異なっていることを生徒と確認した。この気候区の気候記号と成因の違いについて，「この気候区は＿＿＿で」の書き出しに続いて100字以内で述べよ。ただし，気候記号は(4)の選択肢から選び，下線部空欄に①～⑩の記号で記せ。書き出し部分は文字数に含めないこととする。

(6) 地図中のX～Yは，生徒にこの国の農業地域の特色を理解させる際に重要な意味をもっている。この線の定義にも触れながら，農業地帯の区分について200字以内で述べよ。

(7) 次の図は，地図中の都市aを首都とする国の人口ピラミッドの変化を示している。この国の抱える人口問題について図の特徴にも触れながら生徒に説明したい。70字以内で述べよ。

図

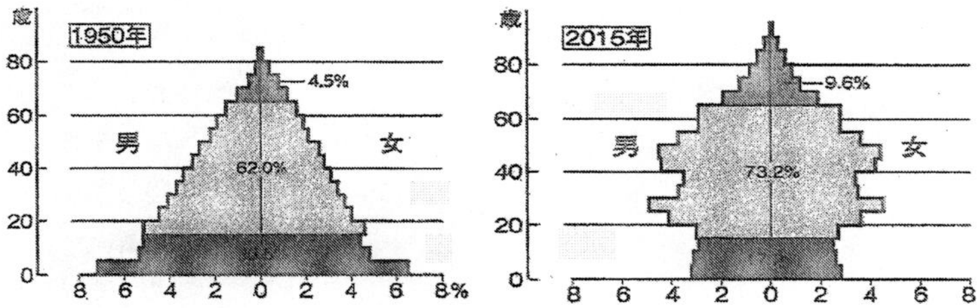

(8) 地図中の都市bはICT産業の集積地である。この都市のICT産業が発展した理由を，地図から読み取れることも含めて60字程度で述べよ。

(9) 次の表は世界の空港の利用実績の変化である。この表中の首位空港は地図中の都市cにあり，近年経済発展の著しい都市として大変注目されている。この都市名を記せ。

表　さまざまな空港の乗降客数（国際線のみ・丸囲み数字は順位）

主な空港＼年度	2000	2005	2010	2015
c　／　c　国際	－　＊	23 922 ⑪	46 314 ④	77 453 ①
ロンドン／ヒースロー	56 875 ①	61 011 ①	60 903 ①	69 816 ②
香港／香港国際	32 131 ⑤	39 800 ⑤	49 775 ③	68 071 ③
パリ／シャルルドゴール	42 506 ②	48 869 ②	53 150 ②	60 367 ④
アムステルダム／スキポール	40 196 ④	43 999 ④	45 137 ⑥	58 246 ⑤
シンガポール／チャンギ国際	26 963 ⑦	30 720 ⑥	40 924 ⑦	54 836 ⑥

＊cの2000年は上位18位に入っていないため不明である

（二宮書店「2004・2008・2013・2018ﾃﾞｰﾀﾌﾞｯｸｵﾌﾞ・ｻﾞ・ﾜｰﾙﾄﾞ」、世界国勢図会より作成）

(10)　地図中の都市dは，この国の民族構成における特色が顕著に現れている州の州都である。この国の民族問題について，州名を明らかにして70字以内で簡潔に述べよ。

(☆☆☆◎◎◎)

【6】次の(1)～(3)について，一題を選んで答えよ。

(1)　資料Ⅰを授業で用いて，この道路の特徴や，当時建設されたこれらの道路の歴史的意義を把握させたい。説明の要旨を250字以内で述べよ。

資料Ⅰ

アッピア街道

(2)　資料Ⅱを授業で用いて，このような雑誌が発行された歴史的背景と当時の社会情勢を把握させたい。説明の要旨を250字以内で述べよ。

資料Ⅱ

『キング』創刊号

(3)　資料Ⅲを授業で用いて，このグラフの特徴と読み取り方を示し，交点がどのように移動するかを生徒に把握させたい。説明の要旨を250字以内で述べよ。

資料Ⅲ

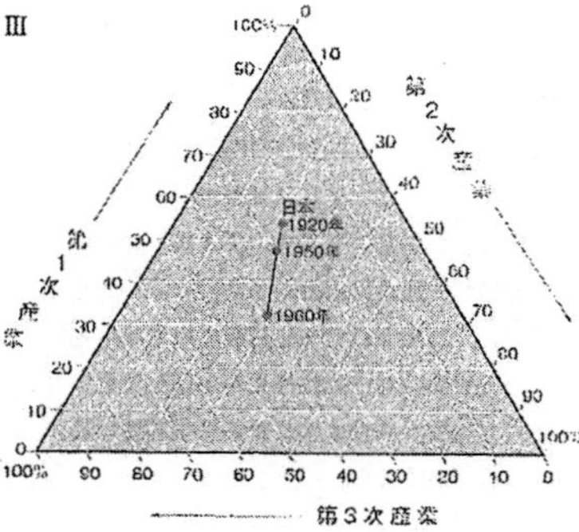

(☆☆☆☆☆◎◎)

解答・解説

中学社会

【1】ア　位置　　イ　空間　　ウ　距離　　エ　地域　　オ　人間

〈解説〉設問の「地理的な見方や考え方」は，地理的分野の目標にある言葉である。学習指導要領関連の問題で目標は最頻出の一つであり，教科の基本的考えでもあるので，文言だけでなく，具体的な内容を「解説」などで確認しておくこと。中学社会では教科目標に加え，各分野の目標がある。それぞれの関連性を見ながら，系統的に学習することが必要になる。

【2】(1)　地球儀　　(2)　①　(解答例)　(この地図では，)経線と緯線が直交して表現されるため，方角や距離が正しく表現されていないが，生徒は地図上の経線に沿った直線が真東を指していると誤解しているため。　　②　(解答例)　地球儀やメルカトル図法の地図に加え，面積の正しい正積図法の地図，中心からの距離が正しい正距方位図法の地図など，目的に応じた様々な地図があることを取り上げ，その特色をつかみながら世界地図の読み取りができるように留意する。

③　Y…インド洋　　Z…オーストラリア大陸　　④　南緯35度，西経41度　　(3)　デンマーク　　(4)　(解答例)　日本から見て日本海を挟んだ対岸にある中華人民共和国は，歴史的にも日本との関わりが深く，文化的な共通点も多い。　・世界で最も人口の多い国であるため，人口増加による居住環境の悪化や国内での経済格差が問題になっている。

〈解説〉(1)　地球儀は地図では表現の難しい地球上の面積，方位，形，距離を比較的正しく反映している。よって，様々な地図と比較することで，地図の持つひずみについて理解を深めることが可能である。

(2)　①　メルカトル図法では緯線と経線が直角に交わるが，地図上の一点からの方角，距離は正しく表現されないことを示せばよい。地図の特徴(長所・短所)と用途は深い関わりがあるので，その点を整理しておくとよい。　③　Y　インド洋はユーラシア，オーストラリア，南極，アフリカの4大陸の間に広がる海洋で，世界第3位の面積を持つ。Z　オーストラリア大陸は南半球に位置する大陸で6つの大陸の中では最小である。　④　対蹠点の求め方は，緯度については北緯と南緯を入れ替え，経度については東経と西経を入れ替え180度からもとの経度を引いた値をとればよい。　(3)　大西洋北部に位置するグリーンランドはデンマーク領である。カラーリット(イヌイット)などの住民が中心となって居住しており，面積は217.6万km²に及ぶ世界最大の島である。　(4)　Wの国は中華人民共和国である。人口は約13億8230万人(2016年)と世界で最も人口の多い国であり，歴史的に日本との関わりが深い。そのため，文化的共通点などもあるが，対立も存在する。このような点から考えるとよい。

【3】(1)　ア，イ　　(2)　a　中国　　b　イギリス
(3)　c　(解答例)　ヨーロッパの国々が個別に占めるGDPの割合は小さい　　d　(解答例)　経済的結びつきを強め，アメリカなどの巨大な経済圏に対抗しようとした　　(4)　(解答例)　EU統合の歴史的背景を整理することで，EU統合の成果と課題について多面的・多角的な考察を促し，EUの持つ地域的特性を理解させるねらいがある。

〈解説〉(1)　「解説」では，「州ごとに様々な面から地域的特色を大観させ，その上で主題を設けて地域的特色を理解させるようにすること。(中略)　また，州ごとに異なるものとなるようにすること」とある。また，主題について，取り上げる地理的事象，既習内容などを勘案して，「教師によって設定される」ものであり，各州につき1つ，または2つに絞って展開すること望ましいとしている。　(2)　a　2015年の統計で国内総生産においてアメリカ合衆国に次いで世界2位となったのは中国である。豊富な労働力と国内でまかなえる原料を背景に中国の経済は長期にわたって急激な成長を遂げ，約30年間で農業主体の産業

構造から工業・サービスを中心とする産業構造に移行した。

b　GDPの割合で世界有数の国であることをヒントに考えるとよい。なお，イギリスでは2016年にEU離脱を問う国民投票が行われ，離脱賛成派が反対派を上回る結果となった。　(3)　c　図1のヨーロッパ諸国を国別で見たとき，アメリカや中国，日本と比べて小さいことがわかる。　d　図2より，EUによって各国の経済的な結びつきが強まったことで，貿易額やGDPでアメリカや日本を凌ぐ存在となり，世界経済に大きな影響を与えていることを指摘したい。　(4)　ヨーロッパの学習については，EUの広がりを理解し，国家間の結びつきによる一般的課題とEUの地域特有の課題を捉え，地球的な課題とあわせて考察できるようにしたい。

【4】(1)　(解答例)　海外と衛星中継するニュース映像を使って，国際化する生活場面と結び付けて時差の概念を理解できるようにするため。

(2)　①　島名…択捉島　理由…(解答例)　水没から免れて領土(領海)と排他的経済水域を保持するため。　②　X…歴史的　　Y…国際法上　Z　(解答例)　我が国が有効に支配しており，解決すべき領有権の問題は存在しない。　(3)　(解答例)　日本の領域的広がりについて東経135度の経線，北緯35度の緯線を基準とし，日本を構成する主な島々の大まかな形状や位置関係が分かる程度の略地図が描けているため。

〈解説〉(1)　ここでは，我が国の位置や世界各地との時差，領域の特色と変化などを取り上げ，世界から見た日本の地域構成を大観させることを目標としている。資料1の中継映像などを利用して世界各地との時差に意識を向けさせ，さらに日付変更線を示した地図，時差の計算などを通じて理解を深められるようにするとよいだろう。

(2)　①　歯舞諸島，国後島，色丹島，択捉島からなる北方領土はロシアによって不法に占拠されており，日本政府はロシアに対して返還を求めている。ロシア側はポツダム宣言に北方領土が含まれていないことや，サンフランシスコ平和条約で日本が千島列島を放棄したことを理由に返還を拒否している。　②　日本が海洋国家であることを踏まえ，国境の意味や領域問題に着目させることが重要である。その際，「北方領土」「竹島」「尖閣諸島」が歴史的にも国際法上でも日本の立場が正当であることを確認し，それぞれの問題について理解を深めておきたい。　(3)　日本の略地図を描く際には東経135度，北緯35度がどの地域を通るのかを意識しておきたい。設問の略地図は日本の地形そのものは非常に大雑把ではあるものの，経度，緯度の位置関係はほぼできているので，Bに評価されたと考えられる。

【5】(1)　①　秋田…エ　　青森…カ　　②　あきたリッチプラン　③　重要無形民俗文化財　　(2)　①　イ　　②　(解答例)　地域の環境条件や他地域との結びつきなどと人間の営みである産業とのかかわりに着目して近畿地方の地域的特色を追究しており，地理的な考え方の基本ができているため。　　③　ア　　(3)　(解答例)　身近な地域の課題を読図やさまざまな資料の読み取りとともに，地図化やグラフ化などの作業的学習を通じて明らかにする。

〈解説〉(1)　①　エ　秋田県は東北6県のうち最も人口が少なく，人口密度は岩手県に次いで2番目に低い。また，ここでは用いられていないが死亡率，および老年人口の割合の高さも把握しておくとよい。農業生産額は肉牛や乳牛，豚，鶏など畜産の割合が米に次いで高く，「秋田比内地鶏」や「鹿角牛」などブランド品も多い。工業生産額は東北の中では低いが，秋田市では製材，パルプ，醸造など，にかほ市では電気機械工業がさかんである。　カ　青森県で特徴的なのは農業生産額，特に果樹の額である。りんごは全国シェア5割以上である等から，果樹の生産額は全国で最も高い。また，にんにくやごぼうなどの野菜，採卵鶏も全国で1位を占めるなど，東北地方の中でも全体的に農業生産額は高くなっている。　②　秋田県は特定事業や県内への企業移転などに対し，補助金による助成や県税の減免措置などの各種優遇政策を実施し，それらを「あきたリッチプラン」として取りまとめている。安い地価や利便性の高い交通網を背景に，全国トップクラスの企業向け支援を行っているという。　③　文化財には有形文化財，無形文化財，民俗文化財がある。無形文化財は演劇や音楽，工芸などの「わざ」を体得した個人または個人の集団に認定される。年中行事における風俗習慣や信仰，民俗芸能は無形民俗文化財に分類され，秋田県の「なまはげ」や青森県の「ねぶた」などは，これに該当する。また，「なまはげ」が2018年に「来訪神：仮面・仮装の神々」としてユネスコ無形文化遺産の構成要素として登録されたことも知識としておさえたい。　(2)　①　近畿地方では4世紀に大和政権が成立し，8世紀には平城京(奈良)，平安京(京都)が栄えた。1868年に江戸に遷都するまで政治・文化の中心であったため，近畿地方を大観するには歴史的背景をふまえることが重要である。図からも商業都市として栄えた大阪，古都の奈良・京都，中世より航路の要所として栄えた神戸など，歴史的背景から各地域の特徴を整理していることが読み取れる。

②　ここでは，世界や日本の社会に見られる諸事象を地理的な現象として捉え，地域の枠組みの中で地理的な結びつきを考慮に入れながら考察する。図を見ると，歴史的背景を考慮に入れながら地域の結びつきと産業について考察することができているためBと判断されたと考えられる。　③　絶対分布図のひとつであるドットマップは人口や数量などのある事象の分布をドット(点)で表したものである。なお，イは統計数値をいくつかの階級に区分し彩色やパターンによって分布を表したもの。ウは統計数値を視覚的に比較しやすくするため，円や角柱，文字や人間の形などさまざまな図形で表現したもの。エは物資や人の移動を流線によって表現したものである。　(3)　ここでいう地域の調査とは課題を設けて作業的・経験的に行う学習活動であり，その際には読図や資料の調査によって身近な地域の課題を見いだし，地域社会の一員であるという自覚を育みながら地域社会に参画する態度を養いたい。

【6】a　比較　　b　関連付け　　c　自分の言葉　　d　覚える
e　分かる

〈解説〉歴史のとらえ方にある「学習した内容を活用してその時代を大観

し表現する活動を通して，各時代の特色をとらえさせる。」からの出題。我が国の古代から現代まで2000年以上の歴史を知るには，まず一定期間で区切り，その期間における大まかな特徴をおさえておくことが有効である。特に，日本史では奈良や平安，鎌倉といった時代区分が行われているので，区分ごとに把握することが求められる。特徴の把握については生徒一人一人で異なるため，教科書等にある言葉にとらわれず，生徒自身の(言語)表現を尊重することもポイントの一つと言えよう。(言語)表現の考察は，学習の深化にもつながるからである。

【7】(1)　a　武家諸法度　　b　北条泰時　　(2)　A → D → C → B　(3)　(解答例)　聖徳太子は冠位十二階や十七条の憲法を定め，天皇を中心とした国家建設を目指した。そのために中国の進んだ政治制度や文化を学ばせようと，遣隋使を派遣した。遣隋使に同行した学生や僧は，帰国後国政改革において，指導的な役割を果たした。　(4)　形態…城下町　　記号…イ，エ　　(5)　(解答例)　武家社会の慣習や道徳などを根拠にした裁判基準を明示した最初の武家法であったため。　(6)　①　蝦夷　　②　出羽　　③　(解答例)　生徒Ⅱは漆紙文書に記された人民の把握や税に注目し，東北に朝廷の支配が及び，律令国家の地方官庁が置かれた証拠と推測している。人民の把握とそれによる税の徴収は，律令制の中央集権国家を支える制度である。つまり，生徒Ⅱは漆紙文書に記載された事項と律令国家の制度を結びつけ，それによりこの頃の秋田城が朝廷の支配領域であったことを指摘できているためBと判断した。　④　(解答例)　思考力や判断力を養うために，資料2を基に，生徒が自ら考える活動になるように仕向けるとよい。生活などについて学ぶということなので，それら生活に根差したものが展示されている博物館や郷土資料館を活用し，見学・調査を行わせる。

〈解説〉(1)　a　幕府が大名を統制しようとしている内容から武家諸法度とわかる。　(2)　Aは604年，Dは1232年，Cは戦国時代，Bは1615年である。　(3)　聖徳太子の時代は，律令国家の確立に至るまでの過程にある。それを理解させるため，それまでの組織の再編成である冠位十二階，官僚の心構えを役人に説いた十七条の憲法など，聖徳太子の定めた制度を示すとともに，大陸の進んだ文化を取り入れ国政に生かそうとしたことを指導していく。 (4) 戦国大名は家臣の統制や商業の発達を目指し，城下町に家臣・商工業者を集住させた。アの小田原は北条氏，ウの山口は大内氏の城下町である。 (5) 御成敗式目は武家の慣習や道徳，頼朝以来の先例を根拠とした法典で，訴訟の際に採用された。それまでは律令を引き継いだ公家法，荘園領主を対象とした本所法は存在したが，武家を対象にしたものはなかった。
(6) ① 朝廷は東北地方の蝦夷を従わせ，支配領域を広げていった。
③ 律令国家の基盤となる人民の把握と税制が記載された資料2を，律令国家の支配が東北に及んでいたということに結びつけ指摘できたという点が重要といえる。 ④ 指定語句からある程度求められていることが推測できる。生徒が具体的に学ぶということなので，博物館や郷土資料館の活用を指摘したい。

【8】(1) ① ア ② ウ ③ カ (2) (解答例) ロシア革命に対するシベリア出兵を見込んだ米の買い占めにより米価が高騰したため。 (3) 人物…平塚らいてう 内容… (解答例) 女性の洋装化がすすみ，バスガールやタイピスト，美容師など社会で働く女性も増えた。 (4) (解答例) 海外から軍需品などの注文が殺到したことや，これまで欧米が支配していたアジア市場からの需要が増加したため工業製品の生産と輸出が増え，空前の好景気をむかえた。
(5) (解答例) 人々の教育水準が高くなったことを背景に，新聞や雑誌が発行部数を伸ばし，ラジオ放送が開始されるなど，マスメディアが大衆に普及した。また小説が広く読まれるようになり，新聞に掲載される大衆文学や白樺派，プロレタリア文学などが生まれた。
〈解説〉(1) イは16世紀，エは1910年，オは1929年のできごとである。
(2) 1917年のロシア革命への干渉のため，日本やイギリス，フランス，アメリカがシベリアに派兵したことを踏まえること。 (3) 平塚らいてうが活躍した明治後期から大正時代は都市化と工業化が進展し，都市では新中間層があらわれた時代でもあったことも知っておくとよい。　(4)　図1から戦争中は輸出超過となったこと，図2から日本が農業国から工業国になったことを読み取ったうえで，大戦景気とのつながりで説明できるとよい。　(5)　「解説」には「大都市の発達や都市に住む人々の生活様式や意識の変化，新聞・雑誌などの普及やラジオ放送の開始などを扱うようにする」と記されているので，これらの内容を自身の知識を入れながら文章をまとめるとよい。

【9】(1)　①　警察予備隊　　②　日ソ共同宣言　　(2)　(解答例)　独立を回復し，国際連合に加盟することで国際社会への復帰を果たした。　(3)　(解答例)　国際的な安全保障環境の改善のために，国連と協力して自衛隊の海外派遣などの人的貢献を行っている。また開発途上国に対しても他の先進国と変わらない規模の経済的・人的貢献を行っている。　(4)　(解答例)　(各時代の)歴史に関わる事象の中から，時代の特色や時代の転換に関する基礎的・基本的な内容を重点的に選択すること。

〈解説〉(1)　①　警察予備隊は，1950年朝鮮戦争の勃発を受け，GHQの指示により創設された組織である。　②　1956年に結ばれた外交文書で，これにより日ソ間の国交が回復した。　(2)　連合国軍との講和条約であるサンフランシスコ平和条約締結により日本の主権が回復されたが，ソ連はこれに参加しなかったため，国連加盟が実現されなかった。その後，ソ連との国交を回復したことで国連加盟が実現した。　(3)　学習指導要領には「日本国憲法の平和主義を基に，我が国の安全と防衛，国際貢献を含む国際社会における我が国の役割について多面的・多角的に考察，構想し，表現すること」とあるので，この内容を踏まえてまとめるとよい。

【10】a　対立と合意　　b　効率と公正　　c　個人の責任

〈解説〉この中項目では，社会生活における「きまり」の意義について取り扱うとしている。「解説」では「見方や考え方の基礎を構成する諸概念は抽象的であるため，生徒が身に付けるに当たっては，社会生活に見られる具体的な事例を取り上げて考えさせていくなどの工夫が必要」としていることを踏まえ，「きまり」の意味，「きまり」をどう作成するのかといったことを考えさせる。

【11】(1)　(解答例)　労働力人口に占める完全失業者の割合のこと。
(2)　労働基準法，労働組合法，労働関係調整法　(3)　ウ　(4)　A　日本全体　B　日本の企業　C　日本人労働者
(5)　(解答例)　科学，芸術，宗教など，文化は私たちの社会生活に豊かさをもたらすものであるため，自国の文化を大切にするのと同じように他国の文化も認め，尊重する態度が大切である。　(6)　D　選択　E　判断

〈解説〉(1)　完全失業者とは，働く意思と能力があるのに雇用されない状態にある人を指す。　(2)　労働組合法は1945年，労働関係調整法は1946年，労働基準法は1947年にそれぞれ制定された。法の趣旨などについても学習しておくとよい。　(3)　なお，アは天皇の地位と国民主権，イは戦争の放棄等，エは憲法改正に関する規定が示されている。
(4)　デメリットの欄より，「誰」が被害にあうかを中心に考えるとよい。　(5)　文化については「グローバル」をキーワードにして考えるとよい。つまり，他国の文化を尊重しつつ，我が国固有の文化についての理解を深めるといった考えを踏まえることを意味する。さらに，文化はものの見方や考え方，価値観などに大きく影響していることもおさえておくこと。　(6)　「学校教育の指針」は学習指導要領などを踏まえ，県独自で示している教育方針である。主に教職教養で学習すると思われるが，受験する科目に関連する内容については確認しておこう。

【12】(1)　公職選挙　(2)　(解答例)　小選挙区制は二大政党型の安定政治が可能であるが，死票が多く，大政党に有利な制度である。一方，

比例代表制は，死票が少なく，多様な民意を反映することができるが，小党乱立による政局の不安定化をまねきやすい。　(3)　衆議院…465　参議院…242　　(4)　イ　　(5)　(解答例)　最も低い20歳代の投票率こそ上回っているものの，全体の投票率よりは低い水準にある。(6)　ア　　(7)　(解答例)　持続可能な社会の形成という観点から，生徒自ら課題を設けて探究し，自分の考えを説明，論述することで，これから社会参画していくための手がかりを得ること。

〈解説〉(1)　国会議員および地方公共団体の長や議員の選挙について定めた法律である。　(2)　現在の衆議院議員選挙は小選挙区比例代表並立制を，参議院議員選挙は都道府県単位の選挙区選挙と非拘束名簿式比例代表制が併用されている。　(3)　参議院の定数は，2018年7月の公職選挙法改正によって段階的に6人まで増やされ，最終的には248人になることが決定している。　(4)　候補者や政党の場合は，電子メールを利用した選挙運動も認められている。　(6)　なお，Yはマニフェストとも呼ばれる。　(7)　本項目は中学社会科のまとめとして位置付けられており，公民的分野だけでなく，地理的分野，歴史的分野の学習内容，および学習に対する能力や態度をさらに発展するようにすることが求められる。

地　理・歴　史

【1】(1)　A　司馬遷　　B　ヘロドトス　　C　ピレンヌ　　D　司馬光　E　ウォーラーステイン　　(2)　(解答例)　イギリスが17世紀半ばに英蘭戦争でオランダを制し，また18世紀初頭から半ばにかけてフランスとの植民地戦争を制して，海上覇権を握った。(64字)

〈解説〉(1)　E　ウォーラーステインは「近代世界システム」を主張した。世界史を各国史ではなく，地球規模の視野でとらえた画期的な研究であったが，西洋中心主義的な性格に対して数々の批判が行われてきた。批判の代表的なものとして，フランクの『リオリエント』があげられる。ウォーラーステインへの批判が，現在の「世界史」という教科に取り入れられつつある「グローバル・ヒストリー」という視点の基礎となっていることは，ぜひおさえておきたい。　(2) まず，17世紀初期にはイギリスとオランダが共に東インド会社を設立し，海上覇権を争っていたが，1623年にアンボイナ事件というイギリス商館の人間がオランダ人によって虐殺された事件が発生し，それ以降イギリスは東アジア海域から撤退，オランダが覇権を握っていた。この状況が一変したのが，1651年に制定された航海法と，それを受けて勃発した英蘭戦争である。その後1664年にフランス東インド会社が本格的に始動し，18世紀に入るとイギリス・フランス間での海上覇権争い(世界各地での植民地戦争)が盛んに行われた。

【2】(1)　(解答例)　8世紀半ばの安史の乱以降，節度使が各地に台頭して租庸調制が崩れており，税収の回復のため土地税・資産税を年2回徴収する両税法が施行された。(68字)　　(2)　(解答例)　非アラブ人のうち，イスラームに改宗した者に課されていた人頭税(ジズヤ)を廃止した。(41字)

(3)　(解答例)

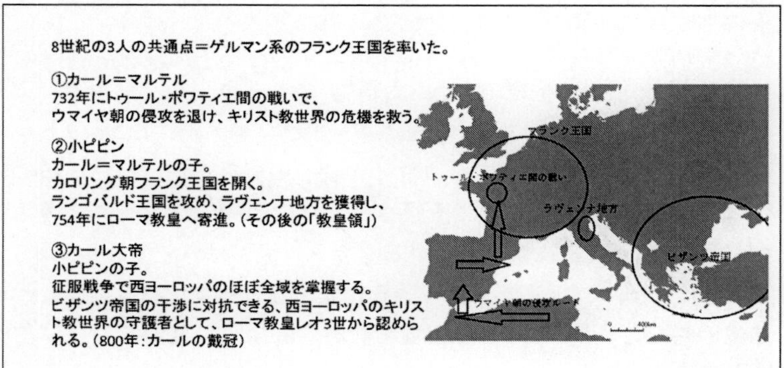
8世紀の3人の共通点＝ゲルマン系のフランク王国を率いた。
①カール＝マルテル
732年にトゥール・ポワティエ間の戦いで、
ウマイヤ朝の侵攻を退け、キリスト教世界の危機を救う。
②小ピピン
カール＝マルテルの子。
カロリング朝フランク王国を開く。
ランゴバルド王国を攻め、ラヴェンナ地方を獲得し、
754年にローマ教皇へ寄進。(その後の「教皇領」)
③カール大帝
小ピピンの子。
征服戦争で西ヨーロッパのほぼ全域を掌握する。
ビザンツ帝国の干渉に対抗できる、西ヨーロッパのキリスト教世界の守護者として、ローマ教皇レオ3世から認められる。(800年：カールの戴冠)
フランク王国
トゥール・ポワティエ間の戦い
ラヴェンナ地方
ビザンツ帝国
ウマイヤ朝の侵攻ルート
0　400km

(4)　(解答例)　蔡倫の発明した製紙法が，751年のタラス河畔の戦いでイスラーム世界に伝わりアフリカ大陸を経由して，シチリア島に伝わ

った。(59字)

〈解説〉(1)　日本で894年に遣唐使が廃止された背景の一つに，唐の政情不安があった。この政情不安の原因は8世紀半ばに起こった安史の乱以降，各地で節度使が台頭し，かねてより不安定になっていた租庸調制と府兵制の崩壊が決定的となったからである。唐は8世紀にこれらの制度を両税法と募兵制に転換することで対処を図った。「両」税法という名の通り，二毛作・二期作を奨励し，夏と秋に2回徴税した。租庸調制と比較すると，土地所有者・小作人の区別なく現住地で課税し，物納ではなく銭納を原則とし，また資産に応じて金額が変わり，また国家が歳入額に応じて支出を決めるものではなく，支出の予算を定めたうえで取り立てる性質のものであった。　(2)　設問にある8世紀におけるイスラーム王朝の交代とは，750年のウマイヤ朝からアッバース朝への交代が該当する。アッバース朝では「イスラーム化」と呼ばれる，アラブ民族と非アラブ民族を平等化する現象が進行した。これを引き起こした制度として税法の転換があった。具体的にはウマイヤ朝では非アラブ人でイスラームに改宗した人々(マワーリー)に人頭税(ジズヤ)と地租(ハラージュ)が課せられていたが，アッバース朝では非アラブ人であってもイスラームを信仰していれば人頭税を徴収せず，またアラブ人であっても土地を所有するならば地租を課すシステムへと転換した。なお啓典の民(ズィンミー)には依然として両方が課税された。　(3)　8世紀の3人とは，古い順からカール＝マルテル，小ピピン，カール大帝の3人である。カール＝マルテルは732年のトゥール・ポワティエ間の戦いで「ウマイヤ朝」の侵攻を退けた。小ピピンは「ランゴバルド」王国に征服されていたラヴェンナ地方を奪い，754年にローマ教皇に寄進している。カール大帝はローマ教皇レオ3世によって800年に，「ビザンツ帝国」に並ぶ西ヨーロッパの指導者として認められた。「まとめ」の板書を計画するうえで重要なことは，本時の目標と対応させること。今回の目標はカールの戴冠にいたる「経緯」を，「ローマ教皇」とかかわりのある8世紀の3人にスポットライトを当てながら，まとめていく必要がある。　(4)　後漢の蔡倫が発明した製紙法は，751年のタラス河畔の戦いでイスラーム世界に伝わった。紙の利便性は広く認められ，パピルスや羊皮紙の需要を奪いながら広まっていった。例えばアッバース朝の都バグダードがモンゴルの襲撃を受けた際には，図書館も襲われティグリス川が「血と，(川に捨てられた本の)インクの色」で染まったという言い伝えが残っている。

【3】(1)　エ　(2)　記号…イ　都市名…ジュネーヴ　(3)　(解答例)　キューバでアメリカ本土を攻撃可能な核ミサイルの基地が，ソ連の主導のもと建設途中であること。　(4)　C→A→E→B→D

〈解説〉(1)　演説Aを読み解けば，大量逮捕や大量処刑について言及していることがわかる。フルシチョフはスターリン批判を行った。

(2)　アはワルシャワ条約機構のことで，ワルシャワはポーランドの都市である。イはスイスのジュネーヴ，ウは現チェコのプラハ，エは現ハンガリーのブタペストである。「鉄のカーテン」は東ドイツと西ドイツを分けながら，オーストリアとハンガリーの間を通り，ルーマニア・ブルガリアを東側として通る線のことである。　(3)　キューバ危機に対するケネディ大統領の演説である。演説中の「攻撃的装備」とは，核ミサイルのことである。1962年10月14日にアメリカ空軍がキューバ上空で撮影した写真から，ソ連によるミサイル基地建設が進んでいることがわかり，アメリカ本土を攻撃可能とみて，ケネディはキューバの海上封鎖を行った。　(4)　演説A(フルシチョフのスターリン批判)は1956年，演説B(ゴルバチョフのペレストロイカ)は1986年，演説C(チャーチルの鉄のカーテン)は1946年，演説D(G.W.ブッシュのタリバン政府攻撃)は2001年，演説E(ケネディのキューバ危機)は1962年である。

【4】(1)　道鏡　(2)　(解答例)　称徳天皇が寵愛していた道鏡の皇位就任を促す神託を宇佐八幡宮が出したとの報に対し，和気清麻呂が偽託であるとした。(55字)　(3)　(解答例)　南北朝の合体を実現させた室町幕府3代将軍足利義満が太政大臣に就任し，幕府の支配権を確立

していた。(48字)　(4)　(解答例)　明の皇帝に冊封される朝貢貿易であった。また，明の倭寇対策のために発行した勘合を必要とした。(45字)　(5)　(解答例)　五山の禅僧はその経験を活生かし，日明貿易の際に外交顧問の役割を果たした。また水墨画や庭園様式などの禅宗文化を日本に伝えたほか，宋学の研究として漢詩文を活発に作り，それらは五山文学として最盛期を迎えた。(99字)　(6)　徳川吉宗
(7)　(解答例)　旗本の役職就任で，石高が基準を下回る場合，在職期間中不足分を支給するという制度。例えば別紙の大目付などは三千石の石高がないと就くことはできなかったが，この制により有能な人材の登用が容易になった。(97字)　(8)　(解答例)　鈴木商店の破産で不良債権を抱えた台湾銀行も経営危機に陥り，若槻礼次郎首相は緊急勅令案を出し救済を図った。(52字)　(9)　(解答例)　幣原喜重郎外相は米・英とは協調し，中国には内政不干渉・武力不行使を原則とした協調外交の姿勢をとった。(49字)　(10)　ドッジ　(11)　360円
(12)　(解答例)　ドッジの政策はインフレ克服や物価の安定をもたらし経済再生の基礎を築いたが，同時に政府や企業による大量解雇や中小企業の倒産を招き，日本経済は深刻な不況に陥った。(79字)

〈解説〉(1)　「清麿」「八幡神」などから，史料Ⅰは宇佐八幡宮神託事件に関するものとわかる。清麿は和気清麻呂であり，Aの人物が清麻呂に「我即位之事を告げむが為ならむ」と語っている箇所から，道鏡とわかる。　(2)　史料に「臣を以ちて君と為すことは，未だ之れ有らざる也」からもわかるように，神託が偽りであったことを結果として記したい。　(3)　史料Ⅱは日明貿易についての内容である。明の皇帝に国書を出した「某」は，下線部③では国家を統治し，国内に心配がないと述べているので，「某」はこのとき室町幕府の実権を握っていた足利義満であるとわかる。　(4)　宋などとの関係と違い，日明貿易は朝貢することで，日本国王として認められるという中国を中心とした伝統的な秩序の中で行われた。また，建国前から倭寇に悩まされていた明は，倭寇対策のために明の皇帝から与えられた勘合を必ず持参して，寧波の港に入港することを日本に義務付けた。　(5)　室町時代，

臨済宗は幕府の庇護を受けた。五山・十刹の制が整えられ，幕府の統制下に置かれることで，最盛期を迎えたとされる。五山の僧には中国からの渡来僧や中国から帰国した者が多く，その知識や経験により外交顧問的な役割を果たした。また彼らは禅宗文化を日本に伝え，その中から水墨画・庭園様式などが受容されていった。その他宋学の研究として漢詩文が盛んに作られた。　(6)　資料中の「足高仰せ付けられ」から，足高の制に関する史料とわかる。足高の制は，徳川吉宗の享保の改革で行った制度の一つである。　(7)　別紙に提示された役職に就くには三千石が必要であったことを取り入れ，足高の制の概要を述べていく。徳川吉宗は足高の制により，将軍主導の強力な政治を目指した。　(8)　資料Ⅳは金融恐慌についての内容である。鈴木商店の破産，それに貸付をしていた台湾銀行の経営危機を救済しようと若槻礼次郎内閣は救済のため緊急勅令案を出したが，幣原喜重郎の協調外交に不満を持っていた枢密院に否決され，内閣は総辞職，金融恐慌は激化した。　(9)　幣原外交とも呼ばれ，中国に対して内政不干渉・武力不行使として，経済的利益の拡大の追求に主眼を置いた。協調外交というキーワードは必ず入れたい。　(10)　史料Ⅴは冷戦に伴い転換された新しい占領政策についての内容である。日本に経済的自立をさせることを目指し，ドッジはインフレ克服のために赤字を認めない緊縮予算を策定させた。　(11)　従来はGHQの管理のもとに商品別に異なる複数の為替レートが採られていたが，1ドル＝360円の単一為替レートに設定された。　(12)　ドッジやシャウプの経済自立化政策は，強力なデフレ政策の実行であり，安定恐慌と呼ばれる深刻な不況に突入することになった。結果として，労働運動が激化したことも心にとめておきたい。

【5】(1)　①　大圏(大円)　　②　国際連合　　(2)　A～B…10000km　C～D…5000km　　E～F…0km

(3)　地図

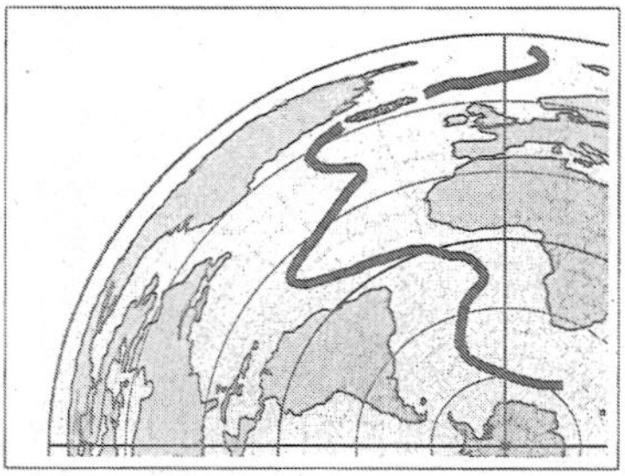

Pの特異性　(解答例)　プレート同士が広がる境界である大西洋中央海嶺が大西洋の中央部を通り，アイスランドで海上に現れている。(50字)　(4)　(解答例)　この気候区は⑤で，中緯度の大陸西岸に見られ，夏は中緯度高圧帯の支配下に入るため乾季となり，冬は高緯度低圧帯の支配下に入るため偏西風の影響を受けて雨季となる。

(5)　(解答例)　この気候区は④で，Iのナミブ砂漠は寒流の影響を受けた海岸砂漠，アンデス山脈の風下となるⅡのパタゴニアは下降気流が吹き付けて形成された砂漠，Ⅲのグレートサンディー砂漠は中緯度高圧帯の支配下で形成された回帰線砂漠である。　(6)　(解答例)　X～Yはアメリカ合衆国を東西に分ける西経100度の線であり，年降水量500mmの境界とほぼ一致し，東側の湿潤地域と西側の乾燥地域の境界となっている。東側はコーンベルトと呼ばれる湿潤な地域が広がり，とうもろこしや大豆の輪作と畜産を兼ねた混合農業が行われている。境界線付近では乾燥に強い小麦栽培や，フィードロットと呼ばれる企業的牧畜が行われている。一方，西側の乾燥地域では放牧や林業が主流となっている。(197字)　(7)　(解答例)　aの中華人民共和国では1970年代後半に人口抑制のため一人っ子政策が始められたが，急速な少子高齢化の進展や労働力不足などが起きている。(65字)　(8)　(解答例)　インドの数学教育の充実を背景に，アメリカ西海岸と半日の時差があるbのバンガロールでは時差を利用した共同開発でICT産業が発展した。(65字)　(9)　ドバイ　(10)　(解答例)　カナダでは異なる言語・文化を認める多文化主義が取られているが，フランス系住民

が大半のケベック州ではカナダからの分離・独立運動も起きている。(69字)

〈解説〉(1) ① 地表における2地点間の最短経路を大圏航路(大円航路，大圏コース)という。正距方位図法で描かれた地図では図の中心の一点から任意の1点までの最短距離は直線となる。 ② 国際連合旗は北極点を中心に南緯60度までの正距方位図法の世界地図を模式化したもの。1947年の第2回国連総会で採択された。 (2) A～Bは赤道を表した円周上の2点間であり，円周上では90度の差となっている。したがって，$40000\times\frac{1}{4}=10000$〔km〕となる。C～D間は北緯60度線を表した円周上の2点である。北緯60度線上では地球一周は赤道の半分の長さになる。したがって，$20000\times\frac{1}{4}=5000$〔km〕となる。E～F間は図上では円周となっているが，これは南極点の対蹠点が表されている。したがって，E～F間は地球上では北極点を示す。したがって0kmである。 (3) 大洋底の大山脈である海嶺では玄武岩質のマグマが湧き出て海洋プレートとなって広がっている。大西洋の中央部を北緯66度のアイスランドから南緯55度のブーベ島までS字にカーブして形成されているのが大西洋中央海嶺である。島Pのアイスランドは大西洋中央海嶺が海上に現れたものとされており，ユーラシアプレートと北アメリカプレートが広がる境界上にある。 (4) 地中海性気候(Cs)は中緯度の大陸西岸に見られる気候である。地軸の傾きの影響を受け，地球上の低圧帯と高圧帯のパターンが夏季と冬季でずれることを確認したい。南半球が夏季に入ると赤道低圧帯が南にずれ，中緯度高圧帯の支配下に入る。中緯度高圧帯では赤道付近で暖められた大気が下降気流として吹き出すため，夏季は非常に乾燥する。南半球が冬季になると赤道高圧帯は北にずれ，高緯度低圧帯の支配下に入る。したがって冬季は降水量の多い雨季となる。 (5) 砂漠気候(BS)についてはそれぞれの砂漠の形成理由を明確に示すことが必要である。 I アフリカ大陸にあるナミブ砂漠は，低緯度の大陸西岸沿いに形成される海岸砂漠である。海岸沿いを流れるベンゲラ寒流によって冷やされた大気が下層に漂うが，大気の上層は太陽光に暖められて比較的高温となる。その結果，大気が安定し雨を降らせる上昇気流が発生しないため乾燥する。　Ⅱ　パタゴニア付近は偏西風に対してアンデス山脈の風下側にある雨陰砂漠である。湿った大気が山にぶつかると山に沿って上昇気流となり雨を降らせる。山を越えると乾いた下降気流となるため雨が降らずに乾燥する。　Ⅲ　オーストラリア大陸の中央に広がるグレートサンディー砂漠は回帰線砂漠である。回帰線(23.4°)付近は中緯度高圧帯となるため下降気流が吹き出す。雨を降らせる上昇気流が一年中生じないため乾燥して砂漠となる。　(6)　X～Y線の定義を明確にし，西経100度線を境としたアメリカ合衆国の農業的特徴について説明したい。年降水量500mm以上となる東部の湿潤な地域については混合農業や綿花栽培について説明を加え，境界線付近の巨大な穀倉地帯にも言及したい。西側は乾燥地帯となるため，放牧や林業が主となっている。　(7)　aの中華人民共和国では1979年に人口抑制のための一人っ子政策が始められ，一人っ子の家庭はさまざまな面で優遇されたため出生率は激減した。しかし急速に少子高齢化がすすみ，男女比のアンバランスや労働力不足などの問題が生じたため2015年に廃止された。(8)　設問では「地図から読み取れること」とあるので，インドと欧米との時差については必ずおさえておくこと。さらに，時差を利用した共同開発やコールセンター業務などがインドでのICT産業の発展につながったこと，また，「0の概念」の生まれたインドにおける理数科教育の強化なども加えたい。その他にも公用語の一つが英語であること，新産業であるIT産業は社会に根強く残っている職業のカースト制度にあてはまらないため，貧困からの脱却をねらう若者が技術者を目指したこと等も理解しておきたい。　(9)　エミレーツ空港などが拠点を置いているアラブ首長国連邦のドバイ国際空港は，中東のハブ空港であり，主に大陸間の移動の乗り継ぎ拠点とされている。2017年の国際旅客数は8820万人に達し，2014年にイギリスのヒースロー空港を抜いて以来4年連続の首位となった。　(10)　ケベック州はフランス人の入植したニューフランス植民地を起源とするため，フランス系住民が多い。1980年と1995年には州民投票が行われ，1995年の投票では独立派が僅差で敗北している。イギリス系住民とフランス系住民が共存してきたカナダでは，英語とフランス語を公用語とするなどの多文化主義が取られており，近年はアジアからの移民も増加している。

【6】(1)　(解答例)　資料Ⅰの「アッピア街道」は，紀元前312年に建設が始まった。この時期は共和制ローマが，都市国家から地中海東側に拡大した時期であり，ローマの軍隊や軍需物資の速やかな移動のために，軍用道路が各種建設された。アッピア街道はこれらの道路群の中でも最古のものであり，高い認知度から「街道の女王」と呼ばれる。当時の道路は，2台の戦車が通れるように設計されており，さらに雨によるぬかるみを防ぐために重厚な玄武岩を用い，排水用の傾斜が設けられた。また歩兵の移動用として両脇に歩道が整備されている。(239字)　　(2)　(解答例)　資料Ⅱの雑誌『キング』は講談社によって，大正14(1925)年に発行された大衆雑誌である。初刷りで50万部を売り上げるという異例の記録を打ち立てた。こうした大衆向けの娯楽雑誌がブームとなった背景として，義務教育が浸透していたことが挙げられる。日露戦争後の1907年には就学率が97パーセントを超え，ほとんどの国民が文字が読めるようになっていた。また活版印刷技術の普及により，低価格で大量に印刷を行うことができるようになっていた。こうした歴史的背景のもと，一般勤労者を担い手とする大衆社会が形成された。(241字)　　(3)　(解答例)　資料Ⅲは三角グラフである。三角形の内部に交点を取り，平面上に3つの要素がそれぞれ全体に占める比率を表示できるという特徴がある。この比率を読み取るため目盛りは，「第1次産業」の数値については三角形の底辺と並行な直線であり，「第2次産業」の数値については右上がりの斜線であり，「第3次産業」の数値については右下がりの斜線である。経済の発展に伴い，国民経済に占める比率の重点が高次化するというペティ＝クラークの法則に基づくと，時代が下るにつれて，交点はグラフの上部から左下方向へと移動していく。(245字)

〈解説〉(1)　アッピア街道は紀元前312年に，「共和政ローマ」のアッピウス＝クラウディウス＝カエクスによって，従来の道を拡張する形で建設された道路であり，ローマから南下しカプア，カプアからさらに南下しブルンディシウムまで続く。建設当初はカプアまで通じており，後に延長された。アッピア街道に限らず，当時建設された道路は幅4mの規格があり，チャリオット(戦車)が2台同時に行違うことができる。なお両脇にはさらに3mの歩道が設けられる。この道路幅が最大のヒントであり，アッピア街道はローマ軍が都市間を迅速に移動するために建設された。また軍隊の他にも物資の運搬用としても用いられた。前4世紀(前312年)という時期は，エトルリア人の王を放逐し共和政へと移行した前6世紀末と，カルタゴとの覇権争いであるポエニ戦争が開始された前3世紀の間の時期である。都市国家ローマが，急速に東地中海方向に拡大していった時期として考えられるだろう。　(2)　娯楽雑誌『キング』は大正14(1925)年に講談社から出版された。内容は大衆小説や広告が主であり，当時の国民のおよそ10人に1人が読んだと計算されるほど，大衆に普及したメディアであった。　(3)　問題文の三角グラフは，斜め方向の目盛り線(グラフ中の「△」)の入っているタイプである。本グラフでは視認性を高めるため，三角形外部の目盛り線に角度がつけられているため読み取りやすいが，こうした表示のない場合もある。今回の場合，「第1次産業」の数値は三角形の底辺と並行な線，「第2次産業」の数値は右上がりの斜線，「第3次産業」の数値は右下がりの斜線が目盛りとなっている。グラフの点の推移については，「経済の発展に伴い，国民経済に占める比率の重点が，第1次産業から第2次産業へ，次いで第2次産業から第3次産業へと推移していく」というペティ＝クラークの法則を踏まえれば，グラフの交点は，経済の発展に伴い，三角形の上部から左下方向へと移動することが想定される。

●書籍内容の訂正等について

弊社では教員採用試験対策シリーズ（参考書，過去問，全国まるごと過去問題集），公務員試験対策シリーズ，公立幼稚園・保育士試験対策シリーズ，会社別就職試験対策シリーズについて，正誤表をホームページ（https://www.kyodo-s.jp）に掲載いたします。内容に訂正等，疑問点がございましたら，まずホームページをご確認ください。もし，正誤表に掲載されていない訂正等，疑問点がございましたら，下記項目をご記入の上，以下の送付先までお送りいただくようお願いいたします。

① **書籍名，都道府県（学校）名，年度**
（例：教員採用試験過去問シリーズ　小学校教諭 過去問　2025 年度版）
② **ページ数**（書籍に記載されているページ数をご記入ください。）
③ **訂正等，疑問点**（内容は具体的にご記入ください。）
（例：問題文では“ア～オの中から選べ”とあるが，選択肢はエまでしかない）

〔ご注意〕
○ 電話での質問や相談等につきましては，受付けておりません。ご注意ください。
○ 正誤表の更新は適宜行います。
○ いただいた疑問点につきましては，当社編集制作部で検討の上，正誤表への反映を決定させていただきます（個別回答は，原則行いませんのであしからずご了承ください）。

●情報提供のお願い

協同教育研究会では，これから教員採用試験を受験される方々に，より正確な問題を，より多くご提供できるよう情報の収集を行っております。つきましては，教員採用試験に関する次の項目の情報を，以下の送付先までお送りいただけますと幸いでございます。お送りいただきました方には謝礼を差し上げます。
（情報量があまりに少ない場合は，謝礼をご用意できかねる場合があります）。

◆あなたの受験された面接試験，論作文試験の実施方法や質問内容
◆教員採用試験の受験体験記

送付先
○電子メール：edit@kyodo-s.jp
○FAX：03-3233-1233（協同出版株式会社　編集制作部 行）
○郵送：〒101-0054　東京都千代田区神田錦町 2-5
協同出版株式会社　編集制作部 行
○HP：https://kyodo-s.jp/provision（右記のQRコードからもアクセスできます）

※謝礼をお送りする関係から，いずれの方法でお送りいただく際にも，「お名前」「ご住所」は，必ず明記いただきますよう，よろしくお願い申し上げます。

教員採用試験「過去問」シリーズ

秋田県の
社会科 過去問

編　集　　© 協同教育研究会
発　行　　令和6年3月10日
発行者　　小貫　輝雄
発行所　　協同出版株式会社
〒101-0054　東京都千代田区神田錦町2－5
電話　03－3295－1341
振替　東京00190－4－94061
印刷所　　協同出版・POD工場

落丁・乱丁はお取り替えいたします。
